AF151642

Carl-Ludwig Reuss

Dark Shadows
Die Schatten der Vergangenheit

*Zeitgeschichtlicher Roman
mit biografischen Zügen*

*Späte Einsicht,
späte Reue,
späte Versöhnung*

novum ▲ pro

www.novumverlag.com

© 2022 novum Verlag

ISBN 978-3-99131-093-8
Lektorat: Hannah Lackner
Umschlagfotos: Carl-Ludwig Reuss;
Konstantin Kolosov, Photoeuphoria,
Zoryen | Dreamstime.com
Umschlaggestaltung, Layout & Satz:
novum Verlag
Innenabbildungen: Carl-Ludwig Reuss

Die vom Autor zur Verfügung ge-
stellten Abbildungen wurden in der
bestmöglichen Qualität gedruckt.

Gedruckt in der Europäischen Union
auf umweltfreundlichem, chlor- und
säurefrei gebleichtem Papier.

www.novumverlag.com

Bibliografische Information
der Deutschen Nationalbibliothek:

Die Deutsche Nationalbibliothek
verzeichnet diese Publikation in
der Deutschen Nationalbibliografie.
Detaillierte bibliografische Daten
sind im Internet über
http://www.d-nb.de abrufbar.

„Kriegsverbrecher Veterinärrat Dr. *Lutz Reuss* **verhaftet"**, diese Schlagzeile aus der lokalen Presse verfolgt mich, seit ich 15 Jahre alt bin. Diese Schlagzeile hat mein Leben beeinflusst. Eben noch der nette Junge von nebenan, bin ich plötzlich der Lümmel von Nazi und Kriegsverbrecher Dr. Lutz Reuss. Wenn ich jugendlichen Quatsch mache, der für andere normal wäre und jemanden damit verärgere, heißt es nun „Was soll man auch vom Sohn eines Kriegsverbrechers erwarten."

Auch am Gymnasium wird mir vermittelt, dass ich da nicht hingehöre. Eine Realschule sei für mich völlig ausreichend. Was ich damals nicht begreife, ist die spontane Sippenhaft von allen, die schon immer dagegen waren oder jenen, die sich als Opfer des Nationalsozialismus fühlen. Besonders sensibel reagieren die Sozialdemokraten, die im Dritten Reich bekanntermaßen bekämpft wurden und nun die Oberhand haben.

Was ich hier schreibe, ist nicht nur die Geschichte meines Vaters. Es ist auch meine Geschichte. Sein Leben, sein Verhalten, seine Taten wirken direkt auf mein eigenes Leben.

Dr. Lutz Reuss

Der Tierarzt Dr. Lutz Reuss wird am 24.November 1908 in Dessau geboren. Er wächst in einer gutbürgerlichen Familie auf. Sein Großvater ist der Landesforstmeister von ganz Anhalt, mit Dienstsitz in Dessau. Sein Vater ist Forstgeometer in den anhaltinischen Forsten. Die Eltern und Großeltern wohnen im selben großen Haus – die Großeltern im ersten Stock, in der „Beletage" und die Eltern im Parterre. Die Mutter von Lutz ist bestimmend und herrisch, der Sohn fühlt sich ständig gemaßregelt und in seiner Person nicht hinreichend anerkannt. Der Vater aber ist ein herzenswarmer Mensch, er kann sich jedoch nicht gegen die dominante Mutter durchsetzen. Lutz fühlt sich zerrissen zwischen seiner kindlichen Liebe zum Vater und der Liebe zur Mutter, die ihm die Nestwärme nicht bietet, nach der er sich sehnt. Dieser Mutter-Sohn-Vater-Konflikt zieht sich durch Lutz' gesamtes Leben. Er beherrscht seine Psyche, sein Denken und sein Handeln.

Als Lutz in München mit dem Studium der Tiermedizin beginnt, wird er, wie auch viele seiner Vorfahren, Mitglied in einer studentischen Verbindung. Sehr früh begeistert er sich für den Nationalsozialismus und wird bereits 1934 Mitglied der „allgemeinen SS". Als Soldat ist er später beim 125. Infanterie-Regiment der Wehrmacht an der Ostfront mit einer Veterinäreinheit unterwegs. Diese Einheit ist dafür verantwortlich, die Pferde zu pflegen, die die Flak in die vorderste Stellung bringen. Lutz Reuss wird durch einen Granatsplitter am Bein verwundet, in den letzten Kriegstagen kommt er noch für die Waffen-SS in Süddeutschland zum Einsatz. Das wird ihm zum Verhängnis. Er gibt den Befehl, einen Spion erschießen zu lassen und gerät kurz danach in amerikanische Gefangenschaft.

Ende April 1945 wird Lutz in Garmisch im Internierungslager festgesetzt. Hier trifft er mit vielen bekannten Persönlichkeiten der NS-Zeit zusammen. Von nun an aber sind sie nur noch Personen. Personen ohne Dienstgrad, die alle auf die gleiche Weise hungern und frieren. Dennoch entsteht im Lager ein reges geistiges Leben. Die Begegnungen und intellektuellen Gespräche beeinflussen sein Denken und verändern seine bisherige Betrachtungsweise. Er beginnt, die politische und seine persönliche Vergangenheit zu reflektieren. Er fragt sich, welche Schuld er trägt. Er denkt schließlich, dass er nur einer Mehrheit gefolgt sei. Er ist sich einer persönlichen Schuld nicht bewusst. Er wollte doch nur Karriere machen, sagt er sich, in einem System, an das er anfangs geglaubt und an das er viele Hoffnungen geknüpft hatte. Diese Auseinandersetzung mit sich selbst lässt ihn schlussendlich den Versuch wagen, sein spezielles Verhältnis zu Mutter und Vater zu ergründen.

Im Internierungslager 1945/1946 ist Lutz täglich im engen Kontakt mit dem später sehr erfolgreichen Schriftsteller Hans Hellmut Kirst. Der spätere Politiker Franz Josef Strauß und Hans Hellmut Kirst waren beide an der Flak-Artillerie-Schule IV als nationalsozialistische Führungsoffiziere tätig. In dieser Zeit entstand zwischen den beiden ganz offensichtlich ein Konflikt.

Franz Josef Strauß verrät und verleumdet Hans Hellmut Kirst bei den Amerikanern und verschafft sich selbst dadurch einen sogenannten „Persilschein". Als Landrat und Vorsitzender der Entnazifizierungskommission erwirkt Strauß nach Kirsts Entlassung aus dem Lager 1946 ein zweijähriges Schreibverbot für den Schriftsteller. Die Frage nach dem Warum bleibt offen. Weiß Kirst Geheimes über Strauß oder ist es eine Anweisung der Amerikaner, die fürchten, er könne die Missstände im Internierungslager an die Presse bringen? Über den glorreichen Sieger schlecht zu sprechen oder zu schreiben, ist damals nicht erwünscht. Der Heiligenschein der Sieger soll unbeschädigt bleiben.

Im Gegensatz zum Opportunisten Strauß, stellt sich Kirst seiner Vergangenheit und arbeitet sie in vielen Romanen auf. Kirst ist für meinen Vater eine geistige Inspiration und wichtiger Gesprächspartner. Beide hinterfragen ihre Vergangenheit und ihre Verantwortung. Wie können sie mit dieser Schuld umgehen? Gibt es Sühne und Vergebung für das, was in der NS-Zeit geschah und an dem sie sich beteiligt haben?

Im Januar 1962, 17 Jahre nach Kriegsende, wird Lutz plötzlich als Kriegsverbrecher verhaftet. In Ravensburg sitzt er bis Ende Juli 1962 in Untersuchungshaft. Mit 54 Jahren steht er also erneut vor einem Scherbenhaufen. In dieser Zeit schreibt er vieles aus seinem Leben auf. Durch die einfühlsamen Briefe seiner Frau beginnt er, sich mit dem Neuen Testament und ganz besonders mit den Schriften von Dietrich Bonhoeffer zu beschäftigen. Er findet zu seinem Glauben an Gott zurück. Sein Leitsatz wird ein Vers von Bonhoeffer:

„In Dankbarkeit gewinne ich das rechte Verhältnis zu meiner Vergangenheit. In ihr wird das Vergangene fruchtbar für die Gegenwart."

DIE VORGESCHICHTE

Frühlingsanfang, Dienstag, der 21. März 1978

Es ist früh um 6 Uhr, das Telefon klingelt. Der schrille Ton reißt mich aus den Träumen, die im Halbschlaf mitunter sehr spannend sein können. Ich bin kein geborener Frühaufsteher und als Student sowieso nicht. Noch etwas benommen höre ich die Stimme meines Vaters: „Du musst sofort kommen, mein Leben geht zu Ende und ich will dir noch einige Unterlagen geben." Koffer gepackt, Auto betankt und los geht's – mit unguten Gefühlen und Gedanken im Kopf. Vor einem halben Jahr hatte er einmal so merkwürdige Andeutungen gemacht, dass er nicht mehr lange leben würde. Das hielt ich damals für eine Spinnerei, eine depressive Stimmung.

Gegen 13 Uhr bin ich dort. Nach kurzer Begrüßung meiner Mutter gehe ich zu ihm. In seinem etwas düsteren Herrenzimmer sitzt er am Schreibtisch, umringt von all seinen Jagdtrophäen und raucht Pfeife. Das ganze Zimmer ist erfüllt von würzigem Tabakduft. Vor ihm liegt ein Stapel Akten. Endzeitstimmung liegt schwer im Raum. Aufrecht sitzend, mit klarer Stimme, die keine Frage zulässt, erklärt er mir seinen Nachlass. Er schenkt mir seine goldenen Manschettenknöpfe mit den Grandeln des stärksten Hirsches, den er in seinem Leben erlegt hat. Den goldenen Ring mit einem blauen Saphir nimmt er von seinem Ringfinger. Dieser Ring war ein Heiligtum für ihn, er trug ihn immer voller Stolz und nur zu besonderen Gelegenheiten. Nach dem Tod seiner Großmutter Anna hatte sein Großvater Carl erneut geheiratet. Seine zweite Frau stammte aus einer adeligen Familie aus dem Baltikum. Sie hatte meinem Vater dieses Familienerbstück ihres Vaters vermacht.

Als große Überraschung übergibt er mir noch ein kleines Schmuckkästchen. Darin befinden sich ebenfalls goldene Manschettenknöpfe mit den Grandeln meines ersten Hirsches, seinem Abschieds-Hirsch, wie ich jetzt verstehe. Vor einem halben Jahr hatte er mich zur Hirschjagd in den Schwarzwald eingeladen, wo sein Cousin Forstamtsleiter war. Er sagte damals: „Bevor mein Leben zu Ende geht, will ich dir den Abschuss eines Hirsches schenken." Nun erkenne ich die Wahrheit seiner Ankündigung. Mein Vater hatte im vorherigen Jahr mehrere kleine Gehirnschläge gehabt und es war ihm klar gewesen, dass diese sich steigern würden.

Nach circa einer Stunde steht er auf und sagt mit leiser Stimme: „So, mein lieber Sohn, das ist genug, mehr kann ich dir nicht sagen, bring mich ins Krankenhaus. Deine Mutter soll vorerst zuhause bleiben. Ich will, dass Du mich alleine begleitest." Drei Tage später, am Donnerstag, dem 23. März 1978, stirbt mein Vater.

Warum schreibe ich das alles?

Als im Februar 2020 die Corona-Pandemie ausbricht, weltweit die Wirtschaft zusammenbricht, Ausgangsbeschränkungen unsere Beweglichkeit einschränken und das ganze soziale Leben auf den Nullpunkt gefahren wird, kehrt auch Ruhe und Besinnlichkeit ein. Keine auswärtigen Termine, keine sozialen Verpflichtungen, nur zu Hause bleiben und sich mit sich selbst beschäftigen. Das kann Fluch oder Segen sein. Meine Frau und ich beschließen, dass diese Zeit ein Segen für uns ist. Es ist eine Zeit der inneren Einkehr und der intensiven Gemeinsamkeit.

Ich mache etwas, das mir schon seit Langem im Kopf herumgeistert. Ich sortiere die Unterlagen meines Vaters. Er hatte viele davon. Er war anscheinend nicht nur Jäger, sondern auch intensiver Sammler gewesen. Ich finde Tagebücher seiner Jagderlebnisse, Aufzeichnungen aus dem Internierungslager, Aufzeichnungen aus dem Gefängnis in Ravensburg, Unmengen an Briefen, umfangreiche Notizen, ein Buch von Karl Vogel, einem

Lagerkommandant in Garmisch sowie ein Buch von Hans Hellmut Kirst, in dem er das Leben im Internierungslager beschreibt. Die Zeitungen sind im Moment voll mit Erinnerungen an das Ende des Zweiten Weltkrieges. Man berichtet über das großartige Verhalten der alliierten Truppen und über unsere Dankbarkeit für die Befreiung aus der Nazi-Diktatur. Die Amerikaner sind gekommen, um uns Demokratie und Menschlichkeit zu bringen. Die Amerikaner haben uns beim Aufbau einer neuen Ordnung geholfen. Die Kehrseite darf aber dennoch nicht verschwiegen werden, einige Soldaten haben die Amerikaner im Internierungslager in Garmisch-Partenkirchen auch ganz anders erlebt.

Die volle öffentliche Aufmerksamkeit gilt und galt schon immer den Opfern des Nationalsozialismus. Sie stehen im Zentrum der Betrachtung. Das ist richtig, das ist wichtig, das Leid und das Unrecht dürfen nicht vergessen werden.

Auch für mich, den Autor, ist es wichtig, herauszufinden: Wie kommen die Täter zurecht mit dem, was sie getan haben? Inwieweit können die Täter ihre Taten ausblenden oder verleugnen? Wie gehen sie mit ihrer Schuld um? Gelingt es ihnen, sich mit sich selbst zu versöhnen? Die hauptverantwortlichen Täter wurden in Nürnberg verurteilt. Was aber ist mit den „Nebentätern"? Denen, die sich darauf berufen, nach geltendem Recht gehandelt zu haben? Oder wie steht es um die Soldaten, die im Befehlsnotstand handelten, obwohl sie das Unrecht erkannten? Sind diese Soldaten Kriegsverbrecher?

War mein Vater ein Täter, ein Verbrecher? Wenn ja, inwieweit fühlte er sich schuldig und bereute seine Taten? Inwieweit werde ich, als sein Sohn, mit der Schuld meines Vaters fertig? Wie wirken sich diese Schmach und die gesellschaftliche Sippenhaftung auf mein Leben aus?

Auch im Jahr 2020 gibt es noch immer viele Vorurteile in der Gesellschaft. Eine differenzierte Betrachtung der einzelnen Akteure und Akteurinnen, Schicksale und Hintergründe findet in der Öffentlichkeit kaum statt. Alles wird undifferenziert in einen braunen Topf geworfen und mit einem Deckel verschlossen. Eine ganze Generation wird kollektiv verurteilt. Dabei wäre es doch gerade heute enorm wichtig, sich – ohne das Furchtbare leugnen zu wollen – differenziert mit Motiven und Hintergründen der Nebentäter zu befassen. Damit sich die Geschichte nicht wiederholt.

Ich habe unter dieser kollektiven Verurteilung sehr gelitten. Sie hat mein eigenes Leben nachhaltig beeinflusst. Kann und darf es eine Vergebung für unsere Väter geben? Reicht es aus, dass der Vater seine Taten bereut? Ist ihm bewusst geworden, dass seine Taten auch auf seine Kinder und Enkel Auswirkungen haben können?

Ich sage jetzt in Gedanken zu meinem Vater: „Ich verstecke dich nicht mehr. Was auch immer du getan hast und was auch immer dein Grund dafür waren, es bleibt deine Sache. Du musst selbst dafür einstehen. Ich will frei sein von deiner Schuld." Diese neu gewonnene Haltung ermuntert mich, sein Leben zu beschreiben.

Heute leben wir in einem Rechtsstaat, in dem vor der Verurteilung eines Menschen immer auch nach Gründen, Motiven und Vorgeschichte gefragt wird. Rückblickend frage ich mich: Welche Rolle spielte die familiäre Prägung und der damals herrschende Zeitgeist beim Handeln meines Vaters? Wie wird ein junger Mensch damit fertig, wenn er als Soldat sein Leben riskiert, im Glauben, Volk und Vaterland zu verteidigen, und alle Ideale plötzlich nichts mehr wert sind und er sich für politisch und menschlich verwerfliche Ziele hatte missbrauchen lassen?

Wie kann ich mich selbst lieben, wenn ein Teil meines Wesens dem meines Vaters gleicht? Die Neigung zur Herrschsucht von meiner Großmutter und meinem Vaters finde ich auch in mir. Die Lust, schnell Entscheidungen zu treffen, ohne sie vorher zu kommunizieren, kann eine Stärke aber auch eine Gefahr sein. Ich wollte nie wie mein Vater werden. Zur Beruhigung versicherte meine Mutter mir, ich würde im Wesen ihrem Vater gleichen. Mein Großvater mütterlicherseits ist mir ein Vorbild. Er gibt mir Orientierung im Denken und Handeln.

Immer wieder frage ich mich, wie sich gebildete Menschen von einem psychopathischen Menschen verführen lassen konnten und ihm bedingungslos gefolgt waren? Einem Menschen, der mit einem Programm der Arbeiterklasse gestartet hatte, der den deutschen Nationalismus gepredigt und unbedingten Gehorsam gefordert hatte, sich für die „Arische Rasse" begeisterte, obwohl er selbst nicht Deutscher war und auch in keiner Weise „arisch" ausgesehen hatte?

Sind die Antworten vielleicht ansatzweise in den heutigen USA, Brasilien oder gar in den rechtsgerichteten politischen und gesellschaftlichen Strömungen europäischer Demokratien einschließlich Deutschland zu suchen? Müssen wir versuchen, die aktuellen Entwicklungen zu verstehen, um die Motive von Nebentätern und Mitläufern der Nazizeit rückwirkend zu begreifen? Oder eher umgekehrt?

In meinem Zuhause wurde nie über die Kriegszeit gesprochen. Auch persönliche Probleme wurden vor den Kindern nie erörtert. Das machte man nicht, man hat einfach nur funktioniert. Es herrschte Schweigen über die Vergangenheit. Aus Angst, vor Scham? Ich weiß es nicht. Ich weiß aber: Das Verschweigen der Vergangenheit ist genauso eine Lüge, wie das Schönreden ebendieser.

Der Vater meiner Mutter war ab Oktober 1939 Oberstabsveterinär der Wehrmacht und in Warschau tätig gewesen. Das ist ein gehobener Dienstgrad und ich denke, dass man diesen nur erlangt, wenn man systemtreu war. Also dem Nationalsozialismus nahestand. Bereits 1935 hielt er in Pommern einen Familientag ab. Es gab dazu einen ausführlichen Pressebericht mit der Aussage: „Aus dem Wissen um das eigene Werden der Sippe wächst die Kraft der rassischen Verwurzelung und der Tradition. Daraus lässt sich erkennen, wie das Schicksal der Sippe mit dem Schicksal des Volkes verbunden ist." Die Wurzeln dieser Bauernfamilie gehen bis ins 12. Jahrhundert zurück. Presseartikel und eine Einladung zum Familientreffen, die mit „Heil Hitler" unterschrieben war, fand ich erst später im Nachlass. Über die Vergangenheit meines Großvaters wurde nicht gesprochen, alle Fragen an meine Mutter oder meinen Vater blieben ohne Antwort.

Warum konnte mein Vater keine Gefühle zeigen? Sein Abschied von mir und seinem Leben war geschäftsmäßig organisiert. Warum hatte er meine Schwestern nicht informiert? Warum bekam ich kein anerkennendes herzliches Wort zum Abschied zu hören? Wo hatte diese Kriegsgeneration ihre Gefühle verloren? Aus den Unterlagen geht hervor, dass mein Vater vor dem Krieg scheinbar ein ganz anderer Mensch war.

Warum erzählen meine Schwestern ihren Kindern, der Großvater sei ein Kriegsverbrecher gewesen? War er das wirklich? Wenn ja, warum wurde auch nach der Inhaftierung und Rückkehr aus Ravensburg nicht offen über die Anklage und die Aufhebung von dieser Anklage gesprochen? Ein Gerichtsverfahren wurde offensichtlich nie eröffnet. Daher gab es weder eine Verurteilung noch einen Freispruch. Nach dem damals geltenden Recht war sein Handeln legitimiert, wenn auch moralisch und ethisch inakzeptabel. Mit seiner moralischen Schuld musste er selbst fertig werden. Wie ist es aber mit uns, den Kindern? Wir bekommen einen Teil seiner Schuld aufgebürdet, weil wir kollektiv mit ihm verurteilt werden. Hat er das je begriffen? Eine Entschuldigung meines Vaters habe ich nie vernommen.

Warum schweigen die Eltern? Das Schweigen führt zu Vermutungen, die uns Kinder in der Ungewissheit zurücklässt, da könnte etwas ganz Schlimmes gewesen sein. Wir drei Kinder hatten denselben Vater gehabt, aber nicht den gleichen erlebt. Jeder hat seine speziellen Erlebnisse in der Familie anders verarbeitet. Wenn ich mit meinem Vater beim Jagen auf der Jagdhütte war, kam er manchmal aus sich heraus und erzählte mir fragmentarisch einige Erlebnisse seiner Vergangenheit. Er berichtete aus der Jugend, aus der Studentenzeit, von seinen wilden Liebesabenteuern und natürlich von den vielen Jagderlebnissen. Aber niemals sprach er über die Kriegszeit. Krieg war tabu, jede Frage danach war verboten, ohne dass das Verbot jemals laut ausgesprochen wurde. Die Mauer des Schweigens war laut genug.

Durch die gemeinsame Zeit bei der Jagd habe ich ein tieferes Verständnis für meinen Vater entwickelt als meine Schwestern, die ihn nur als autoritär und jähzornig erlebt hatten. Als er, wie sich später zeigen wird, gewandelt und geläutert aus Ravensburg zurückkam, waren meine Schwestern bereits außer Haus und wohnten an ihren jeweiligen Studienorten. Sie kamen nur noch zu Kurzbesuchen nach Hause.

75 Jahre nach Kriegsende und 42 Jahre nach seinem Tod ist es nun für mich an der Zeit, dass ich über das Leben meines Vaters schreibe. Ich orientiere mich beim Schreiben stark an seinen gesammelten Unterlagen, die ich zum ersten Mal sichte. Zugegeben, ich hatte zunächst ein wenig Angst, etwas zu entdecken, was ich lieber nicht entdecken möchte.

Durch diese Arbeit veränderte sich mein bisheriges getrübtes Bild von meinem Vater und besonders auch von meiner Mutter. Ihre seelische Stärke und die enorme Liebe zu meinem Vater habe ich früher nicht bewusst wahrgenommen. Eine Liebe, die so stark war, dass sie es schaffte, alle Schicksalsschläge zu ertragen, nicht zu zerbrechen, sondern sich in ihrer Liebe noch zu festigen. Beide entdecken sich in ihrer Verbindung neu. Sie erkannten, dass sie zu lange geschwiegen und zu wenig miteinander gesprochen hatten. Erst in den Briefen aus dem Gefängnis finden sie wieder zueinander. Mein Vater hat sich in der Haft ganz offensichtlich zum Positiven entwickelt.

Was mein Vater nicht aufgeschrieben hat, versuche ich, in seinem Sinn zu schreiben. Ich als sein Sohn habe das Gefühl, manches nachvollziehen zu können, was er empfunden und was ihn bewegt hat. Doch in einer dokumentarischen Wahrheit mit einem Anteil von etwa zwei Dritteln überwiegt eindeutig die Dichtung. Vielleicht aber kommt die Dichtung der Wahrheit sehr nahe. Es hätte ja schließlich so sein können.

Danksagung

Ich danke meiner Frau Elisabeth, die in vielen Gesprächen und mit kritischen Fragen wertvolle Anregungen gab.

15

Personen der Familie

Autor: Carl-Ludwig Reuss
Ich-Erzähler: Dr. Lutz Reuss
Ehefrau: Anna-Lena
Töchter: Anna und Carina
Sohn: Carl

JEDER TAG IST EIN NEUES LEBEN

Späte Einsicht, späte Reue, späte Versöhnung

Die Verhaftung

Es ist Winter. Samstag der 20. Januar 1962, ich sitze in Ravensburg im Gefängnis. Der Vollmond scheint durch die Gitterstäbe und wirft lange Schatten auf den Steinboden, als wollten sie mir nochmals verdeutlichen: „Du bist eingesperrt, hinter schwedischen Gardinen, ohne Chance, zu entkommen."

Ich bin zutiefst deprimiert, mein Leben rauscht an mir vorbei. In Fragmenten, ohne erkennbaren direkten Zusammenhang. Ich versuche, meine Gedanken zu sortieren. Warum bin ich hier? Warum bin ich so, wie ich bin? Was ist in meinem Leben falsch gelaufen?

Bei Vollmond konnte ich noch nie richtig schlafen. Ich denke, dass ein Mond, der Weltmeere bewegen kann, auch in mir etwas auslöst. So waren die Tage vor und nach Vollmond für mich seit jeher sehr inspirierend für geistige Arbeiten. Auch jetzt sitze ich in meiner Gefängniszelle am Tisch mit einer kleinen 25-Watt-Lampe. Der dunkelgelbe Schirm, der kaum Licht durchlässt, bescheint nur eine eng begrenzte Schreibfläche. Aber immerhin, ich kann schreiben.

Ich schreibe alles auf, was mir in den Sinn kommt. Ich schreibe und schreibe mein ganzes Leben auf, so, als könnte ich mich damit reinwaschen von all der Schuld, die ich auf mich geladen habe. Ich suche nach Gründen für mein Handeln. Warum ließ ich mich verführen, um einem mörderischen System zu dienen? Warum wollte ich das nicht früher erkennen? Vielleicht hilft mir das Schreiben, mich in mein Inneres zu vertiefen und mein Tun ebenso wie mein Nicht-Tun zu reflektieren.

Donnerstag, der 4. Januar 1962.

Ich wache früh auf. Es ist kurz nach 5 Uhr morgens und noch sehr dunkel. Nur das Mondlicht erhellt die Landschaft ein wenig. Ich freue

mich auf den Spaziergang mit meinem Hund. Ich will die Morgen-
stimmung genießen, die ich so sehr liebe. Ein verheißungsvoller Vor-
mittag, der einen unerwarteten Verlauf nehmen sollte.
Obwohl es Winterzeit ist, liegt kein Schnee und die Tempera-
turen schwanken um plus-minus Null. Wir wohnen am Dorfrand,
am Ende eines Weges, kurz vor dem Acker. Danach gibt es nur noch
landwirtschaftliche Fläche bis zum nächsten Dorf in circa 4 Kilome-
ter Entfernung.
Meine vierjährige Deutsch Langhaar Hündin hat in meinem Ar-
beitszimmer ihren Korb und Schlafplatz. Sie registriert die Bewegung
in meinem Schlafzimmer im ersten Stock und im Bad sehr genau. Sie
wird unruhig und fiept leise, als Signal, dass sie mit mir raus will.
Die Kinder haben Ferien und dürfen sich ausschlafen. Ich schleiche
leise hinunter und bemühe mich, die Hündin ruhig zu halten. Es ist
nicht einfach, ihre Freude zu zügeln, denn sie weiß genau, was kom-
men wird. Mantel überwerfen, Leine mitnehmen, Hundepfeife und
Hut. Nun geht es los. Die Hündin ist von mir erzogen worden und
sehr diszipliniert. Sie läuft stets frei bei Fuß. Wenn ich pfeife, kommt
sie sofort – fast immer jedenfalls. Ist die Fährte richtig heiß, kommt
sie nicht. Benutze ich die andere Seite der Hundepfeife, ertönt ein
lautes Trillern. Dann muss sie unverzüglich stoppen und sich hinle-
gen. Dazu rufe ich das Kommando „Down!", auf Englisch. Darf sie
wieder laufen, rufe ich „Aller!", auf Französisch. Warum ich gerade
diese Befehle benutze, kann ich gar nicht sagen. Vermutlich, weil ihr
Klang besondere Wirkung zeigt oder, weil bereits Vater und Großva-
ter diese Kommandos verwendet haben.
Kurz vor acht bin ich zurück und bereite das Frühstück vor. In den
Ferien frühstücken wir nicht in der Küche, sondern alle zusammen
im Esszimmer, mit schön gedecktem Tisch, Wurst, Käse, Ei, Kaffee
und Tee. Anna-Lena, meine Frau, trinkt mit Vorliebe Mate-Tee. Der
schmeckt für mich wie ein Heuhaufen ganz unten und ist nicht ge-
nießbar. Anna-Lena isst zudem bevorzugt Roggenbrot, etwas abge-
lagert, weil das gesund sein soll. Das ist nicht genau das, was ich un-
ter einem genussvollen schönen Frühstück verstehe.
Heute aber ist meine Frau zu Besuch bei einer Schulfreundin, die
nach der Flucht in Malente hängengeblieben ist. So tische ich also al-

les auf, was ich und die Kinder gerne essen. Weißbrot, Graubrot, fri-
sche Brötchen, die ich auf dem Rückweg beim Bäcker besorgt habe,
Marmelade und Konfitüre, Gouda, durchwachsenen geräucherten
Schinken und mehr.

Um halb neun erscheint Anna mit einem fröhlichen „Guten Mor-
gen, Papa", es folgt, etwas verträumt, Carina und zum Schluss, un-
gewaschen und mangelhaft bekleidet, mein Sohn Carl. Wir genie-
ßen unsere Gemeinsamkeit und ein entspanntes Ferienfrühstück.
Die Wettervorhersage ist vielversprechend und wir überlegen, wie
wir die nächsten mutterlosen Tage gemeinsam gestalten könnten.

Nach dem Frühstück räumen die Kinder alles in die Küche und
machen den Abwasch. Inzwischen ist auch meine Sekretärin einge-
troffen und es kommt Leben ins Haus. Das Veterinärbüro hatte ich
bei mir im Haus einrichten können, da die Kreisverwaltung räum-
lich beengt ist.

Es ist Viertel vor zwölf, als es an der Tür klingelt. Ich denke, dass
es jemand für das Veterinärbüro sein muss. Die Sekretärin öffnet die
Tür und ruft: „Herr Doktor, da sind zwei Herren, die Sie sprechen
wollen." Ich gehe zur Tür und sehe zwei Männer mit Schlapphut und
langen Kleppermänteln, die nach dem Krieg als Regenmantel sehr
modern geworden waren.

Ich denke spontan: GESTAPO. Sie sahen aus wie zu Nazi-Zeiten.
Ein gehöriger Schreck durchfährt mich und Bilder der Vergangenheit
schießen unkontrolliert durch meinen Kopf. Ich schaue sie entgeis-
tert an und sage nichts. Mit rauer Stimme sagt eine der Gestalten:
„Kriminalpolizei, Sie sind verhaftet."

Es ist der 4. Januar und ich denke plötzlich, dass zwei der Heili-
gen Drei Könige sich einen Scherz erlauben. Bei uns im Dorf ist es in
dieser Zeit üblich, in der Nachbarschaft Geld zu sammeln und an die
katholische Kirche zu spenden. Eigentlich ist die Gegend rein evan-
gelisch, aber durch die Flucht hat sich eine katholische Gemeinde ge-
bildet. Nichts zu geben, wäre unklug, da im Dorf alle über alle re-
den und den Nimbus, dass der Doktor geizig sei, möchte ich gewiss
nicht verbreiten.

Aber nein. Sie sind echt. Sie zeigen ihre Ausweise und ich muss
sie in die Wohnung lassen. Ich frage nach dem Grund für die Verhaf-

tung. „Das werden Sie noch früh genug in Osnabrück erfahren. Wir haben nur den Auftrag, Sie zu verhaften. Packen Sie einen kleinen Koffer und kommen Sie mit!", sagt eine dieser äußerst unsympathischen Erscheinungen.

Der zweite ebenso unhöfliche Flegel begleitet mich bis ins Schlafzimmer. Das Bett ist noch ungemacht und diverse Dinge liegen locker verteilt herum. Das ist mir jetzt aber egal. Sollen diese Typen denken, was sie wollen.

Der andere Kommissar steht unten neben meinen Kindern und der Sekretärin. Diese sind fassungslos und wissen nicht, was geschieht. Sie stehen bewegungslos da und schauen wie paralysiert, was für ein Film da gerade abläuft. Wer weiß, wann ich wiederkomme oder Anna-Lena zurück sein wird, denke ich. Irgendwer muss sich doch um die Kinder kümmern. Ich bitte um Erlaubnis, ein Telefonat führen zu dürfen. Das wird schroff abgelehnt. Darauf sage ich der Sekretärin: „Rufen Sie bitte meine Frau an, wenn ich fort bin. Und, ach ja, machen Sie für die Kinder einen Scheck über 50 Mark fertig." Der Typ neben mir sagt laut und geringschätzig: „Da können Sie gleich noch eine Null dranhängen, so schnell kommt der nicht wieder." Ich hätte ihm eines in die Visage hauen mögen. Aber mein Respekt vor der Staatsgewalt hindert mich daran. Ein Abschied wird nicht erlaubt. Mit Handschellen, wie bei einem Schwerverbrecher, werde ich abgeführt. Vor dem Haus steht ein hässlicher grauer VW Käfer. Ich sehe meine Kinder oben im Badezimmer, das ein großes Fenster zum Hof hat, mit verweinten Augen und zaghaft winkend. Ein letzter Blick und ich werde von einem der Kerle wie ein Wurstpaket auf die hintere Bank gepresst.

Das sind Gestapo-Methoden. Bei diesem Gedanken läuft es mir wieder eiskalt den Rücken herunter. Mein Herz rast, ich bekomme einen Schweißausbruch und zittrige Hände. Die Erinnerung an die letzten Kriegstage ist wieder da. Ich glaubte, mit meiner Familie in Ludwigslust, im Pferdelazarett, in Sicherheit zu sein. Dann kam der unerwartete Marschbefehl, einen Veterinärtrupp in Süddeutschland zu übernehmen. Jeder wusste, dass das Kriegsende nahe war. Meine Angst vor einem erneuten Einsatz war riesig. Sich dem Befehl zu widersetzen wäre aber tödlich gewesen. Die Gesetze waren nach dem Attentat auf Hitler verschärft worden. Jede „wehrkraftzersetzende" Äußerung oder „Feigheit vor dem Feind" wurde sofort mit dem Tod durch Erschießen bestraft. Ich sehe meine Verhaftung durch die Amerikaner vor mir, die anschließende Gefangenschaft im Internierungslager mit allen Schrecken kommt wieder hoch. Nun bin ich hier, eingeklemmt in dieser Büchse, und werde zum Tribunal gefahren. Warum? Was wollen die von mir?

In Osnabrück erklärt man mir, ich hätte in den letzten Tagen des Krieges in der Gegend von Ravensburg ein Verbrechen begangen. Ich hätte einen unschuldigen jungen Mann erschießen lassen. Ja, ich hatte den Befehl dazu gegeben. Es war aber nicht irgendein junger Mann, sondern für uns ganz offensichtlich ein Spion. Er hatte Lageskizzen in der Hand, die für die vordringenden alliierten Truppen interessant gewesen wären. Er war für uns eine Gefahr. Die Gerichtsbarkeit war bereits auf der Flucht in Richtung Kempten, und das Feldgericht hatte mich aufgefordert, selbständig zu entscheiden.

Am Montag, dem 8. Januar geht es mit der „grünen Minna", einem Gefangenentransporter, in Richtung Süden. Es folgen Zwischenaufenthalte in Kassel, Fulda und Würzburg. Gefangene werden entladen und neue zugeladen.

Nach einer Zwischenübernachtung in Würzburg geht es am 09. Januar weiter. Aus den Gitterfenstern des Transporters ist außer Himmel fast nichts zu sehen, selbst im Stehen bleibt der Blick in die Landschaft begrenzt. Ich studiere innerlich die Kriminellen, mit denen ich unterwegs bin. Wir sind zwischen 6 und 8 Personen und die Unterhaltungen verlaufen recht lebhaft. Über die Gründe, warum sie im Transporter sitzen, will keiner reden. Alle sind sich einig, dass sie gute Kumpel und die anderen Kameraden schuld an ihrer Miseren waren und sie im entscheidenden Moment hängen gelassen hatten. Ein Mitreisender ist Wilddieb. Das aber ist nicht der Grund seiner Verhaftung. Der Bursche war als landwirtschaftlicher Arbeiter und Melker tätig. Er hatte einen Raubüberfall begangen und seinen Herrn mit der Axt erschlagen. Warum er das getan hatte, sagt er nicht. Auf den ersten Blick wirkt er eigentlich wie ein bodenständiger sympathischer Mensch. Ungeachtet seiner Vergangenheit können wir uns stundenlang über Jagderfolge und Missgeschicke unterhalten. So vergeht die Fahrzeit unbemerkt schnell.

Am späten Nachmittag ab 16 Uhr ist es bereits dunkel. Wir kommen gegen 18 Uhr in Ravensburg an. Es ist Januar, ein grauer Wintertag mit grauem Himmel, einem grauen Gefängnis und einer grauenhaften Zelle. Alles ist nur zum Gruseln, hoffnungslos und deprimierend. Wie konnte es dazu kommen? Gab es irgendeinen Punkt in meinem Leben, an dem wer-auch-immer die Weichen hätte anders stellen können?

Kindheit und Jugend in Dessau

1908 geboren, fiel meine Kindheit in den Untergang des Kaiserreichs und den Ersten Weltkrieg. Die Hungersnot quälte unsere Mägen, die Schmach von Versailles drückte auf das Gemüt meiner Eltern.

Ich erinnere mich an eine heftige Auseinandersetzung meiner Eltern. Mein Vater hatte gegen den erbitterten Widerstand meiner Mutter eine wertvolle goldene Taschenuhr der Aktion „Gold gab ich für Eisen" geopfert. Als Dank für sein patriotisches Handeln erhielt er eine Uhrenkette – mit der entsprechenden Aufschrift „Gold gab ich für Eisen". Diese Kette und die schlichte Arbeiteruhr liegen heute in meinem Schreibtisch. Bei jedem Blick darauf verstehe ich den Zorn meiner Mutter, und frage mich, wie jemand so dämlich hatte sein können, einen wertvollen Familienbesitz für den Krieg zu verschleudern. Meine Mutter stammte aus einer ehrwürdigen, aber mit wenig Wohlstand gesegneten Hugenotten-Familie. Sparsamkeit war ihr das höchste Gebot.

Heute, nach all meinen persönlichen Erfahrungen und dem Missbrauch meiner eigenen Ideale, kann ich den Begriff „Patriot" nur noch als Wortverbindung von Patria und Idiot betrachten.

Ich war zu früh geboren worden, um den Schrecknissen des Ersten Weltkriegs entgehen zu können, doch spät genug, um wenigstens eine unbeschwerte Jugend erlebt haben zu dürfen. An die Jahre in Dessau und mein enges Verhältnis zu meinem Freund Alex denke ich gern zurück. Wir sitzen bereits als 7-Jährige in der Schule zusammen und sind einander emotional eng verbunden. Blutsbrüder, wie Winnetou und Old Shatterhand. Eine echte Knabenliebe.

Alex' Familie besitzt landwirtschaftliche Ländereien, die von der Mulde durchflossen werden. Im Sommer schwimmen wir nackt durch den Fluss. Mit 12 Jahren teilen wir all unsere Gedanken und besprechen unsere pubertären Gefühle. Wir spüren die Männlichkeit, die sich in uns entwickelt und die uns verwirrt. Wir vertrauen einander Dinge an, wie es sonst wohl nur Mädchen tun. Unser gegenseitiges Vertrauen und unsere Zuneigung zueinander sind grenzenlos.

An einem dieser warmen Sommertage an der Mulde liegen wir nach dem Baden zum Trocknen nackt in der Sonne. Handtücher haben wir nicht dabei. Wozu auch? Wir dösen mit geschlossenen Augen. Offensichtlich träumen wir beide einen erotischen Traum, der uns eine starke Erektion beschert. Wir schauen uns an und machen einen „Waffenvergleich". Alex gewinnt. Wir spielen diverse pubertäre Spiele – es wächst zusammen, was zusammen wächst.

Das Thema männliche Sexualität beschäftigt mich lange. Ich lese später Literatur über männliche Freundschaften und will ergründen, ob ich „richtig gepolt" bin. Ein Psychologe schrieb, dass eine echte Männerfreundschaft neben Sympathie auch immer eine erotische Komponente hätte. Gerade in der Pubertät seien gleichgeschlechtliche Erlebnisse normal. Es bedeute nicht, dass man deswegen eine homosexuelle Veranlagung habe. Das beruhigt mich. Das weibliche Geschlecht war uns in dem Alter noch fremd und fern. Es regt jedoch unsere Fantasie an.

Es gibt da ein kleines süßes Mädchen, das mich fasziniert. Ich fühle mich wie ein großer Bruder. Sie ist die Freundin meiner Schwester Margot. Meine Schwester wurde am 18. Februar 1912 geboren, ihre Freundin Ursula ist genau drei Wochen älter. Beide sitzen in derselben Schulklasse. Immer, wenn ich Ursula sehe, leuchten ihre dunklen, fast schwarzen Augen auf und sie strahlt mich an. Drei Tage vor ihrem 10. Geburtstag geschieht das Drama.

Am Mittwoch, 25. Januar 1922, brennt das Theater in Dessau während einer Vorstellung nieder. Alle können sich retten, bis auf Ursulas Mutter und eine weitere Person, die es aus der Garderobe nicht mehr nach draußen schaffen und grausam zu Tode kommen.

Meine Schwester und ich sind zutiefst betroffen und vollkommen sprachlos. Warum passierte so etwas? Ich stelle mir vor, was ich empfinden würde, wäre meine Mutter in dem Feuer umgekommen. Die Gedanken, die mir dabei entgegenfliegen, erschrecken mich. Ich schiebe sie schnellstens von mir.

Am Samstag, dem 4. Februar, sehe ich Ursula die Kaiserstraße entlang gehen. Es ist ein feuchtkalter Tag. Als ich das Haus verlassen hatte, hatte das Thermometer minus 1,5 Grad angezeigt. Die vergangenen Tage waren von Schneeregen beherrscht worden, jetzt gesellt sich zur hohen Luftfeuchtigkeit noch ein eisiger Wind, der um die Ecken pfeift. Ursula hat sich in ihren Wintermantel gehüllt und die Wollmütze tief in die Stirn gezogen. Ich rufe ihr hinterher: „Ursula, warte mal!". Mit wenigen Schritten bin ich bei ihr. „Du Ursula, das mit deiner Mutter tut mir unendlich leid. Wenn ich irgendwas für dich tun kann, brauchst du es nur zu sagen. Du kannst dich auf meine brüderliche Hilfe verlassen." Sie schaut mich herzzerreißend traurig an, zieht die Mütze noch tiefer in die Stirn, dreht sich wortlos um und geht. Hatte ich etwas falsch gemacht? Ich hatte es doch lieb gemeint. Warum hat sie nichts gesagt?

Im März 1920 führt der Kapp-Putsch die Weimarer Republik an den Rand eines Bürgerkrieges. Ich bin gerade einmal 12 Jahre alt. Meine Eltern verbieten mir, alleine auf die Straße zu gehen, denn auch in Dessau kommt es zu bewaffneten Zusammenstößen. Am 16. März gibt es in der Fürstenstraße mehrere Todesopfer. Die Aufregung ist groß und in der Schule ist es das Hauptthema unter uns Schülern. Die Lehrer halten sich mit Kommentaren zurück. Angesichts des schnellen Wechsels der vorherrschenden politischen Strömungen bezieht man lieber keine klare Position.

Die Inflation schreitet ab Januar 1922 merklich voran und wird immer schneller. Meine Eltern wissen nicht mehr, wie sie mit ihrem Einkommen auskommen sollen. Ich merke es daran, dass bei Essen und Kleidung extrem gespart wird. Im Juli 1923 ist der Dollar bereits eine Million Mark wert, im Oktober werden es einige Milliarden sein. Geld ist praktisch wertlos. Im November 1923 wird die Rentenmark eingeführt. Viele Menschen verlieren bei dieser Reform ihr gesamtes Vermögen. Es folgt ein wirtschaftlicher Aufschwung. Das ist die Zeit, die wir heute als die „Goldenen Zwanziger" bezeichnen. Die Arbeitslosigkeit geht zurück und die Wirtschaft blüht, bis zum großen Börsencrash im Oktober 1929. Unternehmen werden zahlungsunfähig, massenhafte Entlassungen führen zu Arbeitslosigkeit und sozialem Elend. Das ist Wasser auf den Mühlen des Nationalsozialismus.

Mit einem Transport über See werden meine Schwester und ich im Jahr 1923 mit dem „Verein für das Deutschtum im Ausland" nach Reval (das heutige Tallin) geschickt. Wir leben dort von Mitte Juni bis zum 17. September bei der Familie Borchard. Frau Borchard ist die Schwester von Minna von Scheele, der zweiten Frau meines Großvaters. Das Ehepaar Borchard betreibt in Reval eine Holzhandlung und ein Sägewerk. Insgesamt sind sie sehr nett zu uns, doch meine 11-Jährige Schwester Margot und ich mit meinen 15 Jahren wissen nicht so recht, wie wir die Zeit bei dem alten Ehepaar ohne Kinder verbringen sollen. Uns ist stinklangweilig und mich beschleicht das Gefühl, dass meine Mutter uns gar nicht mehr haben will und uns zu fremden Menschen abschiebt. In der Zwischenzeit reist meine Mutter für einen Verwandtenbesuch und eine Kur nach Bad Wiessee am Tegernsee. Sie reist wie meistens ohne meinen Vater. Angeblich ist sie mal wieder sehr erschöpft und hat Herzattacken. Damit hat sie sich schon immer in Szene gesetzt und viele Kuren gemacht. Sie ist mit dieser Masche erfolgreich 74 Jahre alt geworden, obwohl sie ja angeblich immer sterbenskrank war.

Im Oktober 1923 wird der Aufstand der KPD in Hamburg blutig niedergeschlagen.

Am 8. und 9. November scheitert ein Putschversuch durch General von Ludendorff und Adolf Hitler. Die NSDAP wird als Partei verboten. Hitler wird zu 5 Jahre Haft verurteilt, jedoch vorzeitig entlassen. Ludendorff wird freigesprochen. Es sind äußerst unruhige und wirtschaftlich bedrohliche Zeiten. Das begreife ich auch schon in meinem jugendlichen Alter.

1924 wird die Jugendorganisation der NSDAP verboten, die Polizei beschlagnahmt in Dessau ausgestelltes Propagandamaterial im Fürstenhof. Die Funktionäre der Ausstellung werden verhaftet.

Die SPD gründet ihren Kampfverband „Reichsbanner Schwarz-Rot-Gold" und die KPD den „Roten Frontkämpferbund". Beides waren paramilitärische Verbände, die ihre politische Ausrichtung lautstark und aggressiv vertraten. Sie sollten den frustrierten Frontkämpfern aus dem Ersten Weltkrieg eine politische Heimat geben. Die NSDAP bildet mit ihrer SA, der Sturmabteilung, den Gegenpol zu linken Kräften. Alle Zeichen stehen auf Kampf.

Am 13. April 1924 wird bis zur herbstlichen Sonnenwende am 21.September auf Sommerzeit umgestellt.

Ostern ist in diesem Jahr sehr spät. Am Ostermontag, dem 21. April1924 treffe ich mit Alex zusammen. Alex strahlt und ist voller Enthusiasmus: „Stell dir vor, gestern waren zwei Cousinen zu Besuch. Sie schäumten über vor Begeisterung, als sie von ihren Erlebnissen mit den Pfadfindern erzählten. Was meinst du, sollen wir uns nicht auch den ‚Allgemeinen Pfadfindern' anschließen?" „Tolle Idee! Ich habe auch schon viel Gutes darüber gehört. Lass uns das zusammen machen", antworte ich. Gesagt, getan. Alex und ich werden Mitglied bei den Allgemeinen Pfadfindern. Hier sind nur Jungs aus gutbürgerlichen konservativen Familien versammelt, alles was uns „rot" oder kommunistisch vorkommt, ist uns nun zuwider.

1926 vereinigen wir uns mit dem Stamm „Goten" in Dessau. Jetzt gehören wir zum Bund der „Sturmtrupp-Pfadfinder", eine „Deutsche Waldritterschaft", die sich an die Gedanken des „Urpfadfindertums" anlehnt. Wir folgen der Idee vom einfachen und geistigen Leben. Neben den üblichen Abenteuerspielen ist auch das soziale Lernen gefordert. Wir leisten gemeinnützige Arbeit, sind besonders im Bereich von Umwelt- und Naturschutz aktiv und helfen auch bei Pflanzaktionen in der Forstwirtschaft.

Bei einer Aktion im Harz, zwischen Blankenburg und Gernrode, werden wir einmal von den anarchistischen Anhängern der kommunistischen Kampfgruppe attackiert und mit Steinen beworfen. Für diese gelten wir als bürgerlich und stehen damit auf der Seite des Kapitalismus. Das war Grund genug für sie, uns zu beschimpfen. Es wird zwar niemand verletzt, aber unsere Wut auf diese Chaoten steigert sich maßlos. Kommunisten zählen fortan zu unseren natürlichen Feinden. Unsere politische Neutralität bekommt Grenzen gesetzt.

In der Albrechtstraße 109 ist immer etwas los. Es gibt viele Kinder in allen Altersstufen. Eberhardt Junkers ist ebenfalls 1908 geboren und wir gehen zur selben Schule. Alex und ich sind mit ihm freundschaftlich verbunden und gemeinsam im Ruderverein aktiv. Die Familie Junkers ist eine etablierte Unternehmerfamilie in Dessau. Der Vater, Hugo Junkers, baut Flugzeugmotoren und Flugzeuge. Die Ju 52 wurde später als militärische Transportmaschine sehr berühmt.

Immer, wenn ich bei der Familie Junkers zu Besuch bin, spüre ich die dort herrschende liberale offene Stimmung. Freunde sind jederzeit willkommen und müssen sich in dem Familienchaos von zwölf Kindern selbst zurechtfinden. Manchmal ist in dem Gewusel nicht ganz klar, wer Familienmitglied oder Familienfreund ist. Hier geht alles ganz anders zu, als bei mir zu Hause, wo alles beamtenmäßig ordentlich, konservativ und streng reglementiert ist. Im Hause Junkers herrscht ein freier Geist, mit starkem Interesse an Kunst und Kultur.

Ab 1926 werden hier Verbindungen zu Walter Gropius, dem Bauhaus sowie zu Lyonel Feininger geknüpft und entsprechende Projekte unterstützt. Die Kinder haben viel Freiraum, um sich zu entfalten. Jeder Besuch dort beflügelt mich.

Am Freitag, dem 25. Mai 1928, gibt es Anlass für eine große Feier in Dessau. Alles, was Rang und Namen hat, kommt zusammen. Die Junkerswerke haben das 1000ste Flugzeug gebaut. Hugo Junkers wird Ehrenbürger der Stadt und ein Teil der Köthener Straße, in der das Werk liegt, wird in Junkersstraße umbenannt. Als Freund von Erhardt bin ich bei der Feier ebenfalls dabei.

Auf dem Heimweg, gegen 17 Uhr, herrscht leichter Nieselregen. Trotzdem gehe ich in Richtung Mulde. Ich will noch durch die Wiesen laufen und die schöne frische Luft genießen. Wie durch eine göttliche Fügung steht Ursula an einer Straßenecke und unterhält sich mit anderen Mädchen. Als ich näherkomme, verabschieden sich die anderen und ich winke Ursula zu, sie möge warten. Ursula ist mit ihren mittlerweile 16 Jahren eine attraktive junge Frau geworden.

Zusammen gehen wir in die Flussauen und plaudern über dieses und jenes. Natürlich interessiert sie sich auch für meine Eindrücke von der soeben erlebten Feierlichkeit. Ich erzähle ihr auch von meinem Leid und dem Ärger mit meiner Mutter. Plötzlich hält sie mich am Ärmel fest: „Sag mal Lutz, worüber beklagst du dich eigentlich? Soweit ich es von Margot mitbekommen habe, geht eure Mutter sehr fürsorglich mit euch um."

Verwundert sehe ich sie an: „Fürsorglich nennst du das? Nichts mache ich richtig, nichts ist gut genug für sie. Im Übrigen kann zu viel Fürsorge einen auch erdrücken. Sie lässt mir keine Freiheit, um eigene Entscheidungen zu treffen und mich selbst zu entwickeln. Ihre Fürsorge besteht aus einer Summe von Anweisungen, die ich zu befolgen habe."

„Du bist undankbar", erwidert Ursula. „Sei froh, dass du eine Mutter hast. Ich wollte, ich wäre an deiner Stelle. Weißt du eigentlich, wie schmerzlich es ist, ohne Mutter zu sein?" Die letzten Worte klingen halb erstickt, ein paar Tränen laufen ihr lautlos über die Wangen. Sie weint, ohne wirklich zu weinen. Ihr Seelenschmerz überwältigt sie, sie wendet sich mir zu, sie legt ihre Arme um mich und schmiegt ihren Kopf an meine Schulter. Ich erwidere ihre Umarmung und halte sie fest an mich gedrückt. Ich fühle ihre Wärme, ihren jungen sich noch entwickelnden Busen an meiner Brust. Ihre Haare und ihr ganzer Körper riechen sehr fraulich. Ich atme tief durch und genieße diesen Moment der besonderen Zuwendung. Zärtlich küsse ich ihr die salzigen Tränen von der Wange. Meine Lippen spüren ihre junge glatte Gesichtshaut. Was für ein wunderbares hübsches Mädchen, denke ich. Ursula strafft ihren Körper, richtet sich auf, macht sich aus der Umklammerung frei und sagt: „Du bist so groß und stark. Im Ruderverein habe ich dich einige Male gesehen und deine kraftvolle Bewegung bewundert." „Danke für das Kompliment. Ich fühle mich sehr geschmeichelt", antworte ich. Es ist ein wunderbares Gefühl, von einer jungen, hübschen Frau so bewundert zu werden. Sie bestätigt mich in dem, was auch ich selbst an mir wahrnehme: In den vergangenen drei Jahren, in denen ich mich in der Rudervereinigung Dessau betätige, sind meine Schultern breiter und die Muskeln an Armen und Beinen stärker geworden.

Der Nieselregen hat aufgehört. Die abendliche Kühle schleicht von unten aus der Wiese an unserem Körper empor. Ursula schaut mich noch einmal bewundernd an und sagt: „Mir wird kalt, lass uns nach Hause gehen."

Die Weimarer Republik beschert uns eine sexuelle Revolution. Die Soldaten, die an Ost- oder Westfront gekämpft, den Totentanz am Hardmansweiler Kopf in den Vogesen und die mörderische Schlacht an der Somme überlebt hatten, die zwischen Leichen und verblutenden Kameraden bei Verdun im Schützengraben gelegen hatten, sie waren paralysiert, zu seelischen Krüppeln geworden. Sie wollten nichts weiter als das Leben. Mehr als zwei Millionen deutsche Soldaten hatten dieses indes bereits verloren.

Fragen zu stellen wie „Wofür?", oder „War es das wert?" führen zu nichts. Jedenfalls nicht jetzt, nicht nach dem Krieg. Später, wenn diese Fragen zu etwas führen könnten, sind sie vergessen. Das Leid wiederholt sich, schlimmer als je zuvor.

Jetzt aber gibt es einen erheblichen Frauenüberschuss. Die nun modernen Verhütungsmittel erlauben Geschlechtsverkehr ohne Angst vor Schwangerschaft oder Geschlechtskrankheiten. Lesben und Schwule werden gesellschaftlich mehr und mehr akzeptiert, offene Ablehnung oder gar Verurteilungen auf der

Basis des § 175 wie im Kaiserreich scheinen der Vergangenheit anzugehören. Forderungen, den § 175 abzuschaffen, werden breit diskutiert. Doch der Rückschritt lässt nicht lange auf sich warten. Mit Hitlers Machtergreifung 1933 werden alle gleichgeschlechtlichen Handlungen jeglicher Art unter strenge Strafe gestellt. Homosexualität wird als „entartetes" Verhalten gebrandmarkt, als Bedrohung der Leistungsfähigkeit des Staates und des männlichen Charakters des deutschen Volkes betrachtet und geächtet. Doch zunächst gewinnt die Freizügigkeit. Die bereits 1901 gegründete Freikörperkultur (FKK) blüht in der Weimarer Republik wieder auf. Es gilt die These: „Die Gewohnheit, sich zu bekleiden, fördert unnatürliche Prüderie und falsche Moralgesetze." Auf den abgesperrten FKK-Geländen bewegt man sich nackt, treibt nackt Sport und tanzt sogar nackt. Wie impotent muss man sein, denke ich, um bei einem Tango, bei dem die Körper sich berühren, keine Erektion zu bekommen? Allein bei dem Gedanken daran spannt sich schon meine Hose.

Es gibt Zeitschriften für FKK-Freunde mit zahlreichen Nacktbildern. Eine solche Zeitschrift wird bei uns unter der Schulbank zu Höchstpreisen gehandelt. 1933 werden alle FKK-Vereine verboten, die Gelände aufgelöst und die Vereinsvermögen eingezogen. Als Ersatz wird der „Nationalsozialistische Reichsbund für Leibesübungen" als NS-Organisation geschaffen. Erst 1942 eröffnet Heinrich Himmler mit der „Polizeiordnung zur Regelung des Badewesen" wieder die Möglichkeit, sich nackt zu bewegen beziehungsweise nackt zu baden, ohne sich strafbar zu machen.

Alex und ich besitzen bereits mit 16 Jahren eine Jagderlaubnis und schießen Enten an der Mulde. Ich benutze eine Suhler Doppelflinte von meinem Vater. Dieser verlangt von mir eine konsequente Schussdisziplin. Das bedeutet, dass ich nur jeweils eine einzige Patrone laden darf. Vater erklärte mir den Grund dafür: „Wenn du nur einen Schuss hast, musst du ihn konzentriert setzen. Dadurch verleitest du dich nicht zum leichtfertigen Draufhalten und erzielst ein besseres Trefferergebnis. Du verringerst das Risiko, die Ente nur zu verwunden, ohne sie zu töten. Also, sei weidmännisch umsichtig und bedenke, dass du mit jedem chuss ein Lebewesen tötest. Erlege nur das, was du auch wirklich essen oder verwerten willst." Diese kluge Einstellung werde ich später an meinen Sohn weitergeben.

Waffen faszinieren mich. Schon während der Schulzeit besorge ich mir in Suhl eine Liliput, eine halbautomatische Taschenpistole, Kaliber 4,25 Millimeter, womit man höchstens eine Ratte erschießen aber niemanden ernsthaft gefährden kann. Trotzdem macht mich allein das Wissen stark, eine echte Waffe zu tragen. Es gibt mir das Gefühl von Männlich- und Wehrhaftigkeit. Peinlicherweise rutscht mir die Pistole während des Unterrichts einmal aus der Hosentasche und trifft mit einem unüberhörbar hellen und metallischen Geräusch den Steinboden. Der Lehrer ist genauso erschrocken wie ich, die Kameraden biegen sich vor Lachen. Ich bekomme einen Tadel und mir ist es fortan verboten, die Pistole mit zur Schule zu bringen. So großzügig und selbstverständlich war damals der Umgang mit Waffen.

Ich wohne mit meinen Eltern und den Großeltern zusammen in einem großen Haus in der Kaiserstraße. In den Nachbarhäusern wohnen weitere Kinder und Jugendliche in unserer Altersstufe, mit denen wir uns auf der Straße oder auf einem Bolzplatz treffen. Wir sind alle sehr lebhaft. So lebhaft, dass eine ältere Dame einmal bemerkt: „Ihr seid wohl die Jungs von der Krachmacherstraße!" Für uns ist das keine Kritik, sondern Lob und Auszeichnung. Richtig, wir haben kein Gefühl für die Lautstärke, die wir erzeugen, aber viel Freude dabei.

Der einzige Sohn von Lehrerehepaar Helmbrecht ist wegen seines Down-Syndroms optisch auffällig und auch geistig etwas beeinträchtigt. Ich sage bewusst „etwas", weil es für uns Jungs auf den ersten Blick gar nicht offensichtlich war. Erst beim Sprechen merken wir, dass er nicht ganz helle ist. Er, Karl-Heinz, ist ein guter Fußballspieler. Wir nennen ihn nur „Heini". Beim Fußballspiel ist er mitunter etwas hart im Einsatz und die Regeln legt er manchmal recht großzügig aus. Wir durchschauen nicht, ob er die Regeln tatsächlich nicht ganz versteht oder sie bewusst ignoriert, wenn sie ihn bei seinem Spiel behindern.

Als wir eines Tages wie gewohnt auf der Straße spielen, mache ich einen gewaltigen Schuss. Zu gewaltig. Der Ball zersplittert in der unteren Etage des Hauses ein Fenster. Während wir noch überlegen und diskutieren, wie wir den Ball wiederbekommen könnten, sagt Heini: „Ich mach das, ich habe ja einen Dachschaden, mich bestrafen die bestimmt nicht." Gesagt, geklingelt, getan. Wir anderen verstecken uns etwas feige hinter den Straßenbäumen. Heini kommt nach fünf Minuten strahlend aus dem Haus, unter seinem Arm klemmt der Ball. Ob seine Eltern dafür zur Kasse gebeten wurden, weiß ich nicht. Heini jedenfalls war ab sofort unser Held und Ausputzer für besondere Gelegenheiten. Er wird in den „Club der Krachmacher" aufgenommen.

Studium und Corps Ratisbonia

Die Corps-Studenten sehen sich im völkischen Verbund, halten deutsches Brauchtum und die deutsche Art hoch und pflegen sie. Sie betrachten sich als die Wurzel des deutschen Idealismus. Die Verbindungen waren 1815 unter dem Motto „Ehre, Freiheit, Vaterland" gegründet worden. Sie wandten sich damals gegen den moralischen Verfall des Studententums und die nationale Zerrissenheit des deutschen Reiches. Um die Jahrhundertwende wurden die Corps immer elitärer. Wer Akademiker werden wollte, galt nur etwas, wenn er Verbindungsstudent war. Kaiser Wilhelm, Bismarck und viele später bedeutende Persönlichkeiten waren Verbindungsbrüder. Mein Vater war in einer Verbindung, mein Großvater war in einer Verbindung, also gehe auch ich in eine Verbindung.

„Es gab Nichts, was mehr verband, als der Corps farbige Band", war ein gängiger Ausspruch von Verbindungsbrüdern. Couleur-Bänder-Studentenmützen mit den Farben der Verbindung werden mit Stolz getragen. Verbindungen schaffen ein bedeutendes Netzwerk für spätere Erfolge. Somit ist es klar und vorbestimmt, dass ich auch Mitglied in einer Verbindung werde. Mit Beginn meines Studiums der Tiermedizin in München im Jahr 1932 werde ich Mitglied in der studentischen Verbindung „Ratisbonia" – eine Verbindung im Kösener-Senioren-Convent-Verband". Es ist eine schlagende Verbindung mit den Farben Weiß-Rot-Hellblau mit silberner Perkussion. Dazu gehört eine hellblaue Studentenmütze. Unser Wahlspruch ist „VIRTUS ET HONOS – Tapferkeit und Ehre".

In der schlagenden Verbindung ist es Pflicht, Mensuren zu fechten. Die Mensur bezeichnet den Abstand der Paukanten zueinander. Die Paukanten sind mit Körper- und Kopfschutz und auch an Gesicht, Augen und Nase weitgehend geschützt. Mensuren fechten, das ist weder Sport noch Duell. Es gibt weder Gewinner noch Verlierer. Wichtig sind aufrechte Teilnahme, Durchhaltevermögen und die Beherrschung von Affekten. Der Mensur Convent bewertet Stand, Moral und Technik. In diesem Zweikampf von Männern, bei dem man verletzt werden kann, wird Disziplin verlangt. Disziplin, den Kampf ohne sichtbare Furcht durchzustehen.

Ich bin mit Herz und Seele dabei, mit allen Verpflichtungen einer studentischen Gemeinschaft, deren Mitglieder lebenslang verbunden bleiben und ein verlässliches Netzwerk bilden.

Später, mit etwas Abstand und in meiner Gefängniszelle sitzend, denke ich an das klassische aber schwachsinnige Kampftrinken und andere Männerspiele, in denen ich mir und anderen beweisen musste, was für ein toller Kerl ich war. Ich denke an merk- und fragwürdige Rituale, die ich heute albern finde. Aber um welchen Preis hätte ich mich damals davon distanzieren können? Welche Alternative hätte ich gehabt? Abgesehen davon, bin ich damals ja gar nicht auf die Idee gekommen, es anders machen zu wollen.

Ich bin nun im dritten Semester und habe auf dem Paukboden bereits viele Mensuren gefochten. Mein Gesicht ist mit mehreren einschlägigen Narben gezeichnet. Meine Kameraden Dinkelmeyer (Medizin), Ammon (Medizin), Einecker (Pharmazie), Bunse (Architektur), Lepp (Zahnmedizin), Weber (Jura), Schönen (Pharmazie) und ich (Tiermedizin) treten zur selben Zeit in die Verbindung ein. Wir unterstützen uns gegenseitig beim

Lernen und pflegen eine enge studentische Freundschaft untereinander. Überhaupt ist die Hilfsbereitschaft in der Verbindung sehr ausgeprägt. Die höheren Semester greifen uns unter die Arme, wenn wir mal durchhängen oder etwas nicht verstehen. Das Leben in der Verbindung gibt mir das Gefühl von Freiheit, Kameradschaft, Zugehörigkeit und die Gewissheit, wichtig und akzeptiert zu sein. Mit Stolz trage ich die Farben der Verbindung. Die Narben in meinem Gesicht weisen mich für jeden erkennbar als Akademiker aus. Das steigert mein Selbstbewusstsein. Das schmeichelt meiner Seele und macht mich für die Mädchen interessant.

Aber wie in jeder Gemeinschaft gibt es auch hier Typen, die ich nicht mag. Ein Verbindungsbruder ist mir besonders zuwider. Carlos von Wagner, ein arroganter Pinsel, wie er im Buche steht. Er weiß alles, er kann alles, aber er tut nichts für die Gemeinschaft. Innerhalb der Verbindung benimmt er sich wie ein Schmarotzer. Ein echter Stinkstiefel eben. Carlos studiert Jura, ist zwei Semester über mir und Fuchsmajor. Als Erstsemestriger muss ich ihm als Fuchs dienen. Ein Fuchsmajor hat das Recht, sich bedienen zu lassen. Ich muss Bier zapfen und es ihm bringen sowie andere allgemeine Assistenztätigkeiten leisten. Mit anderen Worten beschrieb es den Prozess von klein anfangen und sich hochdienen. Erniedrigungen sind allerdings nicht vorgesehen, diese widersprechen dem Anstand. Carlos lässt mich deutlich spüren, dass er von adeliger Herkunft ist und sich deshalb für etwas Besseres hält.

An einem Abend diskutieren wir sehr intensiv über politische Themen, gesellschaftliche Normen, die Entwicklung des Nationalsozialismus und die Abschaffung der Privilegien des Adels nach dem Ersten Weltkrieg. Carlos ist ein unangenehmer und sehr empfindlicher Gesprächspartner, er verträgt keinen Widerspruch. Seine Meinung gilt, alle anderen denken falsch. Er agiert zunehmend emotional und wird immer aufgebrachter in unserer Debatte. Seine Lautstärke nimmt zu, seine Stimme wird immer heftiger, als wäre die Lautstärke ein überzeugendes Argument dafür, dass er im Recht ist. Er steht auf, donnert den Bierkrug auf den Tisch, brüllt mir zu: „Sozial bist du ein Nichts!", und stürmt türknallend aus dem Raum.

Diese wenigen Worte treffen mich tief in meinem Ehrgefühl. Innerlich bebend und mit zittriger Hand leere ich mein Bierglas und gehe auf mein Zimmer. An Schlaf ist nicht zu denken. Seine Worte wühlen in mir. Ich habe keine Idee davon, wie ich mit diesem Erlebnis und meinem inneren Aufruhr umgehen soll.

Das Stiftungsfest

Die Mittsommernacht am 21. Juni ist immer ein bedeutendes Ereignis in der Verbindung. Am ersten Wochenende danach, am Johannistag, feiern wir traditionell das jährliche Stiftungsfest. Zu diesem Fest sind nicht nur die „Alten Herren" mit ihren Damen geladen, auch wir, die jungen Studenten, laden Mädchen ein, bevorzugt von der Pädagogischen Hochschule. Dort gibt es viele hübsche und auch zum Mitkommen gewillte junge Frauen. So geschieht es auch in meinem dritten Semester, am Samstag, dem 25. Juni 1932. Der Abend verläuft unterhaltsam mit Tanzen, Reden und Biertrinken. Wein ist zu teuer und Schnaps nicht gesellschaftsfähig. Außerdem leben wir in München, der Wiege der Braukunst. Da es keine festen Bindungen zu bestimmten Mädchen gibt, tanzen wir mit allen, die uns gefallen. Die Nacht ist wunderbar lau, daher ereignet sich so manches auch im Garten hinter dem Haus. Wobei das Haus vielmehr eine Villa ist, denn die Verbindung ist nicht arm und kann sich diese Immobilie in Schwabing in der Nähe zum Englischen Garten leisten. Ich stehe mit einigen Freunden im Garten zusammen und rauche meine Pfeife. Es ist eine studentische krumme Pfeife mit hängendem Kopf, die mein Vater schon als Student rauchte. Der Knaster, den ich gestopft habe, stinkt wie ein Wald- und Wiesenbrand, schmeckt aber irgendwie männlich. Die Pfeife sieht etwas verwegen aus und macht mich interessant.

Da kommt Heidrun auf mich zu, mit ihr hatte ich zweimal getanzt. Ein nettes Mädchen aus gutem Haus. Ihr Vater ist Lehrer am Alten Gymnasium in Bremen. Das hatte sie mir beim Tanzen voller Stolz erzählt. Es sei ein ehrwürdiges Gymnasium, das schon Anfang 1500 als Lateinschule berühmt gewesen war und heute noch ein großes Renommee in Norddeutschland hätte. Der Vater sei allerdings sehr genervt von der Disziplinlosigkeit der Schüler aus der Nachkriegsgeneration. Sie seien undiszipliniert, frech und ohne Respekt vor Autoritäten.

Der Leiter der Schule, ein Dr. Schaal, sei dagegen ein Pfundskerl. Er habe jetzt erlaubt, dass man in der Schule alle Embleme der Nationalsozialisten tragen dürfe. Zwei Lehrer, die nicht passend seien, habe er wegen rassistischen und politischen Gründen entlassen. Der Senator von Hoff habe ihm Rückendeckung gegeben und die Maßnahmen sehr unterstützt. Heidruns Vater sei froh, dass an der Schule nur sieben jüdische Schüler seien, die zudem bald ihren Abschluss machen würden. Neue Juden würden nicht aufgenommen werden.

Heidrun ist sehr national eingestellt. Ihre Tanzbewegungen sind schwungvoll, dynamisch und gekonnt. Es ist eine Freude, mit ihr zu tanzen. Vom Typ her ist sie allerdings nicht das, was ich mir für heute eigentlich wünschen würde. Sie wirkt recht konservativ und bieder.

Heidrun kommt also zu uns in den Garten. Sie wirkt verängstigt, zieht mich beiseite und sagt leise, so dass die anderen es nicht hören können: „Der Carlos macht mir Angst. Beim Tanzen wurde er zudringlich, er will mich nun unbedingt nach Hause bringen. Da Carlos mich persönlich eingeladen hat, ist das ja auch normal und eigentlich gebietet es der Anstand. Ich habe aber furchtbare Angst vor ihm. Kannst du mich begleiten?"

Es ist zwei Uhr morgens, einige Biere habe ich schon getrunken, aber ich bin nicht betrunken. Das Vertrauen von Heidrun zu mir ehrt mich. Mit stolzgeschwellter Brust versichere ich: „Natürlich mache ich das. Es ist mir eine große Ehre, dich zu begleiten. Ich garantiere dir deine Sicherheit."

Wir suchen unsere Jacken, treffen uns im Flur an der Ausgangstür und schleichen uns davon, damit Carlos nichts bemerkt. Von der Villa in der Ungererstraße bis zu ihrer Heimatadresse, der Augustenstraße, sind es rund 60 Minuten Fußweg. Wir gehen am Siegestor, dann an der Ludwig-Maximilian-Universität vorbei, die Arcisstraße hoch, dann nach rechts in die Schellingstraße bis zur Augustenstraße.

Heidrun wohnt direkt über der Bäckerei und Konditorei Hölzl, ein Traditionsbetrieb seit 1919, wie eine Aufschrift an der Tür vermerkt. Der Eingang zu ihrer Wohnung, in der sie mit zwei anderen Mädchen wohnt, ist vom Hinterhof aus zu erreichen. Im Hinterhof befindet sich auch die Backstube. Es ist 20 Minuten nach 3 Uhr früh, es duftet nach frischen Brötchen und Brot. Heidrun, die alle Gesellen dort kennt, fragt, ob wir vielleicht ein paar Brötchen haben könnten.

Der Bäckermeister hat offensichtlich ein Herz für Heidrun und schenkt ihr sechs Brötchen. Zwei davon bekomme ich, eines wandert noch warm in die Hosentasche, das andere gleich in den Mund.

Ich verabschiede mich, wünsche eine gute Nacht, obwohl diese ja eigentlich schon vorbei ist und ich bekomme ein zartes Küsschen auf die Wange, ein Dankeschön und sie verschwindet in der Tür. Noch nicht ganz drinnen, sagt sie noch: „Obwohl mein Vater sich mit der Schulleitung gut versteht, will er demnächst zur Wehrmacht und eine Offizierslaufbahn einschlagen. Ist das nicht toll?" „Ja", sage ich mit wenig Begeisterung, „ich drücke alle Daumen, dass es klappt."

Ich mache mich, mit kleinen Umwegen, auf den Rückweg. Die Luft ist wunderbar. Die Stadt ist ungewöhnlich still, die Vögel singen bereits ihr Morgenlied und ich genieße es, allein zu sein. Auf der Höhe der Feilitzschstraße denke ich: Stopp, wenn ich jetzt hier hinunter gehe, komme ich über den Schwabinger Bach direkt zum Englischen Garten. Das ist jetzt genau das Richtige, auf dem Rasen liegen, dösen und schauen, wie der Tag erwacht. Ich beeile mich und bin um halb fünf im Englischen Garten. Der Abend in der Verbindung, die Begleitung von Heidrun und alles, was sie mir aus ihrer Familie und ihrem Leben erzählt, gehen mir durch den Kopf. Irgendwann muss ich eingeschlafen sein. Ein Schatten über mir lässt mich aufschrecken.

Noch völlig benommen fürchte ich, es könnte Carlos sein, der sich an mir rächen will, weil ich ihm das Mädchen ausgespannt habe. Aber es ist nur ein Hund, der mich neugierig anschaut, mir die Nase leckt und verschwindet. Inzwischen ist es 11 Uhr vormittags. Jetzt ein Bier, eine Brezel, ein paar Weißwürste, das wäre der Knaller. Die etwas steif gewordenen Knochen müssen mühselig aktiviert werden. Der Gedanke an ein leckeres Frühstück bringt mich in Schwung. Bis zum Seehaus mit dem wunderbaren Biergarten unter den Kastanien ist es nicht weit. Ich genieße mein unbeschwertes Studentenleben und ahne nicht, wie folgenschwer und gleichzeitig segensreich diese Nacht für mein weiteres Leben sein würde.

Zurück in der Verbindung am späten Nachmittag treffe ich auf den noch immer betrunkenen Carlos von Wagner. Er lallt etwas von Unverschämtheit, Diebstahl seiner Freundin und verlangt für seine verletzte Ehre Satisfaktion. Er fordert mich zum Duell mit dem Säbel auf. Kampf ohne Gesichtsschutz, nur Kopf, Augen und Nase werden mit der Paukbrille geschützt. Eigentlich sind diese Herausforderungen strikt verboten.

Die Kameraden bereiten den Paukboden für das nächste Wochenende vor. Bei der Mensur müssen immer ein Unparteiischer, zwei Sekundanten, zwei Testanten, zwei Protokollführer, zwei Schlepper (Füchse) und zwei approbierte Ärzte dabei sein. In diesem speziellen Fall begnügen wir uns mit einem Corps-Bruder der Medizin im siebten Semester.

Die Augen von Carlos glühen hasserfüllt. Wir machen eine Hochquart, eine Parade und gewollt oder ungewollt, versetze ich ihm einen Hieb quer über das Gesicht. Von der rechten Wange bis unter die Nase, bis zur Oberlippe. Carlos blutet wie Sau und sein Gesicht ist nicht mehr hass-, sondern schmerzverzerrt. Er war schon vorher keine Schönheit, der Hieb macht es nicht besser. Carlos wird notdürftig versorgt und in die Klinik rechts der Isa gebracht.

Mein Triumph ist groß und ich werde von den anderen Verbindungsbrüdern, die Carlos so wenig leiden können wie ich, wie ein Nationalheld gefeiert. Mit viel Bier wird der Sieg begossen. Noch ahne ich nicht, dass ich mir mit diesem Sieg einen Feind für mein weiteres Leben eingehandelt habe. Das sollte sich noch rächen.

1933 ist Friedhelm unser Wortführer. Friedhelm kommt aus Bad Rothenfelde und ist der Sohn eines Direktors der dortigen Margarine-Fabrik. Friedhelm ist bereits im 7. Semester und studiert Jura. Sein Lebensstil legt die Vermutung nahe, dass er einen hohen monatlichen Wechsel von zu Hause erhält. Wie hoch diese Zuwendung ist, weiß ich nicht, über Geld wird in der Verbindung nicht gesprochen. Man hat es einfach.

Als von uns akzeptierter geistiger Führer prägt Friedhelm das Denken und Handeln in der Verbindung. Obwohl die Verbindungen überparteilich und frei von Religionen sein sollen, diskutieren wir viel und lebhaft über die aktuelle politische Entwicklung.

Aus der DAP von Anton Drexler wird die NSDAP. Sie übernimmt weitgehend das Programm der DAP und fügt nationale Elemente hinzu. Das 25-Punkte-Programm müsste bei genauer Betrachtung eigentlich jeden konservativen Bürger erschrecken.

Im Nachhinein verstehe ich nicht, warum sich die Verbindungen, mit all den Söhnen der gehobenen Schicht, für diese Partei der Arbeiter begeistern und engagieren konnten. Wir waren ja nicht wie Engels, der angesichts der geknechteten Arbeiter in der Fabrik seines Vaters die Welt verändern wollte. Für uns waren Arbeiter Menschen von niederem Stand. Menschen, die uns dienen und unseren Wohlstand mehren sollten.

Die Aufhebung des Versailler Vertrages, die Stärkung der Volksgemeinschaft, die Wiederbelebung des Nationalstolzes, die Schwächung der Juden, das sind die Punkte im Parteiprogramm, die greifen. Die Juden sind in dieser Denkweise ohnehin an allem schuld. Ist kein Verantwortlicher auszumachen, sind es die Juden. Sie sind schuld an den hohen Zinsen, sie haben das Kapital in der Hand und bestimmen an maßgeblichen Stellen die Wirtschaft.

Die NSDAP ist jedoch nur eine von mehreren Parteien in der Weimarer Republik, die ihre Abneigung gegen Juden zeigt. Wer gegen die Juden ist, sitzt nicht automatisch in der rechten Ecke bei den Nationalsozialisten. Die Ablehnung findet sich bei den Sozialdemokraten genauso wie bei den Kommunisten und Spartakisten. Gegner der Juden sind überall. Der Urvater der Sozialisten und Kommunisten, Karl Marx, ist ein radikaler Rassist und Judenhasser. Im Jahr 1843 schreibt er an seinen Freund Arnold Ruge, wie widerlich der jüdische Glaube sei. Den Begründer des „Allgemeinen Deutschen Arbeitervereins", Ferdinand Lassalle, beschimpft Marx 1862 als zudringlichen jüdischen Nigger. Als Lafargue 1887 in Paris in den Gemeinderat gewählt wird, schreibt Marx an Engels: „Da er in seiner Eigenschaft als Nigger dem Tierreich um einen Grad nähersteht als wir anderen, ist er ohne Zweifel der passende Vertreter für diesen Bezirk." Marx und andere Wegbereiter für Rassismus und Judenhass im 3. Reich sind bereits im 19. Jahrhundert aktiv.

Die chaotischen Verhältnisse, die Zerstrittenheit der Parteien und die Unfähigkeit der Regierung zu regieren, steigert das Verlangen nach einem starken Führer. Die NSDAP wendet sich immer mehr von den Arbeitern ab und den Bauern und dem Mittelstand zu. Sie bekommt Zulauf von Handwerkern und kleinen Einzelhändlern, die unter dem Konkurrenzdruck der großen Kaufhäuser in jüdischem Besitz leiden, sowie von der Beamtenschaft.

Es entsteht eine Furcht vor der Proletarisierung des akademischen Bürgertums durch die Kommunisten. So versuche ich mir auch zu erklären, warum bedeutende Personen der Wirtschaft, Wissenschaft und Kunst das Regime von Hitler unterstützen. Zudem beeindruckt Hitler offensichtlich viele Damen der Gesellschaft. So pflegt er engen Kontakt zu Helene Bechstein, der Ehefrau des Pianofabrikanten, zu Elsa Bruckmann, der Gattin eines Verlegers sowie zu Winifred Wagner und zur Familie Wagner.

Macht und Geld machen wohl sexy. Ein uraltes Primatenverhalten, denke ich. Anders jedenfalls kann ich mir das Phänomen nicht erklären. Oder warum sonst erleben wir es immer wieder, dass hässliche, kleine, alte, aber mächtige und reiche Männer und junge attraktive Frauen sich gegenseitig anziehen?

1933 schlägt Friedhelm vor, dass wir alle zur SA gehen sollten, um diese starke, bedeutende Bewegung damit zu unterstützen. Was Friedhelm sagt, ist bei uns Gesetz. So folgen wir also seinem Vorschlag unwidersprochen. Die SA, die Sturmabteilung, ist eine paramilitärische Kampftruppe, die bei Veranstaltungen für Ordnung sorgt. Neben der SA entwickelt sich eine eigene Stabswache, die später zur Schutzstaffel, der SS, wird. Ich selbst wechsle 1934 zur allgemeinen SS.

Mir ist nicht bewusst, welch fragwürdiger Person ich da eigentlich folge und wessen Propaganda ich kritiklos verbreite. Adolf Hitler ist nach dem Ersten Weltkrieg ein fahnenflüchtiger Kriegsfreiwilliger ohne Pass und Staatsangehörigkeit. Er hat keinen Schulabschluss und ist ein verhinderter Künstler, da er die Aufnahmeprüfung zur Kunstakademie nicht bestanden hatte. Ohne festen Wohnsitz schläft er in Männerwohnheimen und bei politischen Freunden zur Untermiete. Er wird nach einem Putschversuch 1923 zu fünf Jahren Festungshaft wegen Hochverrats verurteilt und vorzeitig auf Bewährung freigelassen. Er hat jedoch einige Gönner, wie zum Beispiel den Gründer der DAP, Anton Drexler, und bekommt finanzielle Unterstützung von Helene Bechstein aus Berlin.

Es ist nicht nur der Corpsgeist, der mich veranlasst, der NSDAP und der allgemeinen SS beizutreten. In der Familienchronik des Reuss-Bundes kann ich lesen, dass viele Personen der Familie sich für die NSDAP begeisterten. So ist meine Begeisterung im Einklang mit der Stimmung in der Familie.

Im Juli 1891 wurde der Reuss-Bund in Gernrode im Hotel Deutsches Haus gegründet.

Alle neun Geschwister vom Forsthaus Wilhelmshof bei Harzgerode schlossen sich zu einem Familienverbund zusammen. Der Gymnasiallehrer, Prof. Dr. Carl Reuss zu Eilenburg wurde der Chronist der Familien. Seine Aufgabe war es, fortan jährlich Berichte der Familien zu sammeln. Diese wurden als Heft zusammengestellt, gedruckt und in der Familie verteilt.

Schon als Jugendlicher lese ich die Familienberichte mit großer Neugier, insbesondere die Berichte aus dem Ersten Weltkrieg. Viel Blut hatte die Familie im Krieg geopfert. Viel Enttäuschung kam nach dem Friedensschluss von Versailles, viele Existenzen waren nach dem Krieg zerstört. Aber jetzt in den 30er Jahren wird alles besser. Optimismus und neue Lebenskraft klingen aus den Familienberichten.

Die jüngste Schwester meines Großvaters, die Schriftstellerin Elly Allesch (1853-1944) schrieb: „Die weltgeschichtlichen Geschehnisse um mich kann ich nun seit 70 Jahren begreifend verstehen. Als Kind meiner Zeit habe ich 1864 Hurrah geschrien, als die Preußen die Düppler Schanzen stürmten, habe 1866 zum Sieg von Königgrätz das erste Mal die Pistole abschießen dürfen, zum patriotischen Salut. Ich erlebte, schon urteilsfähig und persönlich betroffen, den französischen Krieg in den Jahren 70 und 71. Und manches geschichtliche Drama im Volke oder auf Thronen wurde mir Erfahrung im Völkerdasein. Und schließlich erlebte ich den Weltkrieg, an dessen Folgen wir noch heute leiden. Und von Krieg zu Krieg habe ich die Vaterlandsfeinde ehrlich gehasst. Bis nun endlich alles Hassen sich in großer Menschenliebe auflöst. In Begeisterung erlebe ich nun das Dritte Reich. Und dass es einen Adolf Hitler gibt, den Gottgesandten, den Helfer für Deutschland. Aber in Sorge sehe ich zu. Was mich ängstigt für die Zukunft ist, dass die Menschen das Maß verlieren, seit die Unrast unserer Zeit sie treibt und peitscht. Alles wird übertrieben. Und jede Übertreibung rächt sich, auch wenn sie aus guter Begeisterung aufschießt.

Was war – wir können es bewahren in der Erinnerung.

Was ist – wir sollen es fassen, genießen und nützen.

Was wird – da liegt der undurchdringliche dichte Schleier schon über der nächsten Stunde"

Goslar, 21. Juni 1934

Im Rückblick wird mir bewusst, dass wir, dass die Mehrheit der Gesellschaft vieles ausgeblendet und nur das gesehen hat, sehen wollte, was in das eigene Weltbild passte.

„Es ist schlimm, blind zu sein, aber viel schlimmer ist es, nicht sehen zu wollen." Soll Lenin einmal gesagt haben.

Die entscheidende Frage, wie wir, wie ich, zu diesem Weltbild gekommen sind, stelle ich mir nicht. Ich frage mich nicht, warum ich in der Verbindung Friedhelm willig gefolgt bin, warum ich meine ganz leichten Anflüge von Zweifeln unterdrückt, ja vollkommen verdrängt habe. Ich frage mich nicht.

Meine erste große Liebe

Unsere ersten zaghaften körperlichen Annäherungen in Dessau finden in München eine Fortsetzung als eine intensive, vor Erotik knisternde Liebschaft. Ursula, genannt Uschi, möchte Schauspielerin werden, wie auch ihre Eltern. Sie spielte bereits im Theater in Dessau. Als wir uns in München wiedersehen, befindet sich Uschi mit ihren knapp 19 Jahren in ihrer Orientierungs- und Bewerbungsphase. In Berlin war sie an der Schauspielschule nicht angenommen worden. Wir treffen uns so oft wie möglich und unternehmen gemeinsame Wanderungen in die Berge. Wir fahren mit der Bahn nach Garmisch und besteigen die Zugspitze.

Die Zugspitze hatte schon immer einen starken Reiz für mich gehabt. Der Aufstieg ist eine große Herausforderung und wird durch traumhafte Ausblicke belohnt. Einmal war ich alleine aufgestiegen und dabei auf einer Geröllhalde schwer abgestürzt. Trotz starker Verletzungen konnte ich glücklicherweise bis zu den nächsten Häusern hinabsteigen und mich dort versorgen lassen.

Am Samstag, dem13. August 1932, wollen Ursula und ich nach Garmisch fahren und die Zugspitze besteigen. Alles ist vorbereitet, der Rucksack gepackt. Kurz vor dem Start höre ich, der Berg sei in einer Wolke verschwunden und es herrsche dort Schneeregen. Kurzentschlossen disponieren wir um.

In unserer studentischen Verbindung Ratisbonia haben wir das Glück, dass einige der alten Herren nicht nur wohlhabend sind und einen monatlichen Beitrag leisten, sondern auch großzügig spenden.

So wurde es möglich, dass in unserem Materiallager auch mehrere Fahrräder der Marke „Miele" standen, Herrenräder selbstverständlich und bereits komfortabel ausgerüstet mit Ballonreifen und Freilaufnabe. Außerdem besitzen wir ein Faltboot von der Firma Klepper aus Rosenheim und drei Zelte mit Gummiboden. Die Zelte sind von hervorragender Qualität und haben sich bei Expeditionen bereits bewährt. Wir rüsten uns mit Fahrrädern, Zelt und einem kleinen Spirituskocher aus und machen uns auf die Reise.

Ursula macht auf ihrem Herrenrad eine sehr gute Figur. Die rund 60 Kilometer bis zum Schliersee schaffen wir, nicht ohne Anstrengung, bis zum Abend. In Breitenbach finden wir einen Platz für unser Zelt.

Die Klepperzelt-Technik ist genial und einfach und deshalb schnell aufgebaut. Für jeden von uns gibt es zwei Armeedecken, eine als Untergrund zum Draufliegen und eine zum Zudecken. Von der Fahrt erschöpft schlafen wir schnell ein. Am nächsten Morgen wärmt die Sonne unser Zelt. Ich bin früh wach und bereite ein bescheidenes Frühstück zu. Ein Topf mit Tee ist auf dem Spiritusbrenner schnell gemacht. Ein Kanten Brot, etwas geräucherter Speck und ein Stück Käse, das muss ausreichen. Ich krabbele zurück ins Zelt und flüstere Ursula ins Ohr: „Komm aus den Federn, Liebste. Der Tag ist erwacht und wartet mit einem Frühstück auf dich."

„Von wegen Federn", brummt sie, „das sind ganz miese Armeedecken, die ertrage ich nur, wenn du dich an mich kuschelst." „Recht hast du," erwidere ich erwartungsvoll und schlüpfe blitzschnell unter die Decke. Den Tee kann ich ja später wieder aufwärmen, denke ich und mache dann erstmal Pause mit dem Denken.

Vom Zelt aus schauen wir direkt auf die Insel Wörth. Wir mieten ein Ruderboot und erkunden die Insel. Dort finden wir einen sonnigen Platz, der uns sogar erlaubt, gegen Wind geschützt, nackt in der Sonne zu liege. Die nächsten Tage wandern wir zur Burgruine Hohenwaldeck und zur Gschwandbachalm.

Wir schlafen im Zelt und lieben uns. Wir lieben uns so, wie man sich nur in jungen Jahren lieben kann. Glücklicherweise hatte Herr Fromms seine Präservative bereits auf den Markt gebracht. Wir leben unsere sexuellen Fantasien aus und geben uns unserer Leidenschaft hin. Wir haben schöne Träume. Ursula träumt von einer gemeinsamen Zukunft und einer baldigen Verlobung, die uns binden soll. Als Frau eines angehenden Akademikers würden das Sicherheit und Stabilität in ihr Leben bringen. Während meiner Promotionszeit erwischt es mich dann eiskalt. Meiner Mutter gefällt meine Liaison mit Ursula nicht. Meine Eltern legen ein Veto ein. Besser gesagt, meine Mutter, meinem Vater ist das egal. Mehr noch, er gönnt mir meine Freuden. Obwohl mein Studium, neben all den außerdisziplinären Aktivitäten und meinen Verpflichtungen in der Verbindung ehrlich gesagt etwas zu kurz kommt. Meine Mutter ist der Meinung, sie müsse mich vor diesem „nicht standesgemäßen" Verhältnis schützen und mich wieder der ernsten Arbeit zuführen. Ich müsse München verlassen und meine Promotion in Leipzig fortsetzen. Dort wäre ich näher an Dessau und mehr unter ihrer Kontrolle. Die Verbindung zu Ursula wird untersagt und ich gehorche. Ich breche die Verbindung ab. Ich lasse sie einfach sitzen, mit der erbärmlichen Begründung, ich müsse mich jetzt ausschließlich um meine Doktorarbeit kümmern. Großen Herzschmerz gibt es auf beiden Seiten, aber ich stecke das besser weg, auch, weil ich ehrlicherweise noch nicht wirklich gewillt bin, eine dauerhafte Bindung einzugehen. Ich möchte noch vieles erleben. Für Uschi aber ist es ein Tiefschlag, der ihr das Herz bricht und den sie mir nie verzeihen wird.

Ursula treffe ich erst nach dem Krieg in München wieder. Ich suche und finde ihre Anschrift in München. Sie ist inzwischen eine erfolgreiche Schauspielerin. Sie ist noch immer eine Schönheit und sie geht mir nicht aus dem Kopf. Wenn ich erotischen Tagträumen folge, träume ich von ihr und unserer zügellosen Zeit in München. Ich nehme per Telefon Kontakt zu ihr auf. Wir verabreden uns im September 1955 zu einem Treffen in Hintertux und einer gemeinsamen Wanderung auf den Gletscher.

Ihr erster Mann hatte sich 1943 von ihr oder sie sich von ihm getrennt. Kommt immer darauf an, wen man fragt. Als wir uns treffen, ist sie einsam, liebesbedürftig und immer noch voller Zuneigung zu mir. Ich kann ihrem Begehren nicht widerstehen. Bereits bei der Abfahrt von München knistert es wie in alten Zeiten. Mit ihren 43 Jahren ist sie noch berauschend schön und ich mit 47 Jahren noch im vollen Besitz meiner geistigen und sexuellen Fähigkeiten. Nur die körperlichen Kräfte sind durch die Kriegsverletzung etwas geschwächt.

Ich hole sie mit meinem schilfgrünen DKW von ihr zu Hause ab. Nach einer innigen Umarmung zuckeln wir gen Kufstein zur österreichischen Grenze. Wir erzählen uns die Erlebnisse der vergangenen 25 Jahre. Sie hat einen Sohn und eine Tochter. Ich habe zwei Töchter und einen Sohn. Das ist jedoch alles nicht wirklich wichtig für uns. Wir haben uns wieder, für eine kurze Zeit. Die Gefühle sprudeln, das Begehren wächst. Wir fühlen uns frei, ungebunden, wie zu studentischen Zeiten.

Die Strecke von der Grenze bis zum Gasthof Alpenhof in Hintertux im Zillertal erscheint mir unendlich lang. Endlich erreichen wir unser Ziel. Beim Ausfüllen des Anmeldescheins schreibe ich „Dr. Lutz Reuss und Frau Gemahlin". Ich zwinkere dem Wirt zu und lege dem Meldeschein einen 20-Mark-Schein bei. Er versteht und fragt nicht weiter. Es ist notwendig, inkognito zu bleiben, denn Ursula ist inzwischen eine in Deutschland bekannte Schauspielerin.

Das Zimmer ist sehr geräumig und österreichisch rustikal mit Zirbelkiefer verkleidet, ein großartiges Liebesnest. Nur die riesige Decke auf dem Bett stört, weil sie im Moment völlig unnütz ist. Sie fliegt in die nächste Ecke auf den Boden. Die beiden Einzelbetten schieben wir dicht zusammen und legen eine zusammengefaltete Wolldecke in die Ritze zwischen den Matratzen. Zum Auspacken ist keine Zeit.

Wir sind gierig aufeinander und ziehen uns aus. Ich betrachte ihren nackten Körper, die niedliche Wölbung ihres Frauenbauchs und finde ihn aufregend und wunderschön. Ihre Muschi ist dicht behaart und der Venushügel kräftig gewölbt. Der

Busen hat nicht mehr die Spannung wie vor 25 Jahren, ist aber noch immer wohlgeformt. Die kleinen Nippel, die ich schon immer liebte, locken meine Zunge. Es erregt sie. Wir fallen auf das Bett und streicheln uns zärtlich, dann verlangend. Ich flüstere ihr waidmännisch ins Ohr: „darf ich, dein Feuchtblatt lecken, das würde den Bock in mir wecken." Sie lächelt, schiebt die Decke zur Seite und lädt mich ein. Mit der empfindlichen Nase eines Jagdhundes nehme ich die Witterung auf. Es ist berauschend, dieser Geruch ihrer Weiblichkeit ist betörend. Unser Verlangen steigert sich, die Spannung ist kaum noch erträglich. In der Aufregung verwende ich das Präservativ falsch herum, verdammt, es lässt sich nicht abrollen. Uschi streichelt mich, lächelt über meine Nervosität und rollt den Präser richtig herum ab. Die Vereinigung unserer Körper erfüllt uns mit unsagbarer Freude und Befriedigung. Wir liegen nebeneinander, streicheln uns und schlafen in inniger Umarmung ein.

Ganz in meinen erotischen Erinnerungen versunken, blende ich für einen Moment die unerträgliche Realität meiner trostlosen dunklen Gefängniszelle aus. Meine Hände gleiten unter die Bettdecke und ich verschaffe mir Entspannung. Mit einem leichten Anflug von schlechtem Gewissen denke ich daran, dass in meinen erotischen Fantasien nicht meine Frau, sondern Uschi und andere vergangene Liebschaften die Hauptrolle spielen. Glücklicherweise bin ich allein in der Zelle, die aus WC, Waschbecken, Tisch, Stuhl, einem Bild von den Alpen und einem zweistöckigen Bett aus Stahlrohr besteht.

Der Gefängnisdirektor ist bereits Anfang 60 und wartet offensichtlich auf seine Pensionierung. Er ist und war sein Leben lang Justizvollzugsbeamter, also auch unter Hitler bereits ein gehorsamer Zuchtmeister. In meinen Ohren klingt „Justiz-Vollzug" nach Sadismus. Und dann noch „Beamter", die Lizenz zum sadistisch genussvollen Vollzug auf Lebenszeit. Seinem Habitus nach zu urteilen, genießt er seine Macht in seinem Revier. Geistig hat er den Zusammenbruch des Dritten Reiches wohl nicht wirklich verarbeitet. Er lebt noch immer in der guten, alten Zeit, ist und bleibt ein Ewig-Gestriger. Zu meinem Glück sieht er in mir ein Opfer der neuen Zeit, die er nicht versteht oder verstehen will. Es sieht in mir, dem ehemaligen Offizier, einen Bruder im Geiste, und er erfüllt mir, im Rahmen seines Machtbereiches, fast alle Wünsche. Ich erhalte ein Einzelzimmer, mit etwas Wandschmuck, eine Blumenvase, Papier und Bleistifte und ich darf mich innerhalb des Gefängnisses relativ frei bewegen. Ich helfe dem Herrn Direktor, so lässt er sich gerne nennen, bei seinen Büroarbeiten. Schließlich habe ich als Veterinärrat einige Erfahrungen im Umgang mit Beamten und Behörden. Die Fortsetzung meiner Erinnerungen ist unerotisch und mehr so etwas wie eine Gardinenpredigt.

Ursula und ich genießen unsere Gemeinsamkeit völlig unbeschwert für drei Tage. Wir wandern, lieben uns, erzählen uns die wichtigsten Episoden unseres Lebens. Wir sind glücklich vereint, bis zur Abreise. Auf der Fahrt zurück nach München bricht es aus ihr heraus. Sie überschüttet mich mit vorwurfsvollen Fragen und fragenden Vorwürfen „Warum hast du mich damals verlassen? Warum hattest du keinen Arsch in der Hose, zu deiner Liebe zu stehen? Warum hast du dich nicht dem Willen deiner Mutter widersetzt? Wo war dein Ehrenkodex geblieben, nach all deinen Liebesschwüren? Ich hätte so gern mein Leben mit dir geteilt und dir Kinder geschenkt. Schade, du warst zu feige. Ich bin immer noch tief enttäuscht und verletzt. Die Tage in Hintertux waren die Erfüllung eines Traums, ein Traum, der nun endgültig ausgeträumt ist. Unsere Wege sollten sich nun für immer trennen. Du hast eine Verpflichtung deiner Familie gegenüber und ich die Verantwortung als alleinerziehende Mutter für meine Kinder. Lebewohl, mein Held", sagt sie spöttisch und verschwindet aus der Haustür.

Ich habe mir all ihre Vorwürfe geduldig angehört und jegliche Antwort vermieden. Ich fühle mich schuldig. Ja, ich hatte sie sitzen gelassen. Meine Freunde in der Verbindung fanden Uschi ebenfalls interessant und bewunderten mich für diesen außergewöhnlichen Fang. Sie war jung, schön, geistreich, gebildet und sportlich. Attribute, die nicht in vielen Menschen so gut zusammenkommen wie bei ihr. Ich war damals zudem von ihrem Charme bezaubert und von ihrer erotischen Ausstrahlung gefesselt. Trotz meines Schweigens auf dem Rückweg nach München bin ich innerlich aufgewühlt.

Trennungsgründe

Im Nachhinein betrachtet, finde ich viele Gründe, mich zu trennen. Der Hauptgrund war wohl meine Mutter. Als sie mitbekommt, mit wem ich mich herumtreibe, so ihre Formulierung, zitiert sie mich nach Hause. Aus ihrer Sicht ist die Familie nicht standesgemäß. Meine Mutter war schon immer sehr autoritär, sie duldet keinen Widerspruch. Wer es wagt sich ihr zu widersetzen, bekommt die volle Kälte einer herrischen Frau zu spüren. Mein Vater ist ihrer Dominanz komplett unterlegen. Seine Meinung ist nicht gefragt. Meine Mutter sagt mir klipp und klar: „Wenn du weiterhin Kontakt zu dieser Person hältst, sperre ich die monatlichen Unterhaltszahlungen. Ein Vorfahren von Dir hatte mit einer Schauspielerin schon einmal Schande über die ganze Familie gebracht." Man erzählt sich, er sei mit einer Schauspielerin durchgebrannt, er habe Frau und Kinder sitzengelassen. Ach, dieses alte Lied wieder, denke ich. Meine Mutter erhöht sich gern in ihrer Anklage über meine Vorfahren. Das Ereignis hatte sich circa 1780 abgespielt und niemand weiß, was damals wirklich geschah.

„Und im Übrigen erwarte ich von dir die sofortige Verlagerung deiner Studien nach Leipzig. Mit dem leitenden Professor der Tiermedizin habe ich bereits gesprochen. Er ist ein Freund der Familie und hat zugestimmt. Gibt es noch Fragen? Nein? Worauf wartest du noch? Mach dich auf den Weg. Am kommenden Montag wirst du in Leipzig erwartet. Melde dich um 8 Uhr bei Herrn Obermedizinalrat Professor Dr. Johannes Schmidt, aber pünktlich bitte."

Es gab kein „Auf Wiedersehen", kein „Gute Fahrt, mein Sohn", keine Herzlichkeiten, kein Mitgefühl. Das kannte sie von ihrem Zuhause nicht und sie hat es auch später nie gelernt. In ihrer

Familie herrschte immer ein rauer aggressiver Ton, was auch einmal dazu geführt hatte, dass sich ihr Bruder mit dem Vater handfest geprügelt hatte.

Überhaupt war und ist mein Verhältnis zu meiner Mutter angespannt. An warmherzige Worte erinnere ich mich nicht. Sie lässt mich spüren, dass sie mich für einen Versager hält. Sie sucht nach den Schwächen der Menschen. Nach Bedarf spielt sie damit und kann dann auch sehr boshaft sein. Ich kann mich auch nicht erinnern, als Kleinkind einmal liebevoll von ihr in die Arme genommen worden zu sein. Nestwärme habe ich nie gespürt. Bei meinem Vater fand ich zwar immer Trost, aber er war zu schwach und zu ängstlich, um sich gegen den Familientyrann durchzusetzen.

Den Wunsch nach Verlobung nehme ich im Gegensatz zu Uschi nicht wirklich ernst. Sie ist für mich das richtige Mädchen zur richtigen Zeit. An eine feste Bindung denke ich gar nicht. Wir führen geistreiche Gespräche miteinander. Wir teilen einen Hang zur Spiritualität, beschäftigten uns mit Tarotkarten und nehmen an spiritistischen Sitzungen teil. Wir bringen, durch Konzentration und die Hände über dem Tisch haltend, eben diesen zum Schweben. Mein Vater hatte mir einmal gezeigt, wie man mit einer Weidenrute Wasser suchen kann. Das funktioniert auch bei mir sehr gut. Ich habe dafür eine besondere Sensibilität. Die Radiästhesie und Geomantie sind seit Jahrtausenden bekannt. Da sie mit wissenschaftlichen Methoden jedoch nicht nachweisbar sind, wird sie oft belächelt und als spirituelle Spinnerei betrachtet. Sie funktioniert aber trotzdem bei der Suche nach Wasser. Auch Moses war von Gott aufgefordert worden: „Nimm deinen Stab in die Hand. Damit sollst du dann den Felsen schlagen, so wird Wasser herauslaufen."

Ein weiterer Grund für meine Bindungsunwilligkeit war, dass ich noch viel erleben wollte. Ich wollte mich nicht einengen lassen und keine Rechenschaft über meinen Tagesablauf abgeben müssen. Andere Gründe werden mir erst viel später bewusst. Ich komme aus einer konservativ denkenden Familie. Meine Mutter hatte es später in ihrer Art so ausgedrückt: „Künstler und

Schauspieler werden bewundert und beklatscht, aber in einer ehrwürdigen bürgerlichen Familie möchte sie niemand haben." Womöglich habe ich diese Haltung, ohne mir dessen bewusst zu sein oder es gar wahrhaben zu wollen, so sehr verinnerlicht, dass auch ich eine Ehe mit Ursula nie in Betracht gezogen hatte.

Meine erotischen Träume in der Gefängniszelle haben etwas Befreiendes. Sie geben mir das Gefühl von Männlichkeit, Vitalität und die Kraft, die täglichen Probleme leichter zu bewältigen. Die Frage, warum sich meine erotischen Träume nie um meine geliebte Anna-Lena drehen, beschäftigt mich. Liegt es daran, dass Anna-Lena die Mutter meiner Kinder ist, und sich wilder Sex nicht mit meinem (und dem gesellschaftlichen?) konservativen Bild von einer treuen, umsorgenden Ehefrau und Mutter vereinbaren lässt? Liegt es daran, dass sie 14 Jahre jünger ist? Bin ich mehr eine Vaterfigur für sie? Oder besser gesagt, sehe ich, sieht sie in mir eher einen Beschützer? Als wir uns trafen, war sie 17 Jahre alt und stand als Schülerin kurz vor ihrem Abitur. Ich war damals bereits 31 Jahre alt, promovierter Veterinär und fachlich ein Vorgesetzter ihres Vaters. Ihr Vater war Tierarzt und Schlachthofdirektor im Ort. Mir unterstanden die Lebensmittelkontrollen und somit auch die Kontrolle des Schlachthofs.

Auf der Suche nach dem WARUM

Ich habe meine Promotion in Leipzig beendet. Das Thema lautete: „Allgemeine therapeutische Betrachtung über die ,Erden' unter besonderer Berücksichtigung des ,Biohydrosils'" Wie bei meinem Abitur ist auch hier meine Leistung nur ausreichend, gut genug jedoch, um mein Ziel, Veterinär zu werden, zu erreichen.

Ich sehe mich nicht als Wissenschaftler, sondern mehr als Praktiker. Nun könnte man behaupten, ich sei zu bequem und faul gewesen. Man könnte aber auch sagen, ich hätte meine Kräfte ökonomisch portioniert eingesetzt. Man könnte auch vermuten, das Akademische läge mir nicht, was wohl richtig ist. Nach den damaligen Bestimmungen ist nach dem Fachexamen ein dreimonatiger Fleischbeschau-Lehrgang in einem Ausbildungsbetrieb notwendig. Den absolviere ich in Bernburg in einem qualifizierten Lehrschlachthof. Anschließend wird mir die Approbation als praktischer Tierarzt erteilt.

In der Folgezeit arbeite ich als Assistent an mehreren Schlachthöfen und übernehme diverse Vertretungen von Tierärzten und Veterinären. Im Rahmen dieser Vertretungen reise ich durch Süddeutschland sowie Nord- und Mitteldeutschland. Ich führe eine Art Nomadenleben, einerseits, um möglichst viel zu sehen und zu lernen, andererseits aus Abenteuerlust. Ich will mich noch nicht etablieren.

Durch meine berufliche Tätigkeit komme ich mit vielen Menschen aus der Landwirtschaft in Kontakt und werde zu Jagden eingeladen. Das Jagen ist mir wichtiger als das Geldverdienen. Die Unterkünfte, die ich finde, sind preislich günstig und bevorzugt auch mit einem angenehmen Bratkartoffel-Verhältnis verbunden.

Ich verdiene viel Geld mit Nebentätigkeiten als praktischer Tierarzt, unversteuert in meine eigene Tasche. Die Bezahlung erfolgt nach dem BAT-Prinzip, „Bar auf Tatze".

Besonders bei den Pferdebesitzern in den Reitställen bin ich erfolgreich. Wer sich ein Pferd leisten kann, ist nicht wirklich arm. Viele Pferdebesitzer sind jedoch sparsam, manche würde ich auch geizig nennen, „tiefe Taschen, kurze Arme". So sind sie froh, wenn ich die Pferde gegen eine geringe Gebühr behandele.

Erfurt

Als ich im Juni 1937 am Schlachthof in Erfurt tätig bin, begegne ich dem Pferdehändler und Pferdefleischverwerter Erwin Rossmann aus Nohra. Sein Name ist Programm. Er ist fast 1,90 Meter groß, hat breite Schultern, einen kräftigen Kopf, ein Gebiss wie ein Pferd, kräftige Hände wie ein Holzfäller aber auch das Gemüt eines Ackergauls. Erwin ist 50 Jahre alt und wohnt nicht direkt in Nohra, sondern kurz davor in Mönchenholzhausen an der alten Ziegelei. Erwin bringt Pferde zum Schlachter, verarbeitet das Fleisch vorrangig zu Würsten und verkauft diese an Endverbraucher. Erwin gilt als Unikum. Ohne Ansehen der Person, Alter oder Dienstgrad duzt er jeden. So auch mich.

„Hör mal, du Pferdeschinder, hast du Lust auf eine kleine Nebenbeschäftigung am Wochenende? Ich habe zurzeit circa 25 Pferde aller Altersklassen, die in den nächsten Wochen auf einer Auktion verkauft werden sollen. Die brauchen noch einen Gesundheitsnachweis. Als Tierarzt kannst du doch sicher dafür sorgen. Soll dir kein Schaden sein, ich bezahle dich in bar." Es klingelt in meinen Ohren und weckt eine gewisse Neugierde. Rossmann & Reuss, R&R, klingt doch nach einer guten Kooperation, oder? Mein Angebot kannst du gar nicht ablehnen. Komm Freitagnachmittag auf meinen Hof, dann besprechen wir alles", sagt er, dreht sich um und geht davon, ohne meine Antwort abzuwarten.

Als ich auf seinen Hof fahre, kommt ein etwa 4 Jahre junger Schäferhund auf mich zugelaufen und knurrt bedrohlich, als ich aussteige. Erwin kommt aus dem Haus und ruft: „Astor, pfui, bei Fuß!" Der Hund gehorcht, läuft zum Herrchen, macht Platz und gestattet, dass ich mich nähere. Ich bewege langsam meinen Handrücken auf den Hund zu und lasse ihn Witterung aufnehmen. Nun vertraut er mir und ich kann Erwin begrüßen, ohne Sorge, dass der Hund das als Angriff auf seinen Herrn werten könnte.

Erwin hat einen kleinen landwirtschaftlichen Betrieb mit circa 60 Hektar Wiese, auf denen die Pferde in mehreren Abteilungen weiden sowie rund 25 Hektar Ackerland. Die Stallungen und das Wohnhaus machen einen sehr gepflegten Eindruck.

Da kommt die Hausfrau an die Tür und sagt: „Ist kühl hier, kommt in die Küche, Kaffee ist fertig." Sie reicht mir die Hand: „Ich bin Hannelore," ganz unkompliziert, wie Erwin." In der Küche sitzt ihr Sohn Werner. Er ist 20 Jahre alt, nicht so groß wie sein Vater und hat offensichtlich einiges von der Schönheit der Mutter abbekommen. Werner hat eine jugendliche sportlich-athletische Figur und sehr kurz geschnittene Haare. Höflich, fast militärisch anmutend, steht er auf und begrüßt mich. Später erzählt er mir, er sei Leistungssportler und wolle sich demnächst als Fallschirmspringer zur Luftwaffe melden. Auf dem Küchentisch steht eine Flasche Nordhäuser Korn. Die Brennerei besteht seit Anfang 1500 und ist sehr berühmt für seine Qualität. Schon Napoleon soll sich mit Nordhäuser Korn Mut angetrunken haben und auch Bismarck galt als beständiger Liebhaber Nordhäuser Korns. Bismarck hatte das Gesöff während seines Studiums in Göttingen kennengelernt und es als Medizin nach oder vor fettem und auch weniger fettem Essen getrunken. Oder einfach, weil es ihm schmeckte. Bei Erwin ist Nordhäuser Standard, er steht immer auf dem Küchentisch. Kaffee kann man nur in Verbindung mit Nordhäuser trinken, sagt er. Davor, danach, oder gleich mit in die Tasse gekippt. Als ich mich einmal während meiner Arbeit vernehmlich über den morgendlichen Konsum von Schnaps wundere, fragt er mich, ob ich denn das typische Frühstück in Thüringen nicht kennen würde? „Man nehme eine originale Thüringer Wurst, eine Flasche Nordhäuser und einen Hund." „Wie jetzt, einen Hund? Wozu das denn?", frage ich verständnislos. „Naja", sagt Erwin, „einer muss doch die Wurst fressen." Ich pruste laut los und verteile dabei den Schluck Kaffee aus meinem Mund über den ganzen Tisch. Eine schöne Schweinerei ist das. Aber Hannelore tröstet mich: „Das kommt hier häufiger vor".

An den kommenden drei Wochenenden gibt es eine Menge zu tun für mich. Bei sechs Pferden finde ich eine ganze Bandbreite an Pferdekrankheiten, von Fieber über Mauke bis zu Strahlfäule. Alle anderen neunzehn Pferde machen einen guten und verkaufsfähigen Eindruck.

Die Familie Rossmann behandelt mich wie ein Familienmitglied. Schäferhund Astor hat Freundschaft mit mir geschlossen. Er begleitet mich stets bei meinen Arbeiten auf der Koppel, auf dem Hof und im Stall. Erwin ist beinahe eifersüchtig, weil Astor immer bei mir ist und mir besser gehorcht als ihm.

Als ich zum Abschluss aufrechne, was ich an Arbeitszeit, die Medikamente hat er selbst bezahlt, geleistet habe, bekommt er große Augen und brummt: „Das kann nicht sein, die meiste Zeit hast du bei Hannelore in der Küche gesessen und dich füttern lassen. Mann Gottes, du alter Straßenräuber, wer soll das bezahlen? Da muss ich ja mein Auto in Zahlung geben und noch einige Scheine oben drauflegen." Erwin verdient zu dieser Zeit fast unanständig viel Geld mit seinem Pferdehandel. Das Wort Auto reizt mich sehr. Mein alter DKW F1 schwächelt schon etwas und mein Denken geht schon seit einiger Zeit in Richtung Erneuerung. Erwin hat einen DKW F5 Cabrio-Limousine, Baujahr 1936. Das ist genau das Auto, von dem ich schon lange träume. Neu ist er mir zu teuer, aber gebraucht könnte er erschwinglich sein. Mein Einkommen ist dank Schwarzarbeit sehr gut, ich könnte mir ein neueres Auto leisten. Es muss allerdings ein Cabrio sein. Ein DKW F5 Cabrio-Limousine zum Beispiel wäre die Erfüllung meiner Träume. Das Auto hat Frontantrieb, was nützlich auf Waldwegen und im Winter ist, hinten hochgelegte Querblattfedern als Schwebeachse, 0,6 Liter Hubraum und starke 18 PS Leistung. Das Cabrio ist verdammt schick und die Augen der Frauen würden mich verfolgen, denke ich. Die Vorstellung schmeichelt meiner Eitelkeit und Seele.

Erwin gesteht mir, dass er von einem Mercedes Benz, Typ 230, 6-Zylinder, 2,2 Liter Motor und 55 PS und mit einem 4-Gang-Getriebe, träumt. „Ist doch ganz schön teuer", sage ich. „Ja, soll ich denn das viele Geld mit der Mistgabel in der Scheune täglich umdrehen, damit es nicht gammelt? Man lebt nur einmal", brummt er.

So erfüllen sich zwei Männer ihren Traum. Hannelore hat Verständnis für uns. Sie fragt mich: „Kennst du den Unterschied zwischen einem Knaben und einem Mann"? Ich schüttele den Kopf und schaue sie fragend an. Sie antwortet: „Der einzige Unterschied ist, dass die Spielzeuge teurer werden." Wir lachen herzlich und trinken, na was wohl, Nordhäuser Korn.

Erwin und ich besichtigen den Wagen, fahren zusammen einige Kilometer und verhandeln wie Pferdehändler. Nach vier Bieren und sechs Gläsern Nordhäuser einigen wir uns per Handschlag. Das ist bei Viehhändlern so üblich und wertvoller als jeder schriftliche Vertrag. Mit schriftlichen Versprechungen bin ich schon einmal betrogen worden, niemals aber wurden Wort und Handschlag eines Viehhändlers gebrochen.

Eine Woche später hole ich das Auto meiner Träume ab. Die Übergabe gestaltet sich wie eine langwierige feierliche Übergabe- und Abschiedsaktion. Ich erinnere mich nicht, wie viel ich getrunken habe oder wie ich nach Hause gekommen bin und ins Bett gefunden habe. Ich wundere mich nur, dass die Straße, auf der ich schon hergekommen bin und auf der ich wieder zurückfahre, plötzlich viele mir bisher unbekannte Kurven hat. Sie ist unangenehm schmal und die Kurven sind plötzlich elendig eng. Gott sei Dank ist außer mir niemand sonst unterwegs. Ich muss ja nur bis in den Vorort von Erfurt. Bis zur Hirsch-Apotheke.

Ich wohne bei der Apothekerin, Katharina, zur Untermiete im Gästezimmer. Das Zimmer ist geräumig, geschmackvoll eingerichtet und hat ein eigenes Bad. Wenn ich mir Frühstück machen, eine Kleinigkeit kochen oder Kaffee zubereiten will, darf ich ihre Küche benutzen.

Katharina ist 35 Jahre alt und immer elegant gekleidet. Auf Empfehlung eines Freundes, der mich auch angemeldet hat, komme ich an einem Wochenende zu ihr. Sie öffnet die Tür und ihr Anblick wirft mich um. Sie trägt einen karierten Rock mit großen Karos in schwarz-weiß, einen kuschelig aussehenden Pullover und einen Schal, der aus dem gleichen Material zu sein scheint, wie der Rock. Alles sah sehr gestylt aus. Die dunklen, fast schwarzen Haare sind leicht gelockt. Ihr feines Gesicht spiegelt ihre Bildung und viel Herzlichkeit. Ihre dunklen Augen strahlen mich an, als hätte sie schon immer auf mich gewartet und als wären wir schon seit langer Zeit befreundet. Die große Wohnung über der Apotheke, ich schätze sie circa auf 200 Quadratmeter, ist mit antiken Möbeln bestückt und strahlt viel Wärme und Geborgenheit aus. Ich fühle mich gleich wohl.

Ihr siebenjähriger Sohn Maximilian kommt aus seinem Zimmer, schaut mich mürrisch an und geht grußlos in die Küche.

Katharina hatte vor acht Monaten ihren Mann verloren und Maximilian seinen Vater. Beide arbeiteten in der eigenen Apotheke, die Katharina von ihren Eltern übernommen hat. Eines Morgens, so erzählt sie, wollte ihr Mann Heinrich nicht aufstehen. Nun ja, dann bleibt er halt noch etwas liegen, dachte sie.

„Morgens ist ohnehin nicht viel los in der Apotheke und die Helferinnen schaffen das auch ohne ihn. Ich muss nur in der Nähe sein, falls Fragen auftauchen. Als ich mittags hochkomme, liegt er noch immer im Bett. Ich rufe: ‚Heinrich, du Penner, steh endlich auf du Faulpelz!‘ Als er nicht reagiert, gehe ich zu ihm. Er war tot. Er hatte am Vormittag einen Herzanfall gehabt. Und starb, allein, ohne, dass ich bei ihm war.“

Während sie erzählt und sich selbst Vorwürfe macht, kommen Katharina die Tränen. Sie legt ihren Kopf an meine Schulter. Ich ermuntere sie, die Tränen laufen zu lassen. Diese spontan entstandene Vertrautheit bringt uns einander näher.

Maximilian allerdings ist anstrengend. Sobald ich mich mit seiner Mutter unterhalte, drängt er sich dazwischen und seine Eifersucht bricht sich Bahn. Der Schmerz, den Vater verloren zu haben, sitzt tief. Außerdem ist er jetzt der Mann im Haus und damit der Beschützer seiner Mutter. Bin ich jedoch allein mit Maxi, ist er ein prima Junge, sehr interessiert am politischen Geschehen in Deutschland. Er geht zum Gymnasium und hat in allen Fächern gute Noten.

Ungestört und innig können Katharina und ich nur abends miteinander sprechen. Ab und zu besucht Katharina mich in meinem Zimmer, wir kuscheln und schmusen miteinander. Ich bedränge sie nicht, sie rutscht einfach zu mir unter die Decke. Ich liege zum Schlafen meist auf der linken Seite und fühle ihren Busen an meinem Rücken. Sie umschlingt mich und wälzt mich auf den Rücken. Zärtlich umkreisen ihre Finger meine Brustwarzen, bis meine Nippel sich vergrößern. Meine Erregung steigert sich, bis sie mir eine „Zipfelmütze" überzieht und sich lustvoll auf mich setzt. Ich fasse ihren Busen und knete ihre Brustwarzen, bis wir uns orgastisch entspannen. So verführt sie mich häufiger und ich lasse es mir mit Vergnügen gefallen. Es schmeichelt mir, von dieser großartigen, reifen Frau verführt zu werden. Ihr Schlafzimmer ist für mich tabu. Die Vorstellung, uns in dem Bett des Verstorbenen zu lieben, ist für uns beide gleichermaßen abstoßend.

Wir bemühen uns, unser Verhältnis vor Maximilian zu verbergen. Er hätte das Verhalten seiner Mutter, so kurz nach dem Tod des Vaters, sicher nicht verstanden.

Nach acht Wochen nehme ich Abschied von Katharina und Maximilian, von Erwin und seiner Familie samt Astor sowie von der schönen Stadt Erfurt. Sicherlich könnte ich hier gut leben. Schöne Stadt, schönes Land, nette Leute. Was braucht man mehr? Doch ich ziehe weiter.

Auf Wanderschaft

Als Junggeselle fühle ich mich wie ein Freibeuter der Liebe. Ich habe diverse Affären, sowohl mit älteren als auch mit jüngeren Frauen. Die Auswahl ist groß. Mein Vater sagte mir bevor ich zur militärischen Grundausbildung einberufen wurde: „Weißt du, Lutz, beim Militär gibt es immer Männer, die ins Bordell gehen wollen. Das ist kein gutes Milieu für dich. Das musst du nicht machen. Es gibt viele anständige und hübsche Frauen, die es genauso juckt wie dich." Diese Erkenntnis hatte ich vor seiner Erklärung jedoch schon selbst gewonnen.

Im Ersten Weltkrieg sind über zwei Millionen deutsche Männer gefallen. Demzufolge gibt es für einen wie mich angenehmen Frauenüberschuss. Ich muss nur aufpassen, dass keine Frau zur Klette wird, denn der Gedanke an eine Bindung liegt mir fern. Ich lebe meine Männlichkeit und meine Sexualität. Dank der Erfindung der Verhütungsmittel bin ich vor ungewollten Schwangerschaften und Geschlechtskrankheiten geschützt. Allerdings reicht der Schutz nicht vor sogenannten „Sackratten", den Filzläusen, oder wie der Seemann sagt: „Matrosen am Mast". Das ist sehr lästig. Diese 1 bis 2 Millimeter kleinen Krabbeltiere leben gerne an warmen Stellen, wie zwischen den Beinen oder unter den Armen. Sie leben vom Blut des Menschen, der Biss erzeugt Rötungen und juckt höllisch. Mit einer speziellen Lotion, die Pyrethrum oder Lindan enthalten muss, bekomme ich sie weg. Die Kleidung und das Bettzeug müssen komplett gewaschen werden oder mehrere Tage in der frischen Luft hängen. Ohne Körpertemperatur sterben die Viecher innerhalb von 24 Stunden.

Gewitter

Blitze erleuchten meine Gefängniszelle. Das Gewitter steht direkt über uns, Blitz und Donner erscheinen fast gleichzeitig. Die Druckwellen des Donners spüre ich selbst in der Zelle. Es herrscht eine Stimmung wie im Vorhof der Hölle. Über dreißig Minuten lang zieht das Gewitter hin und her. Sobald ich glaube, es sei vorbei und ich könnte endlich schlafen, kracht erneut ein Donnerhall durch den Raum. Eingesperrt in einer Gefängniszelle, ohne Chance, bei einem Brand heraus zu kommen, beschleicht mich ein beklemmendes Gefühl der Angst. Was, wenn der Blitz hier einschlägt und die Bude brennt? Ich versuche mich zu beruhigen und konzentriere meine Gedanken. Das, was gerade geschieht, kleide ich in Worte und bringe es in Versform.

Blitze zucken, ferner Donnerhall,
Regen prasselt nieder.
Ein greller Blitz, ein ries'ger Knall,
Schreck fährt mir durch die Glieder.

Wen hat's getroffen?
Ist das Gebäude noch intakt?
Ist ein guter Ausgang zu erhoffen,
wenn dies Wetter mal ein Ende hat?

Die Vögel hörten auf zu singen,
jetzt trällern vor sich hin sie wieder.
Mit der Müdigkeit am Ringen,
streck' ich meine schlaffen Glieder

An Schlaf ist nicht zu denken. Meine Gedanken wandern zurück in
den Sommer 1938, zu einem speziellen Gewittererlebnis auf dem
Ratzeburger See.

Im Sommer, von Juni bis Oktober, bin ich in Ratzeburg am
schönen Ratzeburger See. Der See ist schmal und lang, zum
Rudern und Segeln gut geeignet. Ich nehme Kontakt zum örtlichen Segelclub auf und leihe mir gelegentlich ein Gig-Einer-
Ruderboot. Während meiner Schulzeit in Dessau war ich Mitglied eines Ruderclubs und habe deshalb etwas Erfahrung mit
diesen sehr schmalen und schnellen Ruderbooten. Sie sind teuflisch flink und man muss höllisch aufpassen, dass man keinen
„Krebs fängt". Denn tauchen die Ruder im falschen Moment ein,
wird man aus dem Sitz gerissen und in hohem Bogen ins Wasser
katapultiert. Was bei angenehmen Wassertemperaturen zwar
ganz erfrischend sein kann, ist dennoch nicht immer erfreulich.
   Am 11. Juni, es ist ein Samstag, ist das Wetter schwül, warm
und leicht gewittrig. Die Temperatur liegt bei 25 Grad, gefühlt
sind es deutlich mehr. Es zieht mich aufs Wasser. Auf dem See
herrscht ein angenehmeres Klima. Ich rudere in Richtung Buch-

holz und bemerke im Osten aufziehende Gewitterwolken. Nun ja, denke ich, meistens kommt das Wetter ja vom Westen her, es wird also wohl ostwärts weiterziehen. Ich rudere in Ufernähe, damit ich gegebenenfalls schnell aus dem Wasser kann. In der Nähe von Pogeez werde ich dann von heftigen Gewitterwinden überrascht. Das Wasser im See entwickelt unerwartet starke Wellen und ich kippe mit dem Boot um. Im selben Moment ist das Gewitter über mir und die Blitze zucken am östlichen Ufer. Was soll ich tun? Bei Gewitter im Boot zu sitzen ist gefährlich, aber im Wasser zu liegen, ist noch gefährlicher. Mein Versuch, auf das Boot zu klettern, misslingt. Ich beschließe, das Boot bis zum Ufer zu ziehen. Es ist eigentlich nicht weit, aber hunderte Meter in Panik und mit einem Boot im Schlepptau können verdammt lang werden. Der Wellengang schaukelt das Boot unregelmäßig hin und her. Plötzlich spüre ich einen heftigen Schmerz im Rücken. Der Bug hatte mich hart erwischt. Ich kämpfe mich mühsam bis zum flachen Uferwasser vor und ziehe das Boot an Land. Klatschnass und bibbernd hocke ich mich am Ufer unter einen Busch. Das Gewitter zieht glücklicherweise schnell weiter, es hat die Lufttemperatur aber auf gefühlte 10 Grad gesenkt. Ich friere wie ein Schneider, der typische Schneider galt früher als armer, schmächtiger und schwächlicher Stubenhocker, der fror. Ich muss an meine Mutter denken, die jetzt wieder zetern und schimpfen würde, über meine Leichtsinnigkeit und überhaupt, wie kann man so dumm sein, bei Gewitter aufs Wasser zu gehen. Ich war mitten in Gedanken, als plötzlich jemand auf mich zugelaufen kommt und ruft: „Ist Ihnen etwas passiert? Kann ich Ihnen helfen? Ich habe gesehen, wie Sie gekentert sind." Es ist ein älterer Herr mit einer warmherzigen und vertrauenswürdigen Ausstrahlung, schätzungsweise im Alter meines Vaters. „Alles in Ordnung, danke der Nachfrage. Hilfe brauche ich nicht.", antworte ich. „Hm, das sehe ich aber anders. Sie bluten heftig am Rücken." Jetzt erst bemerke auch ich die Verletzung. „Kommen Sie, ich wohne hier gleich im nächsten Haus. Meine Frau wird Ihre Wunde versorgen und Sie können sich erst mal in eine Decke wickeln.

So durchnässt wie Sie sind, bekommen Sie ja eine Erkältung. Mein Name ist übrigens Fritz Heubach," sagt er und streckt mir seine Hand entgegen. Seltsam, denke ich, kaum bist du in Not, kommt schon von irgendwoher Hilfe angerannt. Dankend nehme ich das Angebot an. Die Wunde ist nicht groß, aber sie blutet stark. Etwas Jod darauf schmerzt, aber es stoppt die Blutung. In eine Decke gehüllt, sitze ich mit Fritz, wir duzen uns inzwischen, im Wohnzimmer mit Blick auf das Wasser. Fritz fragt unvermittelt: „Warum bist du nicht in den Schutz der großen Eiche gegangen? Wenn ich beim Angeln dort vom Regen überrascht werde, schützt die mich ausgezeichnet. Die Blätter sind so dicht, dass kaum ein Tropfen darunter kommt." „Das hat einen tieferen Sinn", sage ich. „Du kennst den alten Spruch: ‚Eiche weiche, Buche suche?'" „Na ja, das sagt man halt so, aber stimmt das?" Fritz ist skeptisch. „Die alte Weisheit hat durchaus eine Berechtigung. Grundsätzlich sollte man bei Gewitter ja Bäume überhaupt meiden", antworte ich. „Verstehe, weil sie hoch sind und der Blitz sich das sucht, was nach oben herausragt", meint Fritz. „Stimmt. Aber es gibt noch weitere Gründe", erkläre ich. „Mein Vater, von dem ich den Umgang mit der Wünschelrute lernte, hat mir erklärt, dass der Blitz vom Magnetfeld stärker angezogen wird." „Was für ein Magnetfeld?" fragt Fritz und schaut mich ungläubig an. „Es gibt Beobachtungen, die mit der Wünschelrute überprüft wurden, die besagen, dass die Eiche gern auf erdmagnetischen Feldern steht, die Buche diesen aber auszuweichen versucht. Ein typisches Zeichen dafür ist ein Drehwuchs bei der Buche. Wie bei den Pflanzen, so ist das auch bei den Tieren. Es gibt Strahlensucher und Strahlenflüchter. Das klassische Beispiel sind Hund und Katze. Die Katze liebt Energiefelder und der Hund weicht ihnen aus. In früheren Jahrhunderten hat man die Kühe über die Wiese geschickt, bevor ein Haus gebaut wurde. Dort, wo sie das Gras verschmähten, wurde nicht gebaut, weil man annahm, dort herrsche negative Energie. Die Chinesen haben das schon 1000 vor Christus so gemacht." „Hm, da hast du möglicherweise recht. Ich habe mich schon mehr als einmal gewundert, warum auf der Kuhweide an einigen Stellen das satte grüne Gras nicht gefressen wurde", sagt Fritz.

Ich erkläre weiter: „Andererseits gibt es Felder mit positiver Energie. So wurde im mittelalterlichen Kirchenbau immer darauf geachtet, dass dort, wo der Prediger steht, gute Energie fließt. Wasserläufe und Wasseradern sind Energiefelder, die im Kirchenbau genutzt wurden. Ein berühmtes Beispiel ist die Kathedrale Notre-Dame von Chartres in Frankreich. Der gotische Bau entstand um 1200 herum und birgt viele Geheimnisse." Mein Redefluss wird von seiner Frau unterbrochen: „Fritz, wir müssen noch nach Ratzeburg und einkaufen. Da können wir doch unseren armen gestrandeten Freund gleich mitnehmen." Auch im Auto hülle ich mich wieder in die Decke, obwohl die Kleidung bereits weitgehend am Körper getrocknet ist. Herzlich für die Hilfe dankend, verabschiede ich mich. Gegend Abend hole ich das Boot mit Hilfe der Clubkameraden zurück.

Das Gefängnis in Ravensburg lässt meine Erinnerungen fließen und ich durchlebe die Ratzeburger Rettung erneut. Mir wird bewusst, dass ich in meinem Leben immer auch ein Quäntchen Glück gehabt haben musste. Wie sagte schon der alte Preußenkönig? „Offiziere ohne Fortuna kann ich nicht gebrauchen!" Für mich gilt jedenfalls, dass Fortuna oft an meiner Seite war, bei all den Genickschlägen die ich bekam, gab es immer auch glückliche Umstände, die mich vor großem Schaden oder gar dem Tod bewahrt hatten.

Eva-Marie

Im Alter von fast dreißig Jahren jedoch fehlt mir etwas zum Glück. Einerseits fühle ich mich durch die Arbeit überlastet, andererseits bin ich Junggeselle und sehne mich nach einer Gefährtin für einsame Stunden. Ein Mädchen aus Oberbayern spukt in meinen Gedanken herum und raubt mir meine innere Ruhe. Eva-Marie ist die Nichte eines Jagdfreundes. Sie ist im Sommer für wenige Tage aus Weilheim in Oberbayern zu Besuch nach Ratzeburg gekommen.

An einem Samstag im Juli 1938 bin ich zu einer Kaffeetafel in den Garten meines Jagdfreundes eingeladen worden. Ich betrachte Eva-Marie in männlicher Manier und taxiere ihre Figur. Ihre kastanienbraunen Haare glänzen, fallen halblang auf ihre Schultern und wirken seidenweich. Ihre braunen Augen blitzen neugierig und, so bilde ich es mir zumindest ein, herausfordernd. Sie mustert mich eingehend von Kopf bis Fuß. Ihr Dirndl sitzt prächtig, ihre Rundungen kommen im tiefen Ausschnitt glanzvoll zur Geltung. Ich kann meinen Blick kaum abwenden, bis mir bewusst wird, dass mein Blick inzwischen peinlich wirken könnte. Ich hebe den Blick, wir sehen uns in die Augen, ich nehme ihre ausgestreckte Hand und sage mit weicher Stimme: „Ich bin hoch erfreut, dich kennenzulernen." Das „Du" kommt mir automatisch über die Lippen, obwohl es nicht schicklich ist. Eva-Marie ist gerade einmal 23 Jahre alt und damit sieben Jahre jünger als ich. Ich fühle mich einerseits überlegen, andererseits auch spontan sehr vertraut mit ihr. Nach drei Stunden, nach Gesprächen über Gott und die Welt, das Leben im schönen Bayern und das Leben hier im sturen Norden Deutschlands, verabschiede ich mich.

Ich lade sie ein, mit mir am morgigen Sonntag einen Spaziergang durch die wunderbare Natur am Schaalsee zu machen. Ich erzähle voller Begeisterung von dem weichen Wasser des Sees, in dem man gut schwimmen kann, weil das Ufer sandig und der Einstieg bequem sei. Ich packe eine Decke, Handtücher und einen Picknickkorb in mein Auto und hole sie am Sonntagmorgen um 10 Uhr bei ihrem Onkel ab.

Gegen 11 Uhr sind wir am See. Ich kenne eine Badestelle, die windgeschützt und wenig einsehbar ist. Wir breiten die Decken aus. Es sind schon rund 25 Grad im Schatten und wir entschließen uns, zu einem sofortigen Bad im See. Zu Eva sage ich: „Lass mal den Badeanzug weg. Den brauchst du hier nicht, es schaut ja niemand zu. Ich liebe es, nackt zu baden. Und wenn wir uns nachher in der Sonne trocknen, haben wir wenigstens keinen nassen Anzug an." Sie ist einverstanden. Wir entkleiden uns und mein Blick schweift verstohlen und neugierig zu ihr hinüber. Ihr Busen ist überwältigend schön.

Größer als bei Uschi, denke ich. Die Muschi ist dezent rötlich behaart, so, dass ich auch die Schamlippen und den wohlgeformten Venushügel erkennen kann. Wir planschen ausgelassen und fröhlich im Wasser herum, wie kleine Kinder, oder besser gesagt, wie Jugendliche im Liebesspiel. Zum Trocknen legen wir uns nackt auf die Decke. Ich döse, träume vor mich hin und habe die Augen fest geschlossen. Es passiert, was mir oft passiert, wenn die Sonne auf mein Glied scheint. Ich bekomme eine Erektion. Plötzlich streift mich ein Schatten. Ein Busen berührt sanft meinen Bauch, etwas Warmes, Feuchtes berührt zärtlich meinen Penis, ich spüre ihren Atem, ihre Lippen. Eva rückt näher heran und ich streichele zärtlich erregt ihren wohlgeformten Hintern.

STOPP, ich unterbreche meine Träume. Ich liege hier nicht am See. Ich befinde mich in einer Gefängniszelle und die ist dunkel und muffig. Nur wenig Mondlicht scheint durch die Gitterstäbe. Von Romantik und sommerlicher Luft ist keine Spur. Doch die Erinnerungen an die schönen Stunden machen mir die Zeit etwas erträglicher. Die Gedanken an Eva-Marie halten mich wach und ich schreibe die Fortsetzung der Geschichte ...

Vom 8. bis 12. September, fahre ich nach Oberbayern zu Eva-Marie, ihr Vater hat mich nach Weilheim zur Jagd eingeladen. Genauer gesagt ist das nur die Zeit, die ich als Besuch in Weilheim angemeldet habe. In Wirklichkeit fahre ich bereits am Montag, dem 5. September, in Ratzeburg los. Wegen vernachlässigter und somit aufgelaufener Büroarbeiten kann ich erst am frühen Nachmittag starten. Ich melde mich telefonisch bei der Verwandtschaft, Dr. Kötter, in Goslar an und bekomme dort ein Nachtquartier. Nach einem geselligen Abend mit Onkel, Tante und Cousine geht es am Dienstag in Richtung Süden. Ich wähle eine spezielle, landschaftlich reizvolle Strecke mit wenigen Bergen und ich fahre recht früh los, weil es ein längerer Tagesritt werden wird.

Über Göttingen geht es durch das romantische Tal der Werra nach Bad Hersfeld und dann weiter in den Niederungen bis nach

Fulda. Über Bad Brückenau führt die Strecke am Main und den ersten Weinbergen entlang nach Würzburg. In Randersacker am Main mache ich eine kleine Mittagspause bei Winzer König im Bergmeisterhaus von 1729, das im Zentrum des Ortes in der Herrngasse gelegen ist. Die Bergmeister waren die Vermittler zwischen den Domherren und den Winzern, die „ein Zehnt" an das Domkapitel abliefern mussten. Familie König ist eine Winzerfamilie, die seit Generationen guten Wein und Edelbrände herstellt. Hier bekomme ich einen kleinen Imbiss aus Brot, Käse und Schinken. Einige Rebsorten muss ich probieren. Der Winzer ist sehr stolz auf seine Produkte und ich stimme mich langsam auf den Geschmack verschiedener Reben ein. Der Silvaner mit seiner feinen Säure und zarter Blume ist sehr süffig. Der Müller-Thurgau ist mild mit einem leicht maskierte Duft und Geschmack. Der weit verbreitete Riesling hat eine typische pikante, fruchtige, mitunter leicht nach Marille schmeckende Säure. In diesem Riesling habe ich meinen Favoriten gefunden.

Selbstverständlich muss ich auch die verschiedenen Brände verkosten und am Ende weiß ich gar nicht mehr, welcher der Brände mir besser schmeckt. Was möglicherweise auch an der Menge liegt, die ich probiere. Irgendwann erschlaffen die Geschmacksnerven und ich kann die Feinheiten nicht mehr herausschmecken. Nicht mehr ganz nüchtern starten wir die Verkaufsverhandlung. Ich entscheide mich für eine Kiste Riesling und zwei Flaschen „Fränkischen Tresterbrand" als Gastgeschenk für die Eltern von Eva-Marie. Wobei dieses Geschenk mit einem Hintergedanken verbunden ist. Es könnte ja sein, dass unsere Jagd erfolgreich wird und wir dann etwas Anständiges brauchen, um „den Bock totzutrinken".

Leicht beseelt fahre ich über Ansbach nach Gunzenhausen an der Altmühl. Das sind rund drei Stunden Fahrtzeit. Dort bin ich im Gasthaus Zur Krone angemeldet. Ich kenne dieses Wirtshaus mit Fremdenzimmern bereits von früheren Fahrten.

Das Gasthaus befindet sich seit 1872 in Familienbesitz und wird gut geführt. Die Küche ist deftig fränkisch bis bayrisch geprägt. In froher Erwartung überlege ich bereits auf der Fahrt, was ich wohl zum Abendessen auswählen könnte. Sauerbraten, Schweinebraten mit Kruste oder Schäufele mit Kartoffelklößen, Leberkäse mit Spiegelei und Bratkartoffeln oder Nürnberger Würstchen? Mir läuft das Wasser im Mund zusammen. Endlich angekommen, die Uhr zeigt halb sieben an, belege ich das Zimmer zum Hof und begebe mich dann schnellstens in den Biergarten hinter dem Haus unter den alten Kastanien. Das erste Bier zischt, als hätte ich einen 5000-Meter-Lauf absolviert. Von den örtlichen sechs Brauereien in Gunzenhausen schmeckt mir das Bier vom alten Brauhaus Adlerbräu am besten, das direkt am Marktplatz gelegen hatte. Vor einigen Jahren hatte ich dort einmal übernachtet und mit Freunden gezecht. Das Gasthaus der Familie Kamm, Zur Krone, mit seiner familiären Atmosphäre und dem Wirt Johannes, der nur wenige Jahre älter als ich war, gefällt mir aber besser.

Meine Entscheidung für das Abendessen fällt auf Leberkäse mit Spiegeleiern und Bratkartoffeln, eine Speise, die typisch bayrisch und in Norddeutschland nicht so geläufig ist. Der Wirt bringt mir das Essen und eine Halbe Maß Bier. Kaum hat er sich umgedreht, plumpst etwas ins Bierglas. Bei genauer Betrachtung stellt es sich als Vogelschiss heraus. Sieht nicht besonders appetitlich aus, wie es sich so im Bier verteilt. Der Wirt hört mein angewidertes „Iiiihhh!", dreht sich um und biegt sich vor Lachen. „Mein Gott, Doktor, haben Sie ein Glück, das hätte auch Ihren Kopf treffen können. Mit den Tauben haben wir hier laufend Ärger. Und es werden immer mehr. Was ja kein Wunder ist, wenn sie von unvernünftigen Gästen mit Essensresten gefüttert werden. Aber lustig ist es schon, wenn der Vogelschiss jemanden trifft. Schadenfreude ist halt die schönste Freude. Ich bringe Ihnen sofort ein neues Bier. Dieses Mal eine ganze Maß zum halben Preis als Entschädigung für den Schreck."

Es ist ein lauer Spätsommertag und selbst spät abends herrschen noch angenehme 21 Grad. Der Biergarten ist gut besucht und gegen 21 Uhr, nachdem alle Speisen serviert sind und die Küche Schluss macht, setzt sich der Wirt zu mir. Er fragt, wo ich herkomme und wo ich hinwill. Ich erzähle von meiner Liebe in Weilheim und dass ich dort von den Eltern des Mädchens zur Jagd eingeladen worden war. Ich erzähle auch von meinen Bedenken, man könnte mich als Schwiegersohn einfangen wollen. Kaum bin ich fertig, legt Johannes los: „Eine Familie hat ihre guten und schlechten Seiten. Wie Schiller schon im Wallenstein schrieb: ‚Wo viel Licht ist auch viel Schatten'. Pass auf, dass du nicht von der Sonne geblendet wirst und dich am Ende nur noch im Schatten wiederfindest. Nach dem Abitur wollte ich Maschinenbau studieren, mit dem Schwerpunkt ‚Landwirtschaftliche Geräte'. Ich war gerade im ersten Semester in Mannheim, da wurde mein Vater, der den Betrieb hier immer organisiert hatte, krank. Meine Mutter konnte die Gastwirtschaft ohne männliche Hilfe nicht alleine schaffen. Was tun, war die große Frage. Sollte ich meinen eigenen Weg weitergehen und die Familie mit dem Problem allein lassen oder sollte ich der Tradition der Familie folgen? Ich bin dann schließlich dem Ruf der Familie gefolgt. Mein Vater starb wenige Wochen später und somit lag die ganze Verantwortung für die Familie und den Betrieb plötzlich in meinen jungen Händen.

Mein jüngerer Bruder ging noch zur Schule, er war nicht reif für die Verantwortung und von seinem ganzen Wesen her sowieso auch kein zukünftiger Gastwirt. Ergo blieb alles an mir hängen. Aber ich will mich nicht beklagen, ich habe Freude daran, Gäste zu bewirten. Aber manchmal wurmt es mich doch, weil ich nicht frei in meinen Entscheidungen bin. Immer, wenn ich etwas Neues einführen will oder einmal in das Aussehen der Gasträume oder Zimmer investieren will, blockiert mich meine Mutter stets mit den Worten ‚Das hätte dein Vater nicht gewollt'. Ich frage mich dann, ob es nun mein Betrieb ist oder immer noch der Betrieb meines Vaters, den ich nur stellvertretend und unter strenger Aufsicht meiner Mutter im vermeintlichen

Sinne des Vaters führen muss? Manchmal möchte ich alles hin-
schmeißen, aber dann halten mich mein Verantwortungsgefühl
und die Pflicht, für meine Mutter und den jüngeren Bruder zu
sorgen, zurück. Zum Glück habe ich eine tüchtige Frau heiraten können, die selbst aus der Gastronomie kommt und solche
Probleme bestens kennt. Sie ist eine große Unterstützung für
mich. Aber ich weiß nicht, ob ich unserem Sohn eines Tages die
Last des Erbes aufbürden soll. Wenn er sich berufen fühlt, sicherlich, aber ansonsten soll er frei in seiner Entscheidung sein."
„Das kenne ich", sage ich, „eigentlich wollte ich Förster werden,
wie meine Vorfahren. Meine Mutter aber war der Meinung, ich
müsste Medizin studieren und ein richtiger Arzt werden, damit
sie mit mir protzen kann. Zu ihrem Ärger habe ich aber nur Tiermedizin studiert. Tiere aber sind mir oft viel näher als so manche Mitmenschen." Johannes ermahnt mich: „Sei zufrieden mit
dem, was du machst! Wirklich unglücklich siehst du mir auch
nicht aus". Ich stimme ihm zu. Wir trinken den letzten Schluck
und wünschen uns eine gute Nacht.

Am folgenden Tag fahre ich nach einem kräftigen Frühstück
durch das malerische Altmühltal in Richtung Eichstätt, Ingol-
stadt und Pfaffenhofen mit dem Ziel München. Es ist wieder ein
wunderbarer lauer Tag und ich genieße es, mit offenen Fenstern
und Verdeck durch die bayrischen Wiesen, Felder und Wälder
zu fahren. Müsste ich nicht Auto fahren, könnten sich meine
Augen von der Landschaft nicht lösen.

In München kann ich das Gästezimmer in meinem Verbindungs-
haus der Ratisbonia benutzen. Es sind nur zwei Personen dort,
die ich von früher noch kenne. Günther Theimert, Student der
Chemie, und Detlev Wulff, der Ingenieurwissenschaft studiert.
Beide waren 1934 zu Ratisbonia gekommen und stehen kurz vor
Abschluss ihres Studiums. Der Empfang ist sehr herzlich. Zum
ersten Mal habe ich das Gefühl, als alter Herr an meine frühere Wirkungsstätte zurückzukommen. Aufgrund meiner frühen
Ankunft bleibt reichlich Zeit, alle mir noch vertrauten Plätze

zu besuchen. Im Englischen Garten laufen viele Menschen mit ihren Hunden herum oder sitzen in der Sonne. Ich denke an die besondere Nacht, in der ich Heidrun nach Hause gebracht hatte, dann im Englischen Garten schlief und von einem Hund geweckt wurde. Alles ist mir sehr vertraut und ich habe das Gefühl, hier zu Hause zu sein.

Von München bis Weilheim sind es circa 60 Kilometer, die ich ganz gemächlich fahre, mit einem Stopp am Starnberger See. Auch im Münchner Ruder- und Segelverein von 1910, an der Seepromenade 2 in Starnberg, bin ich willkommen. In meiner Münchner Zeit war ich mit einigen Verbindungsbrüdern hier häufiger zum Rudern gefahren. Ich brauche nicht in ein Boot zu steigen, um in meinen Gedanken die früheren Touren emotional sehr nahe nachzuerleben. Ich schließe die Augen und sehe mich mit den Freunden auf den See hinaus rudern. Wer wird der Schnellste sein? Ein Wettkampf musste immer sein. Egal wer gewann, wir waren anschließend stets in fröhlicher Gemeinschaft beisammen. Die Verlierer zahlten das Bier.

Am frühen Nachmittag des 8. Septembers erreiche ich in Weilheim das Anwesen von Eva-Marie. Der Jagdhund, ein kleiner Münsterländer, empfängt mich mit Gebell. Als ich aussteige und ihn anspreche, wird er ruhiger und kommt zögernd auf mich zu. Meinen Handrücken hinhaltend, wird er zutraulich und nimmt meine Witterung auf. Ich kann ihn mit vorsichtiger Handbewegung streicheln und wir werden Freunde. Durch das laute Gebell kommt Eva-Marie, die schon sehr auf mich gewartet hat, aus dem Haus gerannt. Sie umarmt und küsst mich.

Evas Eltern haben ein beachtliches Anwesen, ein nicht zu großes und wenig protziges Herrenhaus mit einer Lindenallee von ungefähr 100 Metern Länge, die auf das Gebäude zuläuft. Geschätzt sind es 1000 Hektar Land, Wald, Wiese und Ackerland. Die sympathischen und kultivierten Eltern nehmen mich sehr herzlich auf. Wie einen künftigen Schwiegersohn, schießt es mir durch den Kopf. Meine inneren Alarmglocken schrillen.

Stopp, Lutz! Begib dich nicht in dieses Familiengefängnis. Und plötzlich begreife ich die naheliegende Haltung des Vaters. Er sucht einen ansehnlichen Versorger für die einzige Tochter, einen Mann, der für kräftige Enkel sorgen wird, die später einmal den Hof weiterführen werden. Ein gutaussehender Tierarzt, der für Nachwuchs sorgt und ihm die Altersversorgung sichert, wäre ihm gerade recht.

Ich wohne im Nebengebäude, im Gästehaus. Zu damaliger Zeit wurde in den Familien sehr darauf geachtet, dass unverheiratete Männer und Frauen vor allem nach außen hin auf sittlicher und höflicher Distanz blieben. Ich halte sittsamen Abstand zu Eva-Maria und suche nach Argumenten, warum eine Fernbeziehung gerade jetzt, in dieser Zeit der politischen Umbrüche, schwierig sei. Unsere Liebe, wenn es überhaupt schon Liebe war, endet nach einigen Briefwechseln noch in diesem Jahr. Ich fühle mich wieder frei.

Jagd in Ratzeburg

In Hinsicht auf die Jagd bin ich in meiner Ratzeburger Zeit sehr aktiv. In einem schönen Revier, direkt auf der anderen Seite der Elbe, in Mecklenburg, ist mir das Jagen erlaubt. Ich bin in Ratzeburg als stellvertretender Veterinärrat tätig, das Reichsministerium in Berlin hat mich dorthin beordert. Mein neuer Freund, Tierarzt Dr. Weinrich, ist Inhaber dieses großen Reviers zwischen Wittenburg und dem Schaalsee. Fröhliche Stunden verbringen wir dort in einem kleinen Gasthaus. Ein ebenso zechfrohes wie trinkfestes Jägervolk trifft hier abends zusammen.

Mein Freund Dr. Franz Weinrich führt mich an die Perdöhler Kante und sagt: „Am Ende dieses Pirschweges steht eine wackelige Kanzel. Wenn du vorsichtig bist, kannst du noch rauf. Versuch dein Glück und Hals und Beinbruch." Wie wahr, es hätte auch beides passieren können. Leise schiebe ich mich durch die Dickung und rauf auf die Kanzel. Verflucht, das Ding wackelt und knackt ganz bedenklich. Nun bin ich oben. Erst einmal vorsichtig eine Zigarette anstecken und das Gewehr laden. Nur keine ungeschickte und heftige Bewegung machen. Donnerwetter, da kommen schon zwei Böcke vom Feld her. Wie die Post im Walde verschwinden sie wieder im Busch. Einige Beruhigungszüge aus der Zigarette und ... Da! Da steht der eine Bock schon wieder auf dem Feld, dicht vor mir. Vorsichtig nehme ich die Büchse hoch. Noch ahnt der Bock nichts. Schön draufhalten auf das Blatt, denke ich, von oben geschossen, höher halten. So rede ich mir die Regeln ein. Jetzt will er einen Schritt nach vorn machen. Da lasse ich die Kugel fliegen. Eine Flucht vorwärts, eine Volte und beinah wieder auf dem Anschuss bricht er zusammen. Alles geht so schnell!

Die Zigarette, erst zur Hälfte aufgeraucht, brennt noch. Ich stecke sie wieder zwischen die Lippen. Abwarten und Zeit geben, denke ich, damit das Tier wirklich verenden kann.

Jetzt hat mich das Jagdfieber gepackt und es schüttelt mich heftig. Knack, Krach, Bum! Da bekommt die Kanzel Übergewicht, neigt sich und bricht im Zeitlupentempo Richtung Boden. Ich finde mich im Sand wieder und liege in greifbarer Nähe zu meinem Bock. Ohne mich aufrichten zu müssen, kann ich seine schwarzen Stangen fassen. Alles gut gegangen. Ich habe weder Hals- noch Beinbruch erlitten und ich kann mich aus vollem Herzen über dieses Erlebnis freuen. Da knallt es in der Nähe, am anderen Ende der Dickung. Auch Freund Weinrich ist zum Schuss gekommen. Beide Böcke werden anschließend gründlich „tot getrunken".

Rückblick

Im Gefängnis herrscht abendliche Stimmung. Ich hatte einen ruhigen Tag und sitze so entspannt wie möglich auf meinem harten Holzstuhl. Das macht mir nichts aus, solange ich mir einfach einbilde, ich säße auf einem Hochsitz bei der Jagd. Diese Hochsitze sind ja auch nicht gerade bequem und kein Balsam für den Hintern. Die restlichen Sonnenstrahlen tauchen die trübe Zelle in ein sanftes rötliches Licht. Die

*Sorge um meine zukünftige Existenz bedrückt mich. Was, wenn ich
nach einer Verurteilung nicht in meinen Beruf zurückkehren kann?*

*Meine Gedanken schweifen zurück in die Jahre 1937 und 1938, den
Beginn des Zusammenbruchs vieler ehrlicher Existenzen. Ich versuche zu verstehen, was sich damals entwickelte. Werde ich es jemals
verstehen können? Ich habe meine Zweifel. Aber ich will den Versuch
wagen. Dafür aber muss ich mich auch den unangenehmen, bislang
verdrängten Erinnerungen meiner Vergangenheit stellen.*

*Während meiner Schulzeit, also bis 1928, hatte ich keinen Juden-
hass in meiner Familie verspürt. Die innere Einstellung meiner Eltern aber kannte ich nicht, über solche Dinge wurde einfach nicht
geredet. Allerdings war mein Vater in meiner Wahrnehmung viel zu
gutmütig, um irgendjemanden hassen zu können. Auch von meiner
Mutter habe ich keine gehässigen Worte in Erinnerung. In der Schule hatten wir mehrere jüdische Kameraden, die für uns aber in keiner Weise auffällig waren. Sie waren halt einfach nur Freunde oder
eben auch nicht, wie alle anderen auch.*

*Nach meinem Empfinden haben die Juden immer eine Art Parallelge-
sellschaft gebildet. Sie haben sich abgegrenzt beziehungsweise wurden von den deutschen Bürgern ausgegrenzt. Ihr strenger Glaube ließ
keine familiäre Bindung zu Andersgläubigen zu. Ich selbst hatte, außer in der Schule, keine direkten Kontakte zu jüdischen Menschen.
In den Studentenverbindungen wurden keine Juden aufgenommen.
Als einen Gegenpol gründeten die jüdischen Studenten ab 1883 eigene Vereinigungen.*

*In Dessau gab es einige wenige jüdische Geschäftsinhaber und eine
größere Anzahl an jüdischen Rechtsanwälten und Ärzten. Die NSDAP
war bereits 1933 im Stadtrat vertreten und der Gauleiter von Mag-
deburg-Anhalt forderte alle Bürger auf, nicht bei Juden zu kaufen.
Diese Aufforderung wurde von meinen Eltern nicht diskutiert, jedenfalls nicht offen in der Familie. Vermutlich aber auch hinter ver-
schlossenen Türen nicht, denn von nun an wurden Geschäfte mit jü-*

*dischen Inhabern gemieden. Einige meiner Schulkameraden sind in
den Jahren 1933 bis 1938 mit ihren Eltern ausgewandert. Heute ist
mir bewusst, dass sie sehr gute Gründe hatten und klug handelten.*

Im Januar 1938 wird allen jüdischen Zahnärzten die Kranken-
kassenzulassung gestrichen, ab Juli wird allen jüdischen Ärzten
die Approbation entzogen. Deutsche Juden müssen in ihren Pass
ein „J" eintragen lassen. Ungeachtet der hohen Arbeitslosigkeit
werden Juden vom Reichsarbeitsdienst ausgeschlossen. Sie sind
nicht mehr vermittelbar. Alle Juden werden von Leitungsposi-
tionen zurückgezogen und degradiert. Alle deutschen Beamten, die mit einer Jüdin verheiratet sind, müssen sich scheiden
lassen oder das Amt verlassen. Die Steigerung des Verfolgungs-
wahns ist die Ungültigkeitserklärung der KFZ- Führerscheine
der Juden. Eine neue „Schutzhaftbestimmung" erlaubt es der
Gestapo, willkürlich Verhaftungen vorzunehmen.

*Jetzt, wo ich selbst inhaftiert bin, wird mir das Ausmaß dieser Will-
kür in all seinen Konsequenzen bewusst. Wie konnte ich diese zutiefst
verwerfliche und unmenschliche Entwicklung ignorieren?*

Als ich 1934 Mitglied der Allgemeinen SS werde, bin ich dem
Irrglauben verfallen, einer politischen Elite beizutreten. Selbst,
als ich miterleben muss, wie eine Horde von ungebildeten ehr-
losen Nichtsnutzen in die SS strömen, fällt mir nicht ein, wieder auszutreten.

*Warum? War ich zu feige? War ich innerlich doch konform mit dem
NS-System und dem, was geschah? Habe ich alles ausgeblendet, um
mich nur auf meine eigene Karriere zu konzentrieren? Denn Karriere machen wollte ich und meine Existenz wollte ich auf keinen Fall
gefährden.*

Wie war die politische Situation zu dieser Zeit: Jegliche Kritik
am NS-Regime ist ab 1938 unter Strafe gestellt. Etwa 15.000
polnische Juden werden 1938 gewaltsam nach Polen abgescho-

ben. Das erbost einen 17-jährigen polnischen Juden, der in Paris lebt, so sehr, dass er am 7. November ein Attentat auf den deutschen Diplomaten Ernst vom Rath verübt. Das Attentat wird von der NS-Propaganda als Anlass genommen, einen Pogrom in Deutschland auszulösen. Der primitivste Mob der NSDAP und alle, die sich zugehörig fühlen, werden aufgehetzt und wie wilde Hunde losgelassen.

In dieser „Reichskristallnacht" brennen jüdische Geschäfte, Friedhöfe werden geschändet, Synagogen zerstört und viele Juden auf die Straße gezerrt, misshandelt oder getötet. Hitler verspricht, im Falle eines Krieges alle Juden zu vernichten. Und Kriegsstimmung liegt schon lange in der Luft.

Die Diktatoren Benito Mussolini und Francisco Franco verbrüdern sich mit Adolf Hitler. In Spanien tobt seit 1937 ein brutaler Bürgerkrieg und Hitler unterstützt den Bruder im Geiste mit unserer deutschen Luftwaffe. Die Legion Condor hilft dabei, ganze Städte im Baskenland in Schutt und Asche zu legen. In der Münchener Konferenz in der Nacht vom 29. auf den 30. September 1938 vereinbaren die Westmächte unter anderem, dass die Tschechoslowakei das Sudetenland an das Deutsche Reich abtreten muss. Österreich wird kampflos an das Deutsche Reich übergeben. Die deutsche Wehrmacht marschiert in Österreich ein, der österreichischen Armee ist es verboten, sich zur Wehr zu setzen. Alle politischen Gegner in Österreich werden verhaftet. Welch ein persönlicher Triumpf für Adolf Hitler, der aus diesem Land einmal ausgewiesen wurde.

Die Eröffnung meiner Praxis.

In diesen unruhigen Zeiten wage ich es, mich selbständig zu machen. Anfang 1939 eröffne ich meine eigene Praxis in Ilfeld bei Nordhausen. Wer in Richtung Braunlage fährt, kommt zwangsläufig durch diesen kleinen Ort. Seit meiner Studienzeit träume ich davon, mich selbständig zu machen, Erfolg zu haben, viel Geld zu verdienen und ein bekannter respektierter Tierarzt zu sein. Mein Streben nach Unabhängigkeit ist mein Antrieb. Außerdem will ich meiner Mutter beweisen, dass ich unternehmerisch und erfolgreich sein kann, erfolgreicher, als mein Vater es je war. Mein Vater hat immer dagegengesprochen und versucht, mir das Angestellten- oder Beamtenleben schmackhaft zu machen. Sein Leitspruch war: „Des Kaisers Rock ist eng, aber warm". So viel Wärme wollte ich aber nicht haben, sondern mich ausprobieren und den Zauber des eigenen Erfolgs verspüren. Seit 14 Tagen sitze ich in meiner Praxis. Es ist still, nichts passiert. Im Flur schrillt das Telefon. Erwartungsfroh springe ich an den Apparat, bisher hatte ich nur wenige Aufträge und melde mich mit dienstbereiter Stimme: „Tierarzt Dr. Reuss" „Hallo Herr Doktor, hier ist das Forstamt Ilfeld. Haben Sie Zeit und Lust zur Jagd zu kommen? In Sülzhayn sind Sauen bestätigt worden. Können Sie noch zwei Mann im Wagen mitnehmen? In dreißig Minuten geht's los!" Eigentlich hatte ich ja auf den großen Einsatz als Tierarzt gewartet, der mich im Praxisgebiet berühmt machen sollte. Man muss eben Geduld haben, dachte ich. Aber es bleibt auch weiterhin ruhig. Das Einkommen ist entsprechend gering. Kaum genug zum Leben, zu viel zum Sterben.

Meine Langeweile vertreibe ich mir mit Saujagden im tiefen Schnee, Hundegebell und Hörnerklang. Auf dem Hochsitz bin ich immer sehr entspannt und von den alltäglichen Dingen entrückt. Ich spüre die Stimmung meiner Umgebung und habe Freude daran, sie in Worte zu fassen:

Ein Fuchs kommt leis' dahergeschlichen
Sein Fell ist leuchtend rot
Wäre er doch ausgewichen
Die Kugel trifft, nun ist er tot

Totholz modert überall
Insekten sich im Laub verstecken
Der Frühling wird auf jeden Fall
gutes Leben neu erwecken

Zum Ausbruch des Krieges, am 1. September 1939, gebe ich meine Praxis in andere Hände. Als freier Tierarzt bin ich gescheitert. Was nun? Ich fühle mich zwar nicht zu einer Existenz als Soldat berufen, aber die Geldnot verführt mich zu schnellem Handeln. Ich habe die Hoffnung, über das Militär für Veterinäraufgaben eingesetzt zu werden, in zivilen Bereichen und nicht direkt im Kriegsgebiet. Anfangs geht die Rechnung auf, aber nicht lange.

Ich melde mich als Soldat bei der Fahr-Ersatz-Abteilung 9 in Fulda. Die Abteilung wurde gerade am 26. August 1939 gegründet. Sie wird von Generalleutnant Albert Fett geleitet und untersteht der Division 159.

Dort hatte man keine Verwendung für mich. Von Fulda aus werde ich im Oktober 1939 durch das Berliner Ministerium zur Führung der Dienstgeschäfte eines Amtstierarztes nach Pommern geschickt. Ich habe Mühe, den Ort Naugard auf der Karte zu finden. Ob es mir gefällt oder nicht, interessiert hier niemanden. Befehl ist Befehl, ich bin jetzt Soldat und habe Anweisungen zu befolgen. Es ist Schluss mit der Freiheit, die mir so wichtig ist.

Ich reise mit meinem spärlichen Gepäck im Auto in die kleine Stadt zwischen Stettin von Kolberg. Die Stadt ist größer, als ich erwartet hatte, ein nettes Zentrum um die Kirche herum, ein See mit klarem Wasser und eine Badeanstalt. Dazu strahlendes Wetter zur Begrüßung, ich fühle mich willkommen.

Als ich eines Tages im März 1940 bei schönstem Wetter mit meiner DKW F5 Cabrio-Limousine mit offenem Verdeck durch die Ortschaft fahre, ruft mir Anna-Lena, die Tochter des Schlachthof-Direktors, fröhlich zu: „Naaaa, Herr Doktor, schon Frühlingsgefühle im Gepäck?" Das trifft mich mitten ins Herz. Anna-Lena ist ein hübsches blondes Mädchen mit blitzblauen Augen, genau wie meine. Ich stoppe den Wagen und sage: „Steig ein, ich bring dich nach Hause". Sie folgt meiner Aufforderung sichtlich erfreut. Sie erzeugt in mir augenblicklich eine Sehnsucht nach Nähe und ich weiß in diesem Moment, dass ich mich gebunden habe. Es wird allerdings ein hartes Stück Arbeit, ihren Eltern unsere Annäherung zu erklären, insbesondere vor dem Hintergrund, dass ich 14 Jahre älter bin und im vergangenen Jahr bereits einer ihrer Lehrer um ihre Hand angehalten hatte. Der Lehrer war im hohen Bogen aus dem Haus der Eltern hinausgeworfen worden. Wie zu der Zeit typisch, musste dann nicht etwa der Lehrer die Schule wechseln, sondern die Schülerin, die Verführerin des armen Lehrers einer höheren Lehranstalt. Anna-Lena musste fortan täglich circa 25 Kilometer mit dem Zug zur Schule nach Golnow fahren.

Mein Leben in der pommerschen Kleinstadt entwickelt sich von nun an harmonisch. Ich mache meine Arbeit und werde oft zur Jagd eingeladen, was auch mit dem verwandtschaftlichen Netzwerk meiner zukünftigen Schwiegereltern zusammenhängt, die dort seit hunderten von Jahren landwirtschaftlich verankert ist.

Die Zeit arbeitet für mich. Das NS-Regime beschleunigt die Kriegsmaschinerie, das Donnern der Kanonen in der Luft nimmt zu. Anna-Lena absolviert eilig das verkürzte Not-Abitur.

Mein zukünftiger Schwiegervater ist als Oberstabsveterinär Mitglied der Wehrmacht, aber zurzeit noch vom Dienst freigestellt. Wer in dieser Zeit etwas werden oder bleiben will, musste Mitglied in der NSDAP sein. Ich bin noch immer Mitglied bei der Allgemeinen SS.

Die Weimarer Republik war von 1918 bis 1933 chaotisch. „Friedrich Ebert hat das ganze linke Gesocks nicht im Griff", beklagte sich einmal meine Mutter. Die Arbeitslosigkeit ist hoch, doch endlich kommt der vermeintliche Erlöser. Er verspricht nationale Ordnung und fördert den Stolz, Deutsch zu sein. Nach der von vielen empfundenen Schande von Versailles lechzen die Deutschen nach Balsam auf den Wunden. Adolf Hitler verspricht die Senkung der Arbeitslosigkeit auf null und wirbt mit dem Spruch „Arbeit für alle, Arbeit macht frei". Die Wiederherstellung des Nationalstolzes war möglicherweise der Zündfunke für die hohe Akzeptanz der NSDAP. Auch ich lasse mich faszinieren von den Idealen, die uns von Hitler und seinen Anhängern Tag und Nacht eingehämmert werden.

„Blut und Ehre für das Vaterland". Das entspricht dem Geist dieser Zeit und damit auch aller studentischen Verbindungen. „Virtus et Honos", Tapferkeit und Ehre, ist schließlich der Wahlspruch meiner Verbindung.

Verlobt

Vorläufig hat mein Fräulein Braut nur sehr vage Kenntnis von der Jagd und Jagdleidenschaft ist ihr völlig fremd. Das sollte sich schnell ändern.

Ende März, Anfang April, ziehen die Schnepfen. Der sogenannte Schnepfenstrich ist eine besondere Form der Jagd. Anna-Lena und ich fahren mit dem Rad in das Jagdrevier. Der Zauber des Vorfrühlingsabends im Wald wirkt bald auch auf mein „Schmaltierchen", so nenne ich sie zärtlich. Die letzten Strahlen der Sonne lassen die Kiefernstämme rot aufglühen, dann steigen langsam die violetten Schatten der Dämmerung empor. Die leisen Töne der schlafengehenden Meisen, das randalierende Gezeter der Amseln, die nicht gleich den richtigen Schlafplatz finden, verstummen. Dann ist es still um uns, die Natur hat sich zur Ruhe begeben. Dann ein leises Quarren, ein Puitzen, die erste Schnepfe ist vorüber. Aus der Ferne hallt dumpf ein Schuss. Da ist sie wieder im schaukelnden Falterflug. Drilling hoch und Schuss, der raue Knall zerreißt die Stille. Ein Federball fällt dumpf aufschlagend auf den Waldboden. Leise schweben die letzten Federn zu Boden, leise senkt sich die Nacht. Wir suchen den erlegten Vogel im Gras und nach etwa fünf Minuten haben wir ihn gefunden. Wir gehen zu unseren Rädern. Es ist doch noch recht frisch zu dieser Jahreszeit, auf dem Stand haben wir vor lauter Anspannung nichts gefühlt. Jetzt auf den Rädern schaudert es uns. Wir haben noch eine Stunde auf den unbefestigten Wegen zu strampeln. Die Finger werden kalt und klamm. Das aber geht alles vorüber und übrig bleiben die Erinnerung an das besondere Erlebnis und die Beute.

Am Samstag, dem 11. Juni 1940 erlege ich meinen ersten Rehbock in meiner eigenen Jagd. Vor wenigen Tagen hatte ich ein neues Gewehr bekommen. Leicht, kurz, schnittig, mein eigener Drilling. Welch eine Freude. Arbeitsbedingt habe ich wenig Zeit, um ins Revier zu fahren. Eines Tages packt es mich aber doch, der Gedanke daran war unwiderstehlich. Auf der großen Buchholz-Wiese soll ein starker Bock stehen, das wurde mir von dem örtlichen Landwirt gemeldet. Zeitig war ich zum Ansitz gegangen und genieße nun die Abendstimmung. Die Sonne taucht in den Horizont. Es wird etwas kühler und ich fange die Stimmung mit einem Gedicht ein.

Silbergrau der Nebel schimmert
Überm kleinen Wiesenbach
Ein Glühwürmchen im Grase flimmert
hofft, dass es bald Hochzeit macht
Der Mond erscheint am Himmelssaum
Durch das rosa Wolkenband
Geborgenheit erfüllt den Raum
Bis hin zum finst'ren Waldesrand

Kaum zu Ende gedichtet, sehe ich den starken Bock aus dem Wald kommen. Auf dem Bauch kriechend nähere ich mich dem Tier. Das hohe Gras verschafft mir gute Deckung. Die Wiese ist reichlich feucht vom Tau. In der Anspannung aber verspüre ich die Nässe nicht. So robbe ich mich an den Rehbock heran. Auf eine gute Schussentfernung von etwa sechzig Schritten lasse ich die Kugel fliegen. Der Bock liegt. Weidmannsheil.

Am Samstag, dem 28. Dezember 1940, veranstalte ich meine erste Treibjagd in meinem eigenen Revier in Buchholz. Es sind insgesamt neun Schützen und fünf Waldarbeiter sind die Treiber. Mit erfahrener Ruhe gehen die Treiber durch den Wald, ohne viel Lärm, nur hin und wieder mit dem Stock an einen Baum klopfend. Die Strecke besteht aus 22 Hasen und 2 Füchsen. Das Fell der Füchse wird gegerbt und schließlich von Anna-Lena als Kragen am Mantel getragen. Mein Schwiegervater hatte meine Jagdleidenschaft bisher belächelt oder gar kritisiert. Andererseits war er doch nicht abgeneigt, einmal eine Jagd mitzuerleben. Ich schenke ihm einen Jagderlaubnisschein und lade ihn zu dieser Jagd ein. Er hat an dieser, seiner ersten Jagd in seinem Leben, erfolgreich teilgenommen und dabei drei Hasen erlegt. Er fühlt sich seitdem zu den Nimroden zugehörig.

Im Frühjahr 1941 lege ich mein großes Staatsexamen in Berlin ab. Dadurch erhalte ich die Befähigung als beamteter Tierarzt tätig zu sein. Meine Berufsaussichten sind gut. Im Rahmen der Kriegsplanung erfahre ich streng vertraulich, dass man mich bereits für eine Stelle im besetzten Polen eingeplant hat. Ich soll nach Kriegsende als Oberveterinär einen sehr großen Regierungsbezirk in der Stadt Suwalki, an der Grenze nach Litauen, bekommen. Das klingt nach einer fantastischen Karriere. Doch so sehr dieses geheime Wissen mir auch schmeichelt, der Einsatz in Suwalki hängt von der Entwicklung des Krieges ab. Diese ist aber im Moment alles andere als absehbar, im Gegenteil, die Feinde aktivieren immer mehr Kräfte gegen das Deutsche Reich und der Krieg wird an vielen Stellen ausgeweitet und härter. So bleibt mir nur die Hoffnung und das geistige Material zum Träumen.

Der deutsche Luftkrieg zur Eroberung von Großbritannien scheitert an der Royal Air Force. Der US-Kongress schafft mit einem neuen Gesetz die Grundlage für eine militärische Unterstützung von Großbritannien und Russland. Diese Länder werden im großen Umfang mit Hilfsgütern und Waffen unterstützt. Es kommt zu einem Bündnis zwischen Russland und England. Winston Churchill wird britischer Premierminister und das Kabinett beschließt Luftangriffe auf das Deutsche Reich.

Die Deutsche Armee besetzt die Niederlande, Belgien und Luxemburg. Es folgen schwere Luftangriffe auf Rotterdam. Deutsche Truppen werden aus Frankreich in den Osten verlegt. Das verheißt nichts Gutes. Die Deutsche Armee startet den Balkanfeldzug gegen Jugoslawien und Griechenland. Dieser bringt schwere Luftangriffe auf Belgrad mit sich und Jugoslawien akzeptiert eine bedingungslose Kapitulation. Athen in Griechenland wird erobert. Am 20. Mai 1941 startet die Luftlandeschlacht um Kreta mit sehr hohen Verlusten.

In Anbetracht der sich verschärfenden militärischen Aktivitäten ist es mehr als ungewiss, wie lange ich noch im zivilen Bereich tätig sein kann. Irgendwann werde auch ich eingezogen, befürchten Anna-Lena und ich. Ob ich dann jemals wieder lebend zurückkomme? Wer weiß das schon. Anna-Lena möchte gerne Kinder haben. Die Zeit drängt und wir bereiten alles für die Hochzeit vor. Unter dem Druck der Kriegsereignisse geben die Schwiegereltern ihre Einwilligung zur Heirat.

Hochzeit in Dresden

Die Hochzeit wird für Freitag, den 23. Mai 1941, vorbereitet, also genau einen Tag nach Anna-Lenas 19. Geburtstag. Eine kirchliche Trauung gab es nicht. Meine Schwiegereltern hätten diese gerne gehabt, aber das entsprach nicht meinem damaligen Denken. Die Feier findet in Dresden, im kleinen italienischen Dorf, in engerem Kreis statt. Das Restaurant liegt direkt neben der Semperoper an der Elbe. Meine Eltern waren inzwischen von Dessau nach Dresden gezogen. Sie wohnen nun im Stadtteil Kleinschachwitz in der Andreas-Hofer-Straße Nr. 8.

Meine Schwester ist nahe Dresden mit dem Sohn eines Gutsbesitzers in Dohna verheiratet. Es ist das Gut, auf dem ehemals die Familie von Bora lebte. Dort war bereits Martin Luther ein- und ausgegangen. Das schmeichelt meiner Mutter. Sie fühlt sich in gleicher Weise standesmäßig aufgewertet und empfindet sich selbst als Gutsherrin.

1941 treffen sich unsere beiden Familien zum ersten Mal anlässlich unserer Hochzeit in Dresden. Es herrscht eine sehr gequälte Atmosphäre, zu der meine Mutter mit ihrer überheblichen Art beiträgt. Wie ich später häufiger beobachte, scheint dieses Verhalten typisch für Personen zu sein, denen die Heirat einen sozialen und gesellschaftlichen Aufstieg beschert, zumindest dann, wenn sie sich in ihrer neuen Stellung unsicher fühlen und ihr gefühltes Defizit durch überhebliches arrogantes Verhalten zu kompensieren versuchen. So auch meine Mutter. Meine Mutter hat keine akademische Ausbildung absolviert. Sie machte an einer Hauswirtschaftsschule ihr „Pudding-Abitur" und angelte sich anschließend meinen Vater. Bei einem Verwandtschaftstreffen auf dem Molkenhaus in Bad Harzburg lernten sie sich kennen und verliebten sich ineinander. Mein Vater ist damals 12 Jahre älter und als Forstmann bereits gut etabliert. Als die beiden am 11. Februar 1908 heiraten, ist mein Vater 31 Jahre alt und meine Mutter gerade einmal 19 Jahre. Anscheinend habe ich diese Tradition der späten Heirat mit einer deutlich jüngeren Frau übernommen. Manchmal habe ich Zweifel, dass die Liebe meines Vaters zu meiner Mutter wirklich auf Gegenseitigkeit beruhte oder meine Mutter in dieser Heirat vielmehr die Chance sah, aus ihrer Familie auszubrechen.

Die Familien tauschen im Rahmen der hochzeitlichen Zeremonie einige Höflichkeiten aus. Es ist jedoch offensichtlich, dass meine Schwiegereltern meine Eltern nicht mögen. Aus diesem Grund haben sie sich auch niemals wieder getroffen. Der Unterschied in Lebens- und Denkweise war einfach zu groß. Erst nach dem Krieg sollte ich erfahren, dass mein Schwiegervater ursprünglich Bedenken hatte, dass ich nicht der Richtige für seine Tochter sein könnte. Als Anna-Lena 1952 mit unseren drei Kindern in die „Zone" gefahren war und ihre Eltern in Tribsees besucht hatte, hat ihr der Vater gestanden, dass er an einen langen Bestand der Ehe nicht geglaubt habe. Auch jetzt noch würde er Geld ansparen, um sie unterstützen zu können, falls sie sich einmal trennen wollte. Doch zurück zur Hochzeit: Es wäre nicht die Wahrheit, wenn ich behaupten würde, diese Hochzeitsfeier sei von Glück und Fröhlichkeit geprägt gewesen. Auf den Hochzeitsfotos, nach der standesamtlichen Trauung, wirken alle sehr steif. Und meine junge hübsche Frau sieht aus, als wäre sie auf einer Beerdigung.

Ein Foto spricht Bände. Links im Bild befindet sich mein Schwiegervater mit meiner Mutter, die sich in seiner stattlichen Erscheinung sonnt und selbstgefällig in die Kamera schaut. Rechts ist mein Vater abgebildet, in angestrengt aufrecht wirkender Haltung. Es ist ihm anzusehen, dass er mit seinen 64 Jahren gesundheitlich deutlich angeschlagen ist, er war deshalb vier Jahre zuvor bereits in Pension gegangen. An seiner Seite steht meine Schwiegermutter mit einem offenen und freundlichen Lächeln auf den Lippen.

Mein Schwiegervater war zu der Zeit Oberstabsveterinär bei der Kommandantur in Warschau und ist somit in entsprechender Uniform, mit allen Orden und Ehrenzeichen, gekleidet.

Mein Vater, in seiner forstlichen Galauniform, sieht aus, als würde er aus einer anderen Zeit stammen. Das war er irgendwie auch. Die Uniform stammte noch aus dem Kaiserreich. „Mit einer Uniform ist man immer gut gekleidet", sagt er manchmal. „Man braucht keinen Smoking, das ist ja auch nur für die, die nicht gedient haben. Ganz egal, ob bei einem Empfang, einer Hochzeit oder einer Beerdigung, die Uniform ist immer richtig." Als Mitglied der Allgemeinen SS trage ich die schlichte schwarze Uniform mit der obligatorischen Hakenkreuz-Armbinde.

Jetzt in der Rückblende frage ich mich, wo sich dieses Foto eigentlich befindet? Anna-Lena wird es gut verwahrt haben, aber sicher so, dass insbesondere unsere Kinder es nicht zufällig entdecken können. Das Hakenkreuz ist in meiner Erinnerung sehr dominant auf dem Foto und aus heutiger Sicht natürlich ein schrecklicher Makel. Ich hoffe beinahe, dass es dieses Foto gar nicht mehr gibt. Wem auch sollte man es zeigen, wenn man es sich selber nicht mehr anzuschauen wagt? Mich schüttelt es bei dem Gedanken, unsere Kinder könnten das Foto finden und mich zur Rede stellen.

Mein Vater ist ein sehr gutmütiger, musisch und mathematisch begabter Mann, mit einem großen Herz. Wir verstehen uns prima. Vielleicht bilden wir auch eine Art „Notgemeinschaft" gegen meine Mutter. Er liest gerne Bücher, vor allem Sachbücher und Romane. Er sagte mir einmal, in den Romanen würde er sich in eine andere Welt begeben und diese, in der er gerade lebt, verlassen. Er träumte sich oft davon, wohin, blieb mir immer verborgen. Lesen und Musizieren, das waren seine Wege, sich völlig aus der Realität auszuklinken. Mein Vater besitzt ein Fürst-Pless-Ventil-Jagdhorn und ist sehr aktiv in der forstlichen, jagdlichen Bläser-Vereinigung. Zu Weihnachten, wenn wir zusammen mit den Großeltern feierten, blies er unter dem Weihnachtsbaum Weihnachtslieder und wir sangen gemeinsam. Das war eine wundervolle harmonische Stimmung, an die ich mich gerne und mitunter sehnsüchtig erinnere. Meine Großmutter Anna besaß eine starke Ausstrahlung. In ihrer Anwesenheit wurde meine Mutter stets kleinlaut und bescheiden in ihrem Verhalten. Mein Großvater Carl war sehr bestimmend und ließ keinen Zweifel daran, dass er das Oberhaupt der Familie war. Als ich 7 Jahre alt war, starb meine Großmutter Anna und als 10-jähriger musste ich dann auch Abschied von meinem Großvater nehmen. Das hatte mich damals sehr geschmerzt. Die Großeltern und ihre Wohnung waren für mich immer ein wichtiger Ort gewesen, zu dem ich flüchten konnte.

Als Forst-Geometer brillierte mein Vater mit seiner mathematischen Begabung. Leider habe ich diese Begabung nicht geerbt. Das Berechnen von Entfernungen und Flächen war sein tägliches Brot. Er war weich in seinem Wesen und entscheidungsschwach. Daher waren meine Großeltern sehr einverstanden mit ihrer Schwiegertochter. Sie glaubten, das hübsche und resolute Mädchen würde den Sohn gut führen und fordern.

Zurück in Pommern

Wir beziehen ein kleines Haus am Schlachthof. Ich bin als Veterinär tätig und führe ein gewöhnliches bürgerliches Beamtenleben. Die Schwiegereltern stammen aus einer viele Jahrhunderte alten Familie, die Landwirtschaft betrieb. Sie sind überall versippt und verschwägert. Der Besitz an Grund und Boden verleiht ihnen Bodenständigkeit und Gelassenheit, verbunden mit christlicher Genügsamkeit. Man gewährt jedem seinen Raum für die eigene innere Entfaltung. Das tut mir gut. Ich fühle mich akzeptiert, so wie ich bin. Bei meinen Vorfahren ist das ganz anders. Es gab keinen nennenswerten Grundbesitz, man befand sich in Abhängigkeit von Vorgesetzten und behördlichen Dienststellen. Es war ein ständiger und ehrgeiziger Kampf um Positionen und gesellschaftliche Anerkennung. Es gab Verrat durch Neider und in Folge das verlorene Vertrauen des Dienstherrn. So war es auch meinem Urgroßvater Louis Reuss widerfahren. Er war Leiter der Forstwirtschaft von Anhalt gewesen und wurde von Fürst Alexander zu Sayn-Wittgenstein abgeworben, um die mangelhafte Forstwirtschaft des Fürstentums im Rothaargebirge neu zu ordnen. Louis Reuss hatte gleich zu Beginn den untreuen Forstdirektor, Herrn Jäger, aus dem Forstdienst entlassen. Dieser schwor Rache und hatte über viele Jahre beim Fürsten Alexander intrigant gegen die neuen Maßnahmen gearbeitet. Mit Verleumdungen und Lügen hatte er schließlich das Vertrauensverhältnis des Fürsten zu meinem Urgroßvater zerstört. Nach 15 Jahren intensiver Arbeit bat Louis den Fürsten um Entlassung. Mein Urgroßvater hatte ein lukratives Angebot des Fürsten Colloredo-Mansfeld bekommen und wechselte im

Mai 1872 nach Dobrisch in Böhmen, um die dortige Forstwirtschaft nach neuen wissenschaftlichen Erkenntnissen zu organisieren. Im Juli 1910 hatte Prinz Ludwig zu Sayn-Wittgenstein die komplette Familie von Louis Reuss auf das Schloss eingeladen und es wurde nach 38 Jahren ein großes Denkmal für die Verdienste von Louis Reuss eingeweiht.

Mein Großvater Carl veröffentlichte 1883 das erste wissenschaftlich fundierte Werk über die Ursachen des Waldsterbens. Auf dieser Grundlage konnten viele private Waldbesitzer gegen die Industrie klagen. Woraufhin die Industrie durch einen anderen Gutachter vor Gericht glaubhaft machte, dass das Waldsterben nur natürliche Ursachen hätte, wie etwa Borkenkäfer, Pilze und Trockenheit durch Klimaveränderungen. Die weitere Verbreitung des Buches wurde untersagt. Ich denke, dass mein Großvater das als Verrat empfunden hat. Einhundert Jahre später, 1983, sollte das Buch in der DDR als Reprint unter dem Titel: „Hundert Jahre Waldsterben, Hundert Jahre Wissen ignoriert." Wieder herausgebracht werden.

Nach dem Tod meines Großvaters Carl im Jahr 1918 wurden die Strukturen der anhaltinischen Forstverwaltung neu geordnet. Mein Vater bekam einen jungen Forstmann vorgesetzt, der die forstgeometrischen Tätigkeiten modernisierte. Für meinen Vater blieb nur ein untergeordneter Posten übrig. Er wurde im Dienstgrad und Gehalt heruntergestuft. Unabhängig von dem wirtschaftlichen Verlust bedeutet das für meinen Vater einen großen Seelenschmerz und für meine Mutter die Bestätigung für die Unfähigkeit ihres Mannes.

Ich frage mich kurz, ob es in unserer Familie eine genetische Disposition dafür gibt, Opfer von Verrat zu werden. Aber nein, das wäre wohl zu einfach und würde in der Konsequenz ja bedeuten, dass man sich seinem Schicksal zu fügen hätte. Dabei kommt es doch darauf an, die Besonderheiten und Herausforderungen, die das Leben für einen jeden bereit hält, anzunehmen und seinen Umgang damit eigenständig zu finden. Ich denke, dass solche Häufungen von Verrat und Kränkung in ein und derselben Familie Zufall sein müssten. Doch mitunter zweifele ich und frage mich, warum es Menschen gibt, die anscheinend besonders anziehend für das Unglück sind und sich häufig in einer Opferrolle befinden. Warum ist das so? Hängt das mit der jeweiligen Einstellung zum Leben zusammen, mit einem eher verzagten oder pessimistischen Blick auf die Ereignisse? Mit einem Blick, der das Schlechte sucht, weil er nur das Schlechte sieht und blind ist für das Gute? Mit einer Haltung, die das Unglück sucht und also auch das Unglück findet? In ständiger Angst vor dem Abgrund, an dessen Rand man verzagt nach unten schaut und aus der Unsicherheit heraus schließlich den Halt verliert und hinunterstürzt? Doch auch, wenn ich im tiefsten Inneren weiß, dass eine solche Haltung selbstverständlich nicht erblich ist, so bin ich doch beunruhigt. Was macht das mit einem, was macht das mit mir, wenn Vater, Großvater, Urgroßvater, die ja Vorbild sein sollten, diese Rolle nicht erfüllen konnten und ihren verzagten oder enttäuschten Blick auf das Leben an die folgende Generation weitergeben?

Mir kommt ein Gedanke, der mich erschreckt: War ich vielleicht schon als junger Mensch, ohne mir dessen bewusst zu sein, entschlossen, anders zu werden als Vater, Großvater und Urgroßvater? Um sicherheitshalber eher zu treten als getreten zu werden? Und auf der Suche nach dem eigenen Glück das Unglück anderer lieber ausblende?

Früher, vor dem Krieg, war ich ein lebensbejahender und naiv unbekümmerter Mensch. Ich genoss das Leben und dachte wenig an die Zukunft. Ich wusste, sie wird kommen und war überzeugt, ich werde sie meistern. Mein Selbstvertrauen war im Studium und während meiner tierärztlichen Wanderschaft stark gewachsen. Mit jeder Krise, die ich überstanden hatte, war ich innerlich gestärkt worden. Doch jetzt bin ich verzagt und zweifele an meinem Selbstvertrauen. Ich bezweifle, dass ich es schaffe, diese Gefängniszeit und eine möglicherweise nachfolgende Haft durchzustehen.

Eine Frage quält mich ständig: Wer ist der Verräter, der mich hinter Gitter brachte und woher kannte er meine Vorgeschichte aus den letzten Kriegstagen, meinen verhängnisvollen Fehler, dessen ich schuldig war? Ich halte inne und denke über meine inneren Worte nach. Habe ich wirklich „Verräter" gedacht? Mache auch ich mich, wie meine Vorfahren, zum Opfer? Statt nachzudenken über meine Rolle als …
als … ich mag es nicht aussprechen, auch innerlich nicht … noch nicht.

Ich weiß nicht, wie lange ich schon hier bin und wie viele Nächte ich in dieser verfluchten Zelle nicht schlafen konnte. Die Tage um den Vollmond herum setzen in meinem Inneren immer vieles in Bewegung. Bei zunehmendem Mond steigern sich meine Kraft und meine Leistungsfähigkeit, ich habe erotische Träume. Bei abnehmendem Mond verliere ich Lebensfreude und bekomme Alpträume. Die schrecklichen Bilder aus dem Krieg, den Kämpfen an der Front, die Leichen neben mir, das Jammern der verletzten Kameraden, das Schreien der schwer verwundeten Soldaten, das „Mama, Mama so hilf mir doch" klingt dröhnend und nachhaltig in meinen Ohren. Die Bilder der zerstörten Städte meines Heimatlandes verfolgen mich und rauben mir den Schlaf.

Ich nähere mich meinem Selbst. Nein, ich war nicht das, was man als Mitläufer bezeichnet. Ich war ein Mittäter. Ich bin dem Trend der Zeit, dem Nationalsozialismus, bedingungslos gefolgt. Ich habe nicht nachgedacht, habe nichts in Frage gestellt. Ich habe die Lügen glauben wollen, war eitel und verführbar, habe das Leid der anderen ausgeblendet. Ich empfinde den Verrat meiner Ideale als schmerzlich. Verrat. Schon wieder dieses Wort. Nichts ist übrig geblieben von meiner Begeisterungsfähigkeit als junger Mensch, nichts von dem, an das ich geglaubt und auf das ich gebaut hatte. Übrig geblieben ist eine große Leere und der Trümmerhaufen meines Lebens.

Doch ohne Halt ist das Leben nichts. Leben aber möchte ich doch, auch wenn es mir jetzt so unendlich mühsam erscheint. Woran aber soll ich mich hier in dieser Zelle festhalten? Ich suche. Und finde Stück für Stück zurück zu dem, was ich früher vehement abgelehnt hatte, den Glauben an Gott und das Gebet.

Ich lege immer häufiger meine Hände übereinander. (Das Händefalten, wie es eigentlich üblich ist, ist mir zu fremd und würde mich eher hemmen.) Ich bete: „Vater unser ... so vergib mir meine Schuld, wie auch ich vergebe meinen Schuldigern, ... Amen!" Ich beginne, mich mit der Bibel und insbesondere dem Neuen Testament, zu beschäftigen. Ich lese die Schriften, die meine Frau mir schickt. Die Schriften von Pastor Dietrich Bonhoeffer, der im Konzentrationslager war und 1945 noch kurz vor Kriegsende umgebracht wurde, fesseln mich. So viel Gottvertrauen und so viel Kraft im Angesicht des Todes machen auch mir Mut und geben mir die Zuversicht, dass es zwar unbequem und schmerzhaft aber richtig ist, meine innere Haltung zu hinterfragen.

Meine Gedanken kreisen die ganze Nacht. Es ist ein Gefühl, als müsste ich mein Leben noch schnell in Ordnung bringen, bevor der Henker an der Tür klopft. Ich habe das Bedürfnis, meine Vergangenheit zu reflektieren.

Ich stelle mir die zunächst unlösbar erscheinende Frage: „War es richtig, das Falsche zu tun, wenn das Richtige zu tun, zu der Zeit falsch gewesen wäre?"
Was war damals richtig, was war falsch?
Ich habe weder das Richtige noch das Falsche erkannt.
Ich bin blind, ohne nachzudenken, der verordneten Meinung gefolgt.
Ich möchte verstehen, warum ich so verblendet war.
Warum war ich überzeugt, als Deutscher etwas Besseres und ein Teil dieser Elite zu sein? Respekt und Anerkennung waren mir immer wichtig. Ich wollte dazugehören, ich habe um die Aufmerksamkeit der Wichtigen, ja man könnte sagen gebuhlt. Ja, ich wollte wichtig sein. Das aber mit überschaubarem Aufwand und Risiko.
Ich möchte verstehen, warum ich so gehandelt habe, wie ich gehandelt habe.
Übertriebener Ehrgeiz war es nicht, ich war nie besonders ehrgeizig. Ich habe vor dem Krieg immer alles locker genommen. So, wie es gerade kam, war es richtig.
Die Aussicht, in Suwalki als Veterinärrat einen ganzen Regierungsbezirk unter meinem Befehl zu haben, ließ mich träumen. Ich sah mich schon vor meinem inneren Auge, wie mein Chauffeur mich von zu Hause, meiner Villa am See, abholt und zur Dienststelle fährt. Ich sah, wie alle Tierärzte, die mir untergeordnet waren, das Wort „untergeordnet" gefiel mir, zur Berichterstattung in mein Büro kommen mussten. Alle diese Träume waren Schäume und sind im Krieg wie Seifenblasen geplatzt.
Nun sitze ich im Gefängnis und träume von Freiheit. Freiheit erscheint mir nun als das höchste Gut. Freiheit ist wertvoller als alle materiellen Güter. Um richtig zu erkennen und zu spüren und auch

zu begreifen, dass sich wahre Freiheit nicht durch die Unfreiheit anderer erlangen lässt, musste ich wohl erst im Gefängnis sitzen. Das Internierungslager in Garmisch habe ich damals ganz anders wahrgenommen. Es war das Ergebnis des verlorenen Krieges und bot mir in gewisser Weise Schutz.

Als Veterinärrat im Regierungsbezirk Osnabrück hatte ich die Lebensmittelkontrolle unter meiner Verantwortung. Im Rahmen meiner Tätigkeit musste ich auf unterschiedliche Weise massiv eingreifen. So waren da zwei Brüder, die jeweils eine Eierhandlung betrieben. Lief der Absatz einmal nicht so gut, verkauften sie sich auf dem Papier gegenseitig den Warenbestand und mit jedem Verkauf waren die Eier neu und frisch. Die Folge waren eine Anzeige und eine empfindliche Strafe. Es gab Metzger, die das Fleisch mit unzulässiger Menge an Nitrat behandelten und minderwertige Qualität wieder in rosarotes Frischfleisch verwandelten. Es gab Hygieneverordnungen für Schlachtbetriebe, die nicht immer sauber eingehalten wurden. Es gab also schon Konfliktpotential und Personen, die mich zum Teufel wünschten. Aber hatte das ausgereicht, um sich nachträglich an mir zu rächen und mich ins Gefängnis bringen zu wollen? Ich kann es mir nicht vorstellen.

Ich erinnere mich gerade daran, dass ich in den 50er Jahren einmal nach einer Jagd, bei der ich durch das Erlegen eines starken Keilers Jagdkönig wurde, viel Alkohol trank. Wie dort in der Gegend üblich, trank man „ein Lütt, ein Lang", also einen Schnaps und ein Bier. Ich warf mehrere Runden, es wurde immer lustiger, ich zunehmend besoffener und mein Hang zum Prahlen brach sich Bahn. Ich machte etwas, was ich sonst konsequent vermied, ich sprach über meine Vergangenheit. In den 50er Jahren aber konnte das gefährlich werden. Da niemand offen über seine Vergangenheit sprach, wusste man auch nicht, aus welchem Lager das Gegenüber kam. Nazi oder Opfer? Sieger oder Verlierer? Selbst meiner Frau erzählte ich nicht alles aus meiner Kriegszeit. Jetzt in dieser Runde besoffener Männer prahlte ich damit, dass ich als Leutnant eine Veterinäreinheit in Russland geführt hatte. Ich erzählte, wie wir mit den Pferden die Granatwerfer bis in die vorderste Kampflinie zogen. Und das alles, halb versinkend, im Matsch am sumpfigen Ufer des Flusses Dnepr. Was für eine Drecksarbeit. Wir lagen mehrere Tage vor Dneprope-

trovsk und beschossen die Stadt. Ich prahlte damit, wie ich bei einer Kesselschlacht im Kaukasus im Schützengraben gelegen hatte und als guter Jäger die Russen wie heute die Wildschweine geschossen hatte. Anschließend war ich mit erhobenem Glas aufgestanden und rief: „Ein Horrido auf das edle Weidwerk und die Jagd!" Die ganze besoffene Meute hatte gejohlt, Joho, Joho, ein Horrido und Weidmannsheil.

War es jemand aus diesem Kreis, der mich angezeigt hatte? Anonyme Anzeigen bei der Staatsanwaltschaft kamen häufiger vor. Man fand mitunter auch etwas belastendes Material aus der NS-Vergangenheit im zentralen Archiv in Ludwigsburg.

Plötzlich muss ich an meine Frau und die Kinder denken. Mir laufen die Tränen über das Gesicht. Was müssen sie nun alles ertragen? All die Anfeindungen im Dorf und meine Kinder in der Schule, die für mich mit am Pranger stehen. Anna-Lena schickt mir einen Zeitungsausschnitt aus der lokalen Presse. Darauf stand:

„Kriegsverbrecher gefasst. Veterinärrat Dr. Lutz Reuss wurde verhaftet"

Was für ein Schlag ins Gesicht. Diese Provinzschreiberlinge wissen nichts. Sie wissen nicht, worum es geht, was geschehen war und unter welchen Umständen. Die Verhaftung allein reicht, um das Urteil zu fällen und zu verkünden. Das ist typisch für das lokale Käseblatt. Gott schuf in seinem Zorn den Redakteur Claus Silberborn, so sagte man im Ort. Der Redakteur hatte eigentlich eine große Karriere bei der BILD-Zeitung geplant, war aber zunächst in der Provinz gelandet und dann dort hängengeblieben. Er formuliert seine Berichte gerne aber so reißerisch, als wolle er der BILD Konkurrenz machen. Meine Gefühle schwanken zwischen Zorn und Wehmut und Ratlosigkeit. Ich fühle mich hilflos, dem Lauf des Geschehens ausgeliefert. Resigniert sinke ich auf meine Matratze und suche den Schlaf, den ich wieder einmal nicht finden kann. Die Gedanken wühlen mich auf. Die Sorge um die Familie lässt mir keine Ruhe. Es wird unruhig auf dem Gang vor der Gefängniszelle. Die Uhrzeiger stehen auf sieben. Ich muss irgendwann wohl doch eingeschlafen sein.

Anna-Lena schreibt

Anna-Lena schreibt mir, dass sie in Osnabrück bei meinem Vorgesetzten, dem Regierungspräsidenten, war. Ich bin zwar Beamter, aber es ist völlig unklar, ob ich in dieser prekären Situation weiterhin mein Gehalt bekommen werde. Die öffentliche Aufmerksamkeit hinsichtlich der Nazi-Verbrechen und der dahinterstehenden Personen sind zurzeit groß. Ich denke, ich hatte in all den Jahren ein gutes Vertrauensverhältnis zu meinem Vorgesetzten. Er versicherte Anna-Lena, dass er alles in seiner Macht Stehende unternehmen werde, um der Familie weiterhin das ungekürzte Gehalt zu sichern. Ich bin erleichtert und dankbar, denn eine solche Unterstützung ist nicht selbstverständlich.

Mein oberster Dienstherr in Hannover ist der Landwirtschaftsminister, ein ehemals Verfolgter der Nazis. Als Mitglied im „Internationalen Sozialistischen Kampfbund" wurde er 1937 verhaftet, wegen Vorbereitung zum Hochverrat saß er für ein Jahr im Gefängnis. Und dieser Minister hat sich zum Ziel gesetzt, alle ehemaligen Nazis aus dem Beamtenverhältnis zu entfernen. Ist es Rache an all denen, die ihn zuvor erniedrigt hatten? Ich neige dazu, ihm genau dieses vorzuwerfen. Andererseits, Beamte sind Staatsdiener und der Staat hat demzufolge ein Interesse daran, dass seine Beamten auf dem Boden der neuen Staatsordnung stehen. Vielleicht wäre es sinnvoller, mit allen treuen Staatsdienern, die auch unter Hitler schon treu gedient haben, das Gespräch zu suchen, um etwas über die innere Haltung zum Nationalsozialismus zu erfahren? Aber ehrlich gesagt, bin ich froh, dass es ein solches Gespräch mit mir nicht gegeben hat, ich hätte mich ja mit dem Verdrängten, mit meinem Verhalten auseinandersetzen müssen. Ich hätte mich verteidigen und erklären müssen. Das aber habe ich bis heute ja nicht einmal mir selbst gegenüber geschafft.

Anna-Lena berichtet in ihrem ersten Brief von einem Dezernenten namens von Wagner, der ihr im Ministerium begegnet und nach mir gefragt hat. Sie wunderte sich, dass er viele Einzelheiten meines Falles kannte.

Anna-Lena schreibt: „Er sagt, er sei ein Corps-Bruder von dir. Erinnerst du dich an Ihn? Er hat eine lange hässliche Narbe im Gesicht. Mit einem merkwürdig gequälten Lächeln, bei dem sich die Narbe rötlich verfärbte, ließ er dir ganz herzliche Grüße ausrichten. Mir war der Herr von Wagner etwas unheimlich und unangenehm in seiner aufdringlichen Herzlichkeit." "Natürlich kenne ich ihn. Und wie, um Himmels Willen, kam Carlos von Wagner nach Osnabrück in die Bezirksregierung. Meiner letzten Information zufolge, die ich von Dritten hatte, war er in Bremen gelandet. Wir hatten schon lange keinen direkten Kontakt mehr. Jeder war mit dem Aufbau seines Berufslebens und der Familie beschäftigt. Ich hatte mir im Internierungslager in Garmisch die Anschriften von den dreißig Kameraden notiert, mit denen ich viel zusammen war. Wir versprachen, uns nach der Entlassung gegenseitig zu unterstützen. Das aber waren alles Vorkriegsanschriften gewesen, die nach dem Krieg vielfach nicht mehr existierten. Das war alles nett gedacht gewesen, aber keiner von uns hat davon Gebrauch gemacht. Alle wollten die Zeit begraben und nicht darüber sprechen, sie aus der Erinnerung löschen und schweigen bis ins Grab. Außerdem war es in der neuen Zeit besser, nicht zu viel von seiner Vergangenheit zu berichten. Man konnte bei den Gesprächspartnern nie wissen, ob man mit einem ehemaligen Opfer oder Täter sprach und welche Motive hinter dem Gespräch verborgen waren. Im Gefangenenlager in Garmisch hatte ich den gesamten Vorgang, die Erschießung des Spions, mit Carlos von Wagner ausführlich besprochen. Er war Jurist am Feldgericht gewesen und hatte die Problematik verstanden. Er selbst hatte ähnliche Fälle bearbeiten müssen. Sollte er sich im Nachhinein nun doch noch für die Mensur rächen wollen?

Die heutigen Gesetze über die Kriegsverbrechen wurden teilweise rückwirkend erlassen. Was damals legitim war, wurde nachträglich als strafbar bewertet. Carlos und ich hatten uns in Garmisch versöhnt und eine recht freundschaftliche Verbindung zueinander aufgebaut. Wir befanden uns in Garmisch in einer gemeinsamen Notsituation. Not verbindet, solange Not ist. Möglicherweise verändert sich das Denken mit der Veränderung der Realität. Die jeweilige gesellschaftliche und berufliche Position sowie der Zeitgeist prägen das Denken.

„Das Sein bestimmt das Bewusstsein"
schrieb Karl Marx.

Arbeit in der JVA Ravensburg

Tagsüber ist mein Kopf klar. Ich habe ja die Aufgabe, dem Herrn Direktor zu Diensten zu sein. Einen solch loyalen und intelligenten Sekretär hatte er bis dahin vermutlich noch nicht. Von meinem devoten Verhalten dem Direktor gegenüber erwarte ich mir jedoch Gegenleistungen. Ich darf mich im gesamten Gebäude und Gelände relativ frei bewegen.

Einer der Wärter, Martin, war 25 Jahre alt und gerade dabei, seinen Jagdschein zu machen. Als erfahrener Jäger gebe ich ihm Nachhilfe-Unterricht. Das Lehrbuch von „Richard Blase" kenne ich auswendig. Martin ist ein eifriger Schüler. Als Dank für den regelmäßigen Unterricht schmuggelt er eine Flasche Rotwein in meine Zelle. Es ist eine Flasche Spätburgunder aus dem Anbaugebiet am Bodensee. Ich verstecke sie gut im Schrank und trinke jeden Abend einen kleinen Schluck aus dem Wasserglas. Was für ein kostbarer Schatz in dieser düsteren Zeit. Martin stammt aus einem landwirtschaftlichen Betrieb. Als drittes Kind hatte er keinen Anspruch auf den Hof der Eltern, der erstgeborene Sohn hatte den Betrieb übernommen. Durch die Wirrungen der Nachkriegszeit hatte Martin keine anerkannte Ausbildung und nur den Hauptschulabschluss gemacht. Er hätte bei seiner Begabung, wie ich ihn beurteile, allerdings auch die Chance zu einem höheren Abschluss gehabt. Martin ist mir sehr zugewandt und erfüllt mir so manche Wünsche, auch solche, die er mir eigentlich nicht erfüllen dürfte.

Alle Briefe der Gefangenen, ob ankommend oder ausgehend, werden kontrolliert. Wenn ich einen besonders emotionsgeladene und vertraulichen Brief an meine Frau schreibe, bringt Martin diesen Brief heimlich zur Post.

Ich halte mit den Wärtern, Justiz-Vollzugsbeamte, ein schreckliches Wort, hier und da einen „Snack", wie man im Norden sagt. In diesen regelmäßigen Gesprächen zeige ich den Wärtern, dass ich sie achte und ihre Arbeit würdige. So gewinne ich das Vertrauen der Wärter. Die Aufseher sind ohnehin der Meinung, dass meine Verhaftung eine Gemeinheit sei und dass es eine Schweinerei wäre, dass ich nach fast 3 Monaten noch keine Anklageschrift erhalten hätte, mich so-

mit auch nicht verteidigen kann. Ich vermute, dass der Staatsanwalt,
der die Klage führt (und sich selbst als Opfer der Nazi-Zeit sieht), er-
kannt hat, dass die Anklage auf schwachen Füßen steht und er mir
nur durch das Verzögern eine Bestrafung auferlegen kann.
　　Ich hadere mit meinem Schicksal. Jeder kleine Dieb wird bis zur
Verhandlung frei gelassen, sofern keine Flucht- oder Verdunkelungs-
gefahr besteht. Aber ich, der einen festen Wohnsitz hat, ein ordentli-
cher gesetzestreuer Beamter bin, muss hier im Loch schmoren. Das
kann nur eine Gehässigkeit der Staatsanwaltschaft sein. Mir fällt es
noch immer schwer, mich damit auseinanderzusetzen, dass ich jedoch
im Nationalsozialismus ein ordentlicher gesetzestreuer Beamter war.
Das aber wird aus heutiger Sicht als moralisch und ethisch verwerf-
lich betrachtet und stürzt mich abwechselnd in große Ratlosigkeit,
Verzweiflung, Wut und Selbstzweifel.

Leben in Pommern

Ein Jahr nach unserer Hochzeit wird unsere erste Tochter Anna
im März 1942 geboren. Die Geburt verläuft ohne Probleme. Es
ist eine Hausgeburt und ich bin natürlich als Vater und Arzt
dabei und gebe der Hebamme und meiner Frau Unterstützung.
Welch ein Glücksgefühl, ein eigenes Kind zu haben. Ich wasche
und wickele es, es schaute mich mit großen blauen Augen an und
ich schmelze dahin. Anna soll sie heißen, nach meiner geliebten
Großmutter. So haben wir das vorher verabredet.
　　Das klingt einfach und unkompliziert, war es aber nicht.
Die Namensgebung ist ein großer Akt. Schließlich hat das für
das Kind lebenslang eine prägende Wirkung. Die Fragen sind
immer die gleichen. Was verbinde ich mit dem Namen? Habe
ich gute oder schlechte Erinnerungen an Personen mit dem ge-
wünschten Namen oder will ich damit einen Vorfahren ehren?
Wenn ich mich auf einen Vorfahren beziehen will, dann bleibt
die Frage, aus welcher Familie. Aus der Familie der Frau oder
des Mannes. Jedenfalls hatte es bei uns mehrere Nächte mit an-
geregter Diskussion gegeben.

Ab April 1942 leite ich verschiedene Dienststellen in West-preußen, nämlich Marienwerder, Rosenberg und Berent. Die britischen Luftstreitkräfte fliegen im März Flächen bombardierend auf Lübeck und Rostock zu und zerstören diese Städte nachhaltig. Die Zeitungen zeigen schreckliche Bilder. Der Krieg wird heftiger als je zuvor.

Die Schlachten um Sewastopol und Stalingrad werden mit aller Kraft gegen starke russische Truppen geführt. Seit dem Juli 1942 versucht die 6. Armee, den Industriestandort Stalingrad einzunehmen. Mit Stalingrad hat man die Wolga unter Kontrolle. Auf der Wolga werden Rüstungsgüter aus den USA zur Unterstützung der Roten Armee angeliefert. Das soll auf jeden Fall unterbunden werden. Wie hoch die Verluste sind, erfahren wir nicht. Nur die heldenhaften Taten der Soldaten unter Führung von General Paulus werden gepriesen.

Im Sommer beginnt die große Sommeroffensive der Wehr-macht. Ziel ist der Kaukasus und das Asowsche Meer. Am Kaspischen Meer sollen die Ölfelder bei Baku annektiert werden. Der Vormarsch wird Anfang September von starken russischen Kräften gestoppt. In diese Kämpfe werde ich voraussichtlich gehen müssen.

Im September 1942 werde ich zur Wehrmacht in Stolp, der Veterinär-Ersatzabteilung II, einberufen und im Oktober als Veterinäranwärter zum Feldheer an die Ostfront geschickt. Mit dem Wissen um die prekäre Lage im Osten, macht mir dieser Marschbefehl erhebliche Sorgen. Meine Hoffnung ist es, dass wir mit der Veterinärabteilung, als Tross, immer hinter der Front bleiben werden. Eine Hoffnung, die sich nicht erfüllt. Die Wirklichkeit ist brutaler, als ich es in Worten ausdrücken kann. Die Veterinär-Kompanie wird der 125. Infanterie-Division „Wiesel" zugeordnet.

In der Kaserne in Stolp ist es beengt, aber auch gemütlich mit allen Kameraden zusammen. An den Ernst der Lage denken wir noch nicht, wir sind schließlich erst in der militärischen Ausbildung. Der Gitarrist links im Bild ist Jan Henrik aus Hamburg, rechts sitzt Knut aus Kiel. Beide spielen ganz ordentlich, einzeln und auch zusammen. Jan Henrik spielt den „Stern von Rio" von Rudi Schurike und „Abends in der Taverne" von Wilhelm Strienz. Das ist sein spezieller Stil. Die Lieder von Knut gefallen mir besser. Besonders das Lied „Wenn ein junger Mann kommt" von Willy Fritsch. Text und Melodie sind ein Ohrwurm: „Wenn ein junger Mann kommt, der fühlt worauf es ankommt, weiß er was er tut, weiß er was er tut, und wird probieren, dein Herz zu verführen, weiß er was er tut, weiß er was er tut, schließlich möchte jede Frau, dass einer käme, der sie ohne Zögern in die Arme nähme ...". Das Lied erinnert mich an meine wilde Vorkriegszeit. Obwohl meine Gesangsstimme eher schwach ist, singe ich ungeniert und aus voller Brust mit.

Jan Hendrik und Knut sind beide Lehrer. Eigentlich habe ich seit der Schulzeit eine starke Abneigung gegen diese Besserwisser. Diese beiden sind allerdings anders. Sie gehören einer neuen Generation an, sie setzen sich mit der Reformpädagogik auseinander. Eine Pädagogik, die aus der Sicht des Kindes denkt und handelt, wie Pestalozzi es fordert, und sich gegen den klassischen Schulbetrieb richtet. Sie stemmt sich gegen die Lebensfremdheit und den unterwerfenden Autoritarismus. Das hätte mich eigentlich alles nicht interessiert, wenn sich nicht mein

Denken und Fühlen durch die Geburt meiner kleinen Tochter Anna verändert hätte. Die Vorstellung, dass Anna einmal bessere Lehrer haben könnte, macht mich froh.

Aus meinen Gedanken werde ich brutal herausgerissen. Die Tür springt krachend auf und ein recht klein gewachsener Feldwebel baut sich mächtig wichtig und groß im Türrahmen auf und brüllt: „Ruhe hier! Es ist Zapfenstreich!". Seine Bedeutung und seine eigene energische Stimme bewundernd, schaut er herausfordernd in die Runde. Wir schweigen erschrocken. Mit einer großen Geste löscht er das Licht und verschwindet türknallend aus dem Raum. Die Absätze seiner Stiefel sind mit Eisen beschlagen und hämmern auf den Steinboden des Flures. Wir hören den Gleichklang seiner kurzen zackigen Schritte, bis er das Treppenhaus erreicht und verschwindet. Knut schaltet das Licht kurz wieder an und sagt: „So ein Arschloch, was bildet sich dieser Wicht eigentlich ein! Nun gut, lasst uns schlafen, bevor dieser Quasimodo hier nochmal auftaucht."

Diese Szene kommt mir bekannt vor, denke ich. Erinnerungen an Ereignisse in unserem Elternhaus kommen wieder hoch. Es war wie jetzt in Stolp, eine spätsommerliche und fast herbstliche Stimmung. Mein Vater übt Jagdhorn für einen Auftritt mit dem Bläserkorps der Jägerschaft. Ich sitze bei ihm im Arbeitszimmer und male eine Eule mit einem schwarzen Grafitstift. Vater und ich sind innerlich verbunden, obwohl wir nicht miteinander sprechen und jeder etwas anderes macht. Allein das Gefühl, zusammen in diesem Raum zu sein und Geborgenheit zu spüren, tut mir gut.

Mein Zeichenlehrer Lyonel Feininger ist der Meinung, ich hätte zeichnerische Begabung, und wenn ich mir etwas mehr Mühe geben würde, könnten meine Tierzeichnungen richtig gut werden. Den ersten Entwurf der Eule hat er nicht akzeptiert. Deswegen versuche ich es zuhause nochmals, in der Hoffnung, mein zweiter Versuch möge dem Künstler besser gefallen. Da geht plötzlich die Tür auf und meine Mutter erscheint im Türrahmen. Ihre schneidende schrille Stimme schmerzt in meinem Ohr. „Herrmann, in 15 Minuten müssen wir los und du bist immer noch am Üben. Mach dich gefälligst fertig, ich will nicht zu spät kommen." Zu mir gewandt sieht sie verwundert auf meine Zeichnung. „Was soll das denn werden? Du machst besser deine Schularbeiten. In Latein und Englisch bist du schwach und du musst noch Vokabeln lernen. Mach dich an die Arbeit," weist sie mich zurecht und verlässt geräuschvoll den Raum.

Anna-Lena möchte auf jeden Fall noch ein zweites Kind, bevor ich zum Einsatz muss. Wir errechnen die kommenden fruchtbaren Tage. Zum Zeitpunkt „X" bringt sie die kleine Anna zu ihren Großeltern nach Kolberg und kommt zu mir nach Stolp. Ich habe von Freitag, dem 11. September bis Sonntag, dem 13. September, frei bekommen. In dem Traditionshotel Zum Franziskaner habe ich für uns ein Zimmer reserviert. Stolp ist eine alte bedeutende Stadt. Bereits im 9. Jahrhundert gab es dort eine kaschubische Siedlung. Die Stadt liegt genau auf dem Handelsweg von Stargard nach Danzig und ist Mitglied der Hanse. Am Bücherplatz besuchen wir ein Café, fahren mit der Straßenbahn und spazieren zur Schlossmühle. Dann begeben wir uns zum Hotel und füllen den späteren Nachmittag mit dem Zweck ihres Besuchs. Doch auch, wenn wir mit diesem Nachmittag einen Plan verfolgen, ist uns das Wichtigste unsere Liebe und die Zärtlichkeit, die wir einander schenken. Es sind nur einige wenige Stunden der Gemeinsamkeit, bevor ich in eine ungewisse Zukunft marschiere. Wenige Tage später muss ich ins Feld, an die Ostfront. Nach fünf Wochen erfahre ich, dass unser Plan aufgegangen ist. Anna-Lena ist schwanger. Mein Herz jubelt und am Abend feiere ich diese freudige Nachricht mit meinen Kameraden im Casino. War ich bisher noch reichlich naiv und unbekümmert, werde ich in der Erwartung, nun bald Vater zweier Kinder zu sein, zunehmend ängstlicher. Bisher war ich als Veterinär nur im ruhigen Hinterland tätig. Jetzt aber geht es direkt an die Front. Ich verspüre erstmals Angst um mein Leben und um die Zukunft meiner jungen Familie.

Der Einsatz von Pferden in der kämpfenden Truppe verlangt eine umfangreiche Versorgung durch das Veterinärwesen. Unsere Aufgabe ist die Versorgung verletzter und kranker Pferde. Die verletzten Tiere werden zu Sammelplätzen gebracht, die mehrere Kilometer hinter der Front eingerichtet sind. Zu unserer 125. Infanteriedivision gehören in meinem Wirkungsbereich mehrere hundert Pferde, wir sind dem Tross und nicht der kämpfenden Truppe zugeordnet. Der Verlust an Pferden ist besonders im Winter sehr hoch. Die Tiere sind häufig kräftemäßig überfordert. Teilweise ist auch die Futterbeschaffung schwierig und die Tiere erhalten nicht genügend Nahrung. Für die entkräfteten Pferde und auch für die erschöpften Soldaten werden Erholungsplätze hinter der Front eingerichtet. Eine Entlausungs- und Badeanstalt gehören ebenfalls dazu.

Der Marschbefehl schickt uns nach Stalingrad. Von Stalingrad haben uns bisher nur schlimme Nachrichten und Gerüchte erreicht. Dahin wollten wir eigentlich nicht. Wie durch ein Wunder werden wir auf dem Weg dorthin umgeleitet und wir ziehen in Richtung Krasnodar, Kaukasus und Krim. Als ich im Oktober 1942 in Krasnodar ankomme, befinde ich mich in einer großen Industriestadt direkt an dem Fluss Kuban. Krasnodar ist ein wichtiges Wirtschaftszentrum für die Metallbearbeitung und Erdölförderung und ein bedeutender Verkehrswegepunkt im Süden Russlands. Wegen des Öls ist der Ort militärisch bedeutend.

Krasnodar liegt zwischen dem Schwarzen und Kaspischen Meer und hat submediterranes Klima. Bereits im August 1942 hatte die Heeresgruppe „A" die Stadt eingenommen. Dabei waren allerdings viele Teile der Stadt zerstört worden. Wir werden vor dem Ort auf einem Bauernhof, der requiriert wurde, einquartiert. Dort sind bereits einige Teile der Pferdestaffel untergebracht. Meine Kameraden und ich werden in die Gegebenheiten eingeführt, mit dem Dienstplan vertraut gemacht und den verschiedenen, bereits bestehenden, Gruppen zugewiesen.

Ich komme in ein Zimmer mit sechs Betten, eine Reihe mit drei Betten links an der Wand und eine Reihe mit drei Betten rechts an der Wand entlang. Wenn man den Raum betritt, befindet sich mein Feldbett links in der Mitte. Es ist das einzige freie Bett. Auf der linken Seite schnarcht Horst Mahnkopf, er hat bereits einen Einsatz hinter sich und muss sich ausruhen. Rechts von meinem Feldbett sitzt ein sympathisch wirkender Bursche auf dem Bett und liest in einem Buch. Als ich eintrete, springt er auf und sagt: „Willkommen Kamerad, ich bin Herbert Weidelt." „Freut mich, ich bin Dr. Lutz Reuss und Veterinäranwärter." „Dann haben wir ja die gleiche Aufgabe und müssen die Pferde streicheln, damit sie fit für die Front werden", sagt Herbert. „Bei der Eroberung von Krasnodar war ich bereits dabei. Ich sage dir, da konnte man vor Pulverdampf die Stadt nicht sehen. Bei dem Kanonendonner wurden die Pferde völlig unruhig und waren kaum zu beruhigen. Auch die Pferde hatten Angst zu sterben. Ich übrigens auch. Es war gerade mein Geburtstag, der 27. August, und die Kanonen ließen die Erde erzittern. Ein Gefühl wie in der Hölle. Der folgende Tag war ruhig, sonnig und warm, als wäre nichts gewesen. Ich fühlte mich wie neu geboren." Er stoppt seinen Redefluss plötzlich, obwohl sein Mitteilungsbedürfnis sehr groß zu sein scheint. Vermutlich habe ich eine sehr ernste und herrische Miene aufgesetzt, das kann ich gut, das wurde mir schon häufiger gesagt. Herbert sagt unvermittelt: „Entschuldigen Sie bitte, Herr Doktor, dass ich Sie gleich geduzt habe. Hier an der Front zählt die Etikette nicht mehr sehr viel. Innerhalb der Veterinäreinheit ist man auf fast allen Ebenen per Du. Die Pferdescheiße und die feindlichen Granaten schweißen uns zusammen." „Das ist schon in Ordnung, sag einfach Lutz zu mir," erwidere ich. „Vom Dienstgrad her sind wir zurzeit ohnehin gleichgestellt. Der Asklepiosstab auf meiner Schulterklappe bezeichnet nur meine medizinischen Kenntnisse und dass ich in der Offizierslaufbahn ganz am Anfang bin". Herbert ist gerade erst 30 Jahre alt geworden, also vier Jahre jünger als ich. „Ich komme aus der Landwirtschaft und habe eine Ausbildung als Landwirt, Pferdepfleger und Reitlehrer", sagt Herbert. Ein kräftiger Händedruck besiegelt die spontane Verbrüderung. Aus diesem Händedruck entwickelt sich eine herzliche und vertrauensvolle Freundschaft. Wir halten zusammen und gehen durch dick und dünn. Bis zum Karfreitag am 7. April 1944.

Der Kampf im Kaukasus ist blutig. Der Vorstoß ist mühsam, schrittweise geht es vorwärts und jeder Meter Boden kostet viele Opfer. Partisanen überfallen Fahrzeuge vom Tross und Unterkünfte im Hinterland. Ende Oktober 1942 erfolgt eine Offensive im Ostkaukasus. Doch sie bleibt im Schlamm stecken. Die Kommandeure wissen nicht mehr, woher sie die Leute nehmen sollen, um die weit auseinander gezogene Flanke decken zu können. Der Verlust an Pferden ist im Herbst und Winter hoch. Im Bezirk Dinskaja errichten wir mehrere Pferdeerholungsplätze. Rund 2500 Pferde werden aus dem Truppendienst herausgezogen und von uns, der Veterinär-Kompanie 125, an verschiedenen Standorten betreut. Auch für die Soldaten wird ein Erholungsheim eingerichtet. Die 125. Infanterie Division liegt fest in ihrer Position und stellt sich darauf ein, hier zu überwintern. Mitte Dezember 1942 deuten alle Feindnachrichten darauf hin, dass der Gegner einen Stoß auf Krasnodar beabsichtigt. Einen Tag vor Heiligabend erreicht uns die Information, dass Generalleutnant Schneckenburger abberufen wird, was allerseits bedauert wird. Der General genießt eine hohe Wertschätzung bei den Soldaten. Er ist kein Raubein und versuchte keine spektakulären Husarenstücke. Das Wohl seiner Truppe liegt dem General immer am Herzen.

Wir liegen in einem primitiven Quartier, zwar trocken, aber immer in der Angst, beschossen zu werden. Wir warten auf Verstärkung, wo auch immer sie herkommen mag. Von Weihnachtsstimmung ist nichts zu spüren. Alle Kameraden der Pferdekompanie rücken dicht zusammen, ohne viel zu reden. Jeder braucht das Gefühl, nicht allein zu sein. Es herrscht eine beklemmende Stille und eine deprimierende Stimmung. Das Christfest wird alles andere als ein friedliches besinnliches Friedensfest. Alle wissen, der Rückzug bedeutet das Ende der Eroberung von Russland. Ein jeder versucht mit Anstand, sein Leben zu schützen. Von Angst wird nicht gesprochen, aber jeder spürt sie.

„Jeder Tag ein neues Leben", sage ich mir. Ich bin dankbar für jeden Morgen, den ich unverletzt erleben kann. Was am folgenden Tag kommen wird, ist stets völlig ungewiss und nie vorhersehbar. War der Dezember bisher noch neblig und nass, meldete sich jetzt der Winter mit Kälte. Am 16. Januar 1943 setzen die Russen zum Großangriff an, die russischen Regimenter durchdringen die schwache deutsche Linie. Alles flüchtet in Richtung Kaluzhskaya. Die russischen Truppen haben sich in dem dichten Buchenwaldgelände partisanenmäßig festgesetzt und erschweren den Nachschub. Am 9. Februar kommt die Anweisung, den Kuban-Brückenkopf und Krasnodar zu räumen. Der Rückzug beginnt bei minus 6 Grad und im Schneetreiben. Die 125. Infanterie Division allerdings soll die Stellung bis zum Schluss halten und den Rückzug der anderen Einheiten absichern. Wir sitzen mit unseren Pferden in der Falle und sind mittendrin im Kampfgeschehen. Inzwischen ist plötzliches Tauwetter eingebrochen und der Rückzug hängt im Schlamm fest. Alle Leute vom Tross, also auch die Veterinäreinheit, müssen sich in die Verteidigungslinie begeben, sogar die Leichtverletzten und Leichtkranken werden zum Dienst an der Waffe verpflichtet.

Mit viel Glück komme ich mit meiner Einheit und mit nur geringen Verlusten an Menschen und Material durch diese mörderische Schlacht.

Anfang Februar 1943 geht Stalingrad verloren. Die 6. Armee ist aufgerieben und wer nicht bereits erschossen, verhungert oder erfroren ist, gerät in Gefangenschaft. Das ist ein harter Schlag gegen die Propaganda von Joseph Goebbels. In der Sportpalastrede in Berlin hatte er am 18. Februar den „totalen Krieg" proklamiert.

Ende Februar 1943 werden, unter der Führung von Stabsveterinär Dr. Baumert, verschiedene Truppenteile vom 125er Infanterie-Regiment auf die Krim verlegt. In meinem Bereich sind nur noch 21 Pferde, 17 Fahrzeuge und 140 Mannschaften vorhanden. Auf dem Pferdeerholungsplatz sind bereits 1300 Pferde untergebracht. Für diese große Zahl an Pferden ist die Versorgungslage sehr schlecht. Die Bespann-Kolonnen sind wegen des Einsatzes bei Krasnodar abgekämpft und die Pferde genauso erschöpft wie die Soldaten. Neben dem knappen Futter kommen auch noch diverse Pferdekrankheiten hinzu.

Auf der Krim gibt es Wein, Sekt und Kaviar im Überfluss. Es gibt hübsche Frauen, die sich prostituieren. Ob freiwillig, unter Druck oder aus finanzieller Not, danach wird nicht gefragt. Sie sind willig und die Sprachbarriere reduziert jede Kommunikation auf das Wesentliche. Irgendeine Form von Zärtlichkeit ist nicht gefragt. Einen weiblichen Körper spüren, schnell zur Sache kommen und genauso schnell fertig, der Nächste bitte. Der steht schon in froher Erwartung vor der Tür. Die Türklinke wird nie kalt. Präservative gibt es kostenlos. Viele Soldaten scheinen in dieser Zeit nur drei Grundbedürfnisse zu haben: Essen, Trinken und Sex. Wer weiß schon, ob man morgen noch lebt. Die Militärprostitution ist in erster Linie darauf gerichtet, die Kampfmoral der Soldaten zu festigen und zu steigern. Durch den regulierten, institutionalisierten Zugang zu den Militärbordellen sollen unkontrollierte Feindkontakte und Vergewaltigungen unterbunden werden. Die Ansteckung der Soldaten mit Geschlechtskrankheiten und homosexuelle Handlungen sollen verhindert werden. Es gibt dabei eine scharfe Trennung zwischen Mannschafts- und Offiziersbordellen.

Im Mai 1943 bringt der Nachschub endlich leichte Sommerbekleidung. Das ist bei den aktuellen Temperaturen von rund 25 Grad auch dringend notwendig.

Im Mai 1943 am Asowschen Meer

Sehnsüchtig warte ich auf Informationen aus der Heimat. Wie verläuft die Schwangerschaft? Ist Anna-Lena in guter Verfassung? Hat sie Hilfe? Wie wird sie mit der kleinen Anna fertig? Spricht sie mit Anna über ihren Papa? Habe ich eine Chance, rechtzeitig nach Hause zu kommen? Bei der Geburt des Kindes, meines Kindes, dabei zu sein, bedeutet mir sehr viel. Ich möchte Anna-Lenas Hand halten und sie beruhigen, damit sie in einen gleichmäßigen, entspannten Rhythmus der Wehen kommen kann. Ich will der Hebamme hilfreich zur Seite stehen. Ich will ..., ja, ich hoffe, ... es muss so werden ..., denke ich und glaube fest daran, dass ich rechtzeitig bei ihr sein werde. Während ich noch am Grübeln bin, kommt Anfang Juni eine Nachricht aus Stolp. Ich werde nach Stolp zu einem Offizierslehrgang in die Kaserne beordert. Nach dem erfolgreichen Lehrgang werde ich zum Feldwebel beziehungsweise Fähnrich befördert. Anschließende erhalte ich sechs Wochen Heimaturlaub. Welch ein Wunder und Segen, dass sich all meine Hoffnungen und Wünsche auf diese Weise erfüllt haben.

Anna-Lena ist nicht nur hochschwanger, sondern auch hochbeglückt über meine unerwartete Rückkehr. Wir genießen die Gemeinsamkeit im vollen Bewusstsein, dass unsere Zeit nur begrenzt ist und ich in absehbarer Zeit wieder in den Krieg ziehen muss. Mit Freude und glückseligen Gefühlen streichele ich ihren Bauch und fühle das Strampeln. Auch die kleine Anna darf den Bauch streicheln und die Bewegungen fühlen. Sie freut sich auf ihre Art auf das Baby, damit sie es zum Spielen hat, als lebendige Puppe. Das Baby zappelt so, als wollte es möglichst bald zur Welt kommen. Und es kommt, wie erwartet, recht pünktlich zum errechneten Termin. Die Hebamme wohnt nur zehn Minuten zu Fuß von uns entfernt und alles ist für die Hausgeburt gut vorbereitet.

Auch ich bin gut vorbereitet, denn es war mir wieder gelungen, eine Halskette für Anna-Lena zu kaufen. Zur Geburt von Anna machte ich ihr eine echte, naturbelassene Bernsteinkette zum Geschenk, mit Steinen, die in Pommern gefunden wurden. Jetzt hatte ich das Glück, eine wertvolle Kette aus reinem Silber gefunden zu haben. Die Kette besteht aus quadratischen Blättchen, die an den Ecken gerundet sind und mit vielen silbernen Gliedern verbunden werden.

Am 2. Juli kommt unsere Tochter Carina zur Welt. Ein quietsch-vergnügtes kleines Wunderwerk der Natur lächelt mich an und ich schmelze dahin. Beim Waschen verhält sie sich ruhig und schaut mir mit den kleinen blauen Augen aufmerksam ins Gesicht. „Carina, meine süße kleine Tochter, ich bin so glücklich, dass es dich gibt", sage ich zu ihr. Sie lächelt mir ihre Antwort zu. Anna-Lena hat die Geburt gut verkraftet und legt sich, mit einem glücklichen Strahlen im Gesicht, die kleine Carina auf den Bauch. Beide genießen den Hautkontakt und sind entspannt. Auch ich. Der Anblick der beiden wird mir warm ums Herz. Jetzt darf auch Anna reinkommen und ihre Schwester begrüßen.

Anna war bis dahin unter Aufsicht eines Kindermädchens und ganz unruhig, weil sie den großen Moment in gewisser Weise miterlebte. Wäre es ein Junge geworden, was ich heimlich gehofft hatte, hätten wir in Carl genannt. So hieß mein Großvater, den ich sehr verehrte.

Mein Vater hatte mich Lutz genannt, nach seinem zwei Jahre jüngeren Bruder, der als Dreijähriger an Diphterie gestorben war. Meine Großmutter Anna hatte den Schmerz nie überwunden. Ich bin mir unsicher, ob das wirklich eine gute Entscheidung von meinem Vater gewesen war, mich nach seinem toten Bruder zu benennen. Mit einem Enkel Lutz kann er seiner Mutter nicht den Sohn Lutz ersetzen. Mit jedem Ruf meines Namens wird die Erinnerung an den toten Sohn geweckt. Manchmal glaube ich, die Last des Verstorbenen auf meinen Schultern zu spüren.

Von all den Grausamkeiten, die ich an der Front erlebe, kann ich nicht sprechen. Anna-Lena löchert mich mit ihren Fragen und Bemerkungen, dass ich so ermattet und geistig abwesend wirke. Ich kann aber nicht reden. Hier, zuhause, will ich alles von mir schieben und nur das Jetzt und die Familie in mir aufnehmen. Ich will ihr keine Angst machen. Sie wirkt so unbekümmert und das macht mir das Leben leichter.

Mein Schwiegervater ist als Oberstabsveterinär in der Kommandantur Warschau tätig. Dort fliegen keine Kugeln oder Granaten. Dort wäre ich auch gerne. Anna-Lena frage ich, ob sie nicht mal mit ihrem Vater sprechen könnte. Vielleicht findet er eine Möglichkeit, mich zu einem Dienst in Warschau anzufordern. Das wäre in dieser miesen Situation ein Traum für mich. Es sollte jedoch ein Traum bleiben.

Im Radio höre ich am 25. Juli 1943 voller Entsetzen, dass in Hamburg die Bomben der Alliierten ein Inferno anrichten. Ein Feuersturm tötet zehntausende Menschen. Die Stimmung in der Bevölkerung scheint zu kippen. Viele wünschen sich ein Ende des Krieges. Darüber reden kann man allerdings nur im kleinen und vertrauten Familienkreis. Den Erfolg des Krieges zu bezweifeln, wird als strafbare und wehrkraftzersetzende Handlung gesehen.

Der Schwiegervater kann nichts in meinem Sinne bewegen und ich muss wieder zurück an die Front. Meine Gefühle bei der Abreise mag ich nicht beschreiben. Von der Familie verabschiede ich mich, als würde ich nie wieder zurückkommen. Dass ich die folgenden Monate lebend aus allen Kämpfen herausgekommen bin, erscheint mir heute wie ein göttliches Wunder.

Am 19. September 1943 bezieht die 125. Infanterie Division eine Auffangstellung entlang der Bahnlinie, 15 Kilometer westlich von Woltschja. Mitten in der Nacht sollen wir noch einmal zu einer Zwischenstellung bis kurz vor Dnjepropetrowsk zurückgehen. Nach einem anstrengenden Marsch von circa 50 Kilometern brechen alle erschöpft zusammen. Die Nachschubwege sind unterbrochen worden und es wird ein Munitionssparbefehl herausgegeben. Angesichts der Übermacht der Russen sinken Mut und Kampfkraft.

Im Oktober steht die 125. Infanterie Division am Ostwall. So wird die Dnjepr-Stellung in der NS-Propaganda genannt. Die große Sorge ist die Benutzbarkeit der Straße Nikopol, Wolnowacha. Es ist der einzige Weg, aus dem Kessel herauszukommen. Starke Regenfälle haben die Wege verschlammt und die Pferde kommen kaum durch. Den Russen gelingt ein Durchbruch im Süden von Nikopol. Im Norden, am Brückenkopf, wird der Durchbruchsversuch abgewiesen. Unsere Division hat nur noch eine geringe Gefechtsstärke von wenigen Hundertschaften.

Im November 1943 ist der Brückenkopf von Nikopol nicht mehr zu halten und wir versuchen, aus der Umklammerung herauszukommen. Die Nachschubdienste fahren Tag und Nacht Munition, Ausrüstung, Verpflegung, Pferdefutter und Betriebsstoffe heran.

An Weihnachten 1943 werde ich zum Leutnant befördert. Große Freude empfinde ich nicht dabei. Die Verantwortung für den inzwischen stark reduzierten Haufen an Männern lag auch vorher schon auf meinen Schultern. Im Grundsatz änderte die Beförderung eigentlich nichts an der täglichen Arbeit. Ein findiger Kamerad hatte irgendwoher einige Flaschen Wodka besorgt. Wir trinken auf mein Wohl, auf die Beförderung und weil etwas Alkohol mutiger macht.

Mitte Januar 1944 wird am Fluss Chopjor bei Busuluk eine neue Verteidigungslinie aufgebaut. Die Überquerung des nur 20 Meter breiten Flusses ist schwierig. Es gibt nur eine Brücke und die Fahrzeuge bleiben teilweise in dem unglaublich dicken Schlamm stecken. Danach ritten wir nach Nordwesten zum Fluss Ingulez.

Bei Schyroke überqueren wir den Fluss. Mitte März 1944 liegen wir dann zwischen den Flüssen Ingulez und Ingul fest. Die russischen Truppen machen massiv Druck. Alle Stunde rast ein Schwarm russischer Kampfflieger über uns hinweg. Sie schießen mit Bordwaffen auf uns und werfen Bomben. Es gelingt uns erst am 17. März 1944, die Igul-Brücke bei Ingulka zu überqueren. Schnee, Regen, Eis und Schlamm bhindern uns beim Rückzug, die Russen sind uns dicht auf den Fersen. Wir wollen möglichst schnell zum Dnjestr kommen. Erschwerend zum Wetter kommt hinzu, dass die Winteruniformen zu warm und zu dick geworden sind. Einige Soldaten verlieren die Stiefel, weil sie sich so schwer aus dem zähen Schlamm herausziehen lassen. Die physische und psychische Belastung ist kaum auszuhalten.

Die Pioniere sichern die Brücke bei Lozovatka. Die Division und der Tross, zu dem ich gehöre, können den Fluss überqueren. Die materiellen und menschlichen Verluste sind enorm hoch. Es müssen viele Verwundete zurückgelassen werden. Was das für diese Soldaten bedeutet, ist jedem von uns klar. Am Ende des Tages zählen nur die Lebenden und nicht die Toten. Wir kämpfen dabei alle um das Überleben. Die NS-Propaganda will keiner mehr hören. Was wir hier erleben, hat mit Eroberung nichts mehr zu tun. Es ist nur noch Flucht. Flucht vor einem inzwischen zu starken Gegner.

Mit der Veterinärkompanie sind wir der drohenden Einschließung knapp entgangen. An der Eisenbahnlinie Wosnessensk-Odessa gehen wir in Stellung. Die 125. Infanterie Division ist so stark dezimiert, dass sie in die 302 Infanterie Division eingegliedert wird. Wir befinden uns nun bei dem Bahnhof Serbka, 60 Kilometer nördlich von Odessa. Bis zum 3. April verbleiben wir im Sicherungsabschnitt. Es herrscht ein Schneesturm.

Der russischen Armee gelingt schließlich der Durchbruch. Inzwischen ist das Wetter umgeschlagen. Es ist relativ warm und frühlingshaft. Am 6. April setzen wir uns ab. Der Nachschub ist unterbrochen. Es fehlt an Munition und Verpflegung. Alle Soldaten sind ausgelaugt und erschöpft. Die 302. Infanterie Division, zu der wir jetzt gehören, ist abgeschnitten. Wir haben wenig Hoffnung, diesem Kessel jemals zu entkommen.

Es gibt Phasen und Ereignisse in meinem Leben, von denen ich nichts mehr wissen will. Vieles habe ich ausgeblendet, verdrängt oder bewusst vergessen. Ich will es auch nicht wieder aktivieren. Da ist eine schwer überwindbare Sperre in mir, die mir bisher als Schutz für mein Seelenheil diente. Ich halte mich für einen Meister der Verdrängung und schiebe viele rückwärtsgerichtete Gedanken fort. Einige Episoden tauchen trotzdem immer wieder auf, als Alptraum mitten in der Nacht oder morgens im Halbschlaf. Die Einsamkeit in der Gefängniszelle begünstigt depressive Gedanken. Ich sehe mich in Russland mit meinen Pferden hinter der Front.

Es ist Freitag, genauer gesagt, Karfreitag, der 07. April 1944. Wir liegen am Ufer vom Dnjestr in Stellung. Der Fluss führt Hochwasser. Was bedeutet, dass wir ihn nicht überqueren können. Das schafft der Feind aber ebenso wenig, wir können deshalb nicht angegriffen werden. So glauben wir zumindest. Was wir nicht wissen: Die Russen sind bereits durchgebrochen und wir sind eingeschlossen.

Es herrscht so etwas wie Frühlingsstimmung. Die Sonne scheint, die Vögel singen, als gäbe es keinen Krieg. Wir ziehen uns von der Front zurück in Richtung Pferdelazarett. In diesem Moment eröffnen die Russen das Feuer. Eine feindliche Granate explodiert in unserer unmittelbaren Nähe.

Mein rechtes Bein hat im Oberschenkel einen Splitter abbekommen, sieben Kameraden meiner Veterinäreinheit sind ebenfalls leicht verwundet. Wir kriechen durch einen Graben zurück, bis wir aus dem direkten Beschuss kommen. Dann können wir uns aufrichten und weiterhumpeln. Ich verspüre nichts und die etwas leichter verletzten Kameraden helfen mir auf die Füße. Mein Adrenalinspiegel ist hoch und überdeckt die Schmerzen. Das Blut, das aus meinem Oberschenkel sickert, sehe ich, aber ich fühle es nicht. Erst, als die Sanitäter mich auf die Trage legen, spüre ich den höllischen Schmerz. In der Sanitätsstation werde ich notdürftig verarztet. Hier erfahre ich, dass mein Stellvertreter Herbert Weidelt und alle weiteren Kameraden meiner Veterinäreinheit tot sind. Meine Pferdekompanie ist komplett ausgelöscht. Nur acht Verwundete haben überlebt.

In meinen Träumen verfolgen mich die Schreie und das Jammern der schwerverletzten Kameraden immer und immer wieder. Wir konnten sie nicht retten.

Meine Gedanken wandern zu den gefallenen Soldaten und besonders zu meinem innigen Freund Herbert. Es schmerzt mich tief, diesen treuen Kameraden verloren zu haben. Wir haben uns in kritischen Situationen gegenseitig Mut gemacht. Wir haben zusammen gescherzt, gelacht und ernsthafte Gespräche geführt. Nun liegt er mit allen anderen zwischen den toten Pferden auf dem Schlachtfeld.

Den weiteren Weg im Lazarettzug, der unglaublich schmerzhaft an Körper und Seele war, kann ich nicht beschreiben. In dieser düsteren Gefängniszelle wird der Gedanke an das, was damals geschah unerträglich. In der Erinnerung daran verlassen mich meine Kräfte. Ich weine still vor mich hin. Ein dicker Kloß in meinem Hals macht mir das Atmen zur Qual.

Im Lazarett

Auf jeden Fall bin ich, mit Gottes Segen, irgendwann in Graz in Österreich im Lazarett angekommen. Hier wird meine Verletzung fachgerecht behandelt. Einer der Ärzte sagt zu mir: „Glück gehabt, mein Lieber. Ist ein sauberer Heimatschuss. Damit kannst du bald nach Hause fahren und in circa drei Monaten sehen wir uns an der Front wieder." Bitte, bitte nicht, denke ich. Ich liege circa zwei Wochen in der Klinik und muss mit Krücken das Laufen neu lernen.

Meine Schwester besucht mich in Graz. Sie berichtet, dass meine Eltern seit Weihnachten 1944 bei ihr wohnen würden und die Mutter sich zunächst in einem tschechischen Krankenhaus in Olmütz behandeln hatte lassen und nun in Wien vom berühmten Prof. Eppinger persönlich operiert worden war. Das war ihr wichtig gewesen. Dass nicht irgendein „Metzger" an ihr herumschneidet, sondern ein richtiger Professor. Das macht doch was her. So fühlt sie sich durch ihre Krankheit bedeutend. Auf meine Frage, was für eine Krankheit die Mutter denn gequält habe, kommt die knappe Antwort: „Eine Frauenkrankheit, das verstehst du nicht". Blöde Kuh, denke ich, glaubt die denn, ich würde nur männliche Tiere behandeln? Aber Kommunikation war schon immer ein Problem in der Familie und über Krankheiten sprach man sowieso nicht, insbesondere nicht über Frauenkrankheiten. Auch das ist typisch, so denke ich: Meine Verletzung wird zur Kenntnis genommen, die Krankengeschichte meiner Mutter aber bleibt bedeutender. „Mutti lässt dich grüßen", sagt sie. Na, großartig, immerhin ein Gruß wird mir zur ausführlichen Krankengeschichte gereicht. Mein Leiden und meine Schmerzen an Körper und Seele interessiert meine Familie anscheinend nicht. Doch, meinen Vater hätte es sicherlich interessiert, aber von ihm wurde mir so gut wie nichts berichtet. Auf meine Frage „Wie geht es Papa?", kam die knappe Antwort: „Er genießt die Enkelkinder und die ländliche Ruhe in Olmütz."

Zurück in Naugard

Überglücklich nehme ich die Bescheinigung für den Genesungsurlaub in Empfang. Großer Jubel. Große Freude. Große Reise. Von Graz bis Naugard ist es weit und die Verkehrswege sind nicht immer voll intakt. Irgendwie schaffe ich es, mich auf allen Vieren und mit der Gehhilfe durchzukämpfen. Die Freude und auch der Schreck meiner Frau sind gewaltig. Wie wunderbar ist es, dass ich wieder bei ihr war, aber als Krüppel? Ich glaube, sie hat in ihrer Jugendlichkeit erst jetzt begriffen, dass der Krieg für jeden auch tödlich sein kann. Meine Begeisterung für den vaterländischen Krieg ist längst verflogen und jetzt gestehe ich es mir ein. Die Aussicht, in drei Monaten wieder an die Front zu müssen, bereitet mir Bauchschmerzen. Bis zu meiner Heilung bleibe ich in Naugard. Der Heilungsprozess schreitet relativ schnell voran. Ich werde ein Meister der

Krücken. Es geht so gut, dass ich sogar zur Jagd humpele. Ich lasse mich an günstiger Stelle für den Abendansitz absetzen, humpele die letzten Meter bis zum Ansitz und werde bei Dunkelheit wieder abgeholt. So erlege ich in meinem Genesungsurlaub zwei kapitale Böcke.

Die kleine Anna und Baby Carina zeigen mir jeden Tag aufs Neue, wie wichtig es ist, dass ich lebe. Der Anblick meiner Kinder aktiviert meine Überlebenskräfte. Doch auf einmal fühle ich mich auch betrogen. Die Staatsführung hat das Vertrauen, aber auch die Naivität einer ganzen Generation missbraucht und sie ohne Skrupel für ihre menschenverachtende Ideologie geopfert.

Nach der Theorie von Carl von Clausewitz ist der Krieg die Fortsetzung der Politik mit anderen Mitteln. Damit aber wird der Krieg verharmlost und legalisiert eine Option zur Durchsetzung politischer Ziele. Krieg aber ist immer Barbarei auf tiefstem Niveau. Der Primat in uns gewinnt und holt die Keule raus. Andererseits: War denn die Politik, die ihre Fortsetzung in diesem Krieg fand, nicht ebenso menschenverachtend und von niederen Instinkten geleitet? Der Erste Weltkrieg ging verloren und Millionen Soldaten wurden getötet. Was haben wir daraus gelernt? Denkmäler wurden zu Ehren der Gefallenen errichtet. Diese Denkmäler erinnerten aber weniger an die einzelnen Schicksale der Getöteten als vielmehr an die Schmach des verlorenen Kriegs. Die Ehre des deutschen Volkes musste wiederhergestellt werden. Das war der Wegbereiter für den nächsten Krieg.

Nach dem Zweiten Weltkrieg riefen alle: „Nie wieder Krieg!" Und, was haben wir daraus gelernt? Denkmäler wurden aufgestellt, zur Erinnerung an die Gefallenen, was für ein geschönter Begriff, in einem wieder verlorenen Krieg. Von Ehre wurde nicht mehr gesprochen. Die Scham über das Geschehene überwog alles, auch die Trauer. Die Trauer über die, die wir verloren hatten, die Trauer über das ganz persönliche Leid und vor allem auch die Trauer über das, was man selber zu verantworten hatte, was aus einem geworden war, unter dieser mörderischen Diktatur.

Anfang Januar 1945 muss ich tatsächlich zurück zu meiner Veterinäreinheit in Stolp, ich werde nach Deutsch-Krone beordert. Kein Kriegseinsatz, nur Verwaltung, welch ein Segen. Sollte der Schwiegervater eventuell etwas bewirkt haben? Ich weiß es nicht, ich will es nicht wissen, ich frage nie danach und so bleibt es ein Geheimnis. Auf jeden Fall bin ich glücklich, im zivilen Bereich tätig sein zu dürfen.

Auf dem kleinen ostpommerschen Bahnhof rollt der fahrplanmäßige Triebwagen mit geradezu friedensmäßiger Pünktlichkeit ein. Im Gegensatz zu den sonstigen Zügen mit ihrer Überfüllung und dem damit unvermeidlichen Gedränge steigen nur wenige Reisende aus und ein. Seit einigen Tagen gilt eine allgemeine Reisesperre, die mit der Überlastung der Bahn begründet und in Wirklichkeit eine Behinderung der Abwanderung aus den gefährdeten Ostgebieten, die Flucht vor dem näher rückenden Feind, bedeutet. „Räder müssen rollen für den Sieg", so lauten die Spruchbänder, die in jeder Station auf jedem Bahnhof zu sehen sind. Der totale Krieg.

Ich werfe Rucksack und Wäschebeutel auf die Plattform des Zuges und verabschiede mich von meiner jungen Frau und den Kindern. „Auf Wiedersehen Anna-Lena, vielleicht komme ich schon bald wieder zurück". Die kleine Anna fragt: „Vati, musst du wieder in den Krieg?" „Nein, mein kleines Würmchen, der Vati geht nicht wieder in den Krieg, der hat noch ein kaputtes Bein. Aber in einer Kaserne kann er noch Dienst tun." Anna schaut mich verständnislos an und sagt. „Aber wenn du nicht in den Krieg kannst, dann bleib doch zuhause." „Du musst dem Vati jetzt ein Küsschen geben und Auf Wiedersehen sagen", sagt Anna-Lena. Ihre Augen glänzen verräterisch, doch sie lächelt. Da pfeift der Triebwagen auch schon zur Abfahrt. Noch ein kurzer Gruß und ein flüchtiger Kuss. „Auf Wiedersehen, mein Lieber. Ich weiß, dass du bald wiederkommst. Ich fühle es." Auf der untersten Stufe des Wagens stehend winke ich dem sich schnell verkleinernden Bild heimatlicher Traulichkeit nach. Dann kommt die große Kurve, das Bild wird jäh zerrissen, die Gedanken bleiben zurück. Ram-ta-ta-tam-ta-tam, die letzten Rangierweichen des Bahnhofs stoßen in den Achsen des nun schon an Geschwindigkeit zulegenden Triebwagens. Wie schön waren doch die Monate, Wochen, Tage zu Hause. Ich hatte mich schon daran gewöhnt, in ambulanter Lazarettbehandlung zu sein. Es war mir aber auch klar, dass es nicht so bleiben würde. Allerdings hätte mein Bein noch einige Wochen Pflege gebrauchen können. Als Soldat hat man jedoch keine eigene Meinung zu haben, es wird befohlen und man hat zu folgen. Diese Fahrt wurde mir auch befohlen. „Sie sind soweit gesund, arbeitsverwendungsfähig und gehen zur Truppe." Ein hässlicher Unterton lag noch in den folgenden Worten des Herrn Oberstabsarztes: „Wer kapitale Böcke schießen kann, ..." Da sprach wohl der blanke Neid mit.

Was ich bei der Truppe werde leisten können, weiß ich nicht. Etwas Rücksicht auf meine Verwundung aber werden sie wohl nehmen müssen. Am Wagenfenster gleitet die Landschaft vorbei. Jeder Meter ist mir bekannt. Da kommt der Landweg, der durch das Große Buchholz führt. Das war einmal mein Jagdrevier. Ich hatte es in andere Hände gegeben, als die Kriegspflicht mich aus dem Zivilleben riss. Wenn der Krieg erstmal zu Ende ist, dann ... träume ich und verliere mich in meinen Gedanken. Ein Frösteln überzieht meinen Rücken. Das Abteil ist ungeheizt und verflucht kalt mitten im Winter. Die Landschaft und der Himmel sehen gar nicht so aus, als wolle der Winter noch streng werden. Wäre wohl auch gut so, jetzt in der Notzeit des Krieges. Fünf Jahre währt er nun schon. Man muss dankbar sein, wenn der Wettergott Einsehen hat. In Russland habe ich in Schlamm und Schneesturm gefroren, dagegen ist es hier eigentlich doch noch ganz gemütlich, relativ betrachtet. Wenn man es genau überlegt, ist nicht alles im Leben relativ? Relativ gut, relativ schlecht. Ich will aber jetzt nicht philosophieren. Der Krieg ist reale Wirklichkeit, raue und unbarmherzige Wirklichkeit.

Auf einer kleinen Station hängt eine gelb-blaue Flagge am Stationsgebäude. Fliegeralarm. Vorsichtig, fast tastend strebt der Triebwagen der nächsten größeren Station zu. Alle Fensterläden sind heruntergelassen. Jeder Reisende sieht besorgt zum dicht bezogenen Himmel empor. Viele hundert Augenpaare versuchen, die Dunstschicht zu durchdringen. Wo sind sie? Ist schon etwas zu hören? Wem gilt heute der Angriff? Wen trifft heute das Inferno der Bombenteppiche, die vernichtende Last, die auf Städte, Dörfer, Frauen, Kinder und Greise geworfen wird? Sorge und Angst steht in allen Gesichtern. Aber kein Jammern, kein Klagen wird laut. Man hat sich bereits an diesen Zustand des Grauens gewöhnt. Der Zug hat einen Bahnhof erreicht. „Fliegeralarm!", „Alles Aussteigen!", „In Deckung gehen!", tönt es aus dem Lautsprecher. Es geht glimpflich aus und wir können die Reise fortsetzen.

In der Kaserne in Stolp angekommen, werde ich mit folgenden Worten begrüßt: „Was soll ich denn mit Ihnen anfangen?

Laufen können Sie nicht, sitzen können Sie nicht, Sie gehören eigentlich in ein Lazarett. Da Sie nun mal hier sind, melden Sie sich bei dem Kompaniechef der Vierten, der Genesenden-Kompanie. Das sind alles solche lahmen Vögel wie Sie. Essen gibt es um um halb 11 im Casino. Bis dahin Auf Wiedersehen und gute Besserung."

Die Meldung beim Kommandeur ist erfolgt, die Eintönigkeit eines langweiligen Kasernenlebens umfängt mich. Der Kompaniechef, bei dem ich mich melden soll, ist seit 14 Tagen im Urlaub und seit 4 Tagen überfällig. Ob er wohl noch zurückkommt? Regen und Schlackschnee bedecken die Umgebung draußen, die Wolken sind tiefhängend, alles ist trübe und nasskalt. Trübe sind auch die grauen Kasernenräume, kalt und ungemütlich. Geheizt wird nur morgens und abends, je eine Stunde lang.

Die Worte meiner kleinen Tochter klingen mir noch in den Ohren. „Wenn du nicht in den Krieg kannst, dann bleib doch zuhause". Ich hätte gern auf meine Tochter gehört, aber auf Befehlsverweigerung steht die Todesstrafe. Hier in der Kaserne lebt jeder auf seinem Pöstchen in Angst. Angst davor, von einem Neuankömmling wie mir vom relativ sorglosen Plätzchen verdrängt zu werden und als verwendungstauglich eingestuft zu werden. „Stellung halten", das ist hier der einzige Gedanke. Wer wegen seiner angeschlagenen Gesundheit hier ist und bleibt, kapselt sich ab und wird misstrauisch gegenüber jedem Kameraden. Wer es wagt, den Mund aufzumachen, wird in kürzester Zeit abgeschoben. In das Kasino, zum gemeinschaftlichen Essen, mag ich nicht gehen. Wegen der Schmerzen im Bein lasse ich mich entschuldigen und bitte, die Ordonanz möge mir das Essen auf mein Zimmer bringen.

„... dann bleib doch zuhause ..." klingt es immer wieder in meinem Ohr, bis die Müdigkeit mich schließlich schlafen lässt.

Am 1. Februar 1945 werde ich von meinem Regimentskommandeur zur Lagebesprechung nach Stolp beordert. Am Ende der Sitzung ruft er mich in sein Arbeitszimmer. Er ist eine respektvolle Persönlichkeit. Geschätzt Mitte Fünfzig, mit einem feinen Gesicht, das sehr gebildet aussieht und mit einem höflichen guten Benehmen. Allein mit ihm im Arbeitszimmer wird er väterlich vertraulich. Er duzt mich plötzlich zu meiner Verwunderung und sagt: „Die Russen kommen immer näher, wir werden sie nicht aufhalten können. Ich gebe dir jetzt den Marschbefehl, dass du dem Pferdelazarett in Ludwigslust zugeordnet wirst. Nimm deine Familie und mach dich schleunigst auf den Weg." Dann fragt er mich: „Erinnerst du dich noch an die Studentin Heidrun in München?" Ich schaue ihn ungläubig und etwas verwirrt an und sage: „Ja, natürlich erinnere ich mich an Heidrun. Sie war in unserer Verbindung auf einem Johannisfest." Er legt seinen Arm um meine Schulter und sagt: „Heidrun ist meine Tochter. Sie hat sehr viel von dir erzählt. Du bist ein feiner Bursche und ein tapferer Soldat." Nach einer kurzen Pause erzählt er weiter: „Im März 1940 hatte die Royal Air Force Flugblätter über Bremen abgeworfen. In den Flugblättern wurde davor gewarnt, dass demnächst Bomben fallen würden. Heidrun hat sich sofort für eine Schule in Bederkesa beworben. Dort ist mein Schwiegervater Lehrer an der Staatlich Deutschen Oberschule, die auch ein Internat für Jungen und Mädchen betreibt. Meine Frau ist mit nach Bederkesa gegangen. Was für ein Glück, denn im Mai und Juni warfen die Engländer wirklich viele Bomben auf die Stadt. Heidrun hat eine Tochter. Ihr Mann ist bei Kämpfen in Italien gefallen, bei der Schlacht um Monte Cassion. Falls ich heil nach Hause kommen sollte, werde ich ihr von unserer Begegnung erzählen. Heidrun wird sich freuen, von dir zu hören. So, ab jetzt kann ich nichts mehr für dich tun. In Ludwiglust bist du einem anderen Regiment zugeordnet." Ich bin perplex, so etwas hatte ich nicht erwartet. Meine Augen werden feucht vor Rührung. Ein kräftiger Händedruck, ein fester Blick in die Augen und ein gehauchtes Dankeschön und Lebewohl. Auf dem Absatz kehrtmachend verlasse ich das Büro, sammle meine wenigen Sachen zusammen und lasse mich nach Naugard fahren. Innerlich sehr erregt, versuche ich gegenüber dem Fahrer meine Nervosität zu verbergen. In Gedanken bin ich schon zuhause und plane unseren Aufbruch nach Ludwigslust.

In Briefen an meine Frau hatte ich schon immer versteckte Andeutungen gemacht. Sie hatte es verstanden. Mehrere Reservekanister mit Benzin waren gefüllt. Als ich ankomme, ist bereits das Notwendigste vorbereitet und gepackt. Nach einer kurzen schlaflosen Nacht und einem kleinen Frühstück geht es frühmorgens auf Tour. Innerhalb einer Stunde sind wir fertig. Das Haus wird verschlossen und ganz wichtig, der Schlüssel vom Gewehrschrank mitgenommen. Es sollen keine Unbefugten an die Waffen gehen, denke ich. Den Schlüssel habe ich heute noch als Souvenir.

Der Gedanke an eine nachhaltige Vertreibung liegt uns fern und ist auch nicht vorstellbar. Unsere drei- und zweijährigen Töchter kommen auf den Rücksitz und los geht es. Wir holpern über die Straßen von Schlagloch zu Schlagloch. Der völlig überladene Wagen beginnt zu schwächeln und wir drohen liegen zu bleiben. Wie von Gotteshand geschickt, überholt uns eine KFZ-Einheit der Wehrmacht. Ich bitte um Hilfe. Ein cleverer Bursche hört die Aussetzer vom Motor, öffnet die Haube, fummelt herum, macht die Haube zu und sagt: „Gute Fahrt. Bei den Schlaglöchern hat sich nur ein Kabel an den Zündkerzen gelockert." Bald erreichen wir die Reichsautobahn in Stettin in Richtung Berlin. Die RAB 44 von Berlin in Richtung Hamburg ist gut zu befahren. Es hat um die 5 Grad plus und es herrscht leichter Nieselregen. Gott sei Dank gibt es kein Schneetreiben, wie es im Februar zu erwarten wäre. Nach circa neun Stunden kommen wir abends in Ludwigslust an. Wir bekommen erst einmal eine Unterkunft in der Kaserne. Die kleine Anna hat aus dem Kindergarten ein Lied auf den Lippen, dass sie leise und fast ohne Unterbrechung singt: „Maikäfer flieg, dein Vater ist im Krieg, deine Mutter ist in Pommerland, Pommerland ist abgebrannt, Maikäfer flieg."

Anna verfügt über feine Antennen und spürt offensichtlich die heikle Situation. Carina sitzt verträumt daneben. Von ihrem Wesen her ist sie introvertierter.

Ludwigslust, Pferdelazarett

In Ludwigslust finde ich für meine Familie eine kleine Wohnung in der Nähe des Schlosses, mit zwei Zimmern, Küche und Bad. Das ist sehr komfortabel für die damalige Zeit. Die Arbeit mit den Pferden im Pferdelazarett und die ländliche Ruhe in Ludwigslust entspannen mich. Meine Frau erhält eine Stelle als Lehrerin an der örtlichen Grundschule. Nach mehrwöchiger Tätigkeit im Pferdelazarett werde ich jedoch unruhig. Ich höre von der russischen Winteroffensive, die Rote Armee hat bereits Schwedt an der Oder erreicht. Den Russen in die Hände zu fallen wäre für mich tödlich. Sie erschießen jeden, der eine Uniform trägt beziehungsweise männlich ist und potenziell ein Soldat sein könnte. So berichtet jedenfalls die intensive Mund-zu-Mund-Propaganda, die grundsätzlich nur schlechten Nachrichten verbreitet und Angst macht. Der Krieg wird nicht mehr lange dauern, so steht die allgemein verbreitete Vermutung im Raum, die jedoch nicht offen ausgesprochen werden darf. Eine Gewissheit über die Dauer des Krieges gibt es nicht. Völlig unklar ist auch, wann und wo die russischen Truppen mit denen der Alliierten zusammentreffen werden. Von Osten her rücken die gefürchteten Russen vor und vom Westen her die Alliierten, von denen wir uns mehr Menschlichkeit in ihrem Verhalten erhoffen. Es gibt nur eine Gewissheit: Sie werden aufeinandertreffen. Ich zerbreche mir den Kopf darüber, wie ich es schaffen kann, mit meiner Familie auf der richtigen Seite zu sein. Sind wir hier in Ludwigslust sicher? Wie lange ist die Armee noch fähig, uns den Sold zu zahlen? Ich bin froh, dass Anna-Lena ein Grundeinkommen durch das Lehramt hat. Nach weiteren ambulanten Behandlungen als Folge meiner Verwundung, die noch immer Nervenschmerzen verursacht, werde ich im März 1945 nach Erfurt versetzt. Meine Familie in dieser kritischen Lage alleine zu lassen, gefällt mir allerdings gar nicht. Die Abordnung nach Erfurt erscheint mir völlig unsinnig. Ich habe hier eine Aufgabe im Lazarett, die ich bewältigen kann. Grundsätzlich aber bin ich arbeitsmäßig nur begrenzt einsetzbar. In Erfurt soll ich einer Veterinäreinheit zugeordnet werden und dort Kurierdienste leisten, eine Tätigkeit, die ja in keinster Weise meiner Fachkompetenz entspricht. Warum sollte ich vom Tierarzt zum Briefträger degradiert werden? Was sollte dieser Unsinn? Sollte die Versetzung eine Schikane sein? Habe ich in Ludwigslust irgendjemanden verärgert, der die Macht hat, diese Versetzung anzuordnen? Ich habe absolut keine Ahnung. Da mich meine Erfahrung jedoch gelehrt hat, dass ich möglichst niemandem vertrauen sollte, halte ich es nicht für ausgeschlossen. Ich hoffe und bete, nicht noch einmal an die Front zu müssen. Die Russen, die unaufhaltsam auf Berlin zumarschieren, die erfolgreichen Alliierten im Westen, wer glaubt da noch an den Endsieg? Die Gesetze wurden nach dem Attentat auf Hitler 1944 verschärft und alle leben in der Angst, etwas Falsches zu sagen. Niemand traut irgendjemandem. Ein leichtfertiges Wort und man wird verhaftet. Auch jetzt noch gibt es übereifrige Polizisten, die dem Staat treu ergeben sind. Als Soldat ist man besonders gefährdet. Den Sieg anzuzweifeln reicht schon für eine Verurteilung. Äußerungen, die als Zersetzung der Wehrkraft ausgelegt werden könnten, führen unverzüglich zum Tod durch Erschießen.

Ich packe einen Rucksack mit wenigen Sachen. Etwas Brot und eine Pferdewurst als Wegzehrung. Die kranken Pferde, die nicht zu retten sind, werden geschlachtet und komplett verarbeitet. Nahrungsmittel sind knapp und speziell Fleisch ist kaum vorhanden. Ich erinnere mich an einen Scherz, den man damals im Pferdelazarett erzählte: „Eine Frau kommt zum Pferdeschlachter und zeigt ein Stück Autoreifen, das sie angeblich in der Wurst gefunden hat. Auf ihre Beschwerde hin antwortet der Metzger: ‚Gnädige Frau, nun sehen Sie selbst, wie das Pferd immer mehr vom Auto verdrängt wird.'"

Wiedersehen mit Katharina
und Erwin

Im Februar 1945 wurden von der US-Luftflotte und der englischen Royal Air Force viele Bomben auf Erfurt geworfen. Die Engländer benutzten Minen- und Brandbomben mit schrecklicher Wirkung. Alles, was nach dem schweren Angriff im Sommer und Herbst 1944 noch nicht zerstört war, wurde unter Beschuss genommen. Erfurt war ein wichtiger Wehrmachtsstandort für Infanterie, Panzer, Artillerie und Luftwaffe. Erstaunlicherweise wurden die Kasernen des Heeres nur wenig beschädigt. Hier erhielt ich vorübergehend Unterkunft.

Den Anblick der immensen Zerstörungen löst in mir ein Chaos der Gefühle aus, ich schwanke zwischen Wut, Hass, Rachegelüsten und Depression. Nicht nur die unglaublichen Sachbeschädigungen, sondern auch die vielen sinnlosen zivilen Opfer lassen mir beim Anblick des Trümmerfeldes Tränen in die Augen schießen. All meine früheren Ideale sind zerstört, die mich dazu bewegten, dem Vaterland zu dienen. Ich fühle mich verraten und verkauft. Was kann ich mit meinen nun 37 Jahren noch vom Leben erwarten? Sollte ich lieber desertieren? Aber wohin? Vielleicht könnte mich bei Erwin im Stall verstecken, bis alles vorbei ist? Aber, kann ich Erwin vertrauen? Auf das Verstecken von Juden und desertierten Soldaten steht die Todesstrafe. Das Risiko einzugehen, kann ich ihm nicht zumuten.

Wenn wir den Krieg verlieren und er ist ja quasi schon verloren, dann werde ich eine große Schuld mittragen. Wie kann ich jetzt noch vor mir und der Gesellschaft aufrecht stehen? Ich bin in München freiwillig zur allgemeinen SS gegangen, habe für dieses System gekämpft und den Aufbau des Systems mitgetragen. Wäre es da nicht besser, einfach Schluss zu machen? Eine Kugel in den Kopf und fertig? Ich ziehe meine Pistole 08 aus dem Holster. Die 9 mm Parabellum würde mir todsicher den Kopf zerfetzen.

Das Wort „Parabellum" lässt mich nachdenken. Die Bezeichnung wurde vom lateinischen Spruch „si vis pacem para bellum" abgeleitet, der soviel bedeutet wie: „Wenn du Frieden willst, bereite dich auf den Krieg vor." Was Krieg bedeutet, liegt sichtbar vor mir. Schutt und Asche, vernichtetes Leben, zerstörte Kulturgüter und Werte. Frieden schaffen ohne Waffen, das müsste doch auch möglich sein. Warum sind wir so verblendet?

Die Gedanken an meine kleine Familie, meine Frau, die Töchter, die relativ geschützt in Ludwigslust leben, bringen mich wieder auf den Boden des realen Lebens zurück. Sie brauchen mich doch, es ist meine Pflicht, sie zu versorgen. Also, reiß dich zusammen, Lutz, ermahne ich mich, mach dich nicht feige aus dem Staub!

In dieser emotionalen Schieflage suche nach menschlicher Nähe und beschließe, Katharina zu besuchen. Das Haus und die Apotheke von Katharina, die am Ortsrand gelegen war, haben nur geringe Schäden am Dach davongetragen. Es ist also noch gut bewohnbar. Allerdings hat Katharina wegen der allgemeinen Wohnraumknappheit einige Familienmitglieder bei sich aufgenommen. Das Haus quillt über vor Tanten, Nichten und Neffen. Meine ehemalige Geliebte ist inzwischen 52 Jahre alt, immer noch eine stattliche hübsche Frau, doch die sieben Jahre seit unserer letzten Begegnung haben auch bei ihr deutliche Spuren hinterlassen, besonders ihr Gesicht ist gezeichnet. Ihr Sohn Maximilian macht mit seinen 14 Jahren einen sehr erwachsenen Eindruck. Er hat die Rolle des Mannes und Beschützers an ihrer Seite eingenommen. Der Krieg und die grausamen Erlebnisse haben ihn vorzeitig reifen lassen. Für unsere Begegnung an diesem Nachmittag bleiben uns nur zwei Stunden Zeit. Wir erzählen uns in knappen Worten die wesentlichen, oder eigentlich mehr die unwesentlichen Ereignisse der letzten Jahre. Über vieles mag ich nicht sprechen und Katharina offensichtlich auch nicht. Wir sind auch nicht allein in dem Wohnzimmer, das nun von vielen Personen beansprucht und benutzt wird. Daher bleibt unser Treffen sehr oberflächlich und ich habe ein beklemmendes Gefühl. Ich verabschiede mich beinahe erleichtert und fahre in die Kaserne.

Am folgenden Tag treibt es mich zu meinem Freund Erwin Rossmann, den alten Pferdedieb. Ich habe mir in der Kaserne aus der Fahrbereitschaft eine BMW R 75 mit Beiwagen geben lassen. Die Maschine hatte vier Vorwärtsgänge und einen Rückwärtsgang. Die Straßengänge können durch eine Untersetzung zu drei Geländegängen abgestuft werden. Für das Gelände verfügt das Gespann über eine Differenzialsperre und Hinter- und Seitenwagenrad haben hydraulische Bremsen. Kurz gesagt, ein Wunderwerk deutscher Ingenieurleistung. Der Boxermotor blubbert im tiefen Ton. Ich genieße das kultivierte Motorengeräusch. Das leichte Vibrieren zwischen den Schenkeln hat für mich etwas Erotisches und verleiht mir das Gefühl kraftvoller Männlichkeit. Als ich auf Erwins Hof fahre, ertönt wütendes Gebell. Astor lebt also noch. Er kommt aggressiv knurrend auf mich zu. Plötzlich verharrt er, wedelt mit dem Schwanz, zieht die Lefze hoch, als wolle er lachen, beugt seinen Kopf und kommt in unterwürfiger Haltung auf mich zu. Er weiß, anspringen darf er mich nicht. Ich beuge mich zu ihm runter und flüstere: „Mein guter Astor, du bist ein feiner Hund." Er leckt mein Ohr und springt vor Freude über den Hof zum Eingang des Bauernhauses, reckt sich mit den Vorderpfoten zur Klinke hoch, stößt die Tür auf, dreht sich um und schaut, ob ich nachkomme.

In der Küche sehe ich als erstes eine Flasche Nordhäuser auf dem Tisch stehen. In der Ecke kauert ein alter Mann mit weißen Haaren. Es ist Erwin. Der Jesus am Kreuz hängt über ihm. Erwin ist katholisch und mal mehr, mal weniger gläubig. Vor ihm liegt eine Bibel oder ein Gesangbuch. Ich kann es nicht genau erkennen, er betet mit gesenktem Kopf. Der Hund stupst ihn mit der Schnauze an und Erwin hebt den Kopf. Er schaut mich an, als sei ich eine heilige Erscheinung. Dann richtet er sich auf und umarmt mich sehr herzlich, aber irgendwie auch kraftlos. Zwei Bilder an der Wand, mit schwarzem Trauerband versehen, lassen mich Schreckliches erahnen. Ich sage: „Erwin, ich habe eine Brotzeit mitgebracht. In der Kantine konnte ich für uns etwas abzweigen. Lass uns essen und erzählen."

Nach einer Stunde Schweigen beginnt er: „Werner ist zur Luftwaffe gegangen. Er hat viele Einsätze als Fallschirmspringer mitgemacht. Er war bei der Aktion „Merkur" Ende Mai 1941 auf Kreta dabei. Er hatte beim Sprung nur seine Pistole und ein Paar Handgranaten mit. Die Flak, 3,7 Zentimeter-Pak 36, wurde mit dem Schirm abgeworfen, genauso wie die Maschinengewehre, Karabiner und Maschinenpistolen. Durch ungünstige Winde wurde Werner abgetrieben und kam weit außerhalb vom Zielpunkt an. Viele Kameraden waren bereits, wie bei einer Fasanenjagd, in der Luft abgeschossen worden. Wie mir berichtet wurde, war Werner zwar sicher gelandet, aber beim Verstecken des Fallschirms entdeckt und sofort erschossen worden. Hannelore, meine liebe gute Frau, war mit meinem Mercedes Benz am 20. Februar 1944 nach Erfurt in die Innenstadt gefahren. Die Stadt war schon reichlich zerstört, deshalb glaubten wir nicht an weitere Luftangriffe. Was für ein schrecklicher Irrtum. Plötzlich waren unübersehbare Mengen B-24-Bomber am Himmel und warfen Sprengbomben ab. Ich stand damals gerade auf der Koppel und schaute ungläubig in den Himmel. Voller Entsetzen sah ich die Bomben fliegen. Die Detonationen hallten in meinen Ohren, die Druckwellen erschütterten meinen Körper. Plötzlich bemerkte ich etwas Feuchtes an meiner Wange, ich vernahm ein leises Winseln. Astor lag neben mir und leckte mein Gesicht. Ich war ohnmächtig geworden. Mit zitternden Knien schlich ich nach Hause. Im Spiegel sah ich, dass meine angegrauten Haare ganz weiß geworden waren. Ich wartete auf Hannelore, in der stillen Hoffnung, sie könnte noch rechtzeitig den Rückweg angetreten sein. Vergebens. Sie war im Bombenhagel umgekommen. Sohn tot, Frau tot, was soll ich noch auf dieser Welt?"

Meine Versuche, ihn zu trösten, sind erfolglos. Wie sollten sie auch helfen, ich war ja selbst vor wenigen Stunden dem Suizid nahe. Sprüche wie „Kopf hoch, das Leben geht weiter" hätten in dieser depressiven Stimmung hohl und belanglos geklungen. Ich verabschiede mich mit dem Versprechen, ihn bald wieder zu besuchen. Wohl wissend, dass es eine Lüge ist.

In Erfurt höre ich von der Schlacht um die Seelower Höhen. Diese Landschaft zwischen Angermünde und Schwedt wurde im April mit dem Blut junger Schüler aus den Berliner Gymnasien getränkt. Die Lehrer zogen zusammen mit ihren Schülern, ohne nennenswerte Ausbildung und mangelhaft ausgerüstet, in den Krieg. Rund 120.000 Soldaten und Schüler versuchten, die russische Armee zu stoppen. Welch ein Wahnsinn. Welch Vergeudung wertvollen Lebens.

Der Befehl

Nach verschiedenen, aus meiner Sicht nutzlosen, Kurierfahrten erhalte ich eine neue Aufgabe. Mein neuer Auftrag ist die Verlegung einer Veterinärabteilung von Baden-Württemberg nach Landsberg in Bayern. Zu diesem Zweck fahre ich von Erfurt nach Stuttgart und nehme Verbindung zum dortigen Pferdelazarett auf. Aufgrund einer Lungenentzündung, die noch nicht voll genesen war, werde ich Anfang April der SS-Division „Prinz Eugen" zugeteilt. Diese Division ist berüchtigt, weil sie überwiegend aus banater Schwaben, den sogenannten „Volksdeutschen" aus dem Balkan, Rumänien, Ungarn und Russland besteht. Hinzu kommen Ausländer, die sich als Deutsche verstehen, oder auch nur Abenteurer sind.

Prinz Eugen hatte die Osmanen im 17. und 18. Jahrhundert nach 250 Jahren Schreckensherrschaft vertrieben und für die Besiedelung durch Deutsche frei gemacht. An diese Tradition sollte diese Division anknüpfen. Die Gruppe, die ich übernehmen muss, ist chaotisch organisiert, mit wenig Disziplin und ich bin, wie alle Soldaten, vom langen Krieg erschöpft. Alle haben nur noch ein Ziel: Heil nach Hause zu kommen. Dass der Krieg schon längst verloren ist, hat wohl inzwischen jeder erkannt. Was aber unauflösbar scheint, sind die strengen Gesetze. Bereits bei der kleinsten Verfehlung oder wehrkraftzersetzender Handlung kann man zum Tod durch Erschießen verurteilt werden. Das ist die einzige Klammer, die die Truppe noch zusammenhält.

Am 18. April komme ich mit der Pferdestaffel nach Riedhausen, im Kreis Saulgau. Wir befinden uns in ständiger Absetzbewegung vor den schnell vorrückenden Divisionen der westlichen Alliierten. Die Pferdestaffel besteht aus circa 30 Personen, zwei LKWs und einer 3,5 Zentimeter Flak. Der eine LKW ist mit Munition beladen, der andere mit Schreibstubendingen und Veterinärgeräten. Meine Gruppe besteht hauptsächlich aus Volksdeutschen aus dem Balkanraum, die über wenig Deutschkenntnissen verfügen. Da ich in dieser bereits trostlosen Situation mit Befehlsverweigerungen rechnen muss, poche ich in aller Strenge auf die Einhaltung von Regeln und Disziplin. Wegen der Zwangsevakuierung und Unterbringung ziviler Bevölkerung ist es bereits zu Reibereien gekommen. Ich lasse die gesamte Einheit in das Schulhaus einquartieren. Ich selbst ziehe in eine ungefähr. dreihundert Meter entfernte Mühle und werde von der Besitzerin freundlich aufgenommen.

Mit dem Anrücken französischer Truppen ist jederzeit zu rechnen, daher stelle ich ringsherum Wachen auf. Am 19. April ergreifen meine Leute einen Deserteur. Ich bringe ihn zum Feldgericht im Nachbarort. Das Feldgericht ist bereits im Abmarsch und mir wird gesagt, ich müsse zukünftig selbständig handeln, sie seien nicht mehr verfügbar.

In der Nacht kontrollieren die Wachen den Ort und unser Lager. Sie stoßen auf einen Mann, der sich an einem LKW zu schaffen macht. Er entkommt in die dunkle Nacht. Am Vormittag des 21. April 1945 kommt von der Kreisleitung in Saulgau die Anweisung, mit meiner Truppe den Ort Saulgau zu verteidigen. Das gefällt mir gar nicht. Wir sind für dieses Selbstmordkommando nicht hinreichend ausgerüstet. Ich rufe meine Unterführer zur Besprechung der Lage in die Mühle. Als wir bei einem Glas Obstler den Befehl besprechen, platzen die Ortswachen von Saulgau hinein und rufen: „Wir haben einen Spion gefasst! Was machen wir mit dem?" Der Mann war bei den beiden LKWs und der Flak aufgegriffen worden und hatte Zeichnungen vom Gelände bei sich. Ich prüfe die Zeichnungen, auf denen eindeutig Truppenverschiebungen eingezeichnet sind. Ich kann ihn nicht laufen lassen. Der Spion würde seine Erkenntnisse dem Feind übermitteln und ich würde mich und meine Leute gefährden. Laufenlassen wäre zudem eine Missachtung der aktuellen Befehle und Gesetze, die in verschärfter Form von Hitler erlassen worden waren. Würde eine Zuwiderhandlung von irgendjemandem gemeldet, käme ich selbst vor das Kriegsgericht. Ihn mitzuschleppen, bis wir irgendwann das Feldgericht finden, wäre im Prinzip korrekt, aber in unserer gegenwärtigen Situation schwer durchführbar. Die Ortswache bestätigt schließlich, dass der Gefasste nicht aus dem Ort kommt und in Riedhausen unbekannt ist. Bei der Leibesvisitation versucht er zu fliehen, wird aber gleich wieder gefasst. Der Fluchtversuch und die Skizze verstärken den Verdacht, er sei ein Spion in den Diensten des Feindes. Die sprachliche Behinderung erkennen wir, sehen es aber als einen Versuch, die Aussage zu verweigern.

Während ich nach Alternativen suche, fordert der Feldwebel barsch eine Lösung. „Nun, was machen wir mit dem Kerl?" Ich antwortete mechanisch, ohne weiter darüber nachzudenken: „Erschießen!" Hinter dem Haus, im Moor, fallen Schüsse. Sie erschrecken mich und hallen in meine Ohren nach. Doch ich bin auch erleichtert. Fall erledigt. Die Mannschaft begräbt die Leiche im Moor.

Ich gebe den Befehl zum Abmarsch. Meinen schriftlichen Bericht zu diesem Vorfall schicke ich zusammen mit allen Unterlagen zur Kreisleitung in Saulgau. Gleichzeitig lasse ich durch den Boten mitteilen, dass wir Saulgau nicht verteidigen werden. Wir müssen mit der Pferdestaffel in Richtung Memmingen und Landsberg marschieren. Der Vorgang der Erschießung wird bürokratisch korrekt an das Kriegsgericht weitergeleitet und ich höre nie wieder davon. Bis im Januar 1962 die Kripo in meiner Tür stehen und mich abholen wird.

Jetzt erst, im Gefängnis von Ravensburg, wird mir klar, dass ich als kleiner Kompaniechef meine Kompetenz überschritten hatte. Ich hatte ein Todesurteil gefällt, ein Urteil, das eigentlich nur dem Kriegsgericht zusteht. Nach den geltenden Gesetzen von 1945 und angesichts der fehlenden Gerichtsbarkeit war mein Handeln folgerichtig, um weder mich noch meine Mannschaft zu gefährden. Moralisch und

ethisch aber war diese Entscheidung absolut verwerflich. Ich verflu-
che die Situation, in die ich geraten war und mache mir Vorwürfe,
dem Druck nachgegeben und mich nicht um eine andere Lösung be-
müht zu haben.

Wir kommen mit unserem Tross bis Kempten und beziehen am
Rand des Ortes Quartier. Die Scharnhorst-Kaserne in der Kauf-
beurer-Straße war bei einem Bombenangriff im April zerstört
worden. Die Stadt selbst ist im Vergleich zu anderen Städten
noch relativ intakt. Von Kempten aus fahre ich mit einem Fahrrad los und suche meine Einheit, bei der ich mich melden soll.
Mir wurde gesagt, sie sei in Richtung Schongau gezogen. Nach
unzähligen Kilometern breche ich völlig erschöpft zusammen
und wache erst im Lazarett in Murnau wieder auf. Von hier aus
werde ich in amerikanische Gefangenschaft in Garmisch-Partenkirchen überstellt.

Im Internierungslager, Garmisch Camp 8

Beim ersten Gang in die Kantine trifft mich beinahe der Schlag.
An der Essensausgabe steht, mit der Kelle in der Hand, mein
mir zutiefst verhasster Verbindungsbruder, Carlos von Wagner. Verflucht, warum muss ausgerechnet er da sein? Und warum ausgerechnet hier, mit mir im selben Lager? Sein Grinsen war schmerzlich verzerrt und logischerweise nicht gerade
herzlich. Die Narbe von dem Schmiss, den ich ihm verpasst
hatte, färbte sich rötlich. „Tag Lutz, dich hätte ich hier nicht
erwartet.", sagt er. „Ich dich auch nicht.", erwidere ich. Mit einer verächtlichen Bewegung klatsch er mir eine Kelle Suppe in
meinen Napf. Carlos kann es sicher nur schwer ertragen, dass
ich, derjenige, der ihn verunstaltet hat, noch lebe. Wenn ich
ehrlich bin, kann ich es ihm nicht verdenken.

Auf dem begrenzten Kasernengelände können wir uns schwer
aus dem Weg gehen. Daher suche ich das Gespräch mit ihm. Es

ist der 7. Mai 1945, ein strahlender Tag, mit einem freien Blick auf die Zugspitze, die noch eine zarte weiße Mütze trägt. Der Schnee flimmert in der warmen Luft, ich schätze die Außentemperatur auf 20 Grad. Ich liebe die Zugspitze und bin früher oft hinaufgestiegen.

Ich bin auf Versöhnung gestimmt und gehe auf Carlos zu. „Carlos, lass uns reden", sage ich. Wir gehen zu einer Grünfläche und setzen uns ins Gras. Etwas verlegen und errötend beginne ich: „Damals, in der Verbindung, konnte ich deine arrogante Art nicht ausstehen. Und damit war ich nicht allein. Auch die anderen Corps-Brüder meines Jahrganges fanden es anmaßend, wie du, als Fuchsmajor, dich verhalten und aufgeblasen hast. Was in der Johannisnacht wirklich passiert war, muss ich dir erklären. Ich habe in keiner Weise versucht, dir das Mädchen auszuspannen. Das Duell, das du von mir verlangt hast, habe ich nur angenommen, weil ich deiner Überheblichkeit einen Dämpfer verpassen wollte. Erinnerst du dich, wie du mir einmal ein ‚Sozial bist du ein Nichts!' entgegen geschleudert hast? Ich fühlte mich zutiefst gedemütigt. Das knabbert heute noch an meiner Seele. Das Duell war wegen der Ereignisse um Heidrun wirklich nicht angemessen, aber ich wollte die Gelegenheit nutzen, mich an dir zu rächen. Deshalb habe ich die Herausforderung angenommen und dem Kampf mit minimalem Gesichtsschutz zugestimmt. Carlos, lass mich dir die Sache mit Heidrun erklären: Sie war damals zu mir gekommen und hatte erzählt, dass du sehr aufdringlich geworden seist. Du hättest sie beim Tanzen sehr eng an dich gepresst. Und deine Erektion, die sie dabei unweigerlich bemerken musste, hat ihr Angst gemacht. Sie fürchtete, du könntest sie auf dem Heimweg bedrängen. Deshalb hatte sie mich gebeten, ihr zur Seite zu stehen. Es war also nur ein selbstverständlicher Akt der Ritterlichkeit Heidrun gegenüber, dass ich sie nach Hause begleitet habe."

Ich erzähle Carlos von Heidruns Vater. Dass er mir den Arsch gerettet hatte und dass er ein feinfühliger großherziger Mann sei. Ich erzähle, dass Heidrun als Lehrerin in Bad Bederkesa wohnen und arbeiten würde und eine kleine Tochter habe. Und dass ihr Ehemann 1944 bei der Schlacht um Monte Cassino in Italien umgekommen sei.

Plötzlich erlebe ich einen völlig gewandelten Carlos. Bei meinen Worten bekommt er feuchte Augen und geniert sich nicht, seine Tränen zu zeigen. Mit leiser Stimme sagt er: „Tut mir sehr leid, Lutz. In Wahrheit war ich damals sehr unsicher, hatte wenig Selbstvertrauen und versteckte das hinter einer arroganten Fassade. Wenn es dich nicht langweilt, will ich dir von meiner Familie erzählen. Ich meine, von meinen Eltern und Brüdern. Ich selbst habe keine Familie. Ich konnte mich bisher nicht für eine Frau entscheiden und bin Junggeselle geblieben." Carlos erzählt mir von seiner Familie und seinen Problemen in der Jugend. Die Eltern haben einen Gutshof im Großraum von Osnabrück, am Rand des Wiehengebirges. Die Familie sitzt seit 1648, seit Ende des 30-jährigen Krieges, auf dem Gutshof. Am 25. Oktober 1648 wurde nach 30 Jahren Morden, Plündern und Verwüstungen der Westfälische Friede in Osnabrück geschlossen und sein Vorfahr erhielt den Gutshof als Dank für seine kriegerischen Verdienste." Wir sind also ein sehr alter Landadel. In den Geschichtsbüchern recht unbedeutend, aber sehr bodenständig und stolz. ‚Noblesse Oblige' war die Lieblingsdevise meines Vaters. Ich bin der Jüngste von drei Brüdern und hatte immer einen Hang zur Landwirtschaft und den Tieren. Ich war gerne im Schweinestall, fütterte die Schweine und aß gerne die frisch gekochten Schweinekartoffeln mit Salz. Meine Brüder hänselten mich und nannten mich den ‚kleinen Schweinebaron'. Diesen Spitznamen wurde ich nie los und das verächtliche Grinsen der Brüder schmerzt mich heute noch. Als ich im Alter von sechzehn Jahren bei der Geburt von Ferkeln im Stall war, wurde ein Ferkel von der Muttersau verstoßen und immer von der Zitze weggeschubst. Ich versuchte, das kleine Schweinebaby mit der Flasche zu füttern. Nach zwei Tagen lag es von der Mutter totgebissen im Stall. Weinend berichtete ich meinem Vater davon. Der schaute mich nur verwundert an und sagte: ‚Das ist das Gesetz der Natur, Junge. Das Schwache wird getötet, nur das Starke überlebt. Nur wir Menschen sind so degeneriert, dass wir alle Missgeburten durchpäppeln. Ich bildete mir ein, dass er mich dabei sehr merkwürdig anschaute. Ich war in der Familie der kleine Dumme, der nichts auf die Reihe kriegte. Das Abitur habe ich im zweiten Anlauf mühsam geschafft. Ich wäre gerne Landwirt geworden, aber ich musste eine Verzichtserklärung unterschreiben. Der Hof ging an den Ältesten, wie das landwirtschaftliche Erbrecht es vorsieht. Wir zwei jüngeren Brüder wurden mit etwas Grundbesitz und je einem Mietshaus in Osnabrück abgefunden. Mein Vater war ein Bewunderer von Adolf Hitler. Ein Mann, der endlich Ordnung schafft und diesen ,verkommenen Sozis' die Grenzen aufzeigt, das waren seine Worte. Am Krieg hat er nie teilgenommen. Er konnte aber alle Schlachten des Ersten Weltkrieges kommentieren, als wäre er der Generalfeldmarschall persönlich gewesen. Er war immer unabkömmlich gestellt worden, weil er mit der Landwirtschaft die Grundversorgung sichern musste. Meine Mutter war eine tüchtige Frau. Blond, blauäugig, schlank, voller Esprit und Lebensfreude. Sie stammte aus einer wohlhabenden Hamburger Kaufmannsfamilie. Sie war Hauswirtschaftslehrerin und wir hatten immer drei oder vier junge Mädchen im Haus. Sie haben in der Küche, im Garten und im Stall mitgeholfen. Die Mädels waren so zwischen 16 und 18 Jahre alt und natürlich für uns Jungs der Traum schlafloser Nächte. Mein Vater machte allerdings unmissverständlich deutlich, dass diese Mädchen zur Ausbildung hier waren und wir die Finger von ihnen lassen sollten. Er sagte, sie wären vielleicht zum Ausprobieren geeignet, aber nicht zum Heiraten. Mein Vater hatte eine sehr schroffe Art das Personal, am liebsten hätte er wohl Gesindel gesagt, nach Gutsherrenmanier herumzukommandieren. Gefühle oder Herzlichkeit gegenüber den Söhnen habe ich von ihm nie erfahren. Die höchste Form des Lobes war für ihn, keine Beschimpfung auszusprechen.

Meine Mutter war sehr fürsorglich im Umgang mit uns Brüdern. Sie hatte ein Herz aus Gold. Ich konnte mich bei ihr ausweinen, wenn der erste Liebeskummer mich umwarf. Sie war gebildet und konnte mir bei den Schularbeiten helfen. Meinem

Vater gegenüber nahm sie mich in Schutz und zeigte viel Verständnis für meine Schwächen. Was wiederum meinen Vater ärgerte und er mich geringschätzig wie einen Schwächling behandelte. Wie du ja weißt, studierte ich Jura, obwohl ich keine rechte Lust dazu hatte. Aber mir war auch nichts Besseres eingefallen war, nachdem mir der Weg in die Landwirtschaft verbaut war. Ich hatte mich auf Verwaltungsrecht spezialisiert. Strafrecht entspricht nicht meiner Mentalität. Ich habe in der städtischen Verwaltung in Osnabrück gearbeitet, bis ich im Juni 1941 zum Kriegsgericht kommandiert wurde. Nun musste ich mich zwangsläufig intensiv mit dem Strafrecht befassen. Freude hatte ich daran nie. Soldaten zu verurteilen, bei Selbstverstümmelung, Desertion, Plünderung, das war meine tägliche Arbeit. Todesurteile gingen mir sehr an die Nieren und ließen mich oft nicht schlafen. Als die Wehrmacht Russland unter dem Decknamen ‚Operation Barbarossa' überfiel, weil das Motto ‚Lebensraum für das deutsche Volk schaffen' angesagt war, wurde ich nachdenklich. Das erklärte Ziel war die Vernichtung des jüdischen Bolschewismus. Diese massenhafte Ermordung der Juden und Kommunisten und der Zivilbevölkerung ... Es wurde, wie du ja auch weißt, nach dem ‚Legalitätsprinzip' straffrei gestellt. Mir kamen große Zweifel an der NS-Rechtsprechung, der ich nun dienen musste. Als im August 1941 die Schlacht um Odessa begann, war neben der deutschen 11. Armee auch die rumänische 4. Armee beteiligt. Als im rumänischen Hauptquartier eine Bombe explodierte, wurde eine Strafexpedition gestartet. Innerhalb kurzer Zeit wurden über 60.000 Zivilisten, Juden und Kommunisten als Vergeltungsmaßnahme erschossen. Das war ein klares Kriegsverbrechen. Ich war zugleich Mitwirkender und Gefangener dieses Systems. Wollte ich nicht selbst erschossen werden, musste ich wohl oder übel Anweisungen folgen. Zuerst wurde ich nach Südfrankreich versetzt. Das war recht entspannt mit wenigen unbedeutenden Fällen, die ich bearbeiten musste. Ich konnte die Provence bereisen, die gute Küche und den Wein genießen. In Avignon war ich öfter im Casino der Offiziere und labte mich am Chateauneuf-du-Pape. Ich fuhr zum Parc naturel regional du Luberon und besuchte die Orte Menerbes, Bonnieux, Roussillon und speiste auf dem Schloss Gordes. In Carpentras gab es einen schwierigen Fall. Ein Feldwebel, dessen Mutter Französin war, lief zur Resistance über und beschoss seine eigenen Kameraden. Für diesen Verräter hatte ich kein Verständnis. Ich fällte mit einer gewissen Genugtuung das Todesurteil. Ab Januar 1944 war ich erst in Paris und dann in Rouen in der Normandie. Als am 6. Juni 1944 die Alliierten gelandet waren, zog sich das Kriegsgericht zurück in Richtung Reims. Am 20. Juli 1944 geschah dann ja das Attentat auf Hitlers Hauptquartier, der Wolfsschanze in Ostpreußen. Graf Schenk von Stauffenberg hatte eine Aktentasche mit einer Bombe unter dem Besprechungstisch deponiert. Er selbst verließ den Raum, bevor die Bombe explodierte. Vier Männer des Generalstabs starben, Hitler wurde nur leicht verletzt. Das Attentat war misslungen. Die Reaktion auf das Attentat war aber heftig. Hitler ließ alle, die irgendwie mit dem Attentat in Verbindung zu bringen waren, verhaften. Stauffenberg wurde sofort erschossen, einige führende Mitglieder des Widerstandes nahmen sich das Leben, drei Generalfeldmarschälle, Kluge, Witzleben und Rommel, 19 Generäle, 26 Oberste sowie weitere 200 Personen des engeren Kreisauer Kreises wurden verhaftet, ins KZ gesperrt oder in Plötzensee am Fleischerhaken aufgehängt. Hitler soll gesagt haben: ‚Ich will die Männer wie Schlachtvieh aufgehängt sehen‘. Weitere 5.000 Personen wurden verhaftet und landeten im KZ. Die Familien der führenden Persönlichkeiten wurden in Sippenhaft genommen. Deren Kinder wurden in Heime verbracht. Ich hatte, ehrlich gesagt, schon lange gehofft, dass Hitler umgebracht wird. Alle Offiziere hatten ihm Treue geschworen. Der Treueschwur ist ja ein sehr hohes Gut, der nicht einfach gebrochen werden kann. Um aus diesem Schwur heraus zu kommen, mussten sie Hitler töten. Es kamen schon früher verschiedene Gerüchte auf, aber nichts passierte. Nun gab es eine mutige Tat und die hat dieser Tyrann auch noch überlebt. Es ist tatsächlich nicht leicht, einen Teufel zu töten. Die Maßnahmen, die dann erfolgten und die Anweisungen für zukünftiges Verhalten der

Militärgerichte, nahmen mir den letzten Glauben an jegliche Rechtsstaatlichkeit.

Am 25. August 1944 hatte sich der Stadtkommandant von Paris, von Choltitz, dem Befehl Hitlers zur Zerstörung von Paris widersetzt. Er übergab die Stadt mit allen Soldaten kampflos. Welch eine gute Entscheidung, dachte ich und bedauerte es, nicht mehr in Paris zu sein. Eine Gefangenschaft in Frankreich erschien mir attraktiver, als für Hitler in einem verlorenen Krieg zu kämpfen. Gut, meinen Kampf führte ich mit der Feder in der Etappe und nicht an der Front. Ich musste aber über Dinge richten, die mir zuwider waren. In Reims erlebte ich schließlich die schwerste Prüfung meines Lebens. Die Kapitulation in Paris hatte die Moral der Soldaten auf dem Rückzug zerstört. Ein junger Leutnant hatte vor der Kompanie zur Kapitulation aufgerufen. Mit der verzweifelten Aussage: ‚Es ist besser, bei den Amerikanern und Franzosen in Gefangenschaft zu gehen, als für das deutsche Vaterland zu sterben. Hitler ist ein Verbrecher, der unser Blut nicht verdient hat.‘ Das wurde natürlich sofort dem Kriegsgericht gemeldet und als Vorsitzender des Gerichts musste ich, da wir auf dem Rückzug waren, schnell handeln. Die beiden Richter an meiner Seite betonten, dass auf Wehrkraftzersetzung die Todesstrafe steht. Nach kurzer Anhörung fällten wir einstimmig das Urteil. Tod durch sofortiges Erschießen. Es hat mir das Herz zerrissen. Ich war aber zu feige, mich gegen die anderen beiden Richter durchzusetzen. Ich zog mit meiner Gerichtsbarkeit weiter nach Stuttgart. Dann kamen die Alliierten sehr schnell auf die Stadt zu und wir bewegten uns nach Augsburg. Am 28. April 1945 erreichte die 3. US-Infanterie-Division Augsburg. Der Widerstand von einigen wenigen verblendeten Soldaten war gering, die Stadt wurde quasi kampflos übergeben. Ich kam in Gefangenschaft und nun bin ich mit dir hier. Du glaubst nicht, wie froh ich bin, dass wir uns hier wieder getroffen haben und dass wir über unsere Auseinandersetzung reden können und nun vielleicht eine ehrliche Freundschaft schließen können. Was meinst du dazu? Im Grunde deines Herzens bist du ein aufrechter Mensch und hast einen guten Charakter.“

Mit diesen Worten schließt er seine Geschichte und ich schweige zunächst beeindruckt. Ich selbst fühle mich ja eher als Schwächling und Versager auf dem Abstellgleis meines Lebensweges. Was sollte aus mir werden? Als Teil des Apparates wird es schwierig, wieder eine Position in einer Behörde, im Staatsdienst zu bekommen, denke ich. Ich bin sicher, man wird auch nach einem Neuanfang mit der Vergangenheit abrechnen wollen. All diejenigen, die wir unterdrückt und misshandelt haben, werden sich sicher rächen wollen. Das Lager hier ist nur der Anfang vom Ende. Nun lag es an mir, Carlos meine eigene Geschichte zu erzählen. Von meiner Hochzeit in Pommern, von meinen kleinen Töchtern und dass alle relativ sicher in Ludwigslust leben. Ich erzähle meine Erlebnisse im Krieg und dass auch ich kürzlich ein Todesurteil gefällt hatte und einen Spion erschießen ließ. „Das ist vergleichbar zu deinem Fall in Reims, Carlos, nicht wahr? Ich glaubte auch, keine andere Wahl zu haben, um mich und meine Männer nicht zu gefährden."

Die Abenddämmerung kam, es wurde feucht und kühl. Wir standen auf, umarmten uns, versicherten uns unsere Freundschaft und gingen in unser Quartier.

Es war Frühling. Am 08. Mai 1945 unterschrieb Generalfeldmarschall Keitel die bedingungslose Kapitulation. Nie wieder Krieg. Ein Land in Schutt und Asche. Millionen von Toten, auf dem Schlachtfeld und in den Konzentrationslagern. Wie kann man so eine Vergangenheit bewältigen?

Leben im Garmisch-Camp 8

Das US-Internierungslager in Garmisch ist nach militärischen Einheiten gegliedert. Ich gehöre zum Camp 8, 8. Die Kompanie im 8. Revier. Ein Regiment, vier Bataillone zu acht Kompanien. Angeschlossen ist ein kleineres Frauenlager. Die Kaserne ist in einem miesen Zustand. Es gibt zu wenig Betten, nicht genügend Strohmatratzen, viele schlafen mit Decken auf dem nackten Boden, frierend und mit leerem Magen. Ich habe Glück. Da ich aus dem Lazarett komme, wird mir ein Bett zugewiesen. Morgens gibt es pro Mann einen halben Liter dünnen Kaffee und eine Scheibe Brot. Mittags gibt es Brotsuppe, so dünn wie der Kaffee am Morgen mit 100 Gramm Weißbrot. Abends gibt es einen halben Liter Wassersuppe ohne erkennbaren Inhalt. Das ist nicht wirklich genug zum Überleben. Die Posten auf den Wachtürmen sind angewiesen worden, scharf zu schießen, sobald sich nachts jemand an Fenster oder Tür zeigt. Im Gelände patrouillieren Doppelposten, sie randalieren, werfen Steine gegen Türen und in Fenster und beschimpfen uns mit „Dreckige Nazi-Schweine!" Die Atmosphäre ist verpestet. Alle haben Angst vor den nächtlichen Schikanen der Wachsoldaten und verrichten ihre Notdurft im Raum. Am Tag werden wir bei glühender Hitze auf den Exerzierplatz getrieben. Wir werden gezwungen, still zu stehen. Wer schwächelt, wird beschimpft, geschlagen und zur Seite gezerrt. Geld, Uhren, Ringe, alle Wertsachen werden konfisziert und wandern teilweise in die Taschen der Wachsoldaten. Vor der Gaskammer müssen sich alle nackt ausziehen. Der Begriff „Gaskammer" lässt uns schaudern, der Gedanke an Dachau und andere KZs drängt sich auf, was wohl auch beabsichtigt ist. In jeder Kaserne gibt es eine solche „Gaskammer". Hier müssen die Soldaten bei körperlicher Bewegung prüfen, ob die Gasmaske wirklich dicht ist. Wem die Augen vom Tränengas tränen, hat verloren. Die Kammer dient außerdem zur Desinfektion im Kampf gegen Läuse. Die nackten Körper werden komplett mit DDT besprüht. Bei dieser, im Grunde sinnvollen Prozedur, werden die Soldaten von den Amis schikaniert, beleidigt, geschlagen. Besonders bei den internierten Frauen werden sie schamverletzend und übergriffig.

Beschwerden an den Lagerkommandanten, Major S.D. Perrin, werden grundsätzlich abgewiesen. Erst im Juni verbessert sich die Behandlung der Gefangenen allmählich, bis endlich ein neuer Kommandant übernimmt und die alten Quälgeister versetzt. Aus seiner Sicht sind wir keine Kriegsgefangenen, sondern Internierte, die man mit mehr Achtung behandeln muss.

Churchill hatte bereits 1940 das Wesen der Internierung definiert: „Man darf nicht vergessen, dass die politischen Häftlinge Personen sind, denen keine Gesetzesübertretung zur Last gelegt wird, oder die ein Gerichtsverfahren zu erwarten haben. Es sind Personen, die lediglich aus Gründen der öffentlichen Sicherheit und in Hinblick auf die Kriegsverhältnisse in Haft gehalten werden müssen."

Im Juli 1945 verbessert sich die Situation rapide, als eine deutsche Lagerleitung unter der Führung von Gebirgsjäger und ehemaligem SS-Generalstabsoffizier Karl Vogel installiert wird. (Anmerkung des Verfassers: Karl Vogel hat das Lagerleben in seinem Buch „M – AA 509, Elf Monate Kommandant eines Internierungslagers" beschrieben, diesem Buch sind zusätzliche Informationen entnommen.)

Die innere Lagerleitung wird von deutschen Soldaten in Selbstverwaltung geführt. Karl Vogel verfügt über gute Organisationserfahrung und fungiert als Lagerkommandant in anerkannter Weise. Er kennt die Kaserne aus seiner Ausbildungszeit als Gebirgsjäger.

Die neue Lagerleitung bemüht sich, Dreck aus den Kasernen zu entfernen und organisiert einen sanitären und einen medizinischen Dienst. Die Benutzung der Toiletten und Donnerbalken außerhalb der Gebäude darf jederzeit, auch nachts, erfolgen. Welch ein Segen. Das Reinigen ist kein Problem, alle möchten arbeiten, keiner will in der Scheiße liegen. Innerhalb kurzer Zeit herrschen preußische Ordnung und Reinlichkeit. Das Potenzial der Inhaftierten ist riesig. Hier befinden sich Bauern, Handwerker, Generäle, Geistliche, ein Staatspräsident, Dichter, Künstler und Ärzte. Alles ist zu finden. Es sind sogar mehrere Nationalitäten vertreten. Die Mehrheit der Inhaftierten ist scheu, resigniert, ängstlich mit Blick auf das, was noch kommen mag. Ihre Gesichter sind leer und grau. Täglich sterben Inhaftierte an Unterernährung, Lungenentzündungen oder durch Selbstmord. Die Toten werden außerhalb der Kaserne vom internen Arbeitskommando der Kameraden begraben. Unter scharfer militärischer Bewachung der Amerikaner werden sie würdelos verscharrt.

Die teilweise charakterlose Verhaltensweise einiger Soldaten erschüttert mich. Um sich vermeintliche Vorteile zu verschaffen, lügen sie, denunzieren Kameraden oder behaupten, über Verwandte Dienstgeheimnisse an das Ausland verraten zu haben, um einen schnellen Zusammenbruch des Systems zu fördern. Sie sagen, sie wären im Widerstand zu Hitler gewesen, oder behaupten, eigentlich Emigranten zu sein oder aus dem KZ entflohene Juden. Wenn das nicht hilft, werden sie kleinlaut und unterwürfige Arschkriecher.

Ich bin beschämt. Wo sind Würde und Ehrgefühl geblieben, wann und warum ist die Moral vollständig abhandengekommen? Die Kommandantur der Amerikaner ist doppelt mit Stacheldraht gesichert, die Wohnblocks sind ebenfalls von Stacheldraht umgeben. An jedem Durchgang steht ein bewaffneter Posten. Neun Wachtürme mit schussbereiten Maschinengewehren umrahmen das Lager. Jeeps mit bewaffneten Posten patrouillieren Tag und Nacht. Der Amerikaner Alexander Hamilton schrieb 1788: „Menschen für Dinge zu bestrafen, die kein Gesetz verletzten, als sie begangen wurden, sowie ein willkürliches Gefangenhalten, waren zu allen Zeiten die beliebtesten, aber auch die schrecklichsten Werkzeuge der Tyrannei." Diese Sichtweise machten wir uns zu eigen. Über die Tragweite oder die Allgemeingültigkeit dieser Aussage dachten wir lieber nicht nach.

Die amerikanische Soldatenzeitung „The Thundering Herd" schreibt Hetzartikel für ihre Soldaten. Zum Beispiel: „Die heroischen 317er-Infanteristen sehen täglich aus erster Hand den wahnsinnigen Auswurf des Nazi-Regimes. In Garmisch ist eine Auswahl von Hitlerbrut-Verrückten und Kriegsverbrechern beherbergt. Dienstgrade gibt es nicht mehr. Einige Offiziere der Waffen-SS dürfen jetzt den GI's die Kampfstiefel putzen. Ein Ex-General der Wehrmacht ist Oberkellner im Casino." Das stimmt so zwar nicht, sorgt aber für Stimmung unter den amerikanischen Soldaten, die sich jetzt als Übermenschen zu fühlen scheinen.

Das Lager

Zwischen 2500 und 4500 Internierte sind hier eingesperrt. Die Internierten werden mit folgenden Abkürzungen gekennzeichnet:

AA – Automatic Arrest – das war der Standard
ST – Security Threat – Sicherheitsrisiko, die Schlimmen und Unberechenbaren
BL – Black List – die „ganz besonderen" Nazis
WC – War Crime – Kriegsverbrecher

Im Oktober 1945 sind wir mit der Belegung auf dem höchsten Stand. Mit Abkürzungen betitelt sah die Liste der Gefangenen wie folgt aus: AA 4500, ST 240, BL 40, WC 10, darunter rund 2000 ehemalige politische Leiter der NSDAP. Bis Ende 1945 werden rund 500 Internierte gestorben sein.

Der automatische Arrest treibt zuweilen sonderliche Blüten: Ein Angestellter der Wach- und Schließgesellschaft hatte zwei gekreuzte Schlüssel auf seiner Uniform. Da diese Abzeichen in keinem Handbuch zu finden sind, wurde er vorsichtshalber für ein Jahr eingesperrt.

Der Tagesablauf ist straff organisiert. Aufgrund meiner Verletzung am Bein muss ich keine Außenarbeiten machen. Ich arbeite in der Schreibstube der Lagerverwaltung, führe Karteikarten und bearbeite Statistiken. Dadurch verfüge ich nicht nur über einen trockenen bequemen Arbeitsplatz, sondern auch über Einblicke in die Lagerstruktur. Die Tages- und Diensteinteilung lautete wie folgt:

06.15	Wecken
06.30	Abholen vom Frühstück
07:40	Zählappell durch Kompanieführer und Regimentskommandeur
08:00	Antreten zum Arbeitsdienst
08:00–11:00	Arbeitsdienst

12:00	Essenausgabe
13:00	Antreten des Arbeitsdienstes
13:00–16:00	Arbeitsdienst
17:00	Abend-Zählappell durch einen
	amerikanischen Offizier
17:15	Essensempfang
21:00	Räumung des Hofs
21:30	Allgemeine Lagerruhe

Die Verpflegung verbessert sich nur langsam. Wer arbeitet, bekommt morgens, mittags und abends etwas mageres Essen. Wer nicht arbeitet, erhält nur morgens etwas Malzkaffee, etwas Kommissbrot und dünne Gemüsesuppe am Abend. Das sind kaum 500 Kalorien am Tag. Für die Körperhygiene ist nicht genügend Seife vorhanden. Besonders in der Frauenabteilung mit circa 250 Internierten fehlt alles, was eine Frau braucht. Verbandszeug, Mull und Watte gibt es nicht. Viele dieser Frauen im Alter zwischen 17 und 70 Jahren wurden scheinbar willkürlich aus irgendwelchen Büros der Wehrmacht oder Behörden herausgeholt und verhaftet, ohne Rücksicht auf Kinder, die sich selbst überlassen blieben.

Vom 17. Juli bis zum 2. August legen die Herren Stalin, Churchill und Truman in Potsdam die Richtlinien für die weitere Behandlung Deutschlands fest. Von nun an wird auch die Verpflegung im Lager schrittweise besser. Wir erhalten die Genehmigung, verschiedene Stacheldrahtumzäunungen innerhalb des Lagers zu entfernen. Unsere Bewegungsfreiheit wird größer.

Niemand aber kann Briefe schreiben oder Post empfangen. Dennoch funktioniert der Informationsfluss zwischen Außen und Innen irgendwie. Wir hören schreckliche Berichte von der Vertreibung der deutschen Bevölkerung aus Pommern, Schlesien und Masuren. Wir hören von Tausenden, die auf der Flucht zusammenbrachen, erschlagen oder erschossen wurden und von Frauen die mehrfach vergewaltigt in den Straßengraben geworfen wurden. Wir hören von den Verbrechen der Tschechen gegenüber den Deutschen und dem Flüchtlingstreck, der in Österreich abgewiesen wurde und in Richtung Bayern weiterziehen musste. Mein Schwager ist nach Tschechien abkommandiert worden. Wie ich zuletzt noch gehört hatte, ist auch meine Schwester mit den Kindern dorthin gezogen. Sind auch sie Opfer der wilden Meute geworden? Wir hören so viel Grausames und haben keine Ahnung, wie es unseren Familien geht. Ich hoffe, Anna-Lena ist mit den Kindern in Ludwigslust unbehelligt geblieben. Wir hatten ja das Glück, dass mein damaliger Kommandeur mich mit der gesamten Familie nach Ludwigslust geschickt hatte. Das war eine sehr ungewöhnliche und großzügige Handlung gewesen. Anna-Lena wäre sonst in Naugard von den Russen überrollt worden und an alles Weitere mag ich nicht denken. Ich frage mich, ob mein Vater noch in Dresden ist, ob meine Mutter ihn gut versorgt? Hatten sie überhaupt eine Chance gehabt, den Bomben zu entgehen?

Ich frage mich auch, ob meine Schwiegereltern aus Kolberg rechtzeitig flüchten konnten. Mein Schwiegervater sollte Kolberg sicherlich bis zur letzten Patrone verteidigen. So war die Befehlslage. Wer sich weigerte, wurde direkt erschossen. Ich hoffe, alle leben und sind wenigstens körperlich unversehrt. Über die unermesslichen seelischen und psychischen Schäden wird man nicht reden wollen. Der materielle Verlust ist schmerzhaft, aber letztlich unbedeutend im Vergleich dazu, überlebt zu haben.

Das alles aber sind nur vage Hoffnungen, die uns einigermaßen aufrechthalten. Gewissheit gibt es nicht. Die Russen sind in ihrem Zorn unberechenbar. Wenn ich aber daran denke, was wir in Russland und Polen angerichtet haben, ist die Rache für mich nachvollziehbar und verständlich. Die Massenmorde der „Säuberungsaktionen Barbarossa" trafen völlig unschuldige Zivilisten. Warum nur, frage ich mich? Was berechtigt uns, Menschenleben als „unwert" zu erklären? Was berechtigt uns, uns über andere zu erheben? Was treibt uns dazu, vermeintlich unwertes Leben zu vernichten?

Die soziale Struktur im Lager ist vielschichtig. Für mich ist es sehr spannend, von den persönlichen Schicksalen anderer Internierter zu erfahren. Anscheinend gelte ich als guter Zuhörer. Viele sehen in den Gesprächen mit mir offenbar die Chance, sich zu entlasten oder sich ihres Seelenmülls zu entledigen. Im Lager gibt es keine militärischen Dienstgrade. Vom Gefreiten bis zum General sind alle gleich. Allerdings gibt es in der Lagerorganisation funktionale Vorgesetzte. Die aber sind unabhängig von früheren militärischen Dienstgraden bestimmt worden. In diesem Zusammenhang diskutieren wir über mehrere Tage, ob wir im Lager das Du zum Standard machen, oder beim Sie bleiben sollen und die persönliche Anrede damit jedem selbst überlassen. Das Ergebnis war, dass der Respekt vor der anderen Person und der ehrenhafte Umgang miteinander das Sie verlange. Das Du müsse jeder für sich selbst entscheiden. Am Ende war die Mehrheit allerdings ganz unkompliziert per Du.

Das Camp in Garmisch ist, rückblickend betrachtet, für mich und meine eigene Entwicklung sowie für mein weiteres Leben sehr bedeutsam. Ich finde hier so etwas wie eine innere Einkehr. Erstmalig denke ich intensiv über meine Vergangenheit nach. Ich habe meine Denkweise bisher unreflektiert vom Elternhaus und auch von der studentischen Verbindung übernommen und mich davon leiten lassen. Die in unserer Familie und unseren Kreisen tradierten Werte und Normen habe ich nie in Frage gestellt. Ich bin stets mit Begeisterung der Masse nachgelaufen, ohne selbst zu denken. Hier im Camp finde ich die Ruhe und auch die geistige Anregung in Gesprächen mit interessanten Persönlichkeiten.

Im Verwaltungsbüro arbeite ich mit Hans Hellmut Kirst zusammen, unter der Leitung von Karl Vogel. Wir sind im Lager sehr international besetzt, mit dabei sind Politiker und Generäle aus Ost- und Südosteuropa. Ende September werden einige Soldaten abgeholt und in die Heimat zurückgebracht. Diese Personen haben für Deutschland und vermeintlich höhere Ziele gekämpft. Was sie als Kollaborateure in ihrer Heimat erwartet, ist uns allen klar.

Eine Szene ist unvergessen. Das Bild habe ich noch im Kopf und die Worte klingen noch im Ohr. Den genauen Wortlaut entnehme ich dem Buch von Karl Vogel. Mehrere, einst honorige Persönlichkeiten stehen in strammer, aufrechter Haltung in unserem Verwaltungsbüro beim Lagerkommandanten Karl Vogel und der General unter ihnen spricht zu uns mit klarer Stimme die eindrucksvollen Worte: „Wir waren mit den deutschen Kameraden sehr glücklich. Wenn wir auch den Krieg verloren haben und vielleicht unser Leben verwirkt ist, so hoffen wir doch, dass dieses Europa, für das wir gemeinsam mit den deutschen Freunden kämpften, unter einem glücklicheren Zeichen noch erstehen möge. Dann wird es den Menschen besser gehen." Stumm reichen wir uns zum Abschied die Hände. Stumm gehen sie ihren Weg. Diese Worte bewegen mich noch heute. Auch jetzt werden meine Augen feucht vor Rührung und Respekt vor dieser großartigen Haltung. Diese menschliche Größe im Anblick dessen, was da kommen wird, beeindruckte mich zutiefst.

Ich sehe mich hier im Ravensburger Gefängnis ebenfalls in ungewisser Situation. Wenn ich auch nicht befürchten muss, dass meine Heimkehr meinen Tod bedeutet. Ich zermartere mir den Kopf: Was wird das Gericht mir vorhalten, wie wird es entscheiden, komme ich frei oder werde ich viele Jahre im Gefängnis verbringen müssen und möglicherweise sogar hier sterben? Die Worte von Dietrich Bonhoeffer gehen mir durch den Kopf: „Von guten Mächten wunderbar geborgen, erwarten wir getrost was kommen mag. Gott ist mit uns am Abend und am Morgen und ganz gewiss an jedem Tag." Diese Worte geben mir Kraft und Mut. Diese Worte von einem Mann, der selbst im KZ sein Gottvertrauen nicht verloren hat, bis er im April 1945, kurz vor Kriegsende, durch Hitlers Befehl ermordet wird.

In meinem Block 8 gibt es viele nationalsozialistische Persönlichkeiten, Professoren, Diplomaten, hohe Beamte, hohe Offiziere, niedrige Dienstgrade, Handwerker aller Berufsrichtungen. Mein Corps Bruder Carlos und ich sind mittendrin und gut vernetzt. Durch unsere eigenen Initiativen sind in der Kaserne rund dreißig Werkstätten eingerichtet worden, in denen 120 Internierte arbeiteten. Wir haben Handwerker aller Fachrichtungen, vom Bauschlosser und Klempner, über Maler, Glaser, Sattler bis zum Friseur.

Das geistige Lagerleben

Das geistige künstlerische Lagerleben hat sich bis September eingespielt. Wir haben eine wissenschaftliche Akademie mit achtzig Professoren eingerichtet. Verschiedene Studienräte bieten Englisch- und Französischkurse an. Theateraufführungen werden organisiert, Bühnen gebaut und Bühnenbilder werden mit primitiven Mitteln gefertigt. Unter uns sind begabte Dichter und Denker, auch Schauspieler, Männer und Frauen, die bereits international Karriere gemacht hatten. Unter der Regie von Hans-Hellmut Kirst, dem späteren Schriftsteller, spricht sich das so weit herum, dass amerikanische Offiziere selbst aus Nürnberg zu unseren Veranstaltungen anreisen. In unserem Block 8 bilden wir einen eigenen Gesprächskreis. Folgende Persönlichkeiten sind dabei:

Prof. Hugo Spatz (Hirnforscher)
Prof. Heinrich Pette (Neurologe)
Prof. Dr. Ing. Otto Kirschmer
Prof. Hermann Otto Hoyer (Maler)
Hans Hellmut Kirst (Schriftsteller)
Carlos von Wagner (Jurist)
Dr. Friedrich Illgen (Arzt)
Alfred Sander (Landwirt)
Johannes Hoheisel (Pfarrer)
Dr. Volkmann (Tierarzt)

Der Hintergrund unserer Initiative ist es, neben der Unterhaltung, auch das Denken an die Zeit vor dem Krieg. An die Zeit, als scheinbar alles noch in Ordnung war, als man sich noch geborgen fühlte. Die Erinnerung stillt das Verlangen nach Geborgenheit in der früher vermeintlich heilen Welt. Unsere Gedanken richten sich auch auf die Zukunft, wenn wir eines Tages wieder zurückgekehrt sein werden. Wir entwerfen Pläne für die Zeit nach dem Lager. Wir machen uns gegenseitig Mut und wecken unsere Hoffnung auf die Zukunft. Wir bestärken einander in unserem Lebenswillen.

Zu den Personen

Prof. Otto Kirschmer hatte das Wasserkraftwerk in Obernach am Walchensee geleitet. Ende Juni 1945 wird er abgeholt und nach Garmisch gebracht. Er erzählt mir seine Geschichte: „Von nun an laufe ich wie ein Verbrecher mit der Nummer 8-2681 AA herum. Die Amerikaner behandeln uns wie Menschen ohne Rechte. Bei der Einlieferung in das Lager sind Misshandlungen anscheinend üblich. Als ich eingeliefert wurde, stand neben mir Josef Tiso, ehemaliger Staatspräsident der Slowakei, er wurde halb zu Tode geprügelt. Für seinen Prälaten Murin bat Tiso um Schonung, da er Geistlicher und kein Politiker sei. Daraufhin wurde dieser erst recht schwer misshandelt. Die amerikanischen Schergen fluchten dabei in einem fort. Die Amerikaner halten sich nicht an die von den Römern übernommene Rechtsauffassung „in dubio pro reo". Im Gegenteil, sie gehen davon aus, dass alle Inhaftierten Verbrecher sind, solange sie nicht das Gegenteil beweisen können. In ihren Handbüchern steht: ‚Alle Deutschen sind verbrecherisch veranlagt; alle Deutschen lügen; auch Antinazis sind Deutsche; No Fraternisation‘." So lautete seine Aussage in einem kurzen Gespräch im Büro der Lagerkommandanten. Josef Tiso wird im Oktober schließlich nach Tschechen ausgeliefert und dort hingerichtet werden.

Als ich einmal einem amerikanischen Offizier sage, er müsse doch auch nur Befehle ausführen, antwortet er: „In der US-Army sind unmoralische Befehle undenkbar." Wie scheinheilig, denke ich, denn ich kenne das Gegenteil. Carlos von Wagner hat mir davon berichtet. Er hatte die Landung in der Normandie miterlebt. Vor der Landung in der Normandie wurden die Soldaten zu unmoralischem Verhalten animiert und zu verbrecherischen Handlungen aufgerufen. Das geschah angeblich mit der Ankündigung:

„Alle Frauen in Frankreich sind geil und willig. Dort warten rund 40 Millionen Nutten auf euch. Nehmt euch, was ihr braucht." Und sie nahmen sich, was sie brauchten. Das durfte aber über die großen Helden Amerikas niemals in der Presse erscheinen.

Am Sonntag, dem 1. September 1945, gehe ich mit Kirst die Ladenstraße entlang, als eine Gruppe von Jeeps angefahren kommt. Ein Offizier mit vier Sternen am Stahlhelm kommt auf uns zu. Er fragt uns nach den Zuständen im Lager und verlangt zehn Internierte, die Englisch sprechen konnten. Ich bringe die verlangten zehn Personen herbei: Prof. Hugo Spatz, Prof. Heinrich Pette sowie zwei Allgemeinmediziner, Carlos von Wagner sowie zwei weitere Juristen, zwei Studienräte und einen Ingenieur. Angesichts dessen, was wir über den Zustand in dem völlig überfüllten Lager berichten, ist der amerikanischer Offizier entsetzt. Sein Gesichtsausdruck wechselt zwischen Entsetzen und Zorn. Ich berichte ihm, dass wir derzeit rund 4.000 Inhaftierte sind und monatlich circa 100 Todesfälle zu beklagen hatten. Der General gerät in Rage und explodiert förmlich vor Zorn. Seinen Ärger verschärft, dass alle amerikanischen Offiziere ein vergnügliches Wochenende außerhalb der Kaserne verbringen und nicht aufzufinden sind. Nur ein Master-Sergeant ist zur Aufsicht im Lager geblieben. Der Offizier stellt sich uns nun als General George Smith Patton vor, Militärgouverneur von Bayern. Patton will die sofortige Änderung der unmenschlichen Verhältnisse veranlassen und die Auflösung des Lagers verordnen. Zumindest sollen alle AA-Internierten entlassen werden. Der General ist bekannt dafür, dass er die Entnazifizierung sehr großzügig handhabt, ein Antisemit ist und die Soldaten der SS für ihre Disziplin und Kampfkraft bewundert. Er verfügt die sofortige Ausstellung von Entlassungspapieren. Als die ersten 200 Soldaten die Kaserne verlassen haben, bekommt General Patton ein Problem mit seiner selbstherrlichen Entscheidung. Er muss unverzüglich, auf Befehl von General Eisenhower, dem Militärgouverneur von Deutschland, alles wieder rückgängig machen. Alle Soldaten, die sich bereits auf dem Heimweg befinden, werden zurückgeholt. Wie überaus peinlich für ihn und wie ärgerlich für uns. Wieder ist eine Hoffnung verpufft.

Hans Hellmut Kirst, der 1914 geboren wurde, war der Jüngste in unserer Runde. Der später sehr bekannte Schriftsteller war von Oberleutnant Franz Josef Strauß an die Amerikaner denunziert worden. Oberleutnant Kirst war von Oktober 1944 bis zum Kriegsende 1945 nationalsozialistischer Führungsoffizier und Lehrer für Kriegsgeschichte an der Flakschule im oberbayerischen Altenstadt. Sein Vorgänger war Oberleutnant Franz Josef Strauß. Warum auch immer Strauß abgelöst wurde, und hier gibt es viele Vermutungen, ist es doch offensichtlich, dass zwischen Kirst und Strauß ein fundamentaler Konflikt besteht. Franz Josef Strauß bezeichnet Hans Hellmut Kirst 1945 gegenüber den Amerikanern als einen unverbesserlichen und extremen Nazi. Strauß selbst hätte vor Kriegsende die Ausführung verbrecherischer Befehle von Kirst angeblich verhindert. Strauß behauptet, Mitglied einer geheimen Widerstandsgruppe gewesen zu sein. Diese geheime Widerstandsgruppe ist allerdings so geheim, dass keiner von uns im Lager je davon gehört hatte. Allerdings gibt es einige Gerüchte. Strauß war ab 1. Januar 1944 in Altenstadt an der Flak-Artillerie-Schule IV tätig gewesen. Kirst hatte Ende Oktober 1944 die Position von Strauß übernommen. Warum? Gab es damals schon Zweifel an der Loyalität von Strauß? Beide hatten, aufgrund ihrer Position, volle Einsicht in die Flakstellungen der Wehrmacht. Ein Leutnant, der unter beiden Leitern der Flakschule diente, bezeichnete Strauß als intriganten, arroganten, herrschsüchtigen und unangenehmen Vorgesetzten. Er war dankbar, als er später unter Kirst dienen durfte. Er erzählt uns von einer Begebenheit, die ihn nachdenklich gemacht hatte und von einem Verdacht, den er nie erhärten konnte. Dennoch hatte der Verdacht ihn nie losgelassen. Der Fahrer von Strauß hatte ihm von einer äußerst seltsamen Tour berichtet. Am Freitag, dem 6. Oktober 1944, habe er Strauß und zwei weitere Offiziere der Luftverteidigung nach Bregenz fahren müssen. Angeblich soll es in der Kaserne in Bregenz bei der 18. Gebirgskraftfahrerabteilung eine vertrauliche Besprechung gegeben haben. Anschließend hätten die drei im Gebirge wandern wollen. Am Sonntag, dem 8. Oktober, sei es zurückgegangen. Die zivile Wanderkleidung der drei sei für eine Hochgebirgstour sehr dürftig gewesen. Das hat der Fahrer suspekt gefunden. In Bregenz kann man nämlich sowohl von der deutschen als auch der österreichischen Seite leicht in die Schweiz gelangen. Der Fahrer hätte irgendwelche illegalen Geschäfte gewittert. Der Leutnant hatte keine saubere Erklärung für diese Aktion finden können, aufgrund seiner Erfahrungen mit Strauß traute er ihm allerdings jede Schweinerei zu. Als der Leutnant in Garmisch im Internierungslager angekommen war, sei auch ihm erzählt worden, dass Franz Josef Strauß Mitglied einer geheimen Widerstandsgruppe gewesen sei. Und da habe es ihm gedämmert: In St. Margarethen in der Schweiz, war damals der OSS, das Office of Strategic Service, ansässig gewesen. Allem Anschein nach, hatten die drei mit dem US-Geheimdienst kollaboriert. An der Flakschule wunderten sich alle, woher die Amerikaner und Engländer die Flugabwehrstellungen von Würzburg so genau kannten und die Stadt erheblich zerstören konnten. Die Vermutung, dass es einen lokalen Spion in der Schule gäbe, hatte daraufhin die Runde gemacht. Kirst kannte die Gerüchte, wollte sich dazu jedoch nicht äußern. Er hatte seinen persönlichen Krieg mit Strauß auszufechten. Als Kirst von den Amerikanern als unbelastet entlassen wurde, musste er sich durch eine deutsche „Entnazifizierungs-Spruchkammer" bestätigen lassen. Strauß war Landrat und Vorsitzender der Spruchkammer und erwirkte ein zweijähriges Schreibverbot für Kirst.

Hans Hellmut Kirst sollte sich in seinen späteren Büchern kritisch mit dem Nationalsozialismus auseinandersetzen. Berühmt wurden seine Bücher „08/15", in denen er über die Kriegserlebnisse der Soldaten berichtet. In seinem ersten Buch, „Letzte Station Camp 7" beschreibt er das Lagerleben in Garmisch. In den 50er-Jahren trat er energisch gegen die deutsche Wiederbewaffnung ein. Das führte erneut zu einem Konflikt mit Franz Josef Strauß. Dieser war gerade Bundesverteidigungsminister und attackierte Kirst wegen seiner Kommentare erneut.

In Jahren, 1951 und 1952, telefonierte ich einige Male mit Hans Hellmut Kirst. Als 1952 sein Roman „Letzte Station Camp 7" veröffentlicht wurde, schenkte er mir ein Exemplar. Ich kann sagen, er übertreibt nicht in seinen Schilderungen. Ich kann mich in dem Roman wiederfinden. Bis auf einige literarische Phantasien, ist Kirst eng an der Wahrheit geblieben. Einige Namen hat er geändert. So machte er aus unserem Kameraden Prof. Hugo Spatz den Herrn Prof. Sperling. Kirst setzte sich für die Wiedergutmachung ein. Einen Teil seiner Tantiemen spendete Kirst für wohltätige Zwecke in Israel, Polen und Norwegen.

*(**Anmerkung vom Autor:** Neu entdeckte Akten des Ministeriums für Staatssicherheit der DDR sowie des Bundesnachrichtendienstes enthalten deutliche Hinweise, dass F.J. Strauß im Oktober 1944 mit einer Gruppe von Offizieren der Luftverteidigung im Rahmen einer Inspektionsreise an die Schweizer Grenze gereist ist und geheime Materialien zur Luftverteidigung, unter anderem einen Luftverteidigungsplan von Würzburg und Skizzen der Standorte der Flakbatterien an den OSS übergeben hat. Der Lehrbeauftragte der Universität Jena, Dr. Enrico Brissa, hat im September 2015 eine Dokumentation dazu erstellt. (**www.bpb.de/geschichte/zeitgeschichte/ deutschlandarchiv/211519**)*

Strauß wurde bei der STASI unter dem Tarnnamen „Michel" geführt. „Strauß empfiehlt sich den westdt. Imperialisten als Mann, der für sie die Hegemonie über Westeuropa erzwingen wird. Auf diesem Weg will er an Atomwaffen herankommen. Strauß ist, das beweisen eindeutig seine Veröffentlichungen und Äußerungen, der gefährlichste und korrupteste Politiker der Bundesrepublik." So steht es in den Akten der Staatssicherheit der DDR.

Auch im Archiv des Bundesnachrichtendienstes fanden sich konkrete Hinweise auf den behaupteten Sachverhalt. Alle Dokumente der MfS und des BND geben deutliche Hinweise, aber keine eindeutigen Beweise für den Sachverhalt.

Im Winter 1945 war Würzburg im Zentrum zu 90 % und in den Randbereichen zu 70 % zerstört worden. Wenn dieses Ausmaß an Zerstörung durch den Verrat der Luftverteidigungspläne möglich wurde, muss man die geheime Aktivität von Strauß sehr kritisch betrachten. Was war dessen Motivation? Den geheimen Widerstand und die Verbindung zum „Feind" hat er nie öffentlich gemacht. Wollte er sich gemeinsam mit einigen Kameraden einen „Persilschein" erkaufen?

Es stellt sich die Frage, wie ehrlich sein Widerstand war? Eine Person mit dem Geltungsbedürfnis von Franz Josef Strauß hätte sich ganz sicher als Nationalheld feiern lassen, wenn der geheime Widerstand ehrlich und sauber gewesen wäre.

Eine weitere Frage drängt sich auf: Warum hat der rechtskonservative CSU-Politiker und bekannte „Kommunistenhasser" es politisch durchgedrückt, der DDR 1982 einen Milliardenkredit mit Hilfe der Bayerischen Landesbank zu verschaffen? Die Kreditanfrage war von Moskau abgelehnt worden und von der Bundesregierung unter Helmut Schmidt (SPD) ebenfalls. Dabei wäre es doch nachvollziehbarer gewesen, wenn die SPD hier „Bruderhilfe" geleistet hätte.)

Professor Hugo Spatz ist 20 Jahre älter als ich. Er wurde in der Medizin durch die Entdeckung des Hallervorden-Spatz-Syndroms bekannt. Spatz habilitierte in Psychiatrie und befasste sich intensiv mit der Hirnforschung. Als er mir erzählt, dass er rund 700 Gehirne von Euthanasie-Opfern untersucht hat, bin ich schwer schockiert. Die sogenannte „Rassenhygiene", die Euthanasie und die Vernichtung des angeblich unwerten Lebens war für uns leider kein Geheimnis. Darüber nachzudenken aber habe ich immer sehr weit von mir geschoben. Genauso war es mit dem Begriff „KZ". Es gab sie, die Konzentrationslager, jeder wusste es. Aber auch mit dem, was dort passierte, wollte ich mich lieber nicht näher befassen. Ich habe dieses Wissen, wie so viele andere auch, verdrängt und wollte mich damit nicht belasten. Doch nun sitzt mir dieser Mediziner gegenüber und lässt mich die Ungeheuerlichkeiten erahnen. Ich verspüre kurz den Wunsch, das Gespräch abzubrechen, um nicht hören zu müssen, was ich nicht hören will. Um nicht zum Nachdenken darüber gezwungen zu werden. Doch ich spüre auch, dass die Zeit gekommen ist, Augen, Ohren und Mund nicht länger zu verschließen. Also frage ich Hugo Spatz: „Wie stehst du zur Euthanasie? Wie stehst du dazu, dass Menschen sich anmaßen, andere Menschen als minderwertiges Leben zu verurteilen und deshalb umzubringen?" „Ich bin Wissenschaftler und kein Moralist. Für mich sind Gehirne lediglich Forschungsobjekte. Sie sind für mich das notwendige Material, um der Menschheit durch meine Forschung wichtige Erkenntnisse zu liefern. Für die Luftfahrtmedizin zum Beispiel sind Untersuchungen der Anoxämie, dem Sauerstoffmangel im Blut, sehr wichtig.", sagt er so schroff und deutlich, dass damit jede weitergehende Diskussion zu dem Thema für den Moment beendet ist.

Rückblende: Diese radikal nüchterne Aussage von Hugo Spatz irritiert mich auch jetzt, im Gefängnis sitzend, noch sehr. Ich denke an meinen Freund Heini aus der „Krachmacherstraße". Wurde auch er abgeholt und umgebracht? Sehr wahrscheinlich, ja. Wurde auch Heinis Gehirn von Spatz untersucht? Bei diesem Gedanken überkommt mich ein Gefühl der Niedergeschlagenheit und Trauer. Ich sehe die Bilder wieder vor mir. Ich denke darüber nach, wie wir miteinander umgegangen sind, wie viel Respekt wir für ihn empfanden, trotz oder sogar wegen seiner Behinderung. Wie er mir den Arsch rettete nach meinem Schuss ins Fenster, wie kameradschaftlich er in unserer Runde war. Er war ein echter Pfundskerl. Wer nimmt sich das Recht, einen Menschen als minderwertiges Leben zu bezeichnen? Warum will jemand ihn deswegen töten?

Aus Gründen der „Volkshygiene", sagte Professor Heinrich Pette damals. „Wenn wir als arisches deutsches Volk überleben wollen, müssen wir uns von gewissen Subjekten trennen. In der Natur hat nur der Gesunde und der Starke das Recht auf Leben. Das Schwache muss weichen."

Aber in der Natur, in die der Mensch nicht eingreift, regelt sich das von allein, denke ich. Dort gibt es keine Instanz, die bestimmte Lebewesen bewusst aussortiert. Soldaten töten Menschen, weil andere es ihnen befehlen. Andere, die entscheiden, wer leben darf und wer nicht. Andere, die ihr Handeln mit politischen Zielen rechtfertigen. Sie machen die Lüge der Propaganda zu ihrer Wahrheit und verführen zu grausamen Taten. Doch es geht nicht ohne diejenigen, die sich verführen lassen. Warum? Wo ist der moralische Kompass geblieben? Warum erkennen wir erst nach dem Krieg das Ausmaß des verbrecherischen Handelns? Warum kommt die Scham für das kollektive

Handeln und die eigene Beteiligung daran erst nach dem verlorenen Krieg und nicht vorher? Wie wäre es gewesen, wenn wir gesiegt hätten? Würde sich auch dann ein kollektives Schamgefühl einstellen? Wären dann alle nationalsozialistischen Verbrechen auch im Nachhinein legal gewesen? Dem Philosophen Georg Wilhelm Friedrich Hegel zufolge manifestierte sich in Gemeinschaften ein kollektiver Geist. Dieser „objektive Geist" entwickelt sich durch die Normen der Rechtsordnung, die Moral, die Sittlichkeit und durch alle anderen Werten der jeweiligen Gesellschaft und des Staates. Heute sage ich, der kollektive Geist der Nazi-Gesellschaft war krank und ich auch. Heinrich Pette wurde 1887 geboren und war Neurochirurg. Er war nur ein Jahr älter als Spatz und die beiden kannten sich aus den neurologischen und psychologischen Vereinigungen. Beide hatten im November 1933 „Das Bekenntnis der Professoren an deutschen Hochschulen und Universitäten zu Adolf Hitler und dem nationalsozialistischen Staate" unterschrieben. Die „Auslese sozialer Hygiene" hielt Pette für zwingend notwendig. Er vertrat in seiner Funktion als Leiter des neurologischen und psychologischen Verbandes die Rassenhygiene in Form von Euthanasie und hielt die Auslese durch Zwangssterilisation für gerechtfertigt. Pette war also dem Wirken von Hugo Spatz sehr nahe. Bei diesem Thema waren beide ideologisch verbohrt und wissenschaftlich verblendet. Das Unrecht in ihren Handlungen wollten sie nicht erkennen. Sie waren Wissenschaftler und, wie Spatz sagte, keine Moralisten. Über Ethik in der Medizin wollten sie nicht diskutieren.

Widerspruch von Wissenschaft und Moral

Pastor Johannes und ich sind dabei, als Hugo Spatz und Heinrich Pette in eine heftige Auseinandersetzung geraten. Hugo beginnt mit dem Vorwurf, dass Heinrich sich nicht nur für die Sterilisation von behinderten Menschen eingesetzt hätte, sondern die Euthanasie befürwortet und aktiv unterstützt hätte.

Daraufhin geriet Heinrich Pette in Rage: „Du scheinheiliger August, selbst mit deinem Spatzengehirn solltest du anerkennen, dass deine Forschung ohne mein Zutun in dem Umfang gar nicht möglich gewesen wäre!"

„Erstens," sagt Hugo daraufhin, „solltest du wissen, dass ich in der Großstadt München geboren wurde und die Wissenschaft festgestellt hat, dass das Gehirn eines Stadtsperlings größer ist, als das eines Spatzen von Lande, du blödes Landei!"

„Das kann und will ich nicht beurteilen", erwidert Heinrich. „Im Übrigen halte ich mich an meine Lehrmeister, wie zum Beispiel Max Nonne. Den habe ich als planmäßigen Ordinarius für Neurologie 1934 in Hamburg abgelöst. Nonne hatte sich 1942 in einer Denkschrift klar ausgedrückt. „Die Tötungen geistig Behinderter im Zusammenhang mit rassenhygienischen Maßnahmen sind voll berechtigt. Die Beseitigung dieser geistig völlig Toten ist damit kein Verbrechen, keine unmoralische Handlung, keine gefühlsmäßige Rohheit, sondern ein erlaubter und nützlicher Akt." „Zugegeben", sagt Hugo, „die Unterstützung der Neurologischen Vereinigung war nützlich für meine Forschung. Sogar Viktor von Weizsäcker, (Anmerkung: der Onkel von Richard von Weizsäcker unserem ehemaligen Bundespräsident), ließ an seinem neurologischen Forschungsinstitut Gehirnforschung zu. Im Rahmen der Kinder-Euthanasie wurden Gehirne getöteter Kinder untersucht. Ich will jetzt nicht moralisieren, aber der Vorsitzende des deutschen Vereins für Psychiatrie, Karl Bonhoeffer, stand der NS-Gesundheitspolitik mit Skepsis gegenüber, sagt man. „Heinrich antwortet ihm: „Skeptisch sein heißt aber nicht, dass er dagegen war. Karl Bonhoeffer war als Gutachter zu Fragen der Erbgesundheit gefragt. Seine Empfehlungen sprachen sich allerdings überwiegend für die Sterilisation von Behinderten aus. Er hat auch die Zwangssterilisation von Juden und Halbjuden empfohlen." Ich dachte darüber nach, dass die Gesellschaft von Karl Bonhoeffer, den politischen Umständen entsprechend, aufgelöst worden war. Der neue Vorsitzende der Neurologischen Abteilung der neuen Gesellschaft war Heinrich Pette geworden.

An dieser Stelle springt Pastor Johannes Hoheisel ein: „Ich kenne den Sohn von Karl Bonhoeffer. Die theologischen Arbeiten von Dietrich Bonhoeffer waren für mich anregend und als Theologe schätze ich ihn sehr. Bereits 1936 wurde ihm leider die Lehrerlaubnis entzogen und ab 1940 erhielt er Schreibverbot. Das kann ich bis heute nicht verstehen. Er soll allerdings unter Admiral Canaris für den Auslandsgeheimdienst gearbeitet haben. Das machte ihn für einige Theologen suspekt und sie trauten ihm nicht. Angeblich war er im aktiven Widerstand, was aber gar nicht zu ihm passen würde. Er war ein feinsinniger, intellektueller Theologe, der für seinen christlichen Glauben kämpfte. Ich denke, dass das Schicksal eine schwere Prüfung für den Vater von Bonhoeffer gewesen sein musste. Er verlor durch Verrat beide Söhne, Dietrich und Klaus. Außerdem zwei Schwiegersöhne, Rüdiger Schleicher und Hans von Dohnanyi. Alle wurden auf Befehl von Adolf Hitler hingerichtet. Ich würde lieber sagen, kaltblütig ermordet." Alle schweigen betroffen. Wie leichtfertig hier über Menschenleben gesprochen wird verwundert mich und ich frage, an Hugo und Heinrich gewandt: „Habt ihr Wissenschaftler kein Gefühl für Ethik und Moral?" Hugo blickt verärgert und sagt: „Ich habe dir schon einmal erklärt, dass Ethik und Moral in unserer medizinischen Forschung nur unnötige Bremsen und Hindernisse sind. Damit kann man keine Fortschritte erzielen. Ich brauche für die Luftfahrtforschung Gehirne. Und zwar Gehirne von Menschen und nicht von Kaninchen. Wo die herkommen ist mir egal, solange es legal ist. Als mein Kollege Professor Sauerbruch 1942 zum Generalarzt des Heeres ernannt wurde, genehmigte er Senfgasversuche mit Häftlingen im Konzentrationslager. Somit war auch meine Versorgung mit Gehirnen legal. Im Übrigen, Lutz, will ich diese Frage mit dir nicht mehr diskutieren."

Rückblickend frage ich mich, wie diese Wissenschaftler ihre damaligen Handlungen vor sich selbst verantworten konnten. Machten sie das überhaupt? Erkennen sie im Nachhinein ihre menschenverachtende Denk- und Handlungsweise? Das nationalsozialistische System brauchte für ihre Ideologie Wissenschaftler und diese Wissenschaftler brauchten das System für ihre Forschung. Die Nationalsozialisten gaben ihnen eine Rechtfertigung für ihr Handeln. Von der obersten Ebene legitimiert konnten sie ihre gewissenlosen Forschungen und Handlungen durchführen. Hinzu kommt möglicherweise eine ausgeprägte Obrigkeitsgläubigkeit, die sie von jeglicher Verantwortung und Schuld freisprach.

Wie kann es sein, dass auch heute noch mit einer großen Bewunderung von diesen Personen gesprochen wird, während ich hier im Gefängnis sitze? Wir leben jetzt in einem demokratischen Rechtsstaat mit anderen Ansprüchen an Ethik und Moral. Ich soll für eine Handlung bestraft werden, die damals den militärischen Gesetzen entsprach, aus heutiger Sicht aber strafbar ist. Wo bleiben die Anklagen gegen die heute noch immer praktizierenden, „renommierten", damals aber hundertprozentig systemtreuen, gehorsamen Wissenschaftler?

Anfang Januar 1946 verließ Hugo Spatz das Lager und forschte in Heidelberg für das Aero Medical Center der amerikanischen Luftwaffe. Er war Wissenschaftler und es war ihm egal, für wen er forschte. Genauso, wie es den Amerikanern egal war, welche Vergangenheit der Wissenschaftler hatte. Das Ziel heiligt den Weg zum Erfolg. Später sollte Spatz das Max-Planck-Institut für Hirnforschung in Gießen leiten. Beim Besuch meiner Schwägerin, die in Gießen Tiermedizin studierte, traf ich ihn noch einmal kurz. Wir stellten fest, dass wir in verschiedenen Welten leben und uns wenig zu sagen hatten. Die Not der Gefangenschaft damals war unsere einzige Gemeinsamkeit. Über die Vergangenheit im Camp wollte keiner von uns sprechen, das Kapitel war abgeschlossen und tief in der Seele vergraben. Spatz war ein Wissenschaftler, der in der Wissenschaft lebte und für alltägliche Dinge wenig Sinn hatte. Er beschrieb mir die Tätigkeit für die er lebte, wie in einer Vorlesung. Ich verstand wenig davon. Aber ich merkte, dass er sich für mich gar nicht interessierte.

In meinen Erinnerungen wird mir bewusst, welch ein spezielles Frauenbild wir damals hatten. Der Pastor Johannes Hoheisel sprach etwa von einem schweren Schicksalsschlag für den Vater, nicht für die Eltern. Die Mutter, die das Kind zur Welt gebracht und aufgezogen hatte, erwähnte er nicht. In der von Männern bestimmten Welt im Dritten Reich war das Bild der Frauen auf simple und wenige Dinge reduziert: „Schön und nützlich müssen sie sein. Treue, Pflichterfüllung, Opferbereitschaft, das sind die Tugenden einer arischen deutschen Frau." Kinder zu gebären war eine weibliche Bestimmung und daher Pflicht. Die Berufstätigkeit für Frauen war eingeschränkt. Ehefrauen mussten für eine berufliche Tätigkeit die Genehmigung des Mannes vorlegen. Bis 1958 konnte der Ehemann den Arbeitsvertrag seiner Frau jederzeit beim Arbeitgeber fristlos aufkündigen lassen. Erst in der Nachkriegszeit begannen positiven Veränderungen.

Gelegentlich kommt auch Hermann Otto Hoyer, Jahrgang 1893, zu unserer Gesprächsrunde hinzu. Hoyer ist ein großer Verehrer des Nationalsozialismus. Er ist ernst, reserviert und nicht leicht zugänglich. Er war ein frühes Mitglied der NSDAP und legte seine Kunst in den Dienst der NSDAP. Hitler hatte von ihm ein Gemälde für die Kunstgalerie in Linz gekauft. Hoyers Bilder spiegeln das nationalsozialistische Denken wider. Im Ersten Weltkrieg hatte er seinen rechten Arm verloren. Von da an konnte er nur noch mit der linken Hand malen. Die Umstellung von rechts auf links fiel ihm schwer, wie er einmal sagte. Hoyer macht nicht nur einen ernsten, sondern auch einen verbitterten Eindruck. In seiner Gegenwart ist es schwierig, fröhlich zu sein. Hermann Otto Hoyer war in der NS-Zeit kein Soldat gewesen. Er hatte sich trotzdem freiwillig zur Waffen-SS gemeldet und wurde mit dem Rang eines Leutnants belohnt, das aber war nur ehrenhalber aufgrund seiner völkisch wichtigen Kunst geschehen. Seine Aufgabe sah er darin, den Mythos des Diktators als Messias darzustellen. Er wurde aus rein politischen Gründen festgenommen und in Garmisch interniert. Als ich in einer Gesprächsrunde etwas prahlen will, sage ich: „Ich hatte bei Lyonel Feininger Zeichenunterricht." Doch in dieser Runde konnte ich damit keinen Stich machen. Feininger gehörte zu den modernen Künstlern. Seine Werke galten als „entartete" Kunst. Hoyer zieht die linke Augenbraue hoch, lächelte verächtlich und sagt nichts. Viel später höre ich, dass Hoyer am längsten von uns allen eingesperrt gewesen war, bis 1947. Dass er je seine „braune Gesinnung" abgelegt hat, bezweifele ich.

Garmisch, September 1945

In meinen Aufzeichnungen, die ich in Garmisch mache, sind Gedankensplitter und allerlei, was mich gerade bewegt. Es geht wie Kraut und Rüben durcheinander, ohne Anspruch auf Richtigkeit. Vielmehr kann es sein, dass ich mir heute einen Gedanken notiere und morgen genau das Gegenteil aufschreibe. Warum? Nun, weil ich heute in einer bestimmten Stimmung bin und morgen eine andere Auffassung von einer Sache habe. Ich bin nicht der Finder einer neuen Lösung, sondern Suchender in der Weltmühle des Lebens.

Das Kriegsleben in Russland klingt in mir noch immer nach. Die Kesseldurchbrüche bei Nikopol und Alexanderstadt, der grausige Ingul-Übergang und die Zeit des „letzten Kommandos" im Raum Charkow-Pawlograd im Zeichen der „verbrannten Erde" haben scheinbar doch so nachhaltig gewirkt, dass ich mich darin versuche, das Erlebte in Versen auszudrücken. Viel wurde nicht daraus, ich schreibe:

„Ost-Ukraine im Herbst 1943

Wir reiten in die Nacht hinein
Vom Dämmern zum glühroten Morgen,
Mit unser'n Gedanken sind wir daheim,
Euch Lieben nur gilt unser Sorgen."

Weitere Verse sind mir misslungen. Die Fülle an Erinnerungen und Eindrücken ist noch zu frisch, zu nah, ich kann sie noch nicht bewältigen.

Es ist der 9. September 1945 in Garmisch. In unser Lager werden gelegentlich Zeitungen geschmuggelt. Zu verdanken haben wir das den Arbeitskommandos, die täglich im Außendienst eingesetzt sind. In der Münchner Zeitung vom 1. September 1945 erschien ein Gedicht von Ernst Klotz, der früher Mitarbeiter am „Simplizissimus" gewesen war. Ich notiere mir diese polemischen Verse, um sie mir für später zu merken. In der besinnlichen Zeit im Lager Garmisch lerne ich, dass diese Verse viel Wahrheit enthalten. Nichts im Leben gilt als absolut richtig, aber über gewisse Wahrheiten kann man doch nicht hinwegsehen:

„Das alte Lied

Was muss ich also jetzt erleben?
Es gab sie gar nicht, die Partei.
Auch Nazis hat es nie gegeben,
Denn Keiner, Keiner war dabei.

Man hat mich nur dafürgehalten,
Ich hab nur äußerlich gemusst,
Stöhnt jede dieser Parteigestalten
Aus abgewrackter Heldenbrust.

Bei Müller klang schon aus Schikane
„Heil Hitler" ganz besonders bös.
Heut ist sein Gruß so süß wie Sahne,
Er schwenkt den Hut direkt graziös.

Wie hat mich Lehmann angewidert,
Der Spitzel aus der Nachbartür,
Heut' hat er sich nun angebiedert,
Jetzt weiß ich's: er war nie dafür.

Und die, die sich nicht selber trauen,
Die schicken wie von ungefähr,
Zum nachbarlichen Schwatz die Frauen,
Zwecks „Anti Nazi Nachweis" her.

Was muss ich also jetzt erleben?
Und das, was ich mir stets gedacht:
Was Feigeres kann's gar nicht geben,
Als diese Nazis ohne Macht."

Am 01. August 1945 komme ich in diese Stube 58/1. Zug der 8. Kompanie im Lager Garmisch. Uns beschäftigt stets die Frage, warum wir hier eigentlich sitzen. Eines jedoch gefällt mir hier: Es genieße beschauliche Stunden, in denen ich viele ewig unausgesprochene Problem wälzen kann und auch noch interessante Gesprächspartner dazu finde. Für mich fühlt sich die ganze Sache wie ein Schulungslager an, auch wenn ich nicht weiß, ob ich das Lernziel erreichen werde. Vom Nazismus könnte man mich auch billiger heilen. Mich und viele andere auch. Als Frontsoldaten haben wir die Knochen hingehalten. Haben Heimat und Familien verloren, nie ein Vermögen erlangt, sitzen als Kriegsversehrte jetzt unter dem Schutz unserer Befreier und werden als Verbrecher betrachtet.

Am 2. Oktober 1945 werde ich aus der Stube 58 verlegt. Ich komme in Stube 44. Hier finde ich einen netten Kameradenkreis. Unter anderem auch den Physikprofessor Otto Scherzer, der im Nachrichtenmittelversuchskommando der Kriegsmarine arbeitete. Er war Chef des Arbeitsbereiches Funkmesstechnik im Reichsforschungsrat gewesen. Des Weiteren treffe ich hier Hans Krüger, einen ehemaligen Handelsschuldirektor, der ein fähiger Kopf und lieber Kamerad wurde. Warum aber gab es diese Verlegung? Sie war das Ergebnis einer hässlichen Geschichte gewesen, eines Lagerkollers: Heinz Loose, ein SS-Hauptsturmführer und Volksoffizier, der am Unterschenkel amputiert war,

war normalerweise ein umgänglicher Kerl. Er war bildungsmäßig von bescheidenerer Herkunft und forderte von jedem Stubengenossen besondere Rücksichtnahme. Dies ging so weit, dass er bevormundete und drangsalierte. Er hatte Launen wie eine Filmdiva gehabt, war arrogant und unbeherrscht gewesen, eben verwöhnt wie ein General. Vormittags hatte er schließlich den Ministerialrat, SS-Standartenführer und Oberst Knopp angeschrien, am Kragen gepackt und wurde gewalttätig. Ich hatte ihn zurechtgewiesen. Statt sich zu entschuldigen, wurde er auch mir gegenüber aggressiv. Ich verglich sein Verhalten mit dem eines Straßenköters. Daraufhin begann er zu toben und schlug mit allem Greifbaren auf mich ein. Die Kompanieführung trennte die unheilvolle Gemeinschaft schließlich.

Seit dem 23. September ist noch kein Tag vergangen, an dem es nicht regnete. Nun kommt der Winter mit Schnee bis auf 600 Meter herunter. Das nasskalte Wetter beeinträchtigt mich sehr, ich friere den ganzen Tag. Seit einigen Tagen bin ich vom Lagerarzt als dauernd arbeitsunfähig geschrieben worden. Gott sei Dank, ich bekomme jetzt täglich und regelmäßig meinen Schlag zum Mittagessen. Damit hat die schlimmste Hungerzeit für mich ein Ende. Trotzdem ist der Hunger immer gegenwärtig. Ich esse sogar Kartoffeln roh, wenn ich welche erwische.

Es ist der 14. Oktober 1945. Ich habe Heimweh. Sehnsucht und Heimweh in unermesslicher Intensität. Aber wenn ich mir die Freiheit ausmale, wohin kann ich gehen? Ich weiß es gar nicht. Wo ist meine Heimat? Dort, wo Frau und Kinder sind? Wo leben sie jetzt? Dort, wo ich sie verlassen habe? Es sieht so aus, als würde sich der Aufenthalt hier noch über viele Monate hinwegziehen. Die Amis sind völlig unberechenbar. Ich gewinne den Eindruck, dass sie wirklich so hilflos ignorant sind, wie sie sich geben. Sie genieren und fürchten sich vor einem fremden negativen Urteil, sie sind daher in vielen Dingen äußerst korrekt und verstehen es, sich mit einem gewissen Nimbus zu versehen. Dem gegenüber steht ein würdeloses Benehmen in vielen Fällen einiger Inhaftierter. Als Kameraden kann ich sie nicht bezeichnen. Die meisten Amis scheinen Angst vor uns zu haben. Überall sind Wachen, sie haben polnische Hilfswillige angeheuert. Und die benehmen sich wie der Rotz am Ärmel. Intern wurden deutsche Lagerwachen eingeführt. Sehr deutsch waren sie, denke ich. Man gebe ihnen eine gelbe Armbinde und sie fühlen sich, als wären sie etwas Besseres. Sie benehmen sich tatsächlich schärfer als der hässlichste Feind. Diese Leute werden von uns verachtet, sie werden von den Amis benutzt, aber nicht geschätzt.

Für unsere Bewachung wird wirklich einiges getan. Fairerweise muss ich dazu sagen, dass auch für unsere Unterhaltung einiges getan wird und wir viel Freiraum haben. Es gibt viele Veranstaltungen und sonntags auch einen Gottesdienst. Sonntag ist generell immer ein Tag, der Überraschungen bereithält. Heute Abend gibt es etwa zwei Tafeln Blockschokolade, sechzehn Kokosfett-Biskuits, einen Viertel Liter Obstkonserve, einen Schlag Haferflockenbrei und eine Tagesration Brot. Morgens schließlich Bohnenmischkaffee mit Milch und 250 Gramm Brot. Mittags essen wir eine dicke Krautsuppe mit Kartoffeln und Fleischkonserve. Als alles aufgegessen ist, verschafft das ein nachhaltig sättigendes Gefühl. Dennoch kann es unser permanentes Hungergefühl nie ganz überdecken. Ganz zu schweigen von dem Heißhunger auf Nikotin. Ich schnitze Zigarettenspitzen und Tabakpfeifen, die ich gegen Tabak und Zigaretten tausche. Ist kein Tabak zu bekommen, rauchen wir geröstete Huflattichblätter. Das stinkt zwar grauenhaft, macht aber blauen Dunst.

Garmisch, Oktober 1945

Ich bin immer noch in Garmisch, es ist der 16. Oktober 1945. Wie wird die Geschichte wohl einst über Adolf Hitler schreiben? Ich glaube, die Welt hat das historische Urteil über ihn bereits erteilt. „Totengräber des deutschen Volkes" nennen sie ihn. Doch ist dieses Volk schon bereit zu einem Urteil? Oder ist die persönliche Scham, sich aktiv oder passiv an Hitlers Aufstieg und dem tiefen Fall der ganzen Nation beteiligt zu haben, noch zu frisch und zu groß, um ein Urteil fällen zu können? Sind die Fragen, wie man sich zu grenzenloser Duldsamkeit und unerschütterlichem Glauben an die „richtige Sache" hat aufpeitschen und verführen lassen überhaupt schon gestellt, geschweige denn beantwortet worden? Wann sind die eigenen ersten Zweifel aufgekommen, sind sie überhaupt aufgekommen? Wer hat sich getraut, sich wenigstens heimlich dem Gefühl zu stellen, das alles könnte eine Fata Morgana sein, die eines Tages grausam in sich zusammenfällt? Traue ich mir selbst überhaupt schon ein Urteil zu, das mehr ist, als ein Reflex auf das unsagbare Geschehen?

Jetzt, wo ich von all den, noch beinahe unaussprechlichen Dingen weiß, die tröpfchenweise meine Seele treffen, komme ich immer mehr zu dem Schluss, dass der Versuch voll berechtigt war, durch das Attentat am 20. Juli 1944 eine radikale Änderung in der politischen Sphäre zu schaffen. Damals hatte ich mich in der Öffentlichkeit, wie alle, die ich kannte, zutiefst empört gezeigt. Schlagartig wird mir jetzt bewusst, dass ich mich nicht einmal im Zwiegespräch mit mir selbst traute, etwas anderes zu denken als das, was uns zu denken eingepeitscht worden war.

Ich frage mich, warum hat es unter den vielen Parteiführern niemanden gegeben hat, der den blinden Sturm ins Verderben kommen sah und versucht hat, die Entwicklung in andere Bahnen zu lenken? Oder haben manche es kommen sehen, aber hatten nicht den Mumm, sich aufzulehnen? So, wie wir alle keinen Mumm hatten? In mir toben die Gefühle und ich frage mich mit einem gewissen Trotz, ob man für die Wahnsinnstat einzelner Menschen ein ganzes Volk verantwortlich machen kann? Nein, versuche ich mir einzureden. Sind wir nicht genug gestraft worden, durch unser ungeheures Opfer an seelischer Kraft und an vergossenem Blut? Andererseits, waren es nicht wir alle, die den Aufstieg des Wahnsinnigen und des Wahnsinns ermöglicht haben? Ich bin innerlich zerrissen. Wird es uns jemals gelingen, wieder zu einer Volksgemeinschaft im positiven Sinne zu werden, mit einer gemeinsamen Identität, die uns Halt und innere Heimat gibt, die uns selbstbewusst genug macht, um Andersdenkende, Andersseiende, Andersaussehende respektieren zu können?

Es ist der 20. Oktober 1945. Gestern hatten wir einen sehr interessanten Abend auf der Stube. Professor Scherzer hatte aus dem Stegreif über sein Wissensgebiet, die Atomphysik, gesprochen. Er ist in meinen Augen ein ungemein fähiger und kluger Kopf, der obendrein noch hervorragend reden kann. Scherzer selbst stammt aus Passau, war an der Technischen Hochschule München Assistent bei Professor Gerlach, einem Physiker, bei dem ich selbst zu gleicher Zeit in der Vorlesung saß. Er war der Erfinder des Nachtjagdgerätes, jener Apparaturen, mit deren Hilfe sich Flugzeuge in großer Entfernung und auch bei Nacht und Nebel sichten ließen. Eine Apparatur, die wir im Kriegseinsatz auch als Zieleinrichtung für das Blindschießen mit großen Ferngeschützen verwendet hatten. Während der „Freiheitsaktion Bayern", einem Putschversuch gegen das Nazi-Regime in München am 28.04.1945, war es wohl in erster Linie Scherzers Einsatz zuzuschreiben, dass der Münchner Sender ohne Blutvergießen wieder in Regierungs- beziehungsweise Wehrmachtsgewalt geriet. Er hatte beruhigende Worte an die Münchner Bevölkerung gerichtet und damit den unmittelbar bevorstehenden Bruderkrieg verhindert. Ich selbst hatte Scherzers Worte damals aus einem Radio im Lazarett Murnau gehört. Die Spannung und das erleichterte Aufatmen bei mir und meiner Umgebung ist mir noch heute gut in Erinnerung geblieben. Der Abend, als Scherzer über Atomphysik sprach, bewegte er sich auf einer sehr breiten Basis. Leider versank der Zuhörerkreis, insbesondere durch die permanente Quasselei eines neuen Stubengenossen, einem wichtigtuerischen Lehrer, etwas im Chaos. Einige Anwesende, sensationslüsterne und in meinen Augen geistige Nieten, die wenig verstanden und sich langweilten, verließen den Vortrag schließlich. Für mich war es dennoch ein interessanter Abend.

Ich erfuhr einiges über die Entdeckung der Atome, die Errechnung von Atomgewichten und die Entwicklung einer Uranbombe samt Ausblick auf die wirtschaftliche Nutzungsmöglichkeit.

Es ist Sonntag, der 21. Oktober 1945. Morgens gibt es Mischkaffee mit Bohnenzusatz in geringer Menge und 250 Gramm Brot. Mittags essen wir Sauerkrautsuppe, die lauwarm und trinkbar ist. Dazu gibt es eine Tafel Schokolade. Nachmittags wird ein Vortrag über Darwinismus abgehalten und abends bekommen wir ganz dicke Bohnensuppe sowie 13 Biskuits, getrocknete Aprikosen. Anschließend findet ein bunter Abend mit unserem Lagerkabarett statt. Der eigentliche Höhepunkt des Abends ist jedoch Professor Ritter von der UFA-Filmgesellschaft Berlin. Er hält einen Vortrag und liest eigene Gedichte. Wir sind intern nur dreizehn Kameraden und der Abend mit Professor Ritter wird ein großer Erfolg. Besonders das Gedicht „Die Frauenbrücke" hat es mir angetan:

„Draußen vor der Lagermauer
Jenseits der stacheligen Wände
Läuft eine Straße
Und ein Floß durch das Waldgelände.
Über den Fluss in der Fichtenlücke
Führt eine steinerne Brücke.
Können wir die Brücke sehen
Und die schmalen Frauen,
die dort stehen.
Wie die kleinen Madonnen
Unverwandt zu uns starren,
Manchmal Rufe ausstoßen
Und in Ängsten harren,
Dass die Posten im Turm
Nichts sehen und hören
Und nicht mit wilden peitschenden Warnschüssen verwehren
Dass sie um die geliebten Männer bangen,
Die schon so lange hinter den hohen Mauern gefangen.

Bis dann plötzlich ein Flammen über sie geht,
Wenn der sehnlich Gerufene, endlich am Fenster steht.
Jäh, dann greifen sie an ihre Herzen
Und mit den Händen, gleich lodernden Bränden,
Halten die Herzen, so hoch sie können, sie dem Geliebten hin,
Der nach so langem Warten, nun doch noch erschien,
Und den sie von Ferne, ach, nur so wenig erkennen.
Manchmal hat man in Autos die Armen gezerrt
Und in dunklen Zellen eingesperrt.
Aber immer von Neuem seh'n wir die wartenden Frauen winken,
Bei Regen, vom Morgen bis zu der Sonne versinken.
Erst wenn die schwarze Nacht gekommen,
Die Bilder der Liebsten im Dunkeln verschwimmen,
Dann sehen wir die kleinen Marien
Über die Brücken der sehnenden Herzen
Als trügen sie brennende Kerzen
Hell leuchtend heimwärts ziehen."

Beim Kartenspiel

Zum Zeitvertreib spielen wir in Garmisch häufig Karten. So sind
wir in Gemeinschaft beschäftigt und müssen nicht reden. Wir
spielen nicht verkniffen, dennoch notieren wir die Ergebnisse.
Zu einem Spiel gehören eben Gewinner und Verlierer. Oft dient
uns das Kartenspiel auch nur als Überbrückung von Gesprächs-
pausen, je nach Tageslaune. Meistens spiele ich mit Carlos, Kirst,
Spatz und Hoheisel. Wir spielen Skat, Doppelkopf oder auch Schaf-
kopf, letzteres ist ein typisch bayerisches Kartenspiel das so ähnlich funktioniert, wie eine Mischung aus Skat und Doppelkopf.
Carlos und ich lernten es in München in der Verbindung kennen.

Bei einem der Spielabende sitze ich mit Pastor Johannes Hoheisel und Hans Hellmut Kirst zusammen. Wir spielen Skat in
klassischer Art, mit Ansage von Re und Kontra. Nach einer kurzen
Denkpause fragt Hellmut: „Wer ist dran"? Johannes antwortet:
„Ich bin." Seine Augen fangen plötzlich an zu glänzen und er legt

los: „Ich bin' erinnert mich an ‚cogito, ergo sum', an ‚Ich denke, also bin ich'. Das war der Grundsatz von René Descartes". Hans Hellmut wirft ein: „Der Grundsatz der Römer war aber ‚Coitus, ergo sum'." Pastor Hoheisel schaut ihn strafend an: „Hellmut, erspare uns deine Peinlichkeiten, mir ist das wirklich ernst. Schließlich hat das, was Descartes um 1650 herumphilosophierte, Augustinus von Hippo bereits im Jahr 400 gelehrt. Und dieser Grundsatz ist doch heute wichtiger denn je. Augustinus war für mich ein wichtiger Kirchenlehrer." Johannes setzt zu einem längeren Vortrag an. Wir lassen die Karten erst einmal sinken. „Der christliche Glaube ist ihm die Grundlage der Erkenntnis, ‚crede, ut intelligas', also ‚Glaube, damit du erkennst'. Ich habe mich viel mit Augustinus beschäftigt. Zu seiner Zeit war das römische Reich sehr unruhig und teilweise am Zerfallen. So, wie wir es gerade auch erleben. Originalschriften von Augustinus sind bis heute erhalten geblieben. Viele seiner Weisheiten haben mich beeindruckt. Mir kommt gerade einer seiner Gedanken, der gut auf unsere heutige Situation passt, in den Kopf: ‚Ginge nichts vorüber, gäbe es keine vergangene Zeit; käme nichts auf uns zu, gäbe es keine zukünftige Zeit; wäre überhaupt nichts, gäbe es keine gegenwärtige Zeit.' Für Augustinus war die Zeit real, weil Gott sie seiner Anschauung gemäß geschaffen hat. Was ist Zeit? Wie nehmen wir sie wahr? Zeit ist die wahrgenommene Form der Veränderung, sagen die Philosophen. Die Zeit ist abstrakt und lässt sich trotz des Bewusstseins nicht fassen. Nach Augustinus gibt es drei Formen der Zeit, die alle mit der Gegenwart verknüpft sind. Wir messen die Zeit in Vergangenheit, Gegenwart und Zukunft. Wenn die Gegenwart immer gegenwärtig wäre und nicht in die Vergangenheit überginge, so wäre sie nicht Zeit, sondern Ewigkeit. Es gibt noch einen weiteren tiefsinnigen Spruch von Augustinus, den ich gerne in meinen Predigten benutze und den ich euch auch mit auf den Weg geben möchte:

‚Suche nicht draußen! Kehre in dich selbst zurück!
Im Inneren des Menschen wohnt die Wahrheit.
Der Verstand schafft die Wahrheit nicht, sondern findet sie vor.'"

Johannes Worte lösen in mir den Wunsch aus, darüber nachzudenken. Doch dafür ist jetzt keine Zeit. Johannes sagt schließlich: „Entschuldigt die Unterbrechung, aber ich musste meine Gedanken loswerden. Selbst auf die Gefahr hin, dass ihr meine pastoralen Weisheiten lästig findet. Nun aber weiter. Ich spiele einen ‚Grand' und sage euch ‚Schneider' an." Dieser scheinheilige Pastor, denke ich, er hat einen Grand mit Vieren und zwei Asse noch dazu sowie eine Farbe lang. Wir werden schwarz, nicht einen Stich bekommen wir. Hellmut sagt: „Mein lieber Johannes, Gott ist wirklich mit dir."

Hier im Gefängnis in Ravensburg, kommen mir die Worte von Johannes wieder in den Sinn. Nämlich, dass im Inneren des Menschen die Wahrheit wohne. Ich erkenne darin einen Weg für mich, einen Weg, auf dem ich zu mir selbst finden kann.

Ich denke plötzlich an meine zahlreichen Liebesabenteuer und daran, dass ich stets auf der Suche war, immer auf dem Weg nach, ja, wonach eigentlich? Ich wusste es damals nicht. Doch dann hatte Gott mich nach Pommern geschickt und mich in die Arme dieses einen ganz besonderen Mädchens gelegt. In die Arme dieser wunderbaren jungen Frau, die mich bedingungslos liebte und mit mir auch heute noch durch die Hölle gehen will. Ich habe ihr so viel zugemutet und denke mit großer Dankbarkeit an ihre treue Unterstützung in all meinem Seelenschmerz. Durch Anna-Lena weiß ich nun, was ich gesucht hatte: Die bedingungslose Liebe einer Frau, die mich so akzeptiert, wie ich bin.

Jagd

An einem Abend reden wir, Spatz, Hoheisel, Pette und ich über Leben und Sterben und das Töten von Menschen und Tieren. Ich kritisiere einmal wieder die rein wissenschaftliche Betrachtungsweise und dass ich die ethische Komponente vermisse. Aber nicht einmal unser Pastor möchte darüber sprechen und so versuchen die anderen, das Gespräch umzulenken. Spatz und

Pette sagen fast gleichzeitig: „Bei der Jagd bist du doch als Killer mit niederem Instinkt unterwegs. Wo sind da deine Ethik und Moral? Was unterscheidet dich von einem Tier, das ein anderes Tier tötet? Tiere töten einander ja nur aus dem Willen zum Überleben heraus. Und du?" Über meine Antwort muss ich nicht lange nachdenken: „Auch die Jagd ist mehr als das Töten von Tieren, nur um des Tötens willen. Die Jagd ist ein Trieb aus den Urzeiten der Menschheit. Damals ging es für den Jäger ebenfalls ums Überleben. Ich bin mit der Jagd aufgewachsen. Mein Vater war Förster, mein Großvater und Urgroßvater und UrUrUrgroßvater auch. Seit ich aufrecht gehen kann, bin ich immer mit zum Jagen gegangen und habe eine große Leidenschaft dafür entwickelt. Die Jagdleidenschaft ist doch ein Erbe aus unserer Vergangenheit. Du warst entweder Jäger oder Sammler, beides diente dem Überleben. Der spanische Philosoph Ortega y Gasset hatte dazu gesagt: ‚Jagd ist das, was ein Tier ausübt, um sich eines anderen, lebendig oder tot, zu bemächtigen, das einer Gattung angehört, die der eigenen vital unterlegen ist.'"

„Na, das klingt ja wie die Rassenlehre von Hans Friedrich Karl Günther", wirft Heinrich Pette ein. „Die nordische Rasse ist der ostischen Rasse überlegen. Somit haben wir das Recht, uns das Land im Osten anzueignen." „Das gehört jetzt nicht hierher, das ist ein ganz anderes Thema.", versuche ich abzulenken. „Ein Jäger ist ja nicht immer erfolgreich auf seiner Pirsch. Im Gegenteil, wenn man bei jeder Jagd erfolgreich ist, geht der Reiz verloren. Das Wild muss eine Chance haben, zu entkommen." Pastor Johannes ergreift nun das Wort und fragt: „Warum benutzt ihr dann Gewehre und nicht Pfeil und Bogen? Die Chance, von der du sprichst, hat das Wild doch nur, wenn der Schütze schlecht schießt. Bei einem guten Schuss ist das Tier chancenlos." Ich brause auf: „Da fragst du genau das Richtige. Die Antwort muss aber unter ethischen *und* waidmännischen Aspekten erfolgen als auch dem Tierschutzgesetz genügen. Ein Tier soll nicht gequält werden. Ein starkes Kaliber und ein guter Schuss sind absolut tödlich. Das Wild hört den Knall nicht mehr, wenn es zusammenbricht. Bei Pfeil und Bogen oder der

Armbrust sind sofort tötende Schüsse dagegen fast ausgeschlossen. Das verletzte Tier musste verfolgt und schließlich mit einer Kurzwaffe, also einem Messer, getötet werden. Das ist eine grausame Qual für das Tier."

Der Arzt Friedrich Illgen mischt sich in das Gespräch ein. „Das klingt ja alles ganz nett mit der Kurzwaffe oder dem Hirschfänger und der schnellen Kugel. Redest du da nicht etwas Grausames schön? Ihr Waidmänner habt da eine spezielle Sprache, die vieles verniedlicht. Warum sagt ihr zum Beispiel Schweiß statt Blut? Blut ist Blut und Schweiß ist Schweiß. Was für Bimbamborium, das ihr Ritual nennt." Diese Ansage empfinde ich als Tiefschlag und ich erwidere möglichst ruhig: „Nein, es gibt Rituale, die ein waidgerechter Jäger zu beachten hat. Das erlegte Wild erhält vom Schützen den letzten Bissen, einen Bruch, damit es auf dem Wege in das Jenseits nicht hungern muss. Damit wird angedeutet, dass das Leben nicht beendet ist, sondern weitergeht. Der Gedanke dahinter ist, dass Lebendiges immerfort sterben muss, um auferstehen zu können. Der Gott der Kelten, um dessen Bräuche es sich bei der Jagd handelt, ist zugleich Schöpfer und Zerstörer. Nach der Jagd gibt es bei den Jägern ein rituelles Gelage. Das Tier wird ‚tot getrunken' und die Trophäe gewürdigt. Das rituelle Gelage und Trauern ist gedächtnisstiftend. In diesem erlegten Tier wird der Schöpfer in seinem Geschöpf gepriesen, in der Hoffnung auf ein neues Leben. Nach der Vorstellung der Kelten geht alles Leben aus dem Tod hervor. Aus dem Ritual des Todes wird dann wiederum ein Ritual des Lebens. Der Hirsch ist in der heidnischen Antike der Liebling der Götter und wird Diana, Apollo und Artemis zugeordnet. Er erscheint als Totenführer. Diana ist die Göttin des Lichts und der Geburt. Sie ist auch die Göttin der Jagd. Bei den Kelten ist der Hirsch Gott selber, der Cernunnos-Hirschgott. Als achtbeiniger Hirsch ist er der Mittler zwischen den Welten. Zwischen der Welt, in der wir leben und der anderen Welt, die nach dem Tod beginnt."

Pfarrer Johannes Hoheisel ergänzt meine Ausführungen und sagt: „Der Hirsch ist auch im Christentum ein Symbol des Lebens und des Todes. Bei Hieronymus heißt es, dass weil Christus

ein Hirsch sei, er auch mir gegeben habe, ein Hirsch zu sein ...
und von Origines ist überliefert: ‚Ein Hirsch ist mein Erlöser,
Christus nahm das Gleichbild des Hirsches an.‘"
    Mit diesen Ergänzungen aus christlicher Sicht ist das The-
ma abgeschlossen. Ich atme innerlich erleichtert auf, eine einfach zu bestehende Diskussion war das nicht, sie hätte auch
noch weiter gehen können.

Die Gesprächsrunde

Im Nachhinein mögen die Themen unserer Gesprächsrunden
als banal empfunden werden. Diese Gespräche trugen aber wesentlich dazu bei, sich selbst darstellen zu können, sich seiner
selbst bewusst zu werden und seine Träume und Hoffnungen
zu formulieren. Das bringt uns einander näher. Jeder von uns
kann über ein beliebiges Thema sprechen, ein Thema, das ihn
bewegt, eines aus seiner Vergangenheit oder einen Zukunftstraum, für die Zeit danach. Wir versuchen, den öden Tag im Lager möglichst lebendig zu gestalten. Dabei entwickeln sich gute
Gedanken, Fantasien und interessante Geschichten.

Landwirt Sander widmet sich
der Kartoffelzucht

Landwirt Alfred Sander aus Uelzen berichtet von seiner früheren Tätigkeit und seinen zukünftigen Plänen: „Wir haben bei
uns in der Heide sandigen Boden. Das ist gut für den Anbau von
Kartoffeln, weil die nicht zu viel Nässe vertragen. Bisher habe
ich die Sorten ‚Rosa‘ und ‚Sabina‘ angebaut. Das sind Sorten,
die erst spät reifen, aber auch hohe Erträge bringen. Bevor ich
einberufen wurde, wechselte ich auf die Sorte ‚Margit‘. Diese
Kartoffeln sind früher erntereif, der Geschmack ist gut. Mein
Traum aber für die Zukunft ist die frühreife Kartoffel ‚Sieglinde‘. Die eignet sich auch hervorragend zum Spargel, den ich

demnächst anbauen will. Die bisherige ‚Sieglinde' hat aber einige Probleme, die ich rauszüchten will. ‚Sieglinde' ist zwar resistent gegen Kartoffelkrebs aber sehr anfällig für das Kartoffelvirus A und Y, sowie für Knollenfäule. Wenn ich in der Zucht erfolgreich bin, macht die Landwirtschaft einen großen Sprung nach vorne. Das ist mein Traum".

„Das klingt ja hervorragend", sage ich. „Das erinnert mich an eine alte Bauernweisheit: ‚Das Produkt der Solanum Tuberosum steht in quantitativer Disproportionalität zu der qualitativen intellektuellen Kapazität seines Produzenten".

„Das klingt wie geistiger Dünnschiss. Kannst du das auch auf Deutsch sagen?", fragt Alfred. „Ganz einfach" erwidere ich. „Der dümmste Bauer hat die dicksten Kartoffeln." Allgemeine Heiterkeit folgt. Alfred ist erst pikiert, kann dann aber auch herzlich lachen.

Pastor Johannes Hoheisel wählt das Thema „Bienen"

„Die Nutzung der Bienen erfolgt seit Jahrtausenden. In der Heiligen Schrift, im Koran, wird Honig als Köstlichkeit und Arznei angepriesen. Der Wachs- beziehungsweise Kerzenbedarf in Kirchen und der gehobenen Gesellschaft förderten die Bienenzucht zusätzlich." Landwirt Sander ergänzt, dass Karl der Große bereits die Bedeutung der Biene für Landwirtschaft und Obstbau erkannt hatte und die Bauern zur Bienenhaltung animierte. Hoheisel berichtet weiter: „Bis vor 150 Jahren gab es kein anderes Süßmittel als Honig. In altindischen Mythen und in den Schriften der Ägypter wird die Biene als Nutztier erwähnt. Moses führte sein Volk in das Land, wo Milch und Honig fließt. Im westgotischen Gesetz um 470 nach Christus gibt es Hinweise für eine planvolle Bienenhaltung. Man wollte das zerstörerische Werk der Beutner und Zeidler bremsen. Diese hatten bei der Honigernte Nester und Beuten der Bienen zerstört. Die Mönche hielten Bienen in den Klöstern und unterrichteten die Bewohner in der Umgebung in der Imkerei. Im Mittelalter hieß es: ‚Die Imme und das Schaf ernähren ihren Herrn im Schlaf.' Im 17. Jahrhundert ging das Interesse an der mühseligen Bienenhaltung zurück, als der erste amerikanische Zucker nach Europa gelangte und die Erlöse durch Honig um zwei Drittel sanken. Hinzu kam, dass durch die Reformation die Nachfrage nach Kerzenwachs rapide zurückging. Kaiserin Maria Theresia gründete 1769 in Wien eine Bienenzuchtschule. Anfang 1800 jedoch begann in Mitteleuropa der Siegeszug des Rübenzuckers. Das war ein weiterer Grund, warum die Imkerei erneut an Attraktion verlor."

Heinrich Pette ergänzt die Ausführungen und erklärt die Bedeutung der Biene für die Medizin: „Bienengift ist das natürliche Heilmittel, welches die größte Beachtung in der Schulmedizin erfährt. Wenn die Biene sticht, gibt die Giftblase Stoffe in das Gewebe des Opfers ab, medizinisch wird das als Apitoxin bezeichnet. Das ist eine Mischung aus Peptiden und kleinerer Moleküle, deren Hauptvertreter Melittin ist. Dieses bewirkt die allergische Wirkung. Das Gift enthält weitere wichtige Bestandteile, wie Histamin sowie die Neurotransmitter Dopamin und Noradrenalin, Diese Inhaltsstoffe greifen die Zellwände an, sorgen für die Erweiterung der Blutgefäße, lassen das Gewebe anschwellen und lösen ein Schmerzempfinden aus. Die Anwendung von Bienengift erscheint paradox, da es zunächst selbst Entzündung auslöst. Es wirkt aber positiv bei Gelenkentzündungen. Das Melittin wirkt zusammen mit der körpereigenen Cortisolausschüttung antientzündlich. Cortisol hemmt wiederum die überschießende Immuntätigkeit und bewirkt einen Rückgang der Entzündung."

Ich bin mir nicht sicher, ob alle alles verstanden haben. Aber alle nicken mit dem Kopf und finden das sehr interessant.

Tierarzt Volkmann und
die Dackelzucht

Volkmann spricht mit Begeisterung über verschiedene Dackelrassen, Glatthaar, Langhaar, Rauhaar und so weiter. Der „Deutsche Teckelklub" wurde 1888 gegründet und legte die Zuchtkriterien für Dackel fest. Das Ziel war es, den Teckel mit formvollendetem Körper zu züchten. Volkmann ist selbst im Teckelklub engagiert und bewertet als Richter bei den Zuchtschauen die Reinrassigkeit und Formwerte der Tiere. Die Worte „Zucht", „formvollendete Körper" und „Rasse" lösen bei mir negative Assoziationen aus. Meine Gedanken schweifen ab, ich höre den Vortrag gar nicht mehr und denke über die Rassengesetze der NSDAP nach. In ganz Europa gibt es eine Rassenlehre, die bereits im 19. Jahrhundert, wissenschaftlich begründet, verbreitet wurde. Die Einteilung in höherwertige und minderwertige Rassen lieferten die Argumente und die Rechtfertigung für die brutale Unterwerfung der indigenen Völker in den Kolonien. Auch in Amerika wurde die Urbevölkerung mit diesem Argument ermordet und den Ureinwohnern das Land gestohlen. Auch der systematische Genozid an den Armeniern durch die Türkei im Ersten Weltkrieg wurde so begründet. Der Völkermord an den Herero und Nama durch deutsche Soldaten in Namibia in den Jahren 1904 bis 1908 diente der Unterdrückung der so bezeichneten „Untermenschen" und wurde mit rassistischen Lehren begründet. Dem Zeitgeist entsprechend wurden in Deutschland die Juden in die Rassenlehre einbezogen. Die negativen Charaktereigenschaften, die seit jeher auf Juden projiziert wurden, zum Beispiel, dass sie faul und hinterlistig seien, galten nun auch als genetisch festgeschrieben.

Die Vorstellung, wonach Menschen unterschiedliche Lebensrechte hätten, verbreitete sich in allen europäischen Staaten. Es wurden Regeln geschaffen, für hochwertige und minderwertige Rassen. Menschen mit angeborenen körperlichen oder geistigen Schwächen sollte die Fortpflanzung verwehrt oder operativ verhindert werden. In Deutschland fiel das unter die Begriffe Rassenhygiene oder Rassenpflege. Alles „Artfremde" beziehungsweise „rassisch Minderwertige" sollte vernichtet werden. Dazu gehörten Juden sowie Sinti und Roma, die geringschätzend „Zigeuner" genannt wurden. Alles „Schwache" und „Abartige", worunter auch Homosexualität fiel, sollten ausgemerzt werden, die nordische Rasse sollte durch gezielte Menschenzucht aufgewertet werden.

Der Reichsführer der SS, Heinrich Himmler, zeichnete zusammen mit Wissenschaftlern das Bild der nordischen Menschen, den sogenannten „Arier". Unterstützt von der Rassenlehre des nationalsozialistischen Rassentheoretikers Hans Friedrich Karl Günther, musste der nordische Mensch blond sein und blaue Augen haben. Um diese nordischen Menschen zu züchten, gründete Himmler bereits 1935 den Verein „Lebensborn", der unter dem Motto „Heilig soll uns sein jede Mutter guten Blutes" stand. Arisch reine Frauen sollten arisch reine Männer gebären. 1938 sagte Himmler: „Unser Volk steht und fällt damit, ob es genügend nordisches Blut hat, ob dieses Blut sich vermehrt oder zu Grabe geht, denn geht es zu Grabe, so bedeutet es das Ende des ganzen Volkes und seiner Kultur." Es wurden zwanzig Heime für Mütter ohne Väter gegründet. Die unehelichen Kinder wurden weiterhin im Heim betreut oder an Pflegeeltern vergeben.

Den Abschluss von Volkmanns Vortrag, den er mit Begeisterung zum Besten gab, bekomme ich noch mit. Aus meinen abschweifenden Gedanken in die Gegenwart zurückgeholt, höre ich noch seine Worte: „Dackel sind eigentlich keine richtigen Hunde, sie sind mehr wie Menschen, sehr empfindlich in ihrer Psyche und schwer erziehbar."

Hermann Otto Hoyer über Kunst

Als Verehrer des Nationalsozialismus und einer der Lieblinge von Adolf Hitler beschreibt Hermann Otto Hoyer seine Werke und deren Bedeutung für die „geistige Hygiene" im deutschen Volk. Er schaffe mit seinen Werken Schönheitsideale im

Einklang mit dem Zeitgeist, sagt er. Die „entartete Kunst" von „geisteskranken Pinselklecksern" könne er überhaupt nicht ertragen. Das seien nach ihm „jüdisch-bolschewistische" Arbeiten von „hirnverbrannten, minderwertigen Menschen". Alles was auf „-ismus" ende, sei verwerflich. Expressionismus, Impressionismus, Dadaismus, Surrealismus, Kubismus. „Das könnt ihr alles in die Tonne werfen. Das verwirrt den deutschen Geist und muss vernichtet werden!" Eine folgende Diskussion endet damit, dass Hoyer, als unverstandener Künstler in unserer Mitte, zornig die Gesprächsrunde verlässt. Über die Heftigkeit seiner Worte bin ich erstaunt. Wenn alles auf „-ismus" geisteskrank sein soll, dann dürfte er ja wohl kaum Anhänger von Nationalismus, Sozialismus und erst recht nicht vom Nationalsozialismus sein. Ich sage ihm das nicht, um keine Verlängerung dieser unerquicklichen Gesprächsrunde zu provozieren. Es ist offensichtlich, dass er mit seiner unreflektierten und extremen Einstellung in unserer kleinen Gruppe keinen Anklang findet. Hoyer ist ganz allgemein ein schwieriger Gesprächspartner und auch später findet er keinen Zugang zu uns.

Carlos von Wagner über die Schweinezucht

„Ich will euch etwas über die Angler Sattelschweine erzählen!", sagt Carlos von Wagner eines Tages. Der Pastor grinst einfältig, der Landwirt bekommt lange Ohren und große Augen und Kirst ruft: „Über die angelsächsischen Schweine willst du etwas erzählen? Hast du etwa eine besondere Abneigung gegen Engländer?" Allgemeines Gelächter folgt. Pette sagt: „Ich wusste gar nicht, dass es besondere Sättel für Schweine gibt." Gejohle und Gelächter bricht aus. Carlos wird sauer und ruft: „Hört auf mich zu verspotten, ihr seid ja schlimmer als meine Brüder. Für mich ist das ein sehr ernstes Thema. Ich will euch meine Zukunftspläne beschreiben und ihr reißt hier nur dumme Witze." Alle schauen etwas betreten. „Entschuldige, wir wollten dich nicht beleidigen, aber das Wort ‚Sattelschwein' ist schon etwas lustig, das musst du doch zugeben." Carlos beginnt weiter zu erzählen: „Als Jurist habe ich wohl eine etwas ungewöhnliche Leidenschaft. Ich beschäftige mich mit Schweinen, also nicht im juristischen Sinne, sondern mit echten Schweinen, die man essen kann. Ich will euch den Hintergrund erklären, damit ihr versteht, was mich beschäftigt. Bei uns auf dem Gutshof hatten wir unter anderem auch eine Schweinezucht. Ich war so oft im Stall, dass meine Brüder mich den Schweinebaron nannten. Das verletzte und schmerzte mich, konnte aber mein Interesse an der Schweinezucht nicht vermindern. Ich träume heute davon, nach der Gefangenschaft von meinem Erbe eine Schweinezucht aufzubauen und zwar mit der inzwischen sehr seltenen Rasse ‚Angler Sattelschwein'. Nein, die sind nicht zum Reiten gedacht. Ich gestehe allerdings, es gibt Bilder von mir als kleinen Jungen, auf denen ich auf unseren Schweinen durch den Stall geritten bin. Gegen 1880 entwickelte sich im Gebiet Angeln in Schleswig-Holstein neben der Milchwirtschaft auch die Schweinehaltung. Das Vorbild für die Züchtung schnellwüchsiger, frühreifer und robuster Schweine, war England. Von dort aus wurden Berkshire-Schweine und Tamworth-Schweine importiert. In Süderbrarup an der Schlei wurde gezüchtet, bis Körperbau und Erscheinungsbild dieser Schweine der Rasse ‚Wessex Saddleback' ähnlich wurden. Daher kommt der Name Sattelschwein. Eine Haltung im Freiland ist mit diesem anspruchslosen Schwein gut möglich. Also eine Wiese und etwas Feuchtgebiet sind völlig ausreichend. Das Schwein hat einen hohen Fettgehalt und ist als Wurstschwein gut geeignet. Soviel zu meinem Zukunftstraum." Der Landwirt Sander ist begeistert und will das Gespräch mit Carlos vertiefen. Ich klinke mich ein und sage: „Über das Hausschwein habe ich meine Promotion gemacht. Das, was Carlos gerade erzählt hat, ist hochinteressant. Unsere derzeitig gängigen Schweine sind völlig überzüchtet und ohne Medikamente im Futter so gut wie gar nicht lebensfähig. Man darf auch darüber nachdenken, dass diese ganzen Medikamente, die wir den Tieren geben, sich nicht vollständig abbauen, sondern sich im Fleisch anreichern. Welche Langzeitwirkung das auf uns Menschen hat, lässt sich noch gar nicht absehen." Auch Spatz und Pette steigen jetzt in die Diskussion ein und wir reden bis zum Zapfenstreich über die mangelhafte Qualität der heutigen Zuchtschweine. Um halb zehn wird dann zur Bettruhe beordert.

Hugo Spatz über Sperlinge

„Ihr könnt euch sicher vorstellen, dass ich aufgrund meines Namens in der Schule oft gehänselt wurde. Du Dreckspatz, hast wohl ein Spatzengehirn, bist geschwätzig wie ein Sperling, du isst ja wie ein Spatz, das pfeifen die Spatzen vom Dach, und so weiter. Das waren Kränkungen, die mich motiviert haben, mehr über Spatzen herauszufinden. Spatzen sind kleine graubraune Singvögel, die zur Gattung der Sperlinge gehören. Sie sind Vegetarier, ernähren sich von Samen, Blättern, Kräutern, Gräsern oder Brotkrümeln, die im Biergarten vom Tisch fallen. Als Kulturfolger sind Spatzen fast überall zu finden. Allerdings weniger im kühlen Norden. Der germanische Gott des Tages wird auf seinen Reisen von einem Spatzen begleitet, so wie Odin vom Raben. Im Christentum wird der Spatz auch in einem Bildnis erwähnt. Jesus soll einmal gesagt haben: ‚Dass Gott sich auch der Kleinsten annimmt und jeder Gläubige ins Himmelreich kommen kann, egal, ob Mensch oder Spatz.' Also ist mir das Himmelreich schon mal sicher." An dieser Stelle unterbricht ihn Friedrich Illgen: „Mein lieber Hugo, warum erzählst du uns von solchen Banalitäten? Das hat doch nichts mit deiner Forschung zu tun". Da beginnen Hugos Augen zu leuchten, ja fast zu glühen. Mit erhobener Stimme sagt er: „Diese Banalitäten haben aus mir das gemacht, was ich heute bin. Die ständigen Hänseleien meiner Mitschüler über mein Spatzengehirn und der Spott einiger dummer Lehrer haben einen Hass in mir erzeugt. Ich habe beschlossen, denen zu zeigen, was ein Spatzengehirn leisten kann." „Das ist wahrlich interessant", staunt Illgen. „Diese durch negatives Erleben ausgelöste Motivation spornt dich zu Höchstleistungen in der Wissenschaft an. Aus meiner Sicht ist Leistung das Produkt aus Intelligenz und Motivation. Beides ist bei dir ja reichlich vorhanden." „Danke für das Kompliment", sagt Hugo und fährt fort: „Das Gehirn ist ein hochkomplexes Gebilde. Die Grundstruktur des Gehirns ist bei Fisch, Vogel oder Mensch vergleichbar konzipiert. Beim Menschen haben die Gehirne sich im Zuge der Evolution weiterentwickelt und an die jeweiligen Umweltbedingungen angepasst. Diese Steigerung der Intelligenz ist im evolutionären Selektionsprozess überlebenswichtig. Die Auswirkungen der Umweltveränderungen und der veränderten Lebensbedingungen auf unser geistiges Vermögen ist ein Teil meiner Forschungen."

Tierarzt Volkmann wirft ein: „Wenn die Gehirne gleich strukturiert sind, dann kannst du doch auch die Gehirne von Affen oder Schweinen untersuchen. Warum nimmst du ausgerechnet die Gehirne von Menschen?" Hugo schaut ihn verächtlich an und erwidert: „Es geht nicht um Affen, es geht um Krankheiten bei Menschen. Diese zu erkennen, zu heilen oder die Vererbung zu unterbrechen war mein Ziel. Ich habe 1922 eine seltene neurodegenerative Erkrankung untersucht, bei der erhöhte Mengen an Eisen zu einem Anstieg freier Radikale führt. Dadurch entsteht eine oxidative Schädigung des Gehirns, eine Neurodegeneration mit Eisenablagerungen im Gehirn. Diese Erkrankung setzt bereits im Kindesalter ein. Es kommt zu Bewegungsstörungen, wie häufiges Hinfallen und es kommt unweigerlich zu einer Retardierung geistiger und körperlicher Art. Diese Krankheit wurde nach mir und meinem Kollegen ‚Hallervorden-Spatz-Syndrom' benannt." „Und wie ging es weiter? Habt ihr eine Heilmethode entwickelt?", fragt Friedrich Illgen. „Nein das haben wir nicht.", antwortet Spatz, „Es gab neue Aufgaben. Kollege Julius Hallervorden hat mit der Erforschung von Kriegsschäden am Zentralnervensystem begonnen und ich bin zur Luftfahrtmedizin gewechselt. Ich wollte wissen, wie Unterdruck oder Sauerstoffmangel auf das Gehirn eines Piloten wirken."

Wintersemester

Damit ist die Gesprächsreihe im kleinen Kreis abgeschlossen. Es gibt eine neue Planung von Vorträgen für das Wintersemester. Die zahlreichen Professoren aus allen Fachbereichen in Garmisch brennen darauf, ihr Wissen erneut zu präsentieren. Das geistige Leben im Lager ist unglaublich ausgeprägt. Ein Programm und der zeitliche Ablauf für neue Vorlesungen werden erarbeitet. Von Oktober 1945 bis Ende März 1946 werden rund 60 verschiedene Vorlesungen angeboten. Allein im Bereich der Humanmedizin und der Tiermedizin gibt es dutzende Angebote. Das geht von Behandlungen zu Herzinsuffizienz, Chemotherapie und psychiatrischen Untersuchungen über traumatische Erkrankungen des Kniegelenks, das Geheimnis des Lebens, die Tropenmedizin, die Naturheilkunde bis hin zur Maul- und Klauenseuche sowie der Rindertuberkulose. Ich halte einen Vortrag über Heilerden, die in der Behandlung von Tierkrankheiten eingesetzt werden können. Zum Beispiel die Tonerden: Bolus alba, Heskimal, Luvos und spezielle Tonerdstoffe die Aluminium, Silicium, Eisen, Magnesium oder Calcium beinhalten. Die allgemeine Therapie, die Lehre von den verschiedenen Heilmethoden, lässt erkennen, dass die Medizin nicht auf traditionelle Heilmittel und -methoden verzichten kann. Selbst die Sitten sogenannter „primitiver" Völker können Anlass zu ernsthaftem Nachdenken geben. Die Tierwelt, mit ihren Instinkthaltungen, gibt uns so manches Rätsel auf. Forscher berichten aus tropischen Ländern, dass Eingeborene bewusst gewisse Arten von Erde als Medizin betrachten und diese für innere und äußere Erkrankungen essen. Die Bezeichnung Erde ist ein Sammelbegriff. Erde ist kein einheitlicher Stoff, sondern ein Gemisch von chemischen und physikalischen Eigenschaften, die den menschlichen und tierischen Körper beeinflussen können.

Es ist der 27. Oktober 1945. Das bisschen Wäsche, das ich besitze, beginnt zu zerfallen. Ich kann nichts mehr stopfen, die letzte Nadel ist kaputt. Die Wäsche lässt sich nicht mehr sauber waschen und Seife kennen wir sowieso nur vom Hörensagen, denn man zieht die Wäsche eben mal durch das kalte Wasser. Alles ist genauso grau, wie uns auch unsere Zukunft erscheint. In dieser Woche ist wieder ein großer Teil jener Kameraden zurückgekommen, der vor sechs Wochen versehentlich entlassen worden waren. Alle wurden wieder gefangen genommen, sofern sie im amerikanischen Gebiet erreichbar waren. Dazu gesellten sich noch eine Reihe von Neuankömmlingen aus den Wehrmachtsentlassungslagern aus der Italien-Armee. Es war ein wahrlich trostloser Haufen. Alle Räume sind bis unter den Dachboden gefüllt. Wir sind zurzeit mehr als 4000 Personen. Und nirgendwo ist ein Lichtblick oder Hoffnung auf eine Änderung zu finden. Ich habe versucht, mir einige tröstliche Gedanken einzureden und das hilft wirklich, wenn auch nur kurzfristig. Ist es nicht doch vielleicht ganz gut und heilsam, dass wir hier abgeschnitten von der Außenwelt sitzen? Wir brauchen keine Miete zu zahlen, wir müssen uns keine Gedanken um das Morgen machen. Wir sind untergebracht in einer herrlichen Landschaft. Die Amerikaner geben uns zu essen und zu trinken, manchmal sogar Schokolade, Bohnenkaffee, Zucker und Zigaretten. Um unser leibliches Wohl müssen wir uns keine Sorgen machen. Was würde uns draußen in der Freiheit alles begegnen? Welche Widerwärtigkeiten des Lebens würden wir antreffen, was würde uns Sorgen bereiten? Hier geht die Außenwelt spurlos an uns vorüber. Die Existenzstürme, die draußen toben, treffen uns nicht. Haben wir es nicht eigentlich recht gut hier? Doch mit meinen Gedanken bin ich auch stündlich bei dem wichtigsten und großen Fragezeichen meines Lebens. Wie und wo leben unsere Lieben?

30. Oktober 1945. Mein Vater wird heute 68 Jahre alt. Wo mag er wohl sein? Ist er noch am Leben, nach den Terrorangriffen auf Dresden? Wenn ja, in welcher körperlichen und seelischen Verfassung hat er das Desaster überstanden? Vater, im vergangenen Jahr warst du bei uns in Naugard. Wie habe ich mich gefreut, dir mein Heim, unsere Kinder und meine glückliche Ehe

zeigen zu können. Dann kam die Kriegswalze und vernichte-
te auch unser Zuhause. Ich darf nicht an das Gestern denken,
ermahne ich mich. Ein dicker Kloß steigt mir in die Kehle und
treibt mir das Wasser in die Augen. „Vater, wo bist du jetzt?", rufe
ich innerlich. Meine Schwiegermutter Elisabeth hat heute ebenfalls Geburtstag. Wohin mag es sie verschlagen haben? Die letzte Nachricht die ich erhielt, war vom 8. Februar 1945. Es hieß,
sie wären bei Treptow verschollen. Seid ihr in russische Hände
gefallen, frage ich mich. Hat sich euer Lebenskreis bereits geschlossen? Oder werden wir uns noch einmal wiedersehen? Ich
sitze heute an euren Geburtstagen im Internierungslager und
habe Hunger. Die kleine Brotration habe ich bereits verschlun-
gen, ich koche nun in einer alten Konservenbüchse eine gerie-
bene Kartoffel. Fragt mich nicht, wie das schmeckt. Ich könnte
mich in die Ecke setzen und stundenlang heulen. In dieser Stimmung liest mir Hugo Spatz einen Satz von Platon vor: „Das Beste ist, sich im Unglück ruhig zu verhalten und sich nicht aufzu-
regen, da weder in solchen Dingen Gut oder Böse klar ist, noch
wer es schwer nimmt, dadurch etwas gewinnt, noch überhaupt
etwas von den menschlichen Dingen großen Eifer verdient." Ich
gebe mir Mühe, diese Weisheit zu leben.

Es ist der 3. November 1945, der Hubertustag in Garmisch. Der
Tag fällt auf den 101. Geburtstag meines Großvaters. Es ist ein
heiliger Tag für mich, an dem ich in der Vergangenheit immer
zur Jagd gegangen war, um meinen Ahnen nahe zu sein. Großvater, ich verspreche dir mein Möglichstes zu tun, um unsere
Nachkommen auch durch die Jagd zu anständigen Menschen
erziehen, denke ich. Im Geiste gehen meine Gedanken durch die
mir vertrauten Wälder und Felder. Ich höre den Hörnerklang
und den Hundeblaff, sehe rieselndes goldenes Laub, das von der
Sonne beschienen wird. Ich sehe Hasen flitzen, Rehe und Hir-
sche ziehen und sausende Säue und höre den Büchsenknall. Ho-
Rüd-Ho. Heute durften wir uns am Abend mit heißem Wasser
abduschen. Es war herrlich, einmal wieder richtig gewaschen zu
sein und mit einem Gefühl der Reinheit ins Bett zu krabbeln.

Sonntag, 11. November 1945. Heute ist Mutters Geburtstag. Seit Ende Januar fehlt jede Nachricht von ihr. Wahrscheinlich hast du die entsetzlichen Luftangriffe von Dresden miterlebt, frage ich mich. Hast du sie auch überlebt?

18. November 1945. Morgens gibt es Kaffee mit etwas Brot. Hugo Spatz hat eine Zigarette, die geht in der Reihe um. Wir zelebrieren den Kaffee-Zigaretten-Genuss.

20. November 1945. Heute ist ein Glückstag für mich. Ich habe ein Expressgutpaket von Familie Brandl erhalten, die früher in Zusmarshausen bei Augsburg lebte. In der Familie Brandl hatte ich einmal als Praktikant einige Wochen verbracht. Woher Frau Brandl weiß, dass ich hier im Lager bin, ist mir schleierhaft. Meine Glücksgefühle beim Empfang des Paketes kann ich nicht beschreiben. Der Inhalt des Pakets sind Kartoffeln, Brot, Roggenmehl und Wurst.

23. November 1945. Im Camp erregen sich die Gemüter. Irgendjemand behauptet, wir würden im Camp bleiben, bis die Nürnberger Prozesse abgeschlossen sind und wir würden korporativ mitverurteilt werden. Die NSDAP wird als verbrecherisch angeklagt. Es gibt Juristen unter uns, die der Meinung sind, man müsse eine Protesterklärung verfassen. Es wird tagelang über dieses Thema debattiert und das in einer Art, dass man sich mit niemandem mehr vernünftig unterhalten kann. Da kann ich nur mit dem Kopf schütteln. Politisch bin ich schon immer mehr oder weniger instinktlos mitgelaufen und dann auf der falschen Seite gelandet. Die geplante Erklärung will ich daher lieber nicht unterschreiben. Die Zukunft wird sich in Deutschland nach dem Willen der Engländer und Amerikaner entwickeln und nicht nach den kleingeistigen Vorstellungen einiger inhaftierter Juristen. Ich halte die Erklärung für nutzlos, weil sie nichts bewirken wird. Am Ende habe ich dennoch unterschrieben, um in der Stubengemeinschaft nicht im Abseits zu stehen. So funktioniert der Gruppenzwang. Ich fühle mich zutiefst unwohl, weil ich schon wieder und gegen

meine Überzeugung mit den anderen mitgelaufen bin. Ich beginne zu ahnen, wie und warum es Hitler gelungen ist, ein ganzes Volk hinter sich zu vereinen.

Heute wurden zudem einige Inhaftierte entlassen. Die neueste Parole des Tages lautet: „Bis Weihnachten sind alle frei". Der amerikanische Rundfunk soll verkündet haben: „Alle ungefährlichen Nazis sind sofort aus den Internierungslagern zu entlassen." Leider ist der Wunsch der Vater des Gedankens.

24. November 1945. Unter welchen Umständen muss ich meinen 37. Geburtstag verbringen? Trotzig frage ich mich, was ich denn Schweres verbrochen haben soll. Zu spät, viel zu spät kommen die Fragen darüber, was ich, was wir alle hätten tun können oder tun müssen, um unser politisches Geschick in andere Bahnen zu lenken? Wären wir überhaupt in der Lage gewesen, dem Rad der Geschichte erfolgreich in die Speichen zu greifen? Oder war es unser Schicksal, das uns einen Wahnsinnigen als Führer gab? Wie konnte ein ganzes Volk blind folgen und damit in den Abgrund stürzen? Mein 37. Geburtstag beginnt mit einem Gratulationswecken durch den Kompaniespieß. Daran schlossen sich die Glückwünsche der Stubenkameraden an. Es gab eine doppelte Kaffeeration und an meinem Platz fand ich eine Anhäufung von Geschenken. Rasierseife, Tabak, Streichhölzer, Schreibpapier, ein Ei und etwas Butter. Das alles waren sehr wertvolle und kostbare Dinge in diesem speziellen Dasein. Von den mit mir eingesperrten Berufskameraden kam Oberstveterinär Dr. Höfts und gratulierte in deren Namen. Zur Hauptmalzeit bekam ich noch einen Sonderzuschlag. Womit hatte ich eine solch großartige Feier verdient? Kameradschaft ist die Antwort. Dafür unterschreibt man dann auch einmal Erklärungen, hinter denen man eigentlich nicht steht. Doch darüber mag ich jetzt nicht weiter nachdenken.

Beim Aufschreiben meiner Gedanken erinnere ich mich an meine Geburtstage der vergangenen sieben Jahre:

24. November 1938. Ich feierte meinen 30. Geburtstag in München bei meinem Bundesbruder Heini Rathgeber. Ich war innerlich zerrissen nach einer schweren Enttäuschung mit einem Mädchen, Eva-Marie aus Weilheim. Es folgte ein Saufgelage mit großen Geldausgaben. Am nächsten Tag gab es den Katzenjammer. Aber das Vergangene war weggespült. Ich fühlte mich innerlich wieder frei.

1939. Deutschland befand sich bereits in seinem schicksalhaften Krieg. Ich war als Veterinär erst vor wenigen Wochen nach Naugard gekommen. Die ersten Bekannten, Hermann Schmeling und Kurt Bittelmann, waren in meiner Junggesellenbude zu Gast zum Abendbrot gewesen und wir hatten eine Flasche Schnaps geteilt. Ich hatte wenig Geld und viele Schulden. Es begann ein bescheidener Abend zu dritt. Und doch war es irgendwie ein Feiertag für mich.

1940. Totensonntag. Es war der Vortag des Beginns der Veterinärratsprüfung vor dem Prüfungsausschuss in Berlin. Ich war verlobt mit Anna-Lena. Damals lastete schwersten Arbeitsdruck auf mir. Ich traf mich mit Lotti Leitzow, der Schwester meiner Schwiegermutter und machte nach einem bescheidenen Mittagessen einen ausgiebigen Spaziergang durch Wald und Felder mit ihr, bis in die Märkische Heide. Erfrischt und ausgeglichen war ich am 25. November für das zweiwöchige Examen bereit.

1941. Im Mai hatten wir geheiratet, unser erstes Kind war unterwegs und ich erlebte meinen Geburtstag in meinem eigenen Heim. Von meiner Frau wurde ich in den Mittelpunkt des Familienfestes gestellt und verwöhnt, ich erlebte etwas Neues und Schönes. Etwas, das mir bisher unbekannt war. Ich stehe im Rampenlicht der Ereignisse. Abends gaben wir unsere erste Gesellschaft. Das vorbereitete Essen wurde jedoch massiv gestört: Unser Hund Kay hatte den Hasenbraten geklaut und alleine gefressen. Der Schaden ließ sich noch beheben und es wurde ein schönes Fest mit eigenem Johannisbeerwein.

1942. Ich war Soldat und vor wenigen Wochen bei der Veterinärkompanie 125 in Dinskaja im Kaukasus gelandet. Fast unbemerkt verging mein Geburtstag. Ein Kamerad, der Nichtraucher war, schenkte mir Zigaretten. Um fünf Uhr nachmittags war es bereits dunkel. Wir froren, krochen in unsere Decken und rollten uns auf dem harten Boden in eine Schlafecke, Handgranaten und Pistole hielten wir griffbereit.

1943. Der Heimaturlaub war beendet. Am 19. November musste ich bereits wieder abreisen. Am 23. November war ich in Odessa und hatte mit einigen Kameraden im „Deutschen Eck" einen gemütlichen Abend verbracht. Am 24. November befand ich mich auf der Fahrt im Omnibus zwischen Odessa und Nikolayew. Meine Gedanken waren zuhause bei meiner Familie. Es war eindeutig kein schöner Geburtstag.

1944. Im April war ich unweit von Odessa schwer verwundet worden. Pfingsten kam ich nach Naugard ins Heimatlazarett. Am 24. November kam mein Vater für einen längeren Besuch zu uns. Abends hatten wir einige Freunde zum Abendbrot und auf eine Flasche Wein eingeladen. Die Kriegsnot lastete schwer auf uns allen.

Garmisch, Sonntag, 25. November 1945. Uns wird der Brotkorb höher gehängt und es gibt fortan eine Paketsperre, offensichtlich als Reaktion auf unsere Erklärung vom 21. November. Seit gestern wurde nichts mehr ins Lager hereingelassen. Ein neues Gerücht kam auf. In Frankreich soll es zu einem politischen Umschwung gekommen sein. Man spricht von einer Sowjet-Regierung. Ich kann es mir nicht vorstellen und halte es für ein Fehlmeldung. Mehr Sorge macht mir die Information, dass polnische Freiwilligenverbände demnächst die Bewachung im Lager übernehmen sollen.

Bei der Massage an meinem verwundeten Bein hat der massierende Arzt Dr. Dohnaliess zudem beobachtet, dass doch noch Leben im Peronäus-Nerv zu sein scheint. Das macht mir Hoffnung auf eine völlige Genesung. Außerdem sind am Dienstag tatsächlich 60 Männer entlassen worden und nicht wiederaufgetaucht.

Ein Gespräch in unserer Stube hat mich sehr erschüttert. Politisch höherstehende Persönlichkeiten haben glaubwürdig davon gesprochen, dass der Reichstagsbrand am 27. Februar 1933 ein politisches Machwerk der NSDAP gewesen sei, beziehungsweise einer besonderen Führungsgruppe. Damit soll versucht worden sein, scheinbar legal gegen die politischen Links-Parteien vorgehen zu können. Auch das angebliche Attentat auf Hitler am 09. November 1939 soll von Parteiseite aus fingiert gewesen sein. Seit dem Scheitern des Feldzuges in Russland und dem Rückzug aus Moskau im Winter 1944, sollen im Deutschen Wehrmachtsbericht, den wir für absolut wahrhaftig gehalten hatten, laufend Fälschungen vorgenommen worden sein.

Garmisch, 7. Dezember 1945. Gestern hatte es mich einmal wieder hart erwischt. Ich hatte Heimweh, Hunger und alle möglichen trüben Gedanken. Richtig heulendes Elend. Ich hatte geglaubt, über den Berg zu sein und meine schweren Depressionen überwunden zu haben. Jetzt überkamen sie mich erneut, hart und plötzlich. Wie lange wird mich dieses Leben noch gefangen halten? In Gedanken bin ich oft auf Wanderschaft und schmiede imaginäre Fluchtpläne. In den uns zugänglichen deutschen Zeitungen startete eine großangelegte Hetze gegen Nazis. Erstaunt reibe ich mir die Augen: Waren denn nicht eigentlich alle dabei? Wo waren denn all jene, die jetzt diese Artikel schreiben und so tun, als hätten sie damit persönlich nichts zu tun gehabt? Aber das ist ja auch eine Art der Vergangenheitsbewältigung. Andere auf das Übelste zu beschimpfen, damit nur ja niemand auf die Idee kommt, man könne selber zu den Beschimpften gehört haben. Interessant ist auch, dass in den amerikanischen Zeitungen hingegen eine deutlich nüchternere Haltung eingenommen wird. Warum bewerfen wir uns selbst mit Dreck? In der amerikanischen Zeitung „Stares and Stripes" vom 5. Dezember wird die Möglichkeit einer generellen Amnestie der Nazis erörtert. Ein Hoffnungsfunke, der in jedem einzelnen von uns zu glühen beginnt, auch wenn es auch niemand öffentlich zugeben will. Wir leben im Wechsel zwischen Hoffnung und Enttäuschung. Die Zeit ist eine Schnecke, sie zieht unendlich langsam dahin. Je länger man wartet, desto langsamer kriecht sie. Der Winter ist kalt, die Räume sind kaum beheizt und es gibt wenig Verpflegung. Ich verspüre Hunger und die Erinnerung an die Hungerzeit im Ersten Weltkrieg kommt zurück. Auch hier im Lager sind Nahrungsmittel wertvoller als Geld. Man muss höllisch auf seine Sachen aufpassen. Da bekommt der alte Soldatenspruch „Verschwinde wie die Wurst im Spinde" wieder Bedeutung. Beim Kampf um Lebensmittel bricht bei einigen Kameraden der Primat durch. Oft herrschen Verhaltensweisen wie im Urwald. Homo homini lupus, dem Menschen ist der Mensch ein Wolf, denke ich. Anstand und Würde gehen bei einigen Kameraden komplett verloren. Als besonders ekelhaft empfinde ich es, wenn sie sich unterwürfig und mit Verrat bei Bewachern vermeintliche Vorteile erschleichen wollen. Die Stimmung im Lager schwankt. Neben guten Entwicklungen gibt es immer wieder Schikanen seitens der Wachsoldaten. Ganz unangenehm wird es, wenn neue Wachsoldaten kommen, die ihre Überlegenheit demonstrieren müssen oder wenn polnische Soldaten dabei sind.

(Anmerkung vom Autor: Wie kann es sein, dass sich polnische Soldaten in der Wachmannschaft der Amerikaner befinden? Nach dem Überfall auf Polen hat sich in Paris eine Exilregierung gebildet, die von dort die Streitkräfte koordinierte. Im Juni 1940 wurde die polnische Exilregierung nach London verlegt. Als die deutschen Truppen Frankreich besetzten, kämpften auch ca. 84.000 polnische Soldaten gemeinsam mit den Franzosen gegen Deutschland. Die polnische Exil-Armee wuchs in den folgenden Jahren durch Deserteure und Flüchtlinge bis zur Größe von ca. 250.000 Soldaten an. Kampfflieger und Fallschirmjäger kämpften zusammen mit den Engländern. Die polnische Kriegsmarine war im Atlantik und im Mittelmeer vertreten.

Die Bodentruppen gingen gemeinsam mit den Alliierten gegen Deutschland vor. Die polnische Exil-Armee blieb als Besatzer im nordwestdeutschen Raum. Im Mai 1945 war die polnische Armee ca. 210.000 Soldaten stark. Sie wurde 1947 aufgelöst.) Es ist Samstag, der 15. Dezember 1945. Es gibt mal wieder eine Lagerkontrolle. Generalappell wird sie hier genannt. Sie dient ausschließlich der Schikane der Internierten. Morgens um 7 Uhr kommen Soldaten von auswärts, die uns anscheinend zeigen wollen, wie wir mit den KZ-Häftlingen umgegangen sind. Soldaten, die sich rächen wollen. Dafür, dass sie hier sein und sich mit den verhassten Nazis abgeben müssen. Wir müssen auf dem Exerzierplatz antreten und bei der Kälte draußen stehen bleiben. Inzwischen begeben sich einige Rowdies, die zwischen 20 und 25 Jahre alt sind, in die Stuben und räumen die Schränke aus. Bekleidung, Waschzeug und mehr wird auf den Fußboden geworfen. Dann folgt das Essgeschirr und restliche Inhalte werden ausgegossen. Die Strohsäcke werden stichprobenweise aufgeschnitten und Stroh wird herausgeschüttet. Tische, Bänke und Stühle werden umgeworfen. Mit den Worten „Fucking Nazi-dogs" lassen sie uns wieder in die Unterkunft gehen. Der Anblick ist deprimierend, die Demütigung ist schmerzhaft. Andererseits entwickle ich ein gewisses Verständnis. Diese jungen Soldaten sind genauso ideologisch eingeschworen, wie wir es waren. Sie weigern sich genauso wie wir, über das eigene Handeln nachzudenken. Ich kann sie dafür nicht hassen. So vieles habe ich in meinem Leben ausgeblendet oder verdrängt. Was sie und wir über die Konzentrationslager erfahren haben, konnte oder wollte ich früher nicht hören. Ich konnte und wollte es mir nicht vorstellen müssen. Als Folge der Schikane auf dem Exerzierplatz bekomme ich eine leichte Lungenentzündung und verbringe die Zeit bis Weihnachten im Lazarett.

Zwischen Weihnachten und Neujahr gibt es für uns ein Lagertheater vom Feinsten. Das Märchenspiel „Es war einmal", das von Hans Hellmut Kirst geschrieben wurde. Andere hatten eine schmeichelnde Märchenmusik dazu komponiert. Die

Kostüme, die gelungenen Bühnenbilder und die Musik machten das Schauspiel perfekt. Die geistvollen Dialoge mit geschickten satirisch-politischen Anspielungen erfreuten alle Gemüter. Die zahlreich erschienenen Amerikaner bewiesen sogar Humor und sparten nicht mit Anerkennung. Das Stück musste sechsmal wiederholt werden.

Garmisch, 21. Dezember 1945. Es ist Wintersonnenwende und es herrscht Vorfrühlingswetter. Ich bin weitgehend genesen. Die Sonne rüstet sich zum neuen Aufstieg und auch meine Hoffnungen steigen. Die internierten Tierärzte hatten eine Aktion gestartet, die auf baldige Entlassung hinzielt. Der C.I.C.-Kapitän erklärt unserer Abordnung, dass gegen den Tierärztestand nichts vorliegen würde und wir versehentlich festgehalten würden. Ich bin gespannt, wie sich das Geschehen noch entwickeln wird.

24. Dezember 1945. Es ist Weihnachten. Wir gestalten eine Weihnachtsfeier mit Lichterbaum und Weihnachtsliedern auf dem Kasernenhof. Fast 1000 Männer singen „Stille Nacht, heilige Nacht" auf dem engen Hof. Geige und Bratsche unterstützen das „Ave Maria". Mir scheint, als würde ein Stern am trüben Himmel in einem Wolkenloch leuchten. In Gedanken bin ich bei meiner Familie, aber ich empfinde nicht die Traurigkeit, der die anderen Kameraden so schwer nachhängen. Ich bin innerlich eigentümlich froh gestimmt. Liegt es an den Tabletten, die ich wegen der Lungenentzündung nehme?

Gestern hatte ich von Ilse Brandl, der Kollegengattin, erneut ein Paket mit Brot, Kartoffeln, Fleisch, Weihnachtsgebäck und Tabak bekommen. In unserer Stube hatten wir ein kleines Bäumchen geschmückt und alle Kameraden machten sich gegenseitig ein kleines Geschenk. Am späten Nachmittag trägt der Dichter Dr. Ehrlicher uns ein Gedicht vor.

Trost der Heiligen Nacht

Tiefe Nacht ist schweigend ausgebreitet
Grauer Nebelhauch verhüllt das Tal.
Noch im dichten Dämmer schwebt und gleitet
Feuchter Flocken lautlos feiner Fall

Aber schau! Wie matter Silberschimmer
Liegt ein schwaches Leuchten in der Luft
Wie der Schein von fernem Kerzenflimmer
Und es weht ein herber Tannenduft

Und es klingt weither ein leises Tönen
Wundersamer, altvertrauter Klang
In der Heimat dumpfes Glockendröhnen
Mischt sich zarter Kinderstimmen Sang

Ja, es ist die Heil'ge Nacht der Liebe
Die heut' ihren dunklen Mantel spannt
Überall dem kleinen Weltgetriebe
Breitet segnend sie die Hand

Lindert aller Wesen Leid und Schmerzen,
Spendet Trost in jeder bitt'ren Pein,
Gießt in alle gut gesinnten Herzen
Gabenfrohen Geist der Liebe ein.

Ja, sie ist es, die zu sel'gen Stunden
Schenkender Gemeinschaft uns vereint,
Wo sich Herz zu Herzen hat gefunden
Wenn der Glanz der Weihnachtskerzen scheint.

Heil'ge Nacht, uns will Dein Trost nicht taugen
Leidgebeugt siehst Du uns vor Dir stehen
Mann und Frau und Kind mit trüben Augen
Wehen Mutes in die Lichter seh'n.

Viele trauern still um teure Tote,
Manche klagen um zerbroch'nes Glück,
Andere halten harte Machtgebote
Heimatfern in strenger Haft zurück.

Enggedrängt in kalten Stuben
Suchen viele mühsam Schutz vor Schnee und Eis
Hungernde gequält dem Schicksal fluchen
Elternlose Kinder weinen leis.

Sieh, es blutet unser Volkes Herz
Aus tiefen, schweren Wunden,
Und es hebt sich banger Zweifel
Ob es je noch kann gesunden.

Wie des riesigen Gebirges wild
zerklüftet steile Wände
Steh'n vor uns der Zukunft Tage,
graues Elend ohne Ende
Heil'ge Nacht, gib Du uns Kunde
in der Sorge bittrer Qual
Über Leid und Angst der Stunde,
zeig' uns den Weg aus diesem Tal.

Horch, sie neigt sich uns'rer Bitte,
Spricht zu uns mit leisem Wort
Und es klingt ihr guter Ratschlag
Tief in unserem Innern fort.

Laß das Wühlen im Vergang'nen
Laß das finst're Grübeln sein.
Grabe nicht in Düstrem Sinnen
Dich in trüber Kammer ein

Musst Du auch auf manches Gut verzichten,
Das Dir bis hierher unentbehrlich schien,
Inn'rer Reichtum lässt sich nicht vernichten,
Auch bescheid'ne Blumen köstlich blüh'n

Nimm Dein wundes Herz in beide Hände
Trag's mit festem Mut durch Not und Nacht
Denn es gibt noch einen Weg zur Wende
Nicht umsonst die Opfer sind gebracht.

Trage das blutende deutsche Herz
Durch tiefe Sorge und bitt'ren Schmerz
Stark und beharrlich, trotz Wissen und Wahn
Trag' es den steilen Weg bergan.

Durch Hunger und Schande, durch Angst und Pein
Trag es getrost in die Zukunft hinein.
Es schlägt ja noch
Vielleicht heilt es doch.

Trag' es behutsam mit sicherer Hand
Trag' es weit über's leidende Land
Trag' es zu der Frau und den Kindern Dein,
Lass es bei Ihnen geborgen sein.

Laß sie es hegen in liebender Hut
Laß sie es pflegen als Heiliges Gut
Vielleicht heilt es doch
Es schlägt ja noch.

Bringe des deutschen Herzensschlag
In frohen Kindern wieder zutag
Blutet es auch aus tiefen Wunden,
In jungem Leben kann es gesunden.

Hier ist die Quelle seiner Kraft,
Die ihm die Wiedergenesung schafft
Wächst hier es noch,
Dann heilt es doch.

Frage Dein blutendes Deutsches Herz
In starkem Glauben durch Kummer und Schmerz,
Frag's durch die Nacht der bitteren Sorgen
Hoffend in den kommenden Morgen

Draußen bricht wieder Winter herein, es beginnt zu schneien. Heute am Heiligen Abend sind all meine Gedanken bei Anna-Lena und den kleinen Töchtern. Wie mag es euch ergehen, denke ich. Wo möget ihr heute sein? Als ich damals im März von euch wegging, war mir der Abschied recht schwergefallen. Ich hatte das Gefühl, ich würde für sehr lange Zeit getrennt von euch sein. Aber bis heute hat mich das sichere Gefühl nicht verlassen, dass ich euch eines Tages wiedersehen werde. Ich kann den Ausruf nicht vergessen, dass ich doch hierbleiben soll. Ich kann aber auch heute nicht anders antworten als damals. „Soll ich fahnenflüchtig werden und in den sicheren Tod gehen?" Ich hoffe auf ein gesundes Wiedersehen mit euch Lieben. Das ist mein einziger Weihnachtswunsch für das Jahr 1946.

Garmisch, 31. Dezember 1945. Ich schreibe wieder einen Brief an Anna-Lena, im vollen Bewusstsein, dass ich ihn nicht abschicken werde. In meiner Stube bin ich so ziemlich der einzige, der keinen Kontakt zu seiner Familie hat. Ich schreibe:

„Meine liebe Anna-Lena, liebe Kinder,
heute am letzten Tage des wirklich unglückseligen Jahres 1945 will ich wieder mit euch plaudern und meine Gedanken mit euch teilen.
Weißt du noch, wie wir zum vorigen Jahreswechsel in unserem Heim vor dem Weihnachtsbaum saßen und die letzten Lich-

ter erloschen? Unsere Gedanken gingen zurück an die gute Zeit unserer Gemeinsamkeit. Ein ganzes halbes Jahr war ich zuhause und konnte die Entwicklung unserer Kinder beobachten. Um Mitternacht sprach der Führer und wir ahnten, dass das Jahr 1945 die Entscheidung bringen würde. Traurig und innerlich bedrückt gingen wir zu Bett. Der Krieg und die Gedanken an die Zukunft belasteten unsere Seele. Flüchtlingstrecks zogen durch die Stadt. Wir nahmen Flüchtlinge auf und versuchten zu trösten und zu helfen. Wir selbst sahen die Entwicklung nicht oder wollten sie nicht sehen. Wir wollten es nicht glauben. Wir wurden täglich belogen und durch den ganzen Wirrwarr konnten wir nicht mehr hindurchsehen. Dann überstürzten sich die Ereignisse. Unsere Flucht aus der Heimat, alles ließen wir zurück. Traurig liegt diese Zeit hinter uns. Vor uns liegt ein neues Leben in einer neuen Zeit.Ich glaube fest an eine baldige bessere Zeit."

Garmisch, 6. Januar 1946. Es gibt ein Zusammentreffen aller im Lager befindlichen Ost-Pommern. Ich habe gestaunt, es sind rund fünfzig gekommen, darunter auch drei Tierärzte. Die Kameraden berichten über die letzten Kämpfe in der Gegend von Kolberg. Ich höre, dass das Naugarder und das Gollnower Bataillon des Volkssturmes unter der Leitung von Studienrat Max Herrmann aufgerieben worden sei. Ungefähr 300 Mann vom Volkssturm blieben in Kolberg zurück und wurden von den Russen erwischt. Grausig muss ihr Schicksal gewesen sein. Wo mögen wohl Gerhard Bieger und Herbert Hasse geblieben sein? In den letzten Tagen drangen viele traurige Nachrichten zu uns durch. Kamerad Herbert Walz aus Lauf musste erfahren, dass seine Frau und die drei Kinder ermordet worden waren. Der einzige Sohn eines anderen Kameraden hatte eine Handgranate gefunden und war von ihr zerfetzt worden. Ein Kamerad aus Schwerin hörte, dass seine Schwiegereltern die russische Besatzung nicht ertragen hatten und sich selbst umbrachten. Erich Markwardt erhielt die Gewissheit darüber, dass seine Frau von Polen verschleppt worden war. Es hielt trostloses und endloses Elend Einkehr im Lager.

Garmisch, 10. Januar 1946. Gestern hatten wir noch 10 Grad unter Null. Heute ist Frühlingsstimmung und die Vögel singen. Es herrscht Tauwetter mit Regen, warm und lind. „Die Finken schlagen, die Bäume werden grün", wie Hermann Löns es besungen hat. Einige Kameraden haben sich selbst entlassen und sind ausgerissen. Möge ihnen die Flucht gut gelingen. Ich selbst traue mich nicht. Mein Bein ist noch nicht in Ordnung und der fürsorgliche Hugo Spatz empfiehlt mir dringend, mich im Lazarett operieren zu lassen.

Die Frage nach der Schuld

Mit Hans Hellmut und Carlos spreche ich über die beklemmende Frage, die mich ständig bewegt. Habe ich mich, haben wir uns schuldig gemacht? „Ich will meine Schuld tragen", sage ich. „Welche Schuld?", fragt Carlos. Hans Helmut antwortet: „Wir tragen eine kollektive Schuld als Volk. Dabei kommt es nicht darauf an, ob du selbst einzelne strafbare Handlungen begangen hast oder nur schweigender Zuschauer und Mitläufer warst." Carlos ergänzt: „Im Strafrecht ist auch die Beihilfe zu einer Straftat zu würdigen. Selbst wenn du der Tat nur beiwohnst und sie billigend in Kauf nimmst, wirst du straffällig. Diese Beihilfe kann eine aktive physische Beihilfe sein oder auch eine psychische Beihilfe durch motivierendes Bestärken. Durch unsere Verbrechen an den Juden, Sinti und Roma sowie die Tötung von vermeintlich unwertem Leben und durch das Ermorden der zivilen Bevölkerung in den besetzten Gebieten haben wir alle uns schuldig gemacht." Ich erwiedere: „Das sehe ich auch so." „Wie ist es denn mit den Taten der Engländer und Amerikaner, die in den letzten Kriegstagen gezielt zivile Bevölkerung bombardierte? Die gezielt historische Werte vernichteten und militärisch nicht bedeutsame Städte wie Würzburg, Hamburg, Erfurt oder Dresden unter Bombenhagel legten?", merke ich dann an. Carlos antwortet: „Du kannst nicht eine Straftat gegen eine andere aufwiegen. Egal, ob du 100 Menschen oder 1000 Menschen tötest. Egal, ob es ein Angriff, eine Verteidigung oder ein Akt der Rache ist, es bleibt Mord. Auch diese Völker werden mit ihrer Schuld umgehen müssen."

Während der Werktage sind die Ladenstraßen voll belebt. Wir sind zurzeit circa 4.000 Inhaftierte. Die Sonn- und Feiertage verbringen mir Stunden innerer Einkehr und seelischer Erbauung. In Kolonnen marschieren wir, mit einem Hocker unter dem Arm, zur Prozesshalle des Gottesdienstes. In diesen Stunden wollen wir uns wiederfinden. Ohne Rücksicht auf die Konfession sammeln sich alle zum gemeinsamen Gebet. Ob katholisch, evangelisch oder ungläubig, alle sind auf ihre Weise auf der Suche nach einem Halt, nach einer schützenden Hand über sich in dieser bitteren Zeit.

Mit Karl Vogel, unserem Lagerleiter, spreche ich über die wundersame Gläubigkeit der Inhaftierten. Er bemerkt tiefsinnig und weise: „Die Hinwendung zum Glauben erfolgt für jeden nach ganz eigenen Werten. Sie lehrt aber die Inhaftierten, den Wert eines Menschen oder der Dinge zu erkennen und zu lieben. Das alles ohne äußeren Schein oder Rahmen, den sie oft um sich haben, der nur allzu oft den Menschen selbst verhüllt und verfälscht."

Bücher gibt es in unserer Bibliothek im Lager nur wenige und wenn, dann sind sie ziemlich zerfleddert. Es gibt eine Lagerzeitung mit ausgewählten Inhalten, die wir lesen dürfen. Ich grabe in meinen Erinnerungen und versuche, so viel aufzuschreiben wie möglich. Papier kann ich mir aus dem Büro aneignen. Das wird nicht gern gesehen und ist auch offiziell nicht erlaubt, solange es aber nicht übertrieben wird, sehen alle darüber hinweg. Das Schreiben gibt mir die Möglichkeit, meine Gedanken und Erlebnisse zu ordnen. Ich suche mir täglich einen tröstenden Gedanken. Einen Gedanken, der mich in die Zukunft trägt, der mir das Leben nach dem Krieg und nach dem Gefangenenlager lebenswert erscheinen lässt. „Jeder Tag ist ein neues Leben", sage ich mir zum Beispiel und an jedem Tag will ich dankbar sein, dass ich den schrecklichen Krieg überlebt habe. Ich will optimistisch in die Zukunft schauen.

Ich träume von meiner kleinen Familie, den Töchtern und verbinde mich im Geiste mit meiner Frau. Wie leben sie gerade, was machen die Töchter, wie sind die Lebensbedingungen in Ludwigslust? Viele Bilder möglicher Szenerien laufen mir durch den Kopf. Hat Anna-Lena noch Hoffnung, dass ich zurückkomme oder glaubt sie, ich sei tot? Wie wird sie mit dieser Ungewissheit fertig? Können die Töchter sich noch an mich erinnern? Wie wird es sein, wenn wir wieder zusammenkommen? Bei allen Bemühungen mich positiv zu motivieren, bricht dann doch immer wieder die depressive Stimmung in mir durch.

Am 16. März 1946 werde ich in das Lazarett eingeliefert. Meine Kriegsverletzung im Oberschenkel hat sich entzündet, Bein und Fuß sind taub. Die Diagnose beschreibt eine Ischiadicus-Lähmung, eine Herabsetzung der Tibialis-Funktion und den Ausfall der Peronaeus-Funktion. Der Nervus Ichiadicus wird operativ in Höhe der ehemaligen Verletzung freigelegt. Die Genesung erfolgt dann zum Glück recht schnell.

Im Januar 1946 bekomme ich einen Kalender geschenkt, der für mich ein wertvolles Notizbuch wird. Ich schreibe die Anschriften aller Kameraden auf, die mit mir im selben Block leben und mit denen ich engeren Kontakt habe, auch unter dem Gesichtspunkt, dass man später eventuell miteinander in Verbindung treten und sich gegenseitig unterstützen kann. Dreißig Anschriften habe ich notiert. Doch auch später werde ich sie nie ernsthaft nutzen. Es gibt mir jedoch das gute Gefühl, Teil einer verlässlichen Gemeinschaft zu sein. Auf der ersten Seite des Kalenders steht ein Spruch des jüdischen Schriftstellers Berthold Auerbach, der mir zum Leitgedanken werden soll: „Nur der Mensch ist frei, der sich seine eigenen Gedanken im Kopf ausbildet, niemandem etwas nachspricht, was er nicht versteht und selber einsieht, der die Gesetze kennt, die Gott in seine Brust geschrieben hat, und ohne Menschenfurcht ihnen gerecht zu werden strebt."

Auswandern nach Brasilien

Einige meiner Kameraden planen für die Zeit nach ihrer Freilassung, nach Brasilien auszuwandern. Auch ich mache mir Gedanken über Auswanderung. Ich suche Kontakte und beginne mit einer detaillierten Planung. Einige Anlaufpunkte hatte ich schon genannt bekommen. Dr. Pilz und Dr. Husseck von der Tierärztlichen Hochschule in Montevideo-Uruguay sollen eine vielversprechende Anlaufstelle sein, wie auch Jensen & Co in Santa Catarina, Heinrich Reif in Rio do Sul und Oberst Karl Gaiser in Chapeco, Porto Novo. Es gibt viele Fragen zu klären. An wen muss ich mich wenden? Mit wem setze ich mich zuerst in Verbindung? Welche Dienststelle erteilt eine Ausreise- und Einreisegenehmigung? Ist ein Gesundheitszeugnis und polizeiliches Führungszeugnis notwendig? Ich brauche eine deutsche polizeiliche Ausreisegenehmigung mit Einwanderungsantrag beim zuständigen Konsulat. Dann erhält man ein Einreisevisum zum deutschen Pass. Ich denke darüber nach, welche Kosten entstehen könnten. Wie hoch werden die Überfahrtskosten sein? Wenn man als Landwirt nach Brasilien gehen will, übernimmt dann die brasilianische Regierung die Kosten?

Ich trage alles an Informationen zusammen, was ich kriegen kann. Die Überfahrtkosten betrugen vor dem Krieg auf deutschem Schiff für die III. Klasse 400 Reichsmark, Kinder bis 6 Jahre mussten die Hälfte bezahlen. Falls die Regierung die Kosten übernehmen würde, hätte man dann freie Auswahl des Standortes oder wird der Ort vorgeschrieben? Ist es zweckmäßig, sich mit dem Einreisetermin nach der Pflanzzeit zu richten, die mit dem dortigen Frühling am 21. September beginnt? Dann müsste man circa 2 bis 3 Monate zuvor bereits dort sein. Ich rechne mit einer Summe von etwa 2.000 Mio Réis, also etwa 260 Reichsmark. eine vierköpfige Familie konnte 1939 bei bescheidenen Ansprüchen mit ungefähr 500 bis 700 Mio Réis monatlich auskommen. Es empfiehlt sich angeblich, deutsche Industrieware mitzunehmen. Die Frage ist nur, wie das der deutsche Zoll sieht?

Was nimmt man am besten mit? Haushaltsgegenstände, Werkzeug, Bettzeug, Kleidung, Nähmaschine, Bücher? Welche Häfen sollte man nutzen? Hamburg, Bremen oder Rotterdam? Welcher Hafen ist besser für die Ankunft, Rio de Janeiro oder Santos? Was hat man bei der Ankunft zuerst zu tun? Eine Meldepflicht gibt es nicht, aber eine Identitätskarte muss man haben. Wie bekomme ich Land? Eine Kuh kostet circa 200 Mio Réis, ein Schwein circa 100, ein Pferd etwa 200, 1 Ochse circa 300. Ist es besser, Sojabohnen anzubauen oder Kaffee? Ich stelle mir viele Fragen und finde viele Antworten. Als ich Frage Nummer 70 notiere und die zugehörige Antwort höre ich auf. Vor mir steht: „Die Sojabohne ist in Brasilien ein ziemlich neues Produkt und wächst wie Gift auch auf Grasland ohne Dünger." Das hatte ein Landwirt gesagt. Toll, aber interessierte mich das wirklich? Ackerland soll es in Brasilien reichlich geben und das auch noch billig. Ein Kenner der dortigen Verhältnisse erzählt mir eine kleine Anekdote: „Zwei Farmer prahlen damit, wie viel Land sie besitzen. Sagt der eine: ‚Ich muss mit meinem Pferd einen ganzen Tag lang reiten, um die Grenzen zu kontrollieren.' Sagt der andere: ‚Verstehe, so ein lahmes Pferd hatte ich schon einmal!'" Die mögliche Auswanderung und das Frage-Antwortspiel beschäftigen mich viele Wochen. Irgendwann ist mein Sättigungsgrad erreicht und ich lege mein Notizbuch beiseite. Am Ende bleiben die Gedanken nur ein Zeitvertreib, bei der Suche nach Optionen. Schließlich befehle ich mir selbst: „Bleibe im Land und wehre dich redlich!"

Im Lager wird erzählt, es gäbe eine geheime Organisation ehemaliger SS-Angehöriger, kurz „Odessa" genannt. Diese solle Mitgliedern helfen, wenn sie auswandern wollten. Ob es diese Organisation tatsächlich gibt, weiß ich nicht. Es gibt allerdings nach 1945 die sogenannte HIAG, die Hilfsgemeinschaft auf Gegenseitigkeit der Soldaten der ehemaligen Waffen-SS. Mit diesen Leuten und deren „brauner Soße" wollte ich aber nichts mehr zu tun haben.

In Russland war ich bei der ganz normalen Wehrmacht gewesen, der 125. Infanterie Division, die nichts mit der Waffen-SS verband. Meine Begeisterung für die politische SS hatte sich schon bald nach Kriegsbeginn gelegt. Ich erkannte, dass ich in meinem jugendlichen Leichtsinn und als Student von der Ideologie der Nazis geblendet wurde. Unreflektiert bin ich der Masse und meinen Corps Brüdern hinterhergelaufen. Dass ich am Ende des Krieges noch zu einer Veterinärkompanie der Waffen-SS befohlen wurde, gefiel mir gar nicht mehr und wurde zu einem harten Schicksalsschlag für mich. Letztendlich sitze ich genau deswegen jetzt hier im Lager und verbüße eine Strafe, ohne verurteilt zu sein. Eine Strafe, die noch gar nicht festgesetzt ist und bei der es unklar ist, ob sie überhaupt kommt.

Entnazifiziert und in Freiheit, Abschied aus dem Lager

Am 28. April 1946 werde ich aus der Gefangenschaft entlassen. Es gibt einen großen Abschied von allen Kameraden. Wir hatten bereits vorher Anschriften notiert und uns gegenseitig unserer Freundschaft versichert. Johannes Hoheisel kommt zu mir und sagt: „Du gehst mit Gott in die Freiheit und ich will dir einen besonderen, alt-irischen Reisesegen mit auf den Weg geben:

Mögen sich die Wege vor deinen Füßen ebnen,
mögest du den Wind im Rücken haben,
möge die Sonne warm dein Gesicht bescheinen,
möge Gott seine schützende Hand über dich halten.
Mögest du in deinem Herzen dankbar bewahren,
die kostbare Erinnerung der guten Dinge in deinem Leben.
Das wünsche ich dir, dass jede Gottesgabe in dir wachse
und sie dir helfe, die Herzen jener froh zu machen, die du liebst."

Johannes umarmt mich und wünscht mir noch einmal alles Gute auf meinen Wegen. Auch Carlos hat feuchte Augen und drückt mich stumm an seine Schulter. Alle nehmen Anteil an meiner

Freude über die Freiheit. Sie drücken mir die Hand so fest, dass es fast schmerzt und wünschen mir eine gute Zukunft, verbunden mit der Floskel „Lass mal von dir hören!". Ich verspreche, mich zu melden, sobald ich wieder etabliert bin. Heinrich Pette sagt zum Abschied: „Habe gern mit dir diskutiert, bleib aufrecht, mein Freund." Hans Hellmut Kirst schüttelt meine Hand, als wolle er mich insgesamt wie eine Flasche Eierlikör schütteln. Ich befreie meine Hand nur mühsam aus seiner Umklammerung. Dann fasst er mich an beiden Schultern, schaut mir mit klarem Blick in die Augen und sagt: „Du bist ein aufrechter feiner Kamerad. Ein guter Charakter. Danke für unsere Gespräche." So viel Lob macht mich verlegen und ich stottere ein leises „Danke, du auch." Alfred Sander stößt mir die Faust in die Rippen und sagt im norddeutschen Plattdeutsch: „Zur ersten Spargelernte bist du eingeladen. Lebe wohl mein Freund!" Ich gehe noch zu Karl Vogel in die Lagerleitung und empfange meine Entlassungspapiere und die Bahnfahrkarte: „Du warst mir eine große Hilfe im Büro. Ich wünsche dir alles erdenklich Gute!" sagt er. Ich notiere noch Anschriften von weiteren Kameraden, mit denen ich engeren Kontakt hatte:

» Dr. Hans Engelbrecht, Amtsgerichtsrat, Arnswalde, Ostpommern
» Erich Marquardt, Lehrer, bei Familie Tober, Melgershausen bei Melsungen
» Georg Feige, Gladenbach, Bahnhofstr. 14
» Hans König, Fuhrberg bei Hannover
» Dr. Kessler, Ministerialrat, Murnau, Hagener Weg 34
» Hans Papenhagen, Kaufmann und Jäger, Thiersheim bei Hof
» Erich Mahnke, Bäcker und Jäger, Ahlbeck, Kr. Ueckermünde
» Paul Feddersen, Lehrer, Elmshorn
» Robert Grünewald, Oberforstmeister, Schotten, am Vogelsberg
» Alexander Weber, Vermessungsrat, Bingen, Winfriedstr.
» Henry Heinsohn, Hamburg-Langenhorn,
» Friedhelm Voßkühl, Ahlen, Vorhelmer Weg 29
» Gustav Berg, Verlagsdirektor, Harthausen, bei Bad Aibling
» Dr. G. Wieland, Tierarzt, Bähingen, bei Dillingen, Hauptstr. 32

» Dr. Niemax, Rechtsanwalt, Neumünster, Baufirma Gebr. N.
» Siegfried von Hausen, Bildberichter, Dessau, jetzt in Bremen, Mommsen-Str. 19
» Dr. Gerhard Noffke, Landgerichts-Direktor, Am Zegenhagen 1, Berlin
» Dr. Max Guenther, Med. Rat. Lauenburg, Kaiser Heinrichstr. 11
» Dr. Fritz Thomas, Stud. Rat. Pinneberg, Peinerweg 32, bei Karl Thomas
» Heinz Greunke, Journalist, Wallgau Obb. H.34

Ich begebe mich nach Murnau und fahre mit dem Zug nach Göttingen. Göttingen erreiche ich bereits am 29. April. Ich bleibe hier bis zum 1. Mai. Am 2. Mai telegrafiere ich an Anna-Lena nach Ludwigslust, in der sowjetisch besetzten Zone: „Bin aus Internierungslager entlassen, bin in Bad Harzburg bei Verwandten."

Ohne nähere Angabe zu meiner Person, da ein Telegramm für jeden lesbar ist. Sie wird den Grund verstehen, denke und hoffe ich. Schließlich will ich sie in der sowjetischen Zone nicht gefährden. Im Lager wurden schlimme Dinge über die russische Besatzung erzählt. Alle Soldaten mit Dienstgrad würden nach Sibirien geschleppt oder gleich erschossen werden. Aus Garmisch konnte ich deshalb auch keine Post senden, somit war Anna-Lena im Ungewissen, ob ich überhaupt noch am Leben bin.

Ich fahre über Hamburg nach Ratzeburg zu meinem Lehrherrn und väterlichen Freund, Tierarzt Dr. Franz Weinrich, Telefonnummer und Anschrift und Telefon stimmten noch. Franz war als unabkömmlich freigestellt worden und musste nie an die Front. Er bereitete mir einen herzlichen Empfang, es folgt ein geselliger und feuchtfröhlicher Abend. Franz gibt mir Unterkunft in seinem Gästezimmer und ich erhalte viele wertvolle Ratschläge. Er ist noch immer in seinem Netzwerk an Tierärzten aktiv und nach einigen Telefonaten vermittelt er mir die Option, in Blumenthal bei Kiel tätig zu werden.

Ich kann meine Frau in Ludwigslust, das unter russischer Herrschaft steht, nicht direkt anschreiben. Ich will sie nicht in

Gefahr bringen. Falls in den Dokumentationen etwas über meine Person zu finden sein sollte, wäre das für alle gefährlich. So jedenfalls wurde es mir berichtet. Ich war schließlich bei vielen Kämpfen in Russland dabei gewesen. Wenn eines auf beiden Seiten gut funktioniert hat, dann ist es die detaillierte Dokumentation aller Schlachten. In Garmisch wurde glaubwürdig berichtet, dass die Russen in Berlin das gesamte Archiv der Wehrmacht und der SS in der Prinz-Albrecht-Straße in die Hände bekommen hätten. Jeder Soldat, der in Russland gekämpft hatte und den sie ausfindig machten, wurde liquidiert oder nach Sibirien gebracht. Dabei ist es ihnen egal, welcher Organisation man angehörte. Nach den Erfahrungen in Garmisch möchte ich nicht auch noch Sibirien erleben oder erschossen werden.

Da es nicht klar ist, ob die Telegramme ankommen, benutze ich meine Bekanntschaften, um unverfängliche Informationen weitergeben zu können. Meine Kontaktperson Gabriele von Falkenhayn schreibt für mich am 19. April 1946 eine Nachricht an Anna-Lena: „Ein Kamerad aus dem Internierungslager lässt ausrichten, dass Lutz in bester Gesundheit entlassen wurde." Ich schicke meiner Frau weitere verschlüsselte Nachrichten unter dem Namen meines Freundes, Franz Weinrich aus Ratzeburg: „Herzlichen Glückwunsch zum Geburtstag. Unterkunft gefunden, erwarte dich mit nächstem Flüchtlingsaustauschzug mit Kindern und Gepäck im Durchgangslager Bad Segeberg. Weitere Informationen liegen dort vor." Anna-Lena antwortet mir per Telegramm am 21. April 1946: „Erwarte ausführliche Information und direkte Anschrift von dir. Mein Kommen ist so schnell nicht möglich. Mein Schwiegervater kennt inzwischen meine Anschrift in Bad Harzburg und schreibt am 23. Mai 1946: „Lieber Lutz, so langsam sammelt sich wieder alles zusammen. Wir hatten vermutet, dass du unten am Alpenrand gestrandet bist und keine Nachricht schicken kannst. Wir sind so froh, dass du das Jahr der Gefangenschaft so gut überstanden hast. Die Kameradschaft und Schicksalsgemeinschaft haben dir, genau wie uns, über alles Schwere hinweggeholfen. Jetzt heißt es, sich mit dem Heute auseinanderzusetzen. An vieles in der Zukunft, so auch an den Begriff ‚Zeit', müssen wir einen anderen Maßstab als früher anlegen. Deshalb muss auch die Frage der Wiedervereinigung deiner Familie zeitlich organisiert werden, einige Wochen früher oder später darf dabei keine Rolle spielen. Ich selbst bin hier als Praktiker ganz gut beschäftigt und lege anständige Entfernungen mit dem Rad und dem Fuhrwerk zurück. Manches ist sehr mühsam. Zu meinem eigenen Pferd muss ich mir einen Wagen pumpen. Das Fahrrad mit schlechten Reifen ist häufig kaputt. Aber wir schlagen uns durch. Bereits 1919 habe ich mir, wie du weißt, als junger Tierarzt eine eigene Praxis aufgebaut. Damals war es allerdings leichter. Die Hauptsache ist, die nötige Elastizität zu behalten. Wie denkst du über deine Zukunft?"

Am 23. Mai 1946 erhalte ich einen Brief meiner Schwiegermutter. Sie schreibt sehr ausführlich: „Lass dir zunächst ein herzliches Willkommen gesagt sein. Nach so langen Monaten können wir endlich deine Auferstehung feiern. Jede Spur fehlte von dir. Alle, die im Westen kämpften, hatten sich schon gemeldet. Wir fürchteten schon das Schlimmste. Warum hast du bloß nicht geschrieben? Wir brennen natürlich darauf, Näheres zu hören. Ach, die Fragen sind so viele.

Jetzt warten wir jeden Tag auf ausführliche Nachrichten von dir. Schreiben dürfen wir ja, und die Grenzen werden eines Tages auch gelockert werden. Vielleicht kannst du auf irgendeine Art rüberkommen. Inge ist ja auch in der englischen Zone. Drüben ist alles wahnsinnig voll und Erwerbsmöglichkeiten sind ungünstiger als hier. Hast du schon sondiert? Da wirst du wohl auch wie Vati in die Praxis gehen. Bleibst du längere Zeit beim Doktor W. in Ratzeburg? Vielleicht kann er dir behilflich sein. Eine Unterkunft zu finden, wird auch sehr schwer sein. Anna-Lena und den Kindern geht es in Ludwigslust sehr gut. Sie verdient ihren Lebensunterhalt als Lehrerin, sie bekommt monatlich 190 RM. Omchen ist bei ihnen und besorgt den Haushalt. Zu essen gibt es hier ausreichend. Wir unterstützen sie finanziell.

Auf der Flucht aus Kolberg ist unser Auto liegen geblieben. Wir konnten uns zur Ehefrau des Kollegen Haaß in Treptow retten.

In dieser Schicksalsgemeinschaft haben wir Wochen und Monate gelebt. Kein Russe hat uns oder die Kinder angefasst. In den schlimmsten Wochen, als der Krieg noch tobte, kamen wir dort im Krankenhaus unter. Ende April, Anfang Mai, als die Verhältnisse geordneter wurden, konnten wir wieder in die Haaß-Villa ziehen, wo wir ganz gut gelebt haben. Dann beschlagnahmte ein polnischer Tierarzt die Villa und trieb uns innerhalb einer halben Stunde aus dem Haus. Wir konnten nur sehr wenig Gepäck mitnehmen. Als wir hörten, dass Vati auf der anderen Seite der Oder lebt, waren wir erleichtert. Er hatte das Glück, noch mit dem letzten Schiff Kolberg zu verlassen und ist nicht abgeschossen worden, wie so viele andere Flüchtlinge. Wir machten uns auf die beschwerliche Reise nach Tribsees. Unterwegs wurde uns noch das letzte Hab und Gut entwendet. Kurz vor Weihnachten, sehr elend und erschöpft, kamen wir bei Vati an. Vati hat hier eine Praxis übernommen. Der hiesige Tierarzt, Dr. Hening, hat sich beim Einfall der Russen mit Frau und Tochter vergiftet. Vati, der von Ludwigslust aus auf Praxissuche ging, wurde vom hiesigen Bürgermeister hiergehalten. Er kaufte für 1000 ReichsMark die Instrumente und Medikamente von der Stadt. Er bekam ein Zimmer und als Fortbewegungsmittel ein Fahrrad und ein Pferd. Ein Telefon haben wir auch, Tribsees 127. Als ich mit den beiden Töchtern kam, suchten wir eine größere Wohnung. Wir haben alles verloren und sind bettelarm geworden. Tragisch ist, dass es der gesamten Verwandtschaft ebenso geht. Man kann von niemandem Hilfe erwarten. Wir stehen aber alle in brieflicher Verbindung. Anna-Lena hat mit deinem Vater in Dresden Verbindung aufgenommen und von dort die Anschrift deiner Mutter und Schwester in Degendorf erhalten.

Wie du nun mit deiner langentbehrten Familie zusammenkommen kannst, ist ein Problem, das sich nicht so leicht lösen lässt. Augenblicklich sind die Grenzen gesperrt. Hier fehlen Kreistierärzte und drüben wimmelt es nur so von ihnen. Hast du noch Leibwäsche und Anzüge? Hast du zu essen? Wir machen uns so viel Sorgen."
Der Brief ging noch lange so weiter.

Meine Bekannte Annemarie Helmer in Lübeck bat ich, einen Brief an meine Frau zu senden. Anna-Lena war offensichtlich irritiert, dass sie einen persönlichen Brief bekam und das auf kompliziertem Weg über Frauen, die sie nicht kannte und von denen sie noch nie zuvor gehört hat. Ich konnte ihr meine Bedenken und Ängste aber nicht direkt schreiben.

Anna-Lena schreibt am 23. Mai 1946 eine Antwort:

„Liebe Frau Helmer, soeben erhalte ich Ihren Brief vom 10. Mai 1946 und das Telegramm vom 22. Mai. Ich danke Ihnen sehr. Wie glücklich bin ich, dass ich nun endlich schreiben kann. Die Telegramme vom 11. Mai und vom 12. Mai waren ja ohne Adressangabe. Mir ist alles noch völlig schleierhaft. Warum um Gottes Willen bekomme ich nicht von Lutz selbst einen Brief? Ich warte so sehr auf eine ausführliche Nachricht. Und Sie warten auf mein Kommen in allernächster Zeit. Das ist mir so unfasslich. Ich kann doch nicht, ohne genaue Nachricht zu haben, mit den Kindern einfach so ins Ungewisse losfahren. So sehr ich über alle Meere zu Lutz eilen möchte, muss ich doch in erster Linie an die Kinder denken. Hier haben wir eine gesicherte Ernährungslage. Wir leben, zwar nicht üppig, aber doch gut und ausreichend. Wir haben Kartoffeln und das Brot der Kinder ist immer mit Butter bestrichen. Dagegen ist es im Westen doch augenblicklich katastrophal. Außerdem haben wir hier ein gutes Unterkommen und ich verdiene Geld. Der Westen ist doch geradezu übersät mit Tierärzten. Wird Lutz überhaupt eine Verdienstmöglichkeit finden? Vorher kann ich doch meine Stelle nicht aufgeben. Meine Schwester Ingeborg hat eine gewisse Summe Geld, die kann sie Lutz geben. Das sind meine vernünftigen Überlegungen. Technisch gesehen ist es auch schwierig, weil von hier aus keine Züge mehr nach Westen fahren. Es muss alles über Berlin gehen. Lutz soll mir sagen, was seine Pläne sind. Herzliche Grüsse, Anna-Lena."

Am 28. Mai 1946 erhalte ich eine weitere Nachricht meiner Frau:

„Liebe Frau Helmer, ich will noch schnell einen Nachtrag zu meinem Brief senden. Die Grundbedingung für eine Übersiedlung in den Westen ist die Zuzugsgenehmigung des Ortes, in dem man wohnen will. Ohne diese Zuzugsgenehmigung ist eine Reise gar nicht möglich. Ich müsste diese Genehmigung erst einmal geschickt bekommen. Die Transporte nach Westen sollen jetzt wieder in Gang kommen. Gruß, A-L."

Am 1. Juni 1946 schreibt Anna-Lena nochmals: „… von Frau von Falkenhayn erfahre ich, dass du in Bad Harzburg bist. Ich dachte, du bist irgendwo in Holstein. Gib mir bitte eine klare ausführliche Nachricht, denn ich weiß nicht mehr, was ich denken soll. Wirst du in Bad Harzburg bleiben? Ich hoffe, dass ich in absehbarer Zeit zu einem kurzen Besuch rüberkommen kann. Mir wurde gesagt, dass man abends bei Helmstedt mit einem Führer durch die Kohlegruben unbemerkt rüber kann. Hast du Aussichten auf eine Existenz? Bockelmann schrieb mir, dass der Westen von Tierärzten übersät ist und er in den Osten zurück gehen will.

Deine kleinen Spatzen sehen prächtig aus. Besonders Carina wirst du kaum wiedererkennen, so groß ist sie geworden. Sie sieht sehr niedlich aus, mit ihren runden roten Bäckchen und deinen großen blauen Augen. Die beiden Süßen gehen jeden Morgen an den Händen gefasst in den nahen Kindergarten. Dort gefällt es ihnen sehr. Es herrscht ein netter Ton dort, sodass ich immer froh bin, sie dorthin schicken zu können.

Anhängend ist die Anschrift deiner Mutter. Sie ist mit deiner Schwester und den Kindern in den Bayerischen Wald geflohen. Sie haben deinen Vater in Dresden sitzen lassen."

Am 2. Juni 1946 schreibe ich meiner Mutter, dass ich noch lebe und bis auf die Kriegsverletzung auch ganz mobil bin, und meine Postanschrift zurzeit in Bad Harzburg ist. Während des Krieges hatte ich wenig Kontakt zu meinen Eltern. Ich war mehr mit mir selbst und meiner kleinen Familie beschäftigt. Von Februar 1945 bis zum Kriegsende drängte mich nichts dazu, mit meiner Mutter zu reden, oder ihr zu schreiben. Im Lager in Garmisch ging es ohnehin nicht.

Es ist der 3. Juni 1946, ich erhalte Nachricht von Anna-Lena: „Endlich habe ich einen Brief aus deiner Hand. Ich wusste gar nicht, was ich denken sollte, weil ich immer nur durch dritte Personen von dir hörte. Auf ein Telegramm von Frau von Falkenhayn hin, schrieb ich gestern einen Brief nach Bad Harzburg. In deinem Brief klingt es so selbstverständlich, dass wir bald kommen. Du hast in dem Brief an Frau Helmer sicherlich gelesen, wie ich darüber denke. In der heutigen Zeit muss man in erster Linie an die Ernährung der Kinder denken. Nur von den Marken kann man auch im Westen nicht leben. Im Augenblick sieht es doch dort ganz schlimm aus. Was machst du nun in Blumenthal? Besteht irgendwo eine geringe Aussicht auf eine Existenz? Es ist zum Weinen traurig, dass du nicht zu mir kommen kannst. Hier sind an sich noch gute Möglichkeiten vorhanden. Schreibe mir bitte, welche Pläne du hast. Wenn du mir schreibst, dass du uns ernähren kannst, plane ich die Umsiedlung zu den Sommerferien. Bis zu den Sommerferien halte ich das noch in der Schule aus, das ist bis zum 13. Juli. Mein Gott, wie sehr wünsche ich, dass wir dann zu dir kommen können. Du musst dann eine Zuzugsgenehmigung schicken. Die Kinder erzählen immerzu von ihrem Vati. Sie sehen sehr gut aus, ich sehe auch gut aus. Du wirst staunen, wenn du uns alle siehst. Hast du Inge getroffen, hast du das Geld bekommen? Über Dr. Leusch in Krempe habe ich gehört, du würdest gut aussehen, aber am Stock gehen. Hast du immer noch Beschwerden mit dem Bein?"

Am 4. Juni 1946 bekomme ich noch einen Brief von Anna-Lena. In diesem steht: „Mein liebster Lutz, mit der Gefangenschaft hat es ja anders ausgesehen, als wir gedacht haben. Oh, wie froh bin ich. Mein nächster Gedanke war, dass es für dich doch gar keinen Grund gibt, nicht hierher zu kommen. Ich bin auch gleich zu unserem Pastor gegangen, der auch Bürgermeister ist und mit dem ich befreundet bin. Er sagte ebenfalls, dass du ganz unbesorgt herkommen kannst. Ich denke an Demmin.

Es ist jetzt nur ein Kreistierarzt dort. Der zweite Tierarzt hat sich und seine Familie zum Kriegsende vergiftet. (Anmerkung vom Verfasser: Der Vorstoß der Roten Armee löste eine gewaltige Selbstmordwelle aus. In dem kleinen Ort Demmin (ca. 15.000 Einwohner) findet der größte Massenselbstmord der deutschen Geschichte statt. Bis heute weiß kaum jemand davon. Es ist eines der letzten verdrängten Kapitel der deutschen Geschichte. Menschen aus allen Schichten, Berufsgruppen und Altersgruppen gingen in den Tod. Zwischen dem 30. April und dem 03. Mai 1945 nehmen sich mehr als 700 Menschen das Leben. – Deutschlandfunk, 09.04.2015-) Freitags fahre ich zur Landesverwaltung nach Schwerin. In Demmin kann ich mit dem Bürgermeister sprechen. Ich möchte viel lieber hier im Osten bleiben. Wenn du allerdings meinst, du kannst nicht in den Osten kommen, dann kommen wir zu dir. Lange halte ich eine Trennung nicht mehr aus."

Am 6. Juni 1946 kommt eine neue Meldung von Anna-Lena: „Heute Vormittag war ich in Schwerin bei Herrn Ministerialrat Dr. Böhme. Tierärzte werden sehr gebraucht. Er fragt natürlich nach der Parteizugehörigkeit und ich sage, dass du lediglich nominell in die NSDAP eingetreten warst. Beim Praktiker ist das nicht so schlimm, sagt er. Waren ja alle drin. Dr. Böhm hat uns für Demmin vorgemerkt. Eventuell gehe ich in die Einheitspartei, um unseren Aufbauwillen zu dokumentieren. Von Dr. Böhme höre ich, dass die Firma Hauptner in Solingen wieder Instrumente für Tierärzte herstellt. Also nimm die 1000 Mark, die Inge dir gebracht hat, fahre nach Solingen und kaufe Instrumente ..."

Mein Gott, denke ich, wie naiv meine Frau war. Und wie verblendet ist der Pastor? Was hat Anna-Lena mit diesem Freund gemeinsam und warum hört sie auf ihn? Ich kann die Eifersucht nicht ganz verdrängen. Schließlich hatte sie lange nichts von mir gehört. Ich hätte ja schon längst tot sein können und eine Schulter zum Anlehnen braucht in diesen Zeiten doch jeder. Versteht Anna-Lena nicht, dass ich ihr zurzeit nicht die ganze Wahrheit in einem Brief schreiben kann?

Am 8. Juni 1946 kommt ein Telegramm an:
„Schwester Inge kommt am Freitag, den 10 Juni von L. nach GS-US3."
Das war ein geheimer Familien-Code. Schon seit dem Ersten Weltkrieg wurde er benutzt, wenn man wissen wollte, wo Mitglieder der Familie sich aufhalten. GS stand für „Goslar", US3 für „Untere Schildwache 3". Dort war die Tochter der Schwester meines Großvaters mit dem Arzt Dr. Kötter verheiratet. Deren Tochter wiederum ist eine liebenswerte Cousine von mir. Ich begebe mich also dorthin, obwohl ich den Inhalt nicht ganz zu deuten weiß. Die Cousine ist bei den Eltern. Wir trinken Kathreiner Malz-Kaffee. Der soll so ähnlich wie Kaffee schmecken. Ich finde ihn allerdings eher widerlich, doch immerhin ist er warm und belebt. Gegen 17 Uhr klingelt es, die Cousine öffnet die Tür und ruft: „Lutz, dein Besuch ist da." Ich gehe in den Flur, meine Knie zittern. Ich starre die Frau an, die ich nur gegen das Licht im Türrahmen sehen kann und denke, ich leide unter Halluzinationen. Nicht Inge, sondern Anna-Lena steht in der Tür. Ich kann es nicht fassen. Ungläubig wanke ich auf sie zu, schließe meine Arme um sie und will sie nie mehr loslassen. Vor Tränen stumm halten wir uns fest. „Nun kommt doch erstmal rein", unterbricht uns die Cousine. Anna-Lena legt ihren kleinen aber verdächtig schweren Rucksack beiseite und beginnt zu erzählen: „Ich habe von jemandem, der das schon einmal gemacht hat, vertraulich erfahren, dass es einen illegalen, aber relativ sicheren Weg von Osten nach Westen gibt. Da Friedrich, mein Bekannter, an diesem Wochenende auch nach Bad Harzburg wollte, hat er mich mitgenommen. In Helmstedt gibt es ein Braunkohlebergwerk. Die Demarkationslinie geht genau durch das Bergwerk und man streitet sich immer noch, ob es zum Westen oder zum Osten gehört. Die Arbeiter in dem Werk kommen sowohl aus dem Osten als auch aus dem Westen. Das bedeutet, beim Schichtwechsel wird von keiner Seite kontrolliert, wer dort hinein oder heraus geht. Man kann sich einfach unter die Leute mischen und so die Seiten wechseln. Allerdings darf man nur einen kleinen Rucksack mit Verpflegung mitneh-

men, sonst wäre es zu auffällig. Friedrich wurde von seinem Bruder aus Bad Harzburg abgeholt und ich konnte mitfahren. Am Sonntag geht es nachmittags zurück. Das Bergwerk arbeitet wegen des hohen Bedarfs sieben Tage die Woche in jeweils drei Schichten. Das geht von 6 Uhr bis 14 Uhr und von 14 Uhr bis 22 Uhr. Man muss immer rund 30 Minuten vorher dort sein und kann sich nur in kleinen Gruppen einschleusen. Da wir, deinem Wunsch gemäß, demnächst übersiedeln sollen, hatte ich Angst, man könnte mir alle Wertsachen abnehmen. Das soll anderen schon passiert sein. Ich habe hier im Rucksack unser Familiensilberbesteck, dass uns die Eltern zur Hochzeit geschenkt haben. Das ist nicht nur nützlich, sondern auch wertvoll. Wenn schon arm, dann doch wenigsten mit Stil", grinst Anna-Lena.

Wir bleiben bis Sonntagvormittag bei der Cousine. Unter dem Dach gibt es eine kleine Kammer mit zwei einfachen dünnen Matratzen auf dem Fußboden. Es war etwas hart, aber uns kommt es vor wie im Himmelbett. Wir besprechen meine Planung und wie wir uns in Kiel finden können. Was für eine kluge Frau, denke ich. Den Besuch hatte sie clever organisiert. Doch es gibt etwas, das mich stört. Anna-Lena begreift nicht, oder sie will es nicht begreifen, dass ich nicht in den Osten kommen kann. Sie betont immer wieder, dass der Pastor, mit dem sie befreundet sei, ihr doch gesagt habe, dass das ganz ungefährlich sei. Das weckt mein Misstrauen. Vielleicht wollte er mich, falls ich rüberkomme, an die Russen verraten. Dann wäre sein Weg zu Anna-Lena frei. Diesen Gedanken finde ich so miserabel, dass ich ihn ganz schnell beiseiteschiebe. So richtig eifersüchtig war ich noch nie und ich will es auch niemals werden. Eifersucht ist die Angst vor dem Vergleich, den man verlieren könnte. In einer verlässlichen Liebe geschieht alles jenseits von Gut und Böse, sage ich mir in Anlehnung an den Philosophen Nietzsche. Anna-Lenas Handlungen sind ehrlich und unser Vertrauen zueinander ist stark.

Am 16. Juni 1946 schreibt mir meine Mutter: „Heinrich war nach dem Polenfeldzug als Landwirt im Sudetengau eingesetzt. Er ist verschollen ..." Ich halte einen Moment inne.

*Über das, was mein Schwager Heinrich genau gemacht hatte, wur-
de nicht geredet und auch nach dem Krieg verschwiegen. Als Agrar-
Ingenieur und Offizier der Wehrmacht wird er nicht nur Ackerbau
betrieben haben. Während seine Familie in den Westen floh, ist er
pflichtgemäß an seinem Platz geblieben und hat die Fahne hochge-
halten, bis er den Revolutionären in die Hände fiel. Nach sechsjäh-
riger Besetzung von Böhmen und Mähren tauchte am 5. Mai 1945
eine bewaffnete Meute aus dem Untergrund auf, drei Tage vor Friedensschluss. Diese rächte sich an den Deutschen für die jahrelange
Unterdrückung und Misshandlung. In der Familie wird erzählt, er sei
nach Sibirien gebracht worden und dort gestorben. Ich glaube allerdings nicht, dass er Zeit hatte, sich den Russen zu ergeben. Ich vermute, dass er von den Tschechen erschlagen wurde.*

Dann lese ich den Brief weiter: „1943 war Margot vom Gut Dohna in die Nähe von Brunn nach Tschechien gezogen. Herrmann
und ich waren einige Wochen dort zu Besuch. Die Versorgung
war dort, dank Heinrichs hervorragender Position, viel besser
als in Dresden. Als die Russen näherkamen, bin ich am 05. April 1945 mit Margot und ihren vier Kindern, das Jüngste war
gerade geboren worden, nach Deggendorf geflohen. Hier haben
wir in einer geräumigen Jagdhütte Unterkunft gefunden. Dein
Vater fühlte sich nicht kräftig genug, die Flucht mitzumachen
und wollte lieber mit dem Zug nach Dresden zurück. Dort hat
er heroisch mit zehn anderen Personen zusammen, in unserer Wohnung ausgehalten. Aus Liebe zu seiner Familie hat er
in Dresden die Wohnung bewacht und tapfer durchgehalten ...“

*Wenn ich jetzt im Gefängnis an das Lesen des Briefs denke, steigt mir
die Zornesröte ins Gesicht. Das war typisch für meine Mutter gewesen, zuerst sich selbst zu retten und alles, was ihr lästig war, hinter
sich lassen. Die Wahrheit sah anders aus. Mein Vater war während
des Zusammenbruchs allein in der Wohnung in der Andreas-Hofer-
Straße in Dresden gewesen, während meine Mutter sich nach Bayern
rettete. Zweieinhalb Jahre hütete mein Vater allein und in größter
Not die Wohnung, ohne weibliche Hilfe. Er war es nicht gewohnt ge-*

wesen, sich selbst zu versorgen und oft todkrank. Die Wohnung von
rund 100 Quadratmetern war gerade noch an dem Limit, was er sich
als Pensionist leisten konnte. Außerdem war diese Wohnung mit Ob-
dachlosen und anderen Personen vollgestopft. Es gab wenig zu essen
und mein Vater war total unterernährt, als ich ihn in Braunschweig
auf dem Bahnhof traf.

Ich schließe die Augen und denke daran, wie mein Vater in Dres-
den allein in der bereits reichlich zerstörten Stadt saß. Die Stadt war
voll mit Flüchtlingen, die Versorgung katastrophal und mein Vater
gesundheitlich gebeutelt. Da brach auch noch die Hölle über ihn he-
rein. Am 17. April 1945, als das Ende des Krieges bereits abzusehen
war und es eigentlich nichts mehr in der Stadt gegeben hatte, das
bombardiert werden konnte, erfolgte noch ein letzter Großangriff
mit tausenden von Bomben. Es war den Engländern bekannt, dass
nur noch Flüchtlinge aus dem Osten in der Stadt waren. Das Ganze
läuft wie ein Film vor meinen Augen ab. Ich sehe meinen Vater vor
mir, wie er zitternd im Sessel sitzt, die Augen weit aufgerissen, vom
Feuerschein geblendet, vom Knall der Bomben taub und mit dem Ge-
fühl der Hilflosigkeit zu Gott betend. Diese Vorstellung zerreißt mir
das Herz. Aus Mitgefühl mit meinem Vater und vor Ärger über meine
Mutter laufen bei mir die Tränen über die Wangen. Die Bomben auf
Dresden waren ein gezielter Massenmord an der Zivilbevölkerung.
Bewusst geplant und von der britischen Armee ausgeführt. Was für
ein widerliches Nachtreten gegenüber einem Feind, der bereits am
Boden lag. Das war ein Kriegsverbrechen, das war kein englisches
fair play, das war bodenloser Hass. Ich hoffe, die Geschichtsschrei-
ber werden auch das einmal entsprechend formulieren.

Im Juni 1947 gelang es meiner Schwester Margot, unseren Vater zu besuchen. Eigentlich wäre es die Pflicht meiner Mutter
gewesen, sich um ihren Mann zu kümmern. Sie hatte viele Aus-
reden, warum es ihr leider nie möglich war. Im Oktober 1947
gelang es schließlich, ihn mitsamt dem Hausrat herauszuho-
len. In Braunschweig trafen wir uns kurz beim Zwischenauf-
enthalt und dem Zugwechsel. Ich konnte ihm noch stolz verkünden, dass er im April einen Enkelsohn bekommen hatte. Er

schaute mich nur teilnahmslos mit seinen trüben Augen an. Er hatte keine Kraft, sich wirklich darüber zu freuen. Ich fragte ihn: „Wie hast du nur all das Schreckliche in Dresden alleine bewältigt?" Er straffte seinen Körper, die Augen bekamen wieder Glanz und er antwortete: „Wie Gott es gegeben hat, so habe ich es genommen."

Ich war sehr verwundert über diese Aussage. Ich hatte angenommen, er würde die Trostlosigkeit beschreiben oder, dass er beklagen würde, von seiner Frau verlassen worden zu sein. Nichts davon äußerte er, ich hörte kein Jammern und keine Anklage von ihm.

Hier im Ravensburger Gefängnis fange ich an zu verstehen, wie klug seine Worte gewesen waren. Mein Vater vertraute auf Gott und nahm sein Schicksal, wie von Gott befohlen. Es war das letzte Mal, dass ich meinen Vater sah. Der Anblick war erschütternd. Ein alter Mann ohne Lebenskraft, mit starken Darmbeschwerden, von den Bombennächten auf Dresden paralysiert, ohne Hoffnung, ohne Zukunft. Drei Monate später, am 30. Januar 1948, starb er in Deggendorf.

Familienzusammenführung – Der Ost-West-Zug rollt

Endlich kommt das entscheidende Telegramm. Am Mittwoch, dem 19. Juni. 1946 um kurz nach neun Uhr lese ich: „Reise mit Kindern und Gepäck am 20. Juni. Gebe dir von unterwegs Nachricht."

Das nächste Telegramm von der Deutschen Reichspost kam zwei Tage später aus Berlin um 19 Uhr: „Befinden uns im Flüchtlingslager Berlin, Weitertransport erst nächste Woche, gebe dir genaue Nachricht."

Der 21. Juni 1946 war ein Freitag. Also würde meine Familie das Wochenende unter erschwerten Bedingungen im Berliner Lager verbringen. Ich bin in Gedanken bei meinen Kindern, wie ertragen sie die Unruhe und die Menschenmenge im Flüchtlingslager? Welche Ängste müssen sie ertragen? Mein Herz wird klamm, Traurigkeit überfällt mich. Aber nur kurz, denn die Lebenskraft und Freude lässt der Depression kaum Raum. Es ist Sonnenwende und somit lange hell. Zum Trost und um auf andere Gedanken zu kommen, fahre ich mit dem Fahrrad in den Gasthof Bärenkrug nach Molfsee. Das ist quer durch die Felder knappe 4 Kilometer weit und in 15 Minuten leicht machbar. Der Bärenkrug ist seit 1919 ein traditionelles Landgasthaus und hat hinter dem Haus einen wunderschönen Biergarten unter Kastanien, so wie ich es noch aus München kenne. Bei ein paar Bieren träume ich von der unbeschwerten Zeit in München. Unbeschwert insofern, weil ich mich an die bedrückenden Momente nicht erinnern kann. Sie sind in meinem Gehirn gelöscht oder verdrängt. In der Zeitung las ich, dass am Samstag, dem 15. Juni, alle privaten Banken in der sowjetischen Besatzungszone geschlossen wurden. An ihre Stelle traten staatliche Kreditinstitute. Des Weiteren lese ich von der Forderung der sowjetischen Nachrichtenagentur TASS die staatliche, wirtschaftliche und gesellschaftliche Umgestaltung Deutschlands voran zu treiben. In der sowjetischen Zone werden Handwerkergenossenschaften gegründet und alle privaten Handwerker eingegliedert. Na großartig, denke ich, der Kommunismus wird die Ostzone fressen. Wie gut, dass meine Familie dem entkommt. Der Rat der Außenminister der vier Siegermächte USA, UDSSR, Großbritannien und Frankreich ist erneut zu Verhandlungen in Paris. Auf einer Pressekonferenz in Berlin verkündet der britische General Robertson, dass jeder Großgrundbesitz von mehr als 5 Hektar in der britischen Zone unter die Kontrolle der Militärverwaltung gestellt wird. In England sollen rund 200.000 deutsche Kriegsgefangene als Erntehelfer eingesetzt werden. Das erinnert mich an die Worte des Geschichtsschreibers Livius, der schilderte, wie der Gallier Brennus nach dem Sieg gegen die Römer um 387 vor Christus von diesen Gold forderte. Als die Römer die verwendeten Gewichte reklamierten, warf Brennus zusätzlich sein Schwert auf die Waage und sprach: „Vae Victis – wehe den Besiegten". Das erleben auch wir gerade in vielfältiger Form, denke ich. Um 19 Uhr gesellen sich noch ein

Landwirt, ein Volksschullehrer und ein Autohändler im Bärenkrug dazu. Die Gespräche werden lebhaft und mit jedem „Geele Köm" lustiger. Bevor es ganz dunkel wird, mache ich mich auf den Rückweg. Ich steige auf das Rad und auf der anderen Seite wieder ab. Hoppla, denke ich, hier stimmt mit dem Gleichgewicht etwas nicht. Das Rad schiebend, erhöhe ich die Laufgeschwindigkeit, springe auf das Rad hinauf und sitze schließlich im Sattel. Die Schwankungen verringern sich mit zunehmender Tretgeschwindigkeit. So komme ich unbeschadet nach Hause.

Am Montag, dem 24. Juni 1946, fahren Anna-Lena und die Kinder unter englischer Bewachung mit dem Zug nach Braunschweig. Die Reise beginnt im Güterzug. Die Fahrt dauert vom Nachmittag bis zum nächsten Morgen am 25. Juni. Der Zug ist vollgestopft mit vielen Menschen aller Altersstufen. Alle liegen oder sitzen auf ihrem Gepäck im Wagon ohne Sitze und müssen so die Nacht verbringen. Vor Anstrengung und Übermüdung weinten viele Kinder bei der Ankunft in Braunschweig.

Meinen Gehstock verstecke ich verschämt hinter meinem Rücken und gehe langsam auf Anna-Lena und die Kinder zu. Anna-Lena schaut mich prüfend von oben bis unten an, stockt einen Moment und fällt mir in die Arme. Ich weiß nicht, wie lange wir so standen, bis die kleine Anna und Carina uns anstoßen und fragen: „Warum weint ihr?" Ja, warum weinen wir? „Wir weinen vor Glück, weil wir uns alle wiederhaben", sage ich. „Das verstehe ich", sagt Anna ganz klug und weise.

Es ist Mittsommerzeit, das bedeutet lange Nächte und kurze Tage. Wir fahren nach Goslar zu den Verwandten in die Untere Schildwache. Die Wohnung in Blumenthal ist noch nicht möbliert und ich hatte bisher dort auf einer Matratze auf dem Fußboden geschlafen.

Wir beschließen, die Kinder für vier Wochen in Bad Harzburg in ein Kinderheim zu geben.

In Blumenthal müssen wir erst die kleine Wohnung herrichten und Möbel besorgen.

Das ist mit kleinen Kindern ohne Mobiliar schwer möglich. Daher sind sie im Kinderheim besser aufgehoben, sie werden dort gut versorgt.

Als wir sie am 1. Juli dorthin bringen, ahnen die Kinder noch nichts davon. Um einem Drama auszuweichen, schleichen wir uns unbemerkt davon. Ich habe dabei ein sehr schlechtes Gewissen. Erinnert es mich doch an eine Situation meiner Kindheit, als ich im Krankenhaus lag und meine Mutter ohne Abschied und Erklärung verschwand und ich alleine gelassen war, nicht wissend, ob ich jemals wieder abgeholt werden würde. Anna-Lena beruhigt mich und sagt, es müsse so sein. Am 1. August holen wir sie aus Bad Harzburg wieder ab. Anna und Carina schauen uns erst ungläubig an, als hätten sie nicht erwartet, uns wiederzusehen. Dann aber stürzen sie sich auf uns und halten uns fest, als wollten sie uns nie wieder loslassen. Blumenthal, der Name klingt angenehm und weckt schöne Gedanken. Schön ist das Dorf allerdings nicht. Es ist ein schlichtes Straßendorf, mit landwirtschaftlichen Betrieben, circa 15 Kilometer südwestlich von Kiel. Es ist ein altes Dorf. Um 1300 wurde es bereits erwähnt, aber irgendwie ist die Entwicklung immer am Dorf vorbeigezogen, anscheinend aber auch alle Kriege. Vom 30-jährigen Krieg über den Ersten Weltkrieg bis zum Zweiten Weltkrieg lebte man hier in geborgener und bäuerlicher Gemeinschaft. Nun kommen Flüchtlinge und tragen Unruhe und Unfrieden in die Gemeinde. Man versteht, dass alle diese armen Leute irgendwo untergebracht werden müssen. Aber warum gerade hier? Dass es Menschen sind, die alles verloren haben, Haus und Grund, Hab und Gut, können sie sich kaum vorstellen. Schließlich leben sie ja seit Ewigkeiten unbehelligt auf der eigenen Scholle. Die Bewohner haben in ihrer eigenen Wahrnehmung jedoch auch sehr gelitten. Einige sind aus dem Krieg nicht zurückgekehrt. Was ja auch nicht anders zu erwarten war, bei den vielen toten Soldaten. Dafür aber haben sie mit Schwarzmarkt-Geschäften viele Wertgegenstände angehäuft und wissen gar nicht, diese armen Bauern, wo sie ihre Möbel und Teppiche verstecken sollen, denke ich ein wenig gehässig. Sie brauchen ja schließlich den Platz in der Scheune für die Ernte.

Für mich und die Familie ist es hart. Wir gehören nicht zur Gemeinschaft der Alteingesessenen. Wir sind Zugereiste, die möglichst schnell weiterreisen sollten. So fühlt es sich also an, wenn man ausgegrenzt und unerwünscht ist, denke ich. Es sind auch beruflich harte Zeiten für mich. Es gelingt mir nicht immer, das Einkommen zu erzielen, das uns ein gutes Leben sichern würde. Anfangs bin ich mit dem Rad unterwegs. Ein freundlicher Bauer, der uns gegenüber wohnt, hatte es mir geschenkt. Es gibt also auch Gutherzige unter den Geizigen, dachte ich. Kurzum, keiner der Bauern war wirklich arm, hätte gehungert oder sonstiges Leid, wie etwa Bombenangriffe erlebt. Sie alle hatten tiefe Taschen, aber nur ganz kurze Arme. Ich spüre es immer dann, wenn ich für meine Dienstleistung als Tierarzt das verdiente Geld einfordere.

Im Sommer 1946 wird im Radio berichtet, dass die sowjetische Besatzungszone nach dem russischen Vorbild ein zentralistischer kommunistischer Staat werden soll. Die Boden- und Industriereform ist ein Grundstein für die sozialistische Planwirtschaft. Die bäuerlichen Betriebe müssen sich zu Produktionsgenossenschaften zusammenschließen.

Die Vergesellschaftung des privaten Eigentums schreitet voran. Nun ist auch Anna-Lena klar, dass ich nicht nur Hirngespinste hatte, sondern berechtigte Sorgen um unsere Zukunft im Osten. Ganz abgesehen von meiner Angst vor den Russen und der Angst, in Sibirien zu landen. Das Gegenteil zur Entwicklung im Osten höre ich im September 1946 im Radio. Die Rede des amerikanischen Außenministers in Stuttgart lässt hoffen: „Das amerikanische Volk will dem deutschen Volk helfen, seinen Weg zurückzufinden. Zu einem ehrenvollen Platz unter den freien und friedlichen Nationen der Welt." Das sind wunderbare Worte für den Neubeginn. Keine Worte der Rache und Vergeltung für das Unrecht, das von Deutschland ausging, sondern ein ehrlicher neuer Anfang von Siegern und Besiegten.

Die Entnazifizierung wird in der SBZ besonders rigoros durchgeführt. Laut Presse werden ehemalige Nationalsozialisten vom sowjetischen Militärtribunal zu langjährigen Zuchthausstrafen oder zum Tode verurteilt. Man berichtet von Willkür und juristisch mangelhaften Verfahren. In der Westzone werden zudem diverse Strafverfahren eingeleitet, allerdings unter der Maßgabe strenger juristischer Regeln. Die Fluchtbewegung der Deutschen, die anfangs an ein friedliches Zusammenleben mit den Polen glaubten, verstärkt sich. Teilweise müssen sie mitunter ohne Gepäck und unter prekären Bedingungen, mit Mord und Totschlag, fortlaufen. Wie hinterhältig und sadistisch polnische Soldaten sein können, hatte ich im Internierungslager in Garmisch selbst erlebt. Die Freude, uns zu quälen, grinste aus ihren Gesichtern. Wenn in der Wachmannschaft polnische Soldaten eingegliedert waren, wurde uns mehr als deutlich gezeigt, dass sie die Sieger waren.

Westdeutschland ist 1946 mit vielen Millionen entwurzelten Menschen überfüllt. Hinzu kommt, dass die Städte zerstört und bewohnbarer Wohnraum kaum vorhanden ist. Freunde von Anna-Lena, Ursula und Paul, hatten eine kleine primitive Baracke in Dänisch-Nienhof zugewiesen bekommen. Sie waren im April 1945 von Kolberg aus mit einem als „Rotes Kreuz" gekennzeichneten Schiff in Richtung Kiel unterwegs gewesen, als das Schiff von einem Torpedo getroffen wurde. Das Schiff sank sofort und ein zur Hilfe eilendes Rettungsboot zog die beiden an Bord. Sie waren gerettet, aber das Baby in Ursulas Armen war tot. Es hatte die Zeit im eiskalten Wasser nicht überlebt. Die Trauer um das tote Baby hielt sie gefangen. Von Januar bis Ende April 1945 waren mehrere Schiffe, mit Flüchtlingen völlig überladen, torpediert worden und versunken. Die bekanntesten waren die „Gustloff", die „Steuben" und die „Goya". Mit ihnen wurden über 25.000 Menschen in der Ostsee versenkt. Auf die zivile Beladung oder das Rote Kreuz und die weiße Fahne wurde keine Rücksicht genommen. Paul und Ursula leiden sehr unter dem miserablen Zustand des Hauses und unter dem Mangel an Nahrungsmitteln. Sie sind dankbar, wenn wir sie besuchen und Lebensmittel mitbringen. Paul ist arbeitslos und hat als Kunstprofessor wenig Chancen, ein Einkommen zu erzielen. Dank meiner Tätigkeit in der Landwirtschaft haben wir wenigstens genügend zu essen. Viele Menschen hungern in diesem Winter oder werden erfrieren. In der Westzone sind nicht genügend Nahrungsmittel und Heizungsmaterial verfügbar. Teilweise werden Möbel verheizt, um nicht in der Kälter zu Tode zu kommen. Gute, wärmende Kleidung und Schuhe sind Mangelware. Die antisemitischen Gedanken aus der Nazi-Zeit sind gedeckelt, aber nicht verschwunden. Tempora mutantur, die Zeiten ändern sich, die Menschen nicht. Die Abneigung gegenüber Juden wird in diesem Winter neu geschürt. Man traut sich nicht, offen darüber zu reden oder es in der Presse deutlich zu schreiben, aber Paul und Ursula berichten uns von Ereignissen, die in Polen passiert seien. Dort soll es aggresives Verhalten von Polen gegen polnische Juden gegeben haben. Im Juli 1946 sollen von der aufgebrachten polnischen Bevölkerung circa vierzig Juden getötet und viele verletzt worden sein. All die polnischen Juden, die das Nazi-Regime überlebt hatten, man spricht von circa 300.000 Menschen fühlten sich in Polen nicht mehr sicher. In großer Zahl fliehen sie nun nach Westdeutschland, in den Bereich der Amerikaner. Diese von den Amerikanern sogenannten „Displaced Persons" werden bevorzugt behandelt und versorgt. Paul sagt dazu: „Da kannst du mal sehen, wie wir erniedrigt werden. Die Leute, die wir eingesperrt haben, werden nun bevorzugt und über uns gestellt und wir müssen Hunger leiden und erfrieren." Ich sage nichts dazu, weder zustimmend noch ablehnend. Eigentlich weiß ich auch nicht, was ich dazu sagen soll. Die Scham über das Vergangene hindert mich an einem Kommentar.

Anna-Lena ist schwanger mit einem süßen runden Bäuchlein, das ich gerne streichle. Was auch immer sie da ausbrütet, ich werde es lieben, denke ich. Der Anblick schwangerer Frauen erzeugte schon immer Wonnegefühle in mir. Wir feiern Weihnachten in unserer kleinen Wohnung. Es ist Dienstag, der 24.Dezember 1946 und eisig kalt mit nur leichtem Schneefall. An den Fenstern unserer nur mäßig geheizten Wohnung bilden sich Eisblumen. Ich hatte einen kleinen Weihnachtsbaum organisieren können und Kerzen dazu. Wir schaffen uns so eine schöne Weihnachtsstimmung und die Kerzen wärmen für kurze Zeit den Wohnraum, bevor wir uns alle unter die Bettdecke kuscheln und gegenseitig warmhalten.

Im Radio wird berichtet, dass hier seit November der kälteste Winter seit langer Zeit herrsche. Ausgerechnet in dieser sowieso schon schweren Zeit. Für private Haushalte gibt es nur stundenweise Strom. Ab dem 21. Dezember 1946 werden alle nicht dringend notwendigen Betriebe bis zum 1. Januar 1947 geschlossen. Man will damit knappe Energie, Strom und Heizung sparen. Das hat dann zur unangenehmen Folge, dass die eine oder andere Wasserleitung einfriert. Später, im Frühjahr, erfahren wir, dass in Westdeutschland mehrere hunderttausend Menschen an den Folgen von Hunger und Kälte gestorben sind.

Der Winter von 1946 auf 1947 geht genauso in die Geschichte ein wie der Hungerwinter von 1916 auf 1917. Damals wurde er der „Steckrübenwinter" genannt. Mit meinen acht Jahren erlebte ich zum ersten Mal, was es bedeutet, nicht genug zu essen zu haben und vor Hunger zu frieren. Auch für uns ist die Nahrungsbeschaffung ein Problem. Allerdings gelingt es mir bei den Bauern, die meine Klienten sind, Kartoffeln, Mohrrüben, Eier und das ein oder andere Suppenhuhn zu besorgen. Auch Brennholz und etwas Kohle kann ich organisieren. Das Leben auf dem Land hat in Krisenzeiten seine Vorzüge. Trotzdem mache ich mir viele Sorgen um die Töchter und Anna-Lena, die hochschwanger ist. Ich habe Angst, das Baby könnte unterversorgt sein und mit einem Geburtsfehler zur Welt kommen. Eine Tochter oder ein Sohn, so behindert wie damals unser Spielkamerad Heini in der Krachmacherstrasse, ist für mich unvorstellbar. Ich weiß nicht, wie ich mit einem behinderten Kind zurechtkommen würde. Wie ein Blitz durchzuckt es mich bei diesem Gedanken. Ich muss an die Gespräche mit Pette und Spatz in Garmisch denken. Deren Einstellung zur Euthanasie hatte mich damals schon schockiert. Was würde in dem Fall, dass unser Baby nicht gesund zur Welt kommt, passieren? Würde man es abholen und wegsperren oder töten? Die Vorstellung treibt mir Schweißperlen auf die Stirn. Was haben Mütter und Väter damals empfunden, als man ihnen sagte, das „unwerte Leben" müsse vernichtet werden? Würde ich kämpfen oder resignieren? Ich weiß es nicht. Mit Erleichterung wird mir bewusst, dass wir ja nun in einer anderen Zeit leben. Gott sei Dank.

Bei den Überlegungen, wie ich die Gesundheit und Abwehrkräfte der Familie sichern könnte, erinnere ich mich an einen meiner Kameraden aus dem Internierungslager. Henry Heinsohn aus Hamburg-Langenhorn und in der Tangstedter-Landstraße 169 wohnhaft, war früher bei der Pharmafirma Nordmark in Uetersen beschäftigt. Vielleicht war er wieder dort tätig, denke und hoffe ich. Im Februar 1947, als es unerwartet milde wird, rufe ich bei der Nordmark an und, welch Wunder, Henry ist dort tatsächlich wieder Abteilungsleiter. Seine Stimme am Telefon klingt verhalten, da die Telefonistin meinen Namen nicht richtig weitergegeben hatte. Aber als ich sage „Henry, hier ist Lutz Reuss, dein Kamerad aus Garmisch", wird seine Stimme offen und herzlich. „Das ist ja großartig, von dir zu hören! Wo lebst du jetzt und was kann ich für dich tun?" Ich antworte: „Ich bin gar nicht weit von dir entfernt in Blumenthal, bei Kiel." „Das ist ja großartig, dann bist du ja in erreichbarer Nähe. „Das ist ja großartig" war schon immer ein typischer Ausruf von Henry gewesen, wenn er sich für etwas begeistert hat. „Ich würde gerne mal deine Frau kennen lernen. Ist sie wirklich so hübsch, wie du immer erzählt hast?" „Noch viel schöner, als ich dir beschreiben kann. Was macht deine Familie?" „Die hat viel Glück gehabt. Meine Frau ist rechtzeitig aus unserer Wohnung aus Hamburg ausgezogen und hat sich bei den Schwiegereltern in Tornesch einquartiert. Dadurch sind sie und mein kleiner Sohn von den Bomben verschont geblieben. Ich wohne jetzt auch in Tornesch, ist ja gleich neben Uetersen und somit ein kurzer Weg zur Arbeit. Wann kommst du uns besuchen?" „Am liebsten Morgen schon, ich benötige einige Stärkungsmittel für meine Familie." „Kein Problem", sagt er, „und bring genügend

Zeit zum Klönen mit." Wir verabreden uns für den folgenden Tag. Ich fahre nach Uetersen und komme mit einer größeren Menge Omnival, einem Multivitamin-Präparat mit den Vitaminen D, E, C, B2, Calcium, Mangan und einigen Flaschen Lebertran, was im Moment kaum zu bekommen ist, nach Hause. Henry ist großzügig und sagt: „Du hast Glück, wir haben in der Produktion gerade eine Charge mit Verpackungsfehlern. Der Hersteller der Etiketten hat Mist gebaut. Einen Karton Omnival mit 12 Flaschen und einen kleinen Karton Lebertran mit 6 Flaschen kann ich dir schenken." Diese Menge reicht für uns und ich kann auch Familie Reimers, die gegenüber wohnt und ebenfalls ein Baby erwartet, etwas abgeben. „Danke, das nenne ich echte Kameradschaft", sage ich und klopfe ihm auf die Schulter. „Komm mal nach Blumenthal, wir würden uns sehr freuen."

Es ist Anfang April 1947. Genauer gesagt, die Nacht vom 6. auf den 0. April. Anna-Lena ist hochschwanger und das Baby, unser „Heimkehrer-Kind", kann jeden Moment kommen. Wir stehen in telefonischem Kontakt zur Hebamme in Molfsee. Dieser Gemeinde sind wir verwaltungsmäßig zugeordnet. Molfsee ist mit dem Auto in zehn Minuten bequem zu erreichen, wenn das Wetter mitspielt. Das Wetter ist allerdings extrem schwankend. Im Februar war es plötzlich ungewöhnlich warm. Im März wurde es wieder ungewöhnlich kalt mit sehr viel Schnee. Heute in der Nacht vom 6. auf den 7. April tobt ein heftiger Schneesturm, sodass alle Straßen verweht sind. So sehr sogar, dass kein normaler PKW die Schneewehen überwinden kann. Um ein Uhr nachts rufe ich die Hebamme zur Hilfe. Es dauert und dauert und dauert. Endlich, drei Stunden später fährt ein Armee-Lastwagen mit Schneeschieber vor die Tür und bringt die Hebamme mit. Ich bin unendlich erleichtert.

Als Tierarzt habe ich zwar Erfahrungen als Geburtshelfer bei Tieren und bei der Geburt meiner Töchter war ich auch dabei, aber jetzt bin ich doch glücklich über die Anwesenheit einer kompetenten Person. Die Hebamme hat Anna-Lena in den letzten Monaten bereits betreut und sie ist gut vorbereitet. Um circa halb sechs Uhr morgens geht es los. Die Wehen werden heftiger und meine Nervosität auch. Das Köpfchen zwängt sich durch den Geburtskanal, das Baby ist halb draußen und ... es hat die Nabelschnur um den Hals. Ich werde leichenblass, die Hebamme aber bleibt gelassen. Sie ist ungefähr 60 Jahre alt und sagt von sich, sie habe schon ganze Dorfbevölkerungen zur Welt gebracht. Es könnte sie nichts mehr aus der Ruhe bringen. Sie erklärt das Problem, löst es und ich halte meinen kleinen Sohn im Arm und darf ihn waschen. Anna-Lena kommt schnell wieder auf die Beine und ist überglücklich, mir einen Sohn geschenkt zu haben. Anna und Carina bewundern das kleine Brüderchen und erzählen in der Nachbarschaft von dem für sie ganz großen Ereignis. Plötzlich zeigt sich das Dorf als eine sehr hilfsbereite Gemeinschaft. Wir werden mit vielen nützlichen und unnützen Geschenken bedacht. Die Überraschung und Freude sind riesig. Uns mangelt es logischerweise an Babykleidung und Stoffwindeln. Die notwendigsten Sachen aber konnten wir bereits vor der Geburt von hilfsbereiten Menschen preiswert erwerben.

Ab März 1947 kommen die ersten „Care-Pakete" aus Amerika nach Deutschland. „Care" ist die Abkürzung für „Cooperative for American Remittances to Europe" und eine private amerikanische Organisation von Wohlfahrtsverbänden, die Europa helfen wollen. Auch die amerikanische Armee stellt nun überflüssige Bestände aus Armee-Rationspaketen zur Verfügung. Auf wundersame Weise erhalten auch wir am 20. April ein solches Care-Paket. Neben Nahrungsmitteln wie Kraftbrühe, Speck, Margarine, Schokolade und Kaffee, finden wir auch Windeln darin. Das ist wahrlich wie eine Fügung des Himmels für uns.

In der zweiten Aprilhälfte, genauer gesagt am 18. April1947, schlägt das Wetter in das totale Gegenteil um. Es herrschen plötzlich Temperaturen von über 25 Grad und der Frühling explodiert förmlich. Die Wiesen werden über Nacht bunt und gelb vor lauter Löwenzahn. Neues Leben erwacht und die Sonnenstrahlen lassen auch die Menschen strahlen. Ich radle nach Flintbek, circa 5 Kilometer von Blumenthal entfernt, singe muntere Melodien und träume glücklich vor mich hin. Meine Visionen vom schönen Leben beflügeln mich. Der Gedanke an meinen kleinen Sohn, das süße Baby, gibt mir Lebenskraft. Vor lauter Glückseligkeit spüre ich mein verletztes Bein nicht mehr und trete mächtig in die Pedale.

Am Hof von Hermann Röttger angekommen, sehe ich ein neues Auto in der Sonne funkeln. Ein Mercedes Benz Typ 170 und 1,7 Liter, leuchtet mir entgegen und ein stolzer Besitzer mit strahlenden Augen streichelt die Karosserie. Nach kurzer Begrüßung gehen wir gleich zu „Benzingesprächen" über. Mich interessieren Motorleistung, Ausstattung und Fahreigenschaften. Voller Stolz erklärt Röttger mir den seitengesteuerten Vierzylindermotor mit 38 PS bei nur 3400 Umdrehungen pro Minute und einem tollen Drehmoment von 1800/Minuten sowie einem Benzinverbrauch von nur 11 Liter auf 100 Kilometer. Ich bin mächtig beeindruckt. Sieh mal an, auch Hermann Röttger gehört zu den Kriegsgewinnern, die den Kuhstall voller Teppiche haben, denke ich. Ich unterdrücke mühsam meinen Neid und frage: „Sag mal Hermann, was ist mit deinem Motorrad? Das brauchst du nun doch nicht mehr. Mach mir einen fairen Preis. Ich kann es gebrauchen. Mit dem Rad zu den Bauern zu fahren und das mit meiner Behinderung, das ist mehr als anstrengend."

In der Scheune steht eine NSU-501 TS mit Beiwagen, Baujahr 1936, mit starken 12,5 PS. Wir verhandeln, wie es auf dem Land üblich ist, von einem Extrem zum anderen. Von „Meine Familie wird hungern" geht das Gespräch bis hin zu „Bin ja großzügig und will dir helfen". Nach zwei Stunden und mehreren „Geele Köm" ist der Deal per Handschlag und einem letzten „Geele Köm" besiegelt. So, wie Bauern und Viehhändler eben Verträge schließen. Wie gesagt, aus Erfahrung kann ich sagen, dass der Handschlag mehr wert ist als manch schriftlicher Vertrag. Der „Geele Köm" ist in Norddeutschland ein klassischer Schnaps, ähnlich wie Aquavit, mit Kümmel und Anis versetzt. Man muss sich an den Geschmack erst gewöhnen. Damit der Geschmack nicht abschreckend ist, wird das Getränk eiskalt getrunken. Ich musste es einmal bei einer Gesellichkeit von der Sonne gewärmt trinken. Das war die Hölle. Der Köm steigt einem kalt getrunken allerdings schnell zu Kopf. Und weil er im kalten Zustand eben auch relativ geschmacklos ist, schluckt man ihn wie Wasser oder Wodka in Russland. Wir einigen uns auf Zahlung in Raten. Versichert oder nicht, spielt im Moment keine Rolle. Ich nehme das Motorrad gleich in meinen Besitz und erhalte die Papiere, mit der Auflage, das Fahrzeug in absehbarer Zeit auf meinen Namen überschreiben zu lassen. „Das Fahrrad", sagt Hermann, „bringe ich dir demnächst vorbei, du kannst mit der Maschine heimfahren." Ich spüre den Alkohol im Kopf und denke erleichtert, dass das Motorrad ja einen Beiwagen hat. Juhu, das stabilisiert mein Gleichgewicht. Ich hatte noch meine Fahrradtour vom Bärenkrug im Kopf. Vorsichtig, mit geringer Geschwindigkeit, fahre ich vom Hof.

Auf der Landstraße überlege ich, wie ich gegenüber von Anna-Lena meine leichtfertige Entscheidung und diese Errungenschaft rechtfertigen kann. Ein Argument ist sicherlich unschlagbar, denke ich. Mit dem Motorrad kann ich meinen Aktionsradius erweitern. Das bedeutet mehr Arbeit, mehr Geld und mehr Wohlstand. Außerdem können wir alle zusammen damit bis zur Ostsee nach Dänisch-Nienhof im Schwedeneck fahren. Dort nämlich ist Ulla Barz, Anna-Lenas Freundin, gelandet. Das wird sie überzeugen.

Ich spüre die Maschine, wilde 12,5 Pferdestärken, zwischen meinen Schenkeln. Die Vibrationen des Motors erregen mich. Ich bin glücklich. In meinen Träumen bemerke ich die scharfe Rechtskurve nicht. Ich nehme sie zu eng und zu schnell. Der Beiwagen kommt hoch, das Fahrzeug wird instabil und will kippen. Instinktiv lege ich mich weit nach rechts, drücke den Lenker in Geradeaus-Stellung und mache eine Vollbremsung. Der Beiwagen kommt wieder runter und schlingert. Ich überfahre die Mitte der Straße und komme kurz vor dem gegenüberliegenden Graben zum Stehen. Gott sei Dank gab es keinen Gegenverkehr. Ich fahre rechts ran und muss mich erst einmal wieder beruhigen. Das hätte verdammt schief gehen können. „Hallo, Lutz?" sage ich zu mir. Du weißt doch, wie ein Gespann gefahren wird, du machst das doch nicht zum ersten Mal. Anders als mit einer Solo-Maschine musst du in einer Rechtskurve weit nach links an die Mitte ran, damit der Radius größer wird. Mit mäßiger Geschwindigkeit in die Kurve gehen und erst am Scheitelpunkt wieder Gas geben. Wenn dann der Beiwagen steigt, ist er leicht zu balancieren. In der Linkskurve weit rechts fahren und kurz vor dem Scheitelpunkt das Gas wegnehmen, dann drückt der Beiwagen dich bequem um die Kurve, dann erst wird wieder Gas gegeben. Außerdem habe ich einen Bremsfehler gemacht. Die Hauptbremswirkung muss vorn aus der Handbremse kommen. Die Fußbremse für hinten ist nur eine leichte Unterstützung, sonst bricht das Hinterrad aus und will nach vorne kommen. Ich rauche mit zittrigen Händen eine Zigarette, meine Lieblingsmarke Senoussi ohne Filter und beruhige mich schließlich.

Dann geht's weiter. In diesem Moment erinnere ich mich, wie ich mit dem BMW-Wehrmachtgespann in Erfurt zu Erwin Rossmann gefahren bin. Ob er noch lebt, der alte Knabe? Irgendwann will ich versuchen, Kontakt aufzunehmen. Schnell sind die trüben Gedanken im Fahrtwind verweht und ich lausche dem gleichmäßigen Sound des Motors. Es ist Musik in meinen Ohren.

Mit oder ohne Motorrad, kleinem oder großen Aktionsradius, das Überleben in Blumenthal bleibt schwierig. Die Nachfrage nach meinen tierärztlichen Leistungen steigt nicht in dem erträumten Ausmaß. Ich weiß nicht, ob es an mir liegt oder an der allgemeinen Zurückhaltung der Landwirte, die nicht gerne Geld ausgeben. Sie handeln nach dem alten Grundsatz, wenn die Kosten der Tierhaltung den Gewinn an Fleisch gefährden, wird das Tier eben geschlachtet. Das Angebot an Lebensmitteln ist ebenfalls wieder knapp. Auch andere Gegenstände, wie Geschirr werden zurückgehalten und verschwinden aus den Läden. Alle rechnen mit der Währungsreform und niemand weiß, in welchem Verhältnis getauscht wird. Bevor die Währungsreform am 21. Juni 1948 meine ohnehin schon geringen Ersparnisse reduziert, kann ich das Motorrad noch bezahlen. Nun ist es soweit. Der Haushaltsvorstand bekommt 40 Deutsche Mark und einen Monat später erhält jedes Familienmitglied 20 Deutsche Mark. Alle Bargeldbestände müssen gemeldet werden und werden im Verhältnis 10:1 getauscht. Bei Sparguthaben werden aus 100 ReichsMark jetzt 6,50 Deutsche Mark. Die Glücklichen, die Aktien haben, sind besser dran. Die Aktie wird 1:1 im Wert getauscht. Leider habe ich keine Aktien, wovon auch.

Unsere Versorgungslage auf dem Dorf ist im Vergleich zu anderen Orten jedoch wieder sehr gut geworden. Mit einigen Bauern verstehe ich mich gut, mit anderen gar nicht. Sie lassen durchblicken, dass sie Flüchtlinge nicht mögen. Der Landwirt Reimers, der genau gegenüber auf der anderen Straßenseite wohnt, ist uns freundschaftlich zugewandt. Sein Sohn, Karsten, ist zur selben Zeit wie unser Carl geboren worden und die beiden Kleinen spielen oft zusammen auf Reimers Hof. Durch meine tierärztliche Tätigkeit bekomme ich mitunter zusätzlich zum Honorar auch Naturalien geschenkt. So haben wir mittlerweile einige Gänse und Ferkel in einem kleinen Stall hinter dem Haus. Unser Wohlstand mehrt sich langsam, wenn auch zu langsam. Als ich im Frühjahr 1950 mein Motorrad gegen ein altes Auto eintausche, gehen die Aufträge schlagartig zurück.

Mein Freund Reimer erzählt mir, was er von anderen gehört hat. „Unterschätz die Missgunst nicht", warnt er mich. „Die Leute sagen: ‚Schaut euch mal diesen Doktor an. Mit dem Fahrrad ist er gekommen, dann hat er plötzlich ein Motorrad und nun auch noch ein Auto. Das hat er alles von unserem Geld.'"

Ich bin fassungslos. Diese Leute hatten keine Ahnung, wie es war, alles zu verlieren, aus dem eigenen Haus vertrieben worden zu sein und mit leeren und zerrissenen Hosentaschen komplett neu beginnen zu müssen. Wir, die unerwünschten Flüchtlinge, werden nur so lange ertragen, wie wir uns unterwürfig und ewig dankbar zeigen. Flüchtlinge auf Augenhöhe oder womöglich auf der Überholspur passen nicht ins Konzept und gefährden das Gefühl der Überlegenheit. Ich bin zutiefst unzufrieden und beginne, mich neu zu orientieren. Unzufriedenheit ist der Motor des Fortschritts, denke ich und handle danach.

Ein neuer Anfang

Ende Oktober 1950 ist es soweit. Ich bekomme ein Angebot von den ASTA-Werken in Bielefeld. Sie brauchen jemanden, der die veterinär-medizinische Abteilung voranbringt. Ab dem 1.November 1950 bin ich nun dort beschäftigt. Aus dem humanmedizinischen Programm heraus soll ich ein zusätzliches veterinärmedizinisches Programm entwickeln. Das hat historische Hintergründe, wie mir Herr Kipper, der Sohn des Gründers, erklärt: „Die ASTA-Werke in Bielefeld wurden 1919 gegründet. Wilhelm Peter Kipper, mein Vater, suchte einen Geldgeber für seine chemischen und pharmazeutischen Produktionsideen und August Hennig suchte dringend eine Möglichkeit, seine Kriegsgewinne unterzubringen. Hinzu kam der Bielefelder Arzt Max Gerson, der das Rezept und Warenzeichen für das Schmerzmittel Quadronal besaß. Der Industrielle August Stauch lebte in den 20er Jahren in Südafrika und verdiente viel Geld mit Diamanten und der Rinderzucht. Wegen einer Lahmseuche unter seinen Rindern kam Stauch zu Hennig und Kipper, die ein spezielles Heilsalz lieferten. Ab 1923 wurde die Gesellschaft eine AG und Stauch Gesellschafter. Die Herstellung von chemischen und pharmazeutischen Produkten wurde verstärkt. Bis 1929 war August Stauch der Hauptaktionär. Abgeleitet von seinem Namen, A-Sta, bekam die Gesellschaft den Namen ASTA."

Vor diesem Hintergrund hielt man mich bei den ASTA-Werken für den Richtigen. In meiner Bewerbung hatte ich ausführlich von meiner Promotion berichtet, ich hatte mich wissenschaftlich mit Heilerde und alternativer Tiermedizin beschäftigt. Mit der Zuzugsgenehmigung in der Tasche hole ich am 1. März 1951 meine Familie nach. Eine kleine Wohnung hatte ich in einem Neubau auf dem Land gefunden. Die Wohnung war weder groß noch schön. Für den Anfang sollte es aber reichen, denke ich. Dass das Ende nicht weit vom Anfang entfernt sein würde, konnte ich zu dem Zeitpunkt nicht absehen.

Welch eine Freude, eine so anspruchsvolle Aufgabe lässt mich groß erscheinen. Endlich weiß ich wieder, was am Monatsende auf mein Konto fließt. Das Gehalt ist im Vergleich zu den kümmerlich zusammengekratzten Brotsamen als praktizierender Tierarzt geradezu fürstlich. Im Vertrauen auf ein sicheres Gehalt und eine gute Zukunft kaufe ich im Januar 1951 einen DKW „Meisterklasse", Zweizylinder-Zweitakt-Reihenmotor, 23 PS, Solex-Fallstromvergaser, Knüppelschaltung. Ich bin stolz wie Oskar. Der Wagen läuft nicht auf Rädern, sondern auf Wechsel, wie man sagt. Also auf Ratenzahlung, jeden Monat wird etwas Schuld abgetragen.

Jagdfieber

In der Gegend von Steinhagen finde ich Jagdkameraden, die mich zu ihren Jagden einladen. Ein passionierter Jäger braucht jedoch Waffen. Ich horche mich um, wo ich etwas Passendes finden kann. Zu einer Zeit, als es noch im Graubereich liegt und eigentlich verboten ist, besorge ich mir eine gebrauchte Suhler Doppelflinte 16/70 aus der Scheune von einem Bauern. Er gib mir noch eine Pistole kurze 9 Millimeter-Beretta dazu. Das waren alles Vorkriegswaffen, die in Ölpapier gewickelt, irgendwo eingegraben worden waren und entsprechende Spuren aufwiesen. Für den ersten Gebrauch aber sind sie noch hinreichend gut erhalten. Einen alten Karabiner finde ich auch. Diesen Karabiner lasse ich in Bielefeld beim Büchsenmacher Binarsch zu einem Bergstutzen umbauen, mit einem einfachen Zielfernrohr mit zweifacher Vergrößerung.

In Steinhagen bin ich zur Hasenjagd eingeladen worden. Das Gelände ist ein Gemisch aus Wald, Gestrüpp und Wiese. Der örtliche Apotheker, mit dem ich zusammen in einem Treiben bin, kennt sich aus und warnt mich vor den Gepflogenheiten dieser Jagdgesellschaft: „Mein lieber Herr Doktor, wundern Sie sich nicht, wenn es ringsumher knallt. Diese Leute haben wenig Schussdisziplin und schießen auf alles und in alle Richtungen. Bei uns heißt diese Jagd ‚Blechhosen-Jagd‘. Man muss schon schussfeste Hosen anhaben und möglichst hinter einem Baum Stellung nehmen. Ganz besonders gefährlich sind die englischen Offiziere, die hier eingeladen werden." So, wie vom Apotheker beschrieben, erlebe ich es auch. Ein englischer Offizier schießt ein Eichhörnchen. Das wird am Ende der Jagd mit auf die Strecke gelegt. Er amüsiert sich darüber und sagt dazu: „Armes Deutschland, nur kleiner Fuchs."

Eigentlich dürfte man aus Gründen der eigenen Sicherheit gar nicht an diesen Jagden teilnehmen. Meine Lust und Leidenschaft am Jagen aber verdrängen alle Bedenken. Die englischen Offiziere werden sehr hofiert. Wir sind in der britischen Zone und viele Entscheidungen hängen von dem Wohlwollen der Besatzungsmacht ab.

Alkohol fließt in Strömen. Wir sind in Steinhagen. Dort wird seit über 200 Jahren Wacholderschnaps und Korn gebrannt. Der berühmte „Steinhäger" in der „Betonflasche", das heißt im Steinkrug, wird immer und überall getrunken. Vor dem Anblasen der Jagd werden Schnapsgläser verteilt und einer oder mehrere gehen mit der Flasche Steinhäger herum. In der Pause, zwischen den Treiben, gibt es Schinkenbrot, Blutwurst und Steinhäger. Dieser Schnaps wird traditionell nicht kalt getrunken, das würde den Wacholdergeschmack unterdrücken. Die Steinflasche verhindert zu viel Wärme und zu viel Kälte, sie gibt dem Getränk eine ausgeglichene Temperatur.

Nach der Jagd wird der Erfolg der Strecke, oder auch der Misserfolg, würdig begossen. Natürlich nur mit Steinhäger und wenn es wirklich mal sein muss, auch mit etwas Bier zum Verdünnen des Hochprozentigen. Eine Promillegrenze im Straßenverkehr gibt es dafür nicht. Erst 1953 wird eine Grenze von 1,5 Promille eingeführt. Nun gut, es gab noch nicht so viel Verkehr auf der Straße, aber 1,5 Promille sind wirklich heftig. Mir reichen schon 1 Promille, um mich glücklich zu fühlen.

Ich hasse nichts mehr, als besoffene Männer, die nicht mehr aufrecht stehen können und unverständliches Zeug vor sich hinlallten, aggressiv oder weinerlich wurden. Diese Form des Kampftrinkens, um sich die männliche Standfestigkeit zu beweisen, hatte ich schon als Student verabscheut. Ich will immer Herr meiner Sinne bleiben. Was allerdings nicht ausschließt, dass mein Wille manchmal schwach wird und ich nach einer Jagd in froher Runde über mein Limit trinke. Bei mir kommen dann jedoch keine Aggressionen hervor, sondern ein Hang zum Protzen und Prahlen. Dabei übertreibe ich gern, wie Baron Münchhausen seinerzeit. Hinterher ist mir das peinlich, weil die Übertreibungen meiner Geschichten sehr durchsichtig sind. Jeder erkennt, dass ich mehr scheinen möchte, als ich wirklich bin.

Die Bockjagd rückt näher und etwas ungeduldig, weil der Büchsenmacher schon zwei Monate daran arbeitet, fahre ich nach Bielefeld. Hurra, die Waffe ist fertig! Mit Zielfernrohr, tief gesetzt, für schnellen Anschlag und umgebauten Repetierhebel, damit ich auch schnell repetieren kann. Der 15. Mai kommt, das ist wie Weihnachten für Jäger. Denn jetzt beginnt die Jagd auf Rehböcke. Anfang Juni bin ich noch einmal in Bielefeld und will nur etwas Munition kaufen. Der Inhaber erzählt aber, er habe eine ungewöhnlich schöne Waffe, die sich jemand bauen ließ, aber nicht abholen kann, weil er wegen Betrügereien im Gefängnis sitzt.

Binarsch zeigt mir einen Ferlacher Bockdrilling, von Anton Sodia handgefertigt aus Böhler- Antinit-Stahl. Das war ein Chrom-Molybdänstahl mit Vanadium, unempfindlich gegen Rost und für hochrasante Büchsen geeignet. Sie ist superleicht mit Kaliber 8x57 IRS, Schrot 16/70, Vierlingskugel 5,6 mal 35 für Raubzeug. Die ideale Waffe für alle Gelegenheiten. Ich bin begeistert und probiere den Anschlag an der Schulter. Alles passt, als wäre sie für mich gemacht. Er sagt mir einen fairen

Preis für diese edle Waffe an. Ich zucke kurz und ohne weitere Gedanken zuzulassen, frage ich, ob Ratenzahlung möglich sei. Mit viel Zweifel im Blick und mich abschätzend, wiegt er den Kopf hin und her und sagt schließlich: „500 Anzahlung und 100 Deutsche Mark monatlich!" „Ist gekauft", erwidere ich. Ich fahre zur Bank, plündere mein Konto und tätige die Anzahlung. Ein Tragefutteral gibt er kostenlos dazu. Auf dem Heimweg wird mir bewusst, dass der Kaufpreis wesentlich höher als mein Monatseinkommen ist. Oh Gott, wie konnte ich das Anna-Lena erklären? Sie versteht nicht, wie wichtig diese Waffe für mich und mein Ego ist. Sie tobt und weint vor Zorn und läuft aus der Wohnung. Nach circa zwei Stunden kommt sie zurück und ist etwas ruhiger. Mit scharfen Worten sagt sie: „Wenn du dich schon wie ein Krösus benimmst, dann sorge gefälligst auch dafür, dass du das entsprechende Einkommen erzielst." All meine Entschuldigungen, Argumente und Versprechungen helfen nicht. Gefühlt herrscht mindesten eine Woche lang Funkstille, verbal und auch im Bett.

Hausschlachtung

Hausschlachtungen waren schon vor dem Krieg sehr beliebt. Während des Krieges wurden sie mitunter nur heimlich im Keller vorgenommen und jetzt nach dem Krieg geschahen sie wieder ganz offiziell im privaten Bereich. Eine Hausschlachtung auf dem Land ist immer mit einem Fest verbunden. So auch in Steinhagen. Dabei kommen Hausschlachter und Fleischbeschauer ins Haus. Mit einem Bolzenschussapparat wird die Sau getötet. Doch bei mangelhafter Handhabe ist schon so manch eine Sau dabei ausgerissen. Sie wird gejagt, durch die Scheune, über den Hof oder durch den Keller, wo auch immer die Prozedur stattfindet. So geschieht es auch in dem Haus, in dem wir wohnen. Bei Opa Schütte wird eine junge Sau angeliefert. Sie wird ziemlich rustikal vom Anhänger gezogen und in den Keller gebracht. Das junge 30-Kilogramm-Schwein reißt sich los und flitzt durch die Kellertür auf den Hof. Ich weiß nicht, wer dabei mehr Geschrei machte, das Schwein oder der Metzger mit dem Schussgerät in der Hand. Nachdem es dann schließlich gelingt, dem Tier den entscheidenden Schuss zu verpassen, wird es sofort durch einen gezielten Stich in die Halsschlagader entblutet. Das Blut wird aufgefangen und zu Blutwurst verarbeitet, mit möglichst vielen Fettstückchen darin. Diese „kleinkarierte Arbeiterwurst", wie sie bei uns in der Familie heißt, mochte ich nie. Die Fleischbeschau übernehme ich. Zu diesem Zweck werden etwas Zwerchfell oder gut durchblutete Muskulatur entnommen und im Mikroskop untersucht. Mein Honorar besteht aus fünf Koteletts und einer Mettwurst. Amtliche Fleischbeschauer haben eine fachliche Ausbildung und unterstützen bei Schlachtungen die Arbeit der Veterinäre auf Schlachthöfen, beim Metzger und bei Hausschlachtungen. Besonders Schweine müssen auf gefährlichen Trichinen untersucht werden. Vorher darf das Fleisch nicht zum Verzehr freigegeben werden.

In der Scheune ist ein Holzzuber aufgestellt. Darin wird die getötete Sau mit kochendem Wasser übergossen, mit dem Handschaber wird das Tier dann von den Borsten befreit. Das Kesselfleisch, das frisch gekocht wird, ist die Belohnung für alle Beteiligten und wird frisch verspeist. So fettiges Zeug kann man jedoch nur mit einer guten Portion Schnaps vertragen. Der Steinhäger ist bei dieser grausam-vergnüglichen Veranstaltung das natürliche Stärkungsmittel. Vermutlich war der Steinhäger vor dem Schuss auch der Grund für den Fehlschuss. Gründe zum Saufen finden sich immer, und wenn es doch mal keinen Grund gibt, ist wiederum der Grund genug für einen echten Steinhäger in Steinhagen.

In meiner Praktikantenzeit gab es an den Schlachthöfen Verkaufsstellen für Dosen und Deckel vom Dosenfabrikanten ZÜCHNER. Dessen markantes Firmenlogo war ein Schwein, das in die Dose springt. ZÜCHNER gilt als Marktführer für qualitativ hochwertige Dosen in der Fleischverarbeitung. Hinzu kommt ein ausgezeichneter Service für private Nutzer. Man kann nämlich nicht nur die Konservendosen kaufen, sondern sich auch

Maschinen zum Verschließen der Dosen ausleihen. Die Konservendosen werden wie Schätze gehandelt. Die einmal benutzte Dose kann mit einer speziellen Maschine beschnitten und mit neuem Deckel wiederverwendet werden. Der Drang zur Vorratshaltung ist wohl tief im Menschen verankert. Die Erfahrungen aus den beiden Weltkriegen wirken nach. Außerdem lässt sich mit selbstgemachten Konserven viel Geld ersparen. Das sogenannte „Einwecken" ist mir noch aus der Vorkriegszeit geläufig. Der Glashersteller WECK liefert das notwendige Material dafür, so wurde der Firmenname auch zur Bezeichnung für die Tätigkeit. Das Fleisch oder Gemüse wurden eingefüllt und auf 100 Grad erhitzt. Leider wird beim Konservieren nicht immer auf die notwendige Standzeit geachtet, sodass im Zentrum des Einkochbehälters manchmal nicht alles vollständig sterilisiert ist. Dadurch kommt es häufiger zu, manchmal sogar tödlichen, Lebensmittelvergiftungen.

Auf dem Holzweg

In den folgenden elf Monaten erkenne ich meine mangelhaften wissenschaftlichen Fähigkeiten. Schon bei meiner Promotion in Leipzig habe ich mich mit der Korrektheit der Wissenschaft gequält. Ich habe mich mal wieder überschätzt, ich könnte auch sagen, ich habe mir selbst etwas vorgelogen. Diese Lügen aber verpacke ich nach außen hin als Wahrheit. Das wiederum treibt mich in Verhaltensweisen und Tätigkeiten, denen ich nicht gewachsen bin. Leider stimmt das Sprichwort „Lügen haben kurze Beine" auch hier. Wenn ich ehrlich bin, liegen meine Fähigkeiten unzweifelhaft eher auf praktischer und organisatorischer Ebene. Ich bin also mal wieder auf dem Holzweg. Als ich mit meinem netten Kollegen aus dem Bereich der Humanmedizin, Dr. Bernd Brackmann, über meine Selbstzweifel spreche, tröstet er mich mit klugen Worten: „Lutz, du bist nicht falsch. Du bist nur in der falschen Verwendung." Das hatte er gut erkannt.

Ich bringe also Bewerbungen für meine Laufbahn als Veterinärmediziner auf den Weg. Ich möchte, wie früher in Pommern, in den Staatsdienst zurück. Ich erinnere mich an den Spruch meines Vaters: „Des Kaisers Rock ist eng, aber warm." Ich bewerbe mich bei der niedersächsischen Landesregierung um eine Stelle als Veterinärrat.

Im Zeugnis der ASTA-Werke wird mein Ausscheiden sehr wohlwollend beschrieben: „Da interne Gründe eine Weiterverfolgung veterinärmedizinischer Aufgaben für die ASTA-Werke im Augenblick als nicht zweckmäßig erscheinen, konnte die Arbeit von Herrn Dr. Lutz Reuss noch nicht zu einem entscheidenden Abschluss kommen. Auf eigenen Wunsch verlässt er uns, um seine frühere Tätigkeit in der Beamtenlaufbahn als Veterinärmediziner wieder aufzunehmen ..." gez. Dr. Wilmanns/E. Kipper, 6. Oktober 1951

Danke für die warmen Worte, denke ich. Doch in Wirklichkeit bin ich einmal wieder gescheitert. Mein Schein war größer als mein Sein. Ich konnte die Erwartungen nicht erfüllen. Wissenschaftliche Arbeit liegt mir nicht im Blut.

Wechsel in den Staatsdienst

Im Herbst 1951 starte ich als Hilfstierarzt in verschiedenen Regierungsbezirken in Niedersachsen. Das bedeutet für mich harte Arbeit in untergeordneter Funktion. Ich muss allerdings gestehen, Unterordnen fällt mir schwer. Nach meinem Gefühl, und das wurde mir früh eingebläut, bin ich eher Herr als Diener.

Im Juli 1952 verkündet Walter Ulbricht den planmäßigen Aufbau des Sozialismus in der sowjetisch besetzten Zone. Die Schwiegereltern in Triebsees werden unruhig, weil die Versorgungslage sich rapide verschlechtert. Eine tiefgreifende politische und wirtschaftliche Krise entwickelt sich. Die Bevölkerung bekommt Angst vor der politischen Entwicklung. Zunehmend mehr Menschen fliehen vom Osten nach Westen, in die ohnehin völlig überlastete Westzone. Nur die Schwiegereltern sind weiterhin optimistisch und bleiben mit zwei Töchtern dort, wo sie sich etabliert haben. Sie sind bereit, sich dem System anzupassen. Knapp ein Jahr später wird die Lage hochexplosiv. Die Bevölkerung rebelliert, die Regierung hat die Demonstrationen nicht im Griff und die Russen lassen ihre T-34 Panzer rollen. Die Sowjets verhängen den Ausnahmezustand und verkünden das Kriegsrecht. Die SED proklamiert den Aufstand als eine „faschistische Provokation" der Westmächte. Diese Mächte blieben aber besonnen und hielten sich zurück, um keinen neuen offenen Kampf zu riskieren. Am 17. Juni wird der Aufstand niedergeschlagen. Laut Pressemeldung werden mindestens 15.000 Menschen verhaftet. Anna-Lena betrachtet meine damaligen Befürchtungen nun nicht mehr als blanken Pessimismus, sondern als vollkommen berechtigte Vorausschau kommender Entwicklung. Wir sind froh, die Sonnenseite des Lebens gewählt zu haben.

1954 kommt das zweite Amnestiegesetz, das Straffreiheit für geringfügige Taten aus der NS-Zeit gewährt. Es besagt: „Alle kriminellen Handlungen, die unter dem Einfluss der außergewöhnlichen Verhältnisse des Zusammenbruchs in der Zeit zwischen dem 1. Oktober 1944 und dem 31. Juli 1945 in der Annahme einer Amts-, Dienst- oder Rechtspflicht, insbesondere eines Befehls begangen worden, sind straffrei, sofern die Strafe nicht 3 Jahre Gefängnis überschritt." Die Entnazifizierung der Besatzungsmächte beinhaltete, dass alle Personen, die überzeugte Anhänger des Nationalsozialismus waren und vor dem März 1939 freiwillig einer NS-Organisation beigetreten sind, nicht in leitende Funktionen als Juristen oder Beamte eingestellt werden durften. Die Frage, wo eine leitende Funktion beginnt, war nicht klar definiert. Ich bin 1934 freiwillig in die allgemeine SS eingetreten, ohne eine wesentliche Funktion in der Organisation zu haben. Diesen Tatbestand habe ich bisher lieber verschwiegen. Viele andere haben dieses Kapitel ebenfalls aus ihrem Lebenslauf gestrichen oder bekamen für fragwürdige Verdienste einen „Persilschein", wie etwa der Politiker Franz Josef Strauß. Die Überprüfung in den Spruchkammern wurde jedoch sehr großzügig gehandhabt und somit kommen viele „Ehemalige" in Politik, Justiz, Verwaltung, Kriminalpolizei, an die Universitäten oder andere leitende Funktionen. Alte Seilschaften funktionieren wieder. In der sowjetischen Besatzungszone entledigt man sich der Vergangenheitsbewältigung recht einfach. Es wird schlicht behauptet, alle NS-Verbrecher befänden sich ausschließlich in der Westzone. Die Aufarbeitung der NS-Verfahren durch die deutschen Gerichte scheint sich ihrem Ende zu nähern. Ich bin mir keiner Schuld oder Straftat bewusst, fühle mich trotzdem erleichtert. Die Verfolgung aller dem Nationalsozialismus nahe Stehenden verunsicherten viele ehemalige Soldaten und Funktionäre. Über seine Vergangenheit zu reden, bleibt aber trotz allem ein Risiko.

Die neuen Funktionäre, besonders diejenigen mit sozialistischer Vergangenheit, fühlen sich nun überlegen und lassen das jeden spüren, der sich als „Ehemaliger" offenbart. Ohne Differenzierung erfolgt die kollektive Verurteilung. Die Verwendung des Kürzels SS reicht schon aus, um in der untersten Schublade zu landen, dort, wo alle Kriegsverbrecher sitzen. Das verändert sich auch in den 60er Jahren nicht. Im Gegenteil, je ferner der Krieg, desto weniger Wissen ist bei der Jugend vorhanden. Wo sollen sie das Wissen auch herbekommen, wenn weder in der Schule noch im Elternhaus offen darüber gesprochen wird?

Der Mangel an Wissen begünstigt alle Vorurteile. Die Scham über das Vergangene ist so groß, dass viele ehemals begeisterte Nationalisten sich selbst verleugnen. Der Gipfel der Lüge ist die Behauptung, man sei im Widerstand gewesen.

Auch ich habe gelernt, mich zu verstecken. Ich habe mich nie an irgendwelchen kriminellen Handlungen oder Kriegsverbrechen beteiligen müssen, sage ich mir. Da ich als Veterinär beim nachgelagerten Tross für die Versorgung der Pferde zuständig war, geriet ich auch nicht in direkte Frontkämpfe, außer in Momenten, in denen wir eingekesselt waren und jeder, der schießen konnte, auch schießen musste.

Ich frage mich allerdings, was genau ich von mir verstecken muss? Ich habe mich aus finanziellen Gründen freiwillig bei der Armee beworben und gehofft, ich würde als Tierarzt nicht direkt in Kampfhandlungen hineingezogen. Etwas naiv war das schon, wie ich ja inzwischen weiß.

War ich mir bei diesem Schritt wirklich bewusst, dass ich als Angehöriger der Armee aus diesem Wirkungskreis nicht wieder rauskommen würde? Ich glaube, ich habe nicht darüber nachgedacht. Die Chance, Geld zu verdienen und die Hoffnung auf eine gute Karriere überblendeten viele Fragezeichen.

Von Haus aus nationalsozialistisch geprägt worden, war ich anfangs begeisterter Anhänger der neuen politischen Strömung und war bereit, mich dafür einzusetzen. Diese Gesinnung habe ich ab Herbst 1943 abgelegt, zumindest innerlich. Die grausamen Ereignisse waren so gravierend, dass ich zu diesem System nicht mehr stehen konnte. Diese Erkenntnis hat mir damals allerdings wenig geholfen, denn einen Weg zurück fand ich nicht mehr, ich musste mit den Wölfen heulen. Musste ich das? Hätte ich nicht vielleicht doch einen anderen Weg finden können? Sicherlich, aber der Preis dafür wären todsicher mein Leben und die Existenz meiner Familie gewesen.

Im Internierungslager habe ich auch mit Hans Hellmut Kirst viel darüber gesprochen. Hätten wir uns gegen das System noch wehren können, ohne erschossen zu werden?

Und wieder kam die bedrückende Frage auf. Gibt es eine kollektive Schuld, die ich mittragen muss? Ist es auch heute noch richtig, mich zu verstecken oder sollte ich vielmehr eine klare Position zu meinem damaligen Handeln beziehen?

Ich habe mich entschieden, weiter zu schweigen. Die vorherrschende öffentliche Meinung steckt voller undifferenzierter Vorurteile und Verurteilungen gegenüber allen Soldaten und allem, was im Dritten Reich geschah. Und mit wachsender Entfernung zu den Ereignissen sinkt auch die Bereitschaft zur sachlicher Beurteilung der Ereignisse. Das mangelhafte Wissen aber fördert die Vorurteile nur noch. Und damit ist die Chance vertan, das Geschehene aufzuarbeiten und zu analysieren, um für die Zukunft daraus zu lernen. Denn reicht es wirklich aus, das Vergangene zu verteufeln, um eine Wiederholung zu verhindern?

Ortswechsel

Bis Ende 1953 bin ich als Springer in diversen Landkreisen als Veterinär eingesetzt. Das Herumreisen hat anfangs den Charme meiner frühen Jahre, als ich noch ungebunden durch Deutschland getingelt bin. Nun aber ist es mir lästig, so lange von der Familie getrennt zu sein.

Ab Januar 1954 erhalte ich eine feste Anstellung in Melle, als zweiter Veterinär im Veterinäramt im Kreis Melle. Es ist schwierig, eine Beamtenposition zu bekommen, da es im Westen in diesen Zeiten einen Überfluss an qualifizierten Bewerbern gibt. Melle soll auch nur eine Interimslösung sein, bis der Kreis Wittlage neu besetzt werden muss, was voraussichtlich in zwei Jahren der Fall sein wird. Ich bin sozusagen in permanenter Wartestellung mit Blick auf ein eigenes Kreisgebiet. An zweiter oder dritter Stelle zu stehen, war mir schon immer zuwider. Mein Ziel ist klar. Ich will einen eigenen Bezirk bearbeiten. Ich sage mir: „Wenn du ein Ziel verfolgst, dann erwachsen daraus Macht und Kraft, die dich beflügelt, das Ziel zu erreichen". Das spüre ich in mir und es lässt mich kämpfen, so, wie ich schon immer um meine Existenz kämpfen musste.

Letztendlich werden es drei Jahre Wartezeit. Eine neue bezahlbare Unterkunft muss ich auch suchen, was immer noch sehr schwierig ist. In dem kleinen Ort Gesmold, circa 5 Kilometer von Melle entfernt, finde ich etwas, von dem ich annehme, man könne vorübergehend dort wohnen. Die Wohnung liegt nicht direkt im Ort, sondern auf einem Schloss.

Beseelt und gut gelaunt berichte ich Anna-Lena von den Ereignissen. „Du hast eine feste Anstellung? Dann können wir ja hoffen, dass die Zeit der häufigen Trennung bald vorbei ist."

Viel Freude schwingt in ihrer Stimme mit. „Ja", sage ich, „und eine Wohnung habe ich auch gefunden. Wir werden auf einem alten Wasserschloss wohnen." „Auf einem Schloss? Wir sollen in einem richtigen Schloss wohnen?", fragt Anna-Lena ungläubig, doch ihre Augen strahlen. Sie fängt offensichtlich an, von einem anderen Leben zu träumen, von einem herrschaftlichen Leben auf einem repräsentativen Schloss.

Vorsichtig versuche ich, ihr die Bescheidenheit unserer Unterkunft zu erklären, immer wieder mit dem deutlichen Hinweis, dass das ja nur vorrübergehend ist, bis ich in zwei Jahren meinen eigenen Kreis bekomme. Und dann können wir uns ein richtiges Haus mieten. So vorbereitet, ist ihre Enttäuschung bei der Ankunft in Gesmold für sie halbwegs erträglich. Am Montag, dem 1. Februar 1954, ziehen wir um. Unsere wenigen Habseligkeiten haben die Möbelpacker schnell verstaut und es geht gegen zu Mittag los.

Draußen ist es eisig kalt. Der stramme Ostwind verschärft noch die gefühlte Temperatur. Als wir in Gesmold ankommen, hat es minus 14 Grad. Es ist schon seit längerem sehr kalt und in dieser Gegend ist kaum Schnee gefallen. Der Schlossgraben ist zugefroren und die Jugendlichen aus dem Dorf haben das bisschen Schnee beiseitegeschoben und so ein respektables Eishockeyfeld geschaffen. Es herrscht richtig fröhliche Stimmung um das Schloss herum. Meine Kinder sind begeistert, sie wollen am liebsten ebenfalls sofort auf das Eis.

Wenn man durch den Torbogen geht, befinden sich links und rechts Wohnungen. Nach der zweiten Tür geht es auf einen größeren Innenhof mit einer stattlichen alten Eibe. Die Treppe rechts hoch führt in den ersten Stock, hier geht es wiederum rechts den Gang entlang zu unserer Wohnung. Die Küche ist gleichzeitig auch Esszimmer und Badezimmer, es folgen Schlafzimmer und Wohnzimmer, welches auch vom Flur aus erreichbar ist. Vom Flur abgeteilt gibt es eine schmale Kammer mit einem Doppelstockbett. Dort werden die Mädchen schlafen. Unser Sohn bekommt in unserem Schlafzimmer, quer zum Fußende, sein eigenes Bett.

Anna-Lena schaut mich mit feuchten Augen an und sagt leise: „Das habe ich mir alles ganz anders vorgestellt. Das ist ja noch schlimmer als unsere alte Wohnung." Meine Versuche, sie zu trösten, wehrt sie ab. „Lass uns auspacken. Vielleicht sieht es hinterher mit unseren Möbeln etwas besser aus." „Ja", sage ich, „lass uns das Beste daraus machen. Ist ja nur vorübergehend." Anna-Lena lächelt, mitleidig, zweifelnd oder gar verächtlich? Fröhlich wirkt es jedenfalls nicht. Ich hinterfrage es lieber nicht.

Das WC befindet sich außerhalb der Wohnung, eine halbe Treppe höher. Carl platzt aufgeregt in unsere Aufbauaktion hinein und ruft: „Das ist ja irre! Wenn man spült und dann schnell zum Fenster rausschaut, sieht man, wie die ganze Kacke kurz über dem Wasser in das Eisloch vom Schlossgraben sprudelt. Und ihr werdet es nicht glauben, sofort sind die Karpfen zur Stelle und fressen alles auf."

„Das ist ja eklig!", rufen die Töchter. „Hoffentlich müssen wir die Karpfen nicht essen". Das Wasser, das um das Schloss herumfließt, hat eine Verbindung zum Fluss namens Else, der in nur circa 150 Meter Entfernung am Schloss vorbeifließt. Dadurch gibt es immer Frischwasser, das nachfließt. Im Winter ist der Zufluss allerdings sehr begrenzt oder kommt ganz zum Stillstand.

Die Else ist ein Phänomen. Sie entsteht durch eine Gabelung aus der Hase. Der Fluss Hase entspringt im Teutoburger Wald bei Wellingholzhausen. In der Nähe von Gesmold teilt sie sich und bildet zwei eigenständige Flüsse. Die Hase fließt westlich in die Ems und die Else fließt östlich zur Werra und schließlich in die Weser.

Trotz der primitiven Verhältnisse pendelt sich unser Leben ein. In der Not arrangiert man sich mit vielen Missständen, die dann irgendwann normal werden.

Meine Jagdleidenschaft verschafft mir einen Begehungsschein in einem Revier am Drantumer Berg. Ich habe meinen eigenen Pirschbezirk von circa 40 Hektar im Wald. Dort passiert etwas, was ich schon immer befürchtet habe und mir nachhaltig Angst macht.

Zu Beginn der Bockjagd, am 15. Mai, fahre ich sehr früh, um 4 Uhr morgens und noch in der Dunkelheit ins Revier. Anhand der Fegestellen, jene Stellen, an denen der Rehbock seinen Bast vom Gehörn fegt) erkenne ich, dass an der kleinen Wiese im Wald einen starken Bock gehen muss. Da das Wild unseren Kalender nicht kennt, sind die Böcke zu dieser Zeit noch nicht so scheu und misstrauisch. Später im Jahr werden die alten und erfahrenen Rehböcke dann vorsichtiger.

Vorsichtig und lautlos pirsche ich zu einem Platz, der mir günstig erscheint und setze mich auf mein Dreibein. Den Rücken lehne ich an eine kräftige Buche und döse so vor mich hin. Ab und zu fallen mir auch die Augen zu und ich frage mich, warum ich hier eigentlich sitze und friere. Die morgendliche Kühle kriecht an meinen Beinen empor bis unter die Lodenjacke. Ein plötzliches Geräusch lässt mich hellwach werden. Es knackt im Wald, ein Eichelhäher macht Radau, ein untrügliches Zeichen dafür, dass Wild umherzieht.

Mir gegenüber, in circa 80 Meter Entfernung erkenne ich eine Bewegung. Der Bock, auf den ich spekuliere, tritt mit Stolz erhobenem Haupt auf die Wiese und beginnt zu äsen. Ich denke, na warte, noch 20 Meter und du bist fällig. Er kommt tatsächlich in meine Richtung und ich entsichere meine Ferlacher, gehe in Anschlag und ... ein Schuss fällt. Doch der Schuss kam nicht von mir, er kam von rechts. Dem Knall nach zu urteilen war es ein alter Karabiner, so etwas höre ich eindeutig heraus. Jedes Gewehr, jedes Kaliber, hat seinen eigenen Klang. Der Bock bricht zusammen. Völlig irritiert überlege ich, was das bedeuten kann. In meinem Revier hat niemand anderes etwas zu suchen, geschweige denn zu schießen. Eine Gestalt kommt aus dem Gehölz rechts von mir und bewegt sich auf den toten Rehbock zu. Mit flatterndem Herz und zitternden Händen springe ich auf und schieße in die Luft. Dabei rufe ich: „Halt, Polizei!" Was natürlich nicht stimmt, es veranlasst den aber Wilddieb, in hastiger Flucht im Wald zu verschwinden.

Was nun? Zum Bock zu gehen, erscheint mir riskant. Wer weiß, wo der Wilddieb lauert. Wenn er nun hinter einem Baum steht und mir den Gewehrlauf in den Rücken drückt, während ich den Rehbock besichtige? Was kann ich dann noch tun?

Ich gestehe, ich bin kein Held. Nach all den Kriegserlebnissen bin ich vorsichtig geworden und auf Sicherheit bedacht. Meine Ferlacher lade ich zusätzlich mit der Vierlingskugel und einer Brennecke. Dadurch habe ich genau drei Schuss zu meiner Verteidigung. Meinen Sitz schnalle ich an den Rucksack und schleiche Schritt um Schritt, mit dem Gewehr in der Hüfte, bereit, jederzeit zu feuern, zu meinem Auto. Hier fühle ich mich in Sicherheit und zünde mir erstmal eine Zigarette an. Es ist eine Muratti. Diese Sorte von Philipp Morris hat zurzeit einen gewissen Kultstatus. Zug um Zug werde ich ruhiger. Zuhause angekommen, informiere ich den Jagdherren. Den Rehbock bergen wir gemeinsam, umsichtig und gut bewaffnet. Man weiß ja nie.

Wir beschließen, die Kriminalpolizei zu benachrichtigen. Die Polizei bestätigt uns, dass aus der weiteren Umgebung bereits weitere Anzeigen vorliegen und ganz offensichtlich ein Wilddieb bei uns aktiv ist. Die Kripo schickt einen Beamten, der auch Jäger ist. Eine Woche lang geht er frühmorgens, nachmittags und abends durch unser und das angrenzende Revier. Nichts passiert.

Mein Fehler ist es, alles brühwarm meiner Frau zu erzählen.

Sie reagiert heftig: „Da gehst du nicht mehr hin. Gib das Revier ab. Ich will nicht, dass auf deinem Grabstein steht ‚Hier ruht ein uneinsichtiger Jäger, von einem unbekannten Wilddieb erschossen'." „Nun mal langsam", versuche ich sie zu beruhigen, mit dem Argument, dass die Kripo das bereits überprüft und ihre Arbeit gut machen wird.

Trotz alledem bin ich verunsichert und überlege, wie ich mich zusätzlich schützen kann, wenn ich von einem Wilddieb überrascht und überfallen werde. Es gibt bereits einige Fälle, in anderen Gegenden, da haben die Diebe sich die Jagdgewehre aushändigen lassen und sind damit verschwunden.

Zu Anna-Lena sage ich: „Ich werde zusätzlich meine Pistole in die Manteltasche stecken. Das ist eine 9 Millimeter-Beretta und die haut auch hin, wenn ich aus der Manteltasche schieße." Doch richtig überzeugt ist sie nicht. Sie weiß aber auch, dass sie mich nicht bremsen kann und verkneift sich weitere Kommentare.

Nach vielen Jahren der Bewährung und flexiblen Einsätzen kommt endlich die Erlösung. Mit 1. Februar 1957 bekomme ich den eigenen Landkreis Wittlage im Regierungsbezirk Osnabrück zugewiesen.

Wir finden ein Einfamilienhaus mit einem großen Garten, dass wir günstig mieten können. Wir freuen uns über den wachsenden repräsentablen Wohlstand. Da Räumlichkeiten in der Kreisverwaltung nicht ausreichend verfügbar sind, darf ich mir mein Büro in unserem Haus einrichten. Halbtags steht mir eine Sekretärin zur Verfügung. Sie kommt ins Haus und erledigt alle Schreibarbeiten für mich. So habe ich zwar kein großes privates Unternehmen, aber immerhin eine Angestellte in meinem kleinen staatlichen Unternehmen.

Mein Vater sagte immer: „Der Baron auf dem Lande lebt freier als der Fürst bei Hofe." Wie wahr. Mein nächster Vorgesetzter ist 20 Kilometer entfernt. Mit mir und meiner Situation bin ich nun sehr zufrieden.

Der alte DKW wird gegen einen neuen DKW F 93, 3=6, eingetauscht. Der Motor ist stärker, 38 PS, die Karosserie breiter, die Windschutzscheibe gewölbt, der ovale Kühlergrill verchromt und er hat einen Dreizylinder-Zweitaktmotor. Das Auto ist dunkelgrün. Bei dem Anblick schlägt mein Herz schneller. Zurückdenkend stelle ich fest, dass es zwei Dinge in meinem Leben gibt, die mich immer wieder beschäftigt haben, mein Auto und die Jagd inklusive Jagdwaffen. Natürlich waren mir auch meine Familie und der Broterwerb wichtig. Ich sage bewusst Broterwerb, denn eine richtige Berufung für meinen Beruf habe ich nie gespürt.

Im Oktober 1959 ist es dann endlich soweit. Ich werde zum Beamten auf Lebenszeit ernannt. Hurra, geschafft! Endlich etabliert, denke ich. Was kann mir jetzt noch passieren? Die Familie ist wirtschaftlich abgesichert. Wir schmieden rosige Zukunftspläne. Dass mir noch ein schwerer Kampf um den Erhalt meiner Beamtenbezüge und Pensionsansprüche bevorstehen sollte, ahnte ich nicht.

Bau der Mauer

Besuche von West nach Ost waren über Berlin relativ leicht möglich, Besuche von Ost nach West jedoch ziemlich schwierig. Es bedurfte einer besonderen Begründung, um eine Reisegenehmigung zur Ausreise aus der DDR zu erhalten. Kinder und Enkel durften ihre Großeltern in der DDR besuchen. Andersherum war es erst möglich, wenn die Eltern oder Großeltern Rentner geworden waren. Dann war eine Ausreise zur Entlastung der Rentenkasse durchaus erwünscht.

Am 13. August 1961 spitzt sich die Lage dramatisch zu. Die DDR befürchtet auszubluten, weil viele Menschen auf legalem und illegalem Weg die Zone verlassen. Ab 1960 gab es bereits einen Schießbefehl für die DDR-Volkspolizisten an der Grenze im Falle eines ungesetzlichen Grenzüberschritts. Die Freizügigkeit in Berlin wurde durch den Bau einer Mauer endgültig beendet.

253

Das Ende meiner Träume

Glücklich und zufrieden mit meinem Leben werde ich im Januar 1962 jäh aus meinen Träumen gerissen. Nun sitze ich wie ein Verbrecher im Gefängnis. Meine Verbindung zur Außenwelt sind die Briefe zwischen mir und meiner Familie. Die zahlreichen Briefe hüte ich wie einen Schatz. Sie werden immer und immer wieder gelesen, sie geben mir Hoffnung und Kraft. Doch es ist kaum möglich, sich ehrlich und offen miteinander auszutauschen. Alle Briefe werden zensiert. Berichte aus meiner Vergangenheit unterlasse ich lieber, sie könnten sich für mich negativ auswirken. Aus diesem Grund kann ich manches nur vorsichtig umschreiben. Denn auch, oder gerade meiner Frau konnte und mochte ich nach all den gemeinsamen Jahren nicht alles aus meinem Leben erzählen. So viel Grausamkeiten habe ich sehen und erleiden müssen. Ich wollte sie Anna-Lena ersparen. Stattdessen habe ich versucht, sie irgendwie allein zu verarbeiten. Was mir nicht wirklich gelingen konnte, da ich meistens doch lieber verdrängt als verarbeitet hatte.

Anna-Lena offenbart ungeahnte Fähigkeiten und eine religiöse Haltung, die mir hilft, in diesem düsteren Loch zu überleben. Unsere Briefe lassen uns erkennen, dass wir viel zu lange schweigend miteinander gelebt haben. Durch unseren intensiven Gedankenaustausch und, so empfinde ich es jetzt, mit Gottes Hilfe finden wir uns wieder. Ich sehe es als Gnade Gottes, die mir diese wunderbare Frau gegeben hat. Ich begreife, wie stark Liebe sein kann, wenn man einander vertraut. Der Mangel an Vertrauen, anderen und mir selbst gegenüber, ist für mich ein zentrales Thema. Man sagt so dahin, man werde durch Erfahrung klug. Ich aber wurde durch meine Erfahrungen nur misstrauisch und pessimistisch. Und aus einer solchen Haltung heraus kann sich keine wahre Klugheit entwickeln. Ich hatte immer Angst, meine schwachen Seiten zu zeigen. Angst, zu versagen. Angst, missbraucht und verraten zu werden. Jetzt, wo mir all das bewusst wird, wird mir auch klar, warum es mir immer schwergefallen ist, Menschen zu vertrauen. Angst ist der natürliche Feind des Vertrauens.

Schlaflos wälze ich mich auf der harten Gefängnismatratze hin und her. Es sind zu viele unsortierte Gedanken, die mir planlos in den Sinn kommen und mich nicht zur Ruhe kommen lassen. Der Blick zurück auf mein Leben macht mir bewusst, in welchen Wirren ich aufgewachsen bin:

» 1914 bis 1918, vier Jahre Krieg und Hunger prägten meine Kindheit;
» 1918 bis 1939, einundzwanzig Jahre politische Kämpfe, soziale Unruhen, eine labile Volkswirtschaft mit der Entwertung des Geldes, mit Vermögensverlusten und hoher Arbeitslosigkeit;
» 1939 bis 1945, sechs Jahre Krieg in einem unvorstellbaren Ausmaß, der alles zerstörte. Nicht nur materielle Werte, sondern auch meine ideellen Werte. In der Währungsreform war ich in der glücklichen Lage, kein Kapital zu verlieren. Wie auch, ich hatte ja keines, dass ich hätte verlieren können.

Die Flucht und Vertreibung aus unseren Ostgebieten und die damit verbundenen Eigentumsverluste schmerzen sehr. Als Flüchtling im eigenen Land um Akzeptanz betteln zu müssen, war erniedrigend. Ich musste an den mühsamen Wiederaufbau meiner eigenen Existenz in den vergangenen siebzehn Jahre denken.

Nun sitze ich hier hilflos in diesem Loch und weiß nicht, wie mein Leben weitergehen soll. Soviel aber weiß ich, ich werde dafür kämpfen, *dass* es weitergeht. Und sollte mich einmal der Mut verlassen, so vertraue ich auf Gott. Ihm zu vertrauen, dass wenigstens habe ich hier gelernt. Und das nimmt mir auch, sehr oft jedenfalls, meine Angst. Die Briefe spiegeln meine aktuelle Lebenslage und zeigen meine eigene Entwicklung auf.

Ravensburger Briefe

Meinen ersten Brief im Gefängnis bekomme ich von meiner Tochter Anna.

„Lieber Vati,
	Mutti schreibt gerade an Onkel Gerd, der dir helfen soll. Ich erzähle dir etwas von zu Hause, damit du siehst, dass es uns gut geht und wir alles so besorgen und machen, als ob du da wärst. Am Montag schreibe ich meine erste Abiturarbeit. Drück mir mal die Daumen, wenn du Zeit hast. Die Heizung war heute wieder ausgefallen. Ich habe sie sofort anbekommen, dank des Holzes, das Carl so fleißig zerhackt hat."
	Carina schreibt: „Es tut uns so leid, dass du da nun herumsitzen musst, besonders, weil wir nicht einsehen, warum. Herzliche Grüße, Carina."
	Carl schreibt kurz und knapp: „ich schließe mich der Meinung von Carina an. Dein Carl"

Es ist der 21. Januar 1962. Anna-Lena schreibt: „Dein Eilbrief kam heute, am Sonntagvormittag, und ich bin so dankbar, dass du gesund bist. Auch ich vermeide es, auf Gefühle einzugehen und übe mich in Gedanken-Disziplin. Ich verbiete mir auch alles Grübeln, um einen klaren Kopf und Nüchternheit zu bewahren.
	Die Haltung der Kinder ist vorbildlich. Anna wird von den Abiturarbeiten selbst berichten. Wir sind ganz gerührt, dass du schon den Wein für die Abiturfeier besorgt hattest. Aber so weit sind wir ja noch nicht. Dass unsere Situation bekannt wurde, war abzusehen. Anna ist selbst zum Direx gegangen und hat das berichtet. Dein alter Schulkamerad aus Dessau, Könnecke, lässt dich grüßen und sagt, er würde dafür sorgen, dass Annas Arbeiten wohlwollend zensiert werden. Verschiedene Bekannte aus dem Kreisgebiet riefen mich an und zeigten viel menschliches Verständnis. Von Dr. Sachs aus Offenburg wirst du bald eine Nachricht bekommen. Ich musste an Dr. Sachs einen Vorschuss von 500 Deutsche Mark überweisen. Hinterher ist aufge-

fallen, dass ich keine Vollmacht über das Konto habe. Das musst du mir sofort schicken. Deine Bürokraft, Fräulein Marcks, ist ein Segen für uns. Sie weiß über alles Bescheid und ist sehr hilfreich. Neulich habe ich mit Carl den Satz ‚Salus nostra in virtute et pietate est' geübt, unser Wohlergehen liegt in Tapferkeit und Frömmigkeit. Den Spruch sagen wir uns immer vor. Du kannst ihn dir auf den Tisch stellen, manchmal hilft es, wenn schlechte Stimmungen kommen. Am nächsten Tag schreibt Anna: „Das Abitur ist ganz lustig verlaufen. Morgens wurde gewartet, bis alle anwesend waren. Die Busse aus der Umgebung kamen aufgrund der Witterung oft zu spät. Dann wurde der Brief mit dem Siegel aus Hannover aufgebrochen und die Spannung fiel. Wir saßen im Musiksaal, wo für jeden ein Tisch hineingestellt wurde. Wir waren die Hauptpersonen der ganzen Schule an diesen Tagen. Alle mussten Rücksicht nehmen, zitterten mit uns und drückten die Daumen. Der Kakao-Pabst kam immer gegen 11 Uhr mit seinem Bauchladen. In Deutsch haben wir ganz tolle Themen bekommen. Man muss Wedding wirklich loben. Ich habe Thema 3 genommen. „Es lässt sich von der Kunst ablesen, was aus den Menschen geworden ist." Toll, darüber hatten wir beide häufiger gesprochen. Ich hatte ja auch ein gutes Referat über moderne Lyriker und ihr Lebensgefühl gehalten und wusste in dem Thema gut Bescheid. Es war wie für mich geschaffen ..."

Ich kenne Wedding, er ist ein junger Studienrat, der von beiden Töchtern und allen Schülern insgesamt geliebt wird. Sogar mein Sohn ist von ihm begeistert und hört im Unterricht konzentriert zu. Er erzählte mir einmal ganz stolz, er wüsste jetzt, dass das Pferd von Alexander dem Großen Bukephalos geheißen hatte und dass es Angst vor dem eigenen Schatten gehabt hätte. Deshalb hätte Alexander immer gegen die Sonne reiten müssen. Wedding ist offensichtlich befähigt, die Schüler mitzunehmen, in den Lehrstoff hinein zu ziehen. Da darf man sich doch fragen, wenn andere Lehrer über die dummen Schüler schimpfen, ob es wirklich an den Schülern liegt, oder die Dummheit woanders gelagert ist.

Es ist der 2. Februar 1962. Anna-Lena schreibt erneut: „Ist es wahr, dass ich nur einen Brief pro Woche schreiben darf? Ich werde mich beschweren, ich brauche jetzt mehrmals die Woche deinen Rat. Leider hast du mir nie Einblick in die Finanzen und sonstige Verpflichtungen gegeben. Jetzt muss ich es mühsam erlernen. Die monatlichen Kosten streiche ich zusammen. Die monatlichen 10 Deutsche Mark für deine Verbindung Ratisbonia stoppe ich. Die KFZ-Steuer, die vierteljährlich in Höhe von 38,20 Deutsche Mark zu zahlen ist, setze ich aus. Der Herr Niehaus von der Versicherung sagt, es sei nicht ratsam den Versicherungsschutz für den Wagen zu unterbrechen, weil du dann den Schadensfreiheitrabatt verlierst. Um den Wagen abzumelden, benötige ich den KFZ-Schein, der sicherlich bei dir ist.

Von der Schule erhielt ich die Aufforderung zu einem Gespräch. Der Direx erklärte mir, die Leistungen von Carl seien sehr schwach und er würde dafür sorgen, dass Carl sitzen bleibt. Er sagte, für Carl sei die Realschule völlig ausreichend. Und dann kam der hässliche Nachsatz: ‚An meiner Schule ist kein Platz für den Sohn eines Kriegsverbrechers. Wenn Sie ihn aber in die Realschule ihres Heimatortes geben, kann ich ihm ein angemessenes Zeugnis für die Versetzung ausstellen.‘ Ich sprach mit deinem Schulfreund Könnecke darüber. Sein Kommentar war, dass die Sozis nicht besser als die Nazis wären und sich da nichts machen lasse.

Ich werde Carl zum Schuljahresende im März ummelden. Bis dahin will er sich tapfer halten und auch noch Fleiß zeigen. Ist sicherlich auch besser für ihn als immer diese langen Fahrten zur Schule in Kauf nehmen zu müssen. Morgens um 7 Uhr muss er los und nachmittags um 16 kommt er Uhr zurück. Ohne Mittagessen, nur mit Brot, das ist für den zarten Jungen eine große Belastung ...“

Das ist für mich wie ein Schlag in die Magengrube. Sippenhaft, das kenne ich zur Genüge aus der Vergangenheit. Könnecke hat Recht. Sie sind alle gleich. Wenn ich zuhause gewesen wäre, dann hätte der Direx das nicht gewagt. Leider kann ich nur meine Faust in der Tasche ballen und muss hilflos zusehen. Zugegeben, die Leistungen meines Sohnes sind grenzwertig. Man könnte ihn, mit etwas Wohlwollen, über die Ziellinie ziehen lassen, aber auch genauso gut vor dem Ziel hängen lassen. Carl ist mir in vielen Dingen sehr ähnlich. Meine Schulkarriere war auch nicht berühmt und mit diversen Hochs und Tiefs versehen. Bei mir stand gelegentlich im Zeugnis: „Lutz könnte mit etwas mehr Fleiß bessere Noten erzielen. Versetzung gefährdet." Ich war damals der Meinung, ein Pferd müsse doch nicht höher springen als das Hindernis ist. Leider habe ich, wie beim Sport, manchmal das Hindernis gerissen und bin ins Straucheln gekommen.

Nun gut, mit Realschule kann Carl auch später noch einen Wechsel schaffen. Um die Entwicklung meines Jungen mache ich mir dennoch Gedanken. Nein, es sind Sorgen, die mich quälen. Es ist mir bewusst, die Umstände machen ihn klein, sie umklammern ihn und bremsen seine Entwicklung. Ich will ihn in seinem Selbstbewusstsein stärken und erinnere mich an die Worte meines Vaters: „Irgendwann wird sich auch bei dir die Intelligenz durchsetzen." Das sage auch ich zu meinem Sohn. Bei mir hat es gewirkt, ihm wird es auch helfen.

Ich schreibe an Anna-Lena: „... So so, dir sind die Wellen über dem Kopf zusammengeschlagen. Vielleicht hast du aber inzwischen den Brief vom Anwalt erhalten und siehst etwas mutiger in die Zukunft. Salus nostra in virtute est, unser Wohlergehen liegt in der Tapferkeit.

Auf meinem heutigen Kalenderblatt steht: ‚Wer geduldig ist, den leitet viel Klugheit'. Nimm diese Worte als Omen und halte den Kopf oben. Bei aller Anteilnahme im Bekanntenkreis handle bitte klug. Cave Linguam, hüte die Zunge. Der Neid ist größer als das Mitleid, aber unser Herrgott verlässt die Anständigen nicht. Ich habe auch Hoffnung, dass alles vorbei geht. Denke an unseren Wahlspruch, den wir uns immer in Erinnerung rufen, wenn es mal dick kommt und anders läuft, als wir es uns erträumten: So wie es kommt, wird's richtig sein.

Mit dem Jungen haben wir damals in das Rad des Schicksals eingegriffen, im Glauben, richtig zu handeln. Ich glaube auch, dass er sich im Internat seine TBC geholt hat. Sein Röntgenbild zeigt klar die Inhalationinfektion. Das Wichtigste ist seine Gesundung, er ist jung und mit der Zeit wird alles heilen. Deswegen ist er auch schulisch nicht so zu beurteilen. Obgleich sich die Idioten von Paukern anmaßen, schlauer als unser Herrgott zu sein. Bis Ostern soll er durchhalten und sein Gesicht wahren. Es wäre gut, die Abgangsversetzung zu erhalten, das ginge dann leichter für ihn. Der Direx ist ein irrer Eiferer. Ihm täte es besser, er wäre Pastor in einem Elendsviertel geworden. Da würde er vielleicht Mensch werden oder selbst zugrunde gehen. Erwarte keine Menschlichkeit bei deinem Gespräch mit den Lehrern ..."

Am Sonntag, dem 28. Januar sende ich erneut einen Brief. „Ein evangelischer Pfarrer hält eine Andacht. Er ist, Gott sei Dank, nur die Vertretung für den erkrankten Gefängnispfarrer, sagt er. Es sind nur 13 Häftlinge im Alter zwischen 21 und 60 Jahren gekommen. Zwei, die schon länger hier inhaftiert sind, gehen gleich wieder raus. Sie kennen den Vertretungspfarrer anscheinend. Der Pastor hat ein überlautes Organ und redet primitiv vor den wenigen Anwesenden. Nach der Veranstaltung, Andacht möchte ich dazu nicht sagen, besucht er mich in der Zelle. Etwas unangenehm und aufdringlich sagte er: ‚Ich bin auch SS-Offizier gewesen und war in Norwegen im Einsatz. Was kann ich für Sie tun'? Ich bedanke mich für seinen Besuch und erwidere mit etwas unterkühlten Worten ‚Danke, es ist alles Notwendige in die Wege geleitet.' Dieser Pastor hat eine unangenehme Ausstrahlung, ein scheinheiliges Verhalten. Er ist ein Heuchler, dem ich nicht trauen kann. Ich habe das Gefühl, er will mich aushorchen und verraten. Weitere Besuche von ihm habe ich abgelehnt."

Meine Reaktion kam so spontan aus dem Bauch heraus, dass ich hinterher zweifele, ob ich richtig gehandelt habe. Zumal ich einschlägige Erfahrungen im Internierungslager in Garmisch gemacht habe und mir damals vornahm, zukünftig besonnener und überlegter zu reagieren.

Reiz-Reaktions-Schema

In meinen Gedanken versetze ich mich zurück ins Lager nach Garmisch, die Atmosphäre, die damals herrschte, ist mir noch heute sehr präsent. Sobald ich die Amis in voller Bewaffnung sehe, steigt bei mir Wut auf. Ich empfand sie als arrogant und bei ihrem ununterbrochenen Kaugummikauen musste ich an wiederkäuende Rindviecher denken. Gleichzeitig überkommt mich ein demütigendes Gefühl der Hilflosigkeit gegenüber der Macht, die sie über mich hatten. Dieses Gefühl erinnert mich an früher, wenn meine Mutter mich einmal wieder unberechtigterweise getadelt hatte und ich mich nicht wehren hatte können. Dieses Reiz-Reaktions-Schema macht mir schwer zu schaffen. Je mehr mich eine Situation oder ein Anblick im negativen Sinne reizt, desto impulsiver und unüberlegter reagiere ich. Wenn dann bestimmte Reize auch noch durch unangenehme Erinnerungen verstärkt werden, erscheint mir mein Verhalten irgendwie unsteuerbar und fremdbestimmt. Ich will aber selbstbestimmt handeln und mir eine angemessene Reaktion überlegen können. Doch wie kann ich das erreichen? Vielleicht muss ich so etwas wie eine innere Alarmlampe einbauen, die in diesen typischen Situationen aufleuchtet und mich kurz innehalten lässt, zumindest lange genug, um vom reflexhaften und sofortigen Reagieren auf Denken umschalten zu können. Das Bild von der Alarmlampe gefällt mir und ich beschließe, das zu üben.

Geeignete Situationen gibt es hier massenhaft. Ich konzentriere mich auf einen Soldaten der Militärwache. Diesen Soldaten, mit Maschinenpistole bewaffnet, sehe ich häufig am Zaun patrouillieren. Er ist groß, hat eine kräftige sportliche Figur, dunkle Haut, ein afrikanisches Aussehen. Mit seinem ausdruckslosen Gesicht schätze ich ihn auf circa 30 Jahre. Jedes Mal, wenn ich ihn sehe, reagiere ich mit starker innerer Abwehr. Er wirkt auf mich extrem fremd und diese Fremdheit macht mir Angst. Die stets wiederkehrende Situation wirkt auf mich bedrohlich. Ich beschließe, mich dieser Situation zu stellen und mich aus der reflexhaften Abwehrreaktion zu befreien.

Es ist ein sonniger Vormittag im Juli. Wieder einmal begegne ich dem jungen Soldat und zwinge mich, zu lächeln. Er zeigt keine Reaktion, sein ausdrucksloses Gesicht bleibt gleich. Ich setze das Spiel fort, ungefähr eine Woche lang. Und plötzlich lächelt er zurück. Wir begegnen uns in den nächsten Tagen nun immer mit einem freundlichen Lächeln, nicken mit dem Kopf und erheben die Hand zum Gruß. Nach etwa zehn Tagen merke ich, dass ich immer entspannter werde bei den Begegnungen. Ich entwickle sogar so etwas wie Sympathie für ihn. Er ist ja auch nur ein Befehlsempfänger, denke ich und er wäre sicher lieber bei seiner Familie oder seinen Freunden. An Tag 11 meines Experimentes bleibt er stehen und winkt mich zum Zaun. Aus der Nähe betrachtet, hat er ein freundliches Gesicht und einen milden Blick. Er reicht mir durch den Zaun eine Zigarette und erzählt, er sei aus Houston in Texas. Er sagt, ich sei der erste Deutsche, der im freundlich begegnet. Er sagt, er sei überrascht und erfreut, dass es auch anständige und freundliche Menschen unter den Nazis gibt. Die Propaganda habe ihn stets vor den Deutschen gewarnt. Man könne ihnen nicht vertrauen. Alle Nazis seien brutale Verbrecher.

Lange können wir nicht beieinanderstehen und miteinander reden. Den Wachen ist es verboten, sich mit den Gefangenen zu unterhalten und sich auf diese Weise womöglich zu verbünden. Doch diese kleine Zigarettenpause gönnen wir uns häufiger, bis er im November versetzt wird. In unseren kurzen Begegnungen erzählt der Amerikaner: „Als ich nach Dachau kam, die Leichen und halb verhungerten Menschen sah, dachte ich, ja, dafür habe ich gekämpft. Diese Menschen aus der grausamen Gefangenschaft, der Unterdrückung, der Knechtschaft zu befreien oder vor dem Tod zu retten, ist richtig und der Kampf gegen die Nazis ist notwendig. Für die Freiheit und gegen jede Form von Rassismus will ich mich einsetzen."

Bei dem Wort „Rassismus" hält er inne und wird nachdenklich: „Ich muss an meine eigene Situation in Amerika denken. Ich darf nicht von öffentlichen Wasserspendern trinken, im Restaurant werde ich nicht bedient, im Bus muss ich Abstand zu den Weißen halten oder den Bus für ‚Nigger‘ nehmen. Ich darf nicht alle Berufe ausüben, ich darf nicht an der Universität mit Weißen zusammen studieren. Selbst hier bin ich ein Kamerad zweiter Klasse. Höhere Dienstgrade sind uns verwehrt. Alle Farbigen müssen auch in der Armee getrennt von den Weißen schlafen. Bei der Landung in der Normandie waren wir die ersten, die ins Feuer geschickt wurden. Nun weiß ich, dass mein Vaterland mich ausbeutet, statt Dank ernte ich Missachtung und Respektlosigkeit. Die Freiheit ist ein hohes Gut, doch leider ist sie nicht für alle Menschen erreichbar. Falls ich je wieder nach Hause komme, werde ich mit aller Kraft für die Freiheit und die Rechte der schwarzen Amerikaner kämpfen.“

Diese Aussage, diese Erkenntnis des amerikanischen Soldaten erstaunt mich. All meine Vorurteile sind widerlegt. Ich empfinde Hochachtung vor diesem Menschen. Ich betrachte ihn mit anderen Augen. So wird mir auch bewusst, dass mein tradiertes Reiz-Reaktions-Schema viele Gefahren birgt. Es verführt zu Fehlreaktionen. Ich nehme mir vor, meine Einstellungen künftig zu hinterfragen und vorschnelle Urteile zu vermeiden. Und mich beschleicht auch hier eine Ahnung, worauf der Erfolg Hitlers gebaut ist. Auf Vorurteilen, die bedient und geschürt werden, durch Abgrenzung, auf Angst und Einschüchterung basierend. Damit niemand Zeit und Gelegenheit hat, nachzudenken, um Vorurteile zu überwinden und in Opposition zu den Nationalsozialisten zu gehen.

Am Samstag, dem 3. Februar schreibt mir Anna-Lena wieder ins Gefängnis:

„Anna ist ganz glücklich aus Berlin zurückgekommen. Sie hat eine Lehrapotheke gefunden und das Versprechen, dort anfangen zu können. Übrigens, sie hat in Biologie eine EINS und in Chemie eine ZWEI. Das hat Eindruck gemacht.

Gestern kam ein Brief von Adam Pontasch aus St. Oswald, er bedankt sich herzlich für dein Weihnachtsgeschenk. Er sagte, es wäre für seine Frau und ihn eine große Freude und er erlaubte sich zu sagen, dass St. Oswald bis heute noch keinen solchen Jagdgast, wie dich erlebt hat. Einen Jäger aus Deutschland, der dort für die Wildfütterung und seine Jagdbegleiter sorgt, hat es hier noch nicht gegeben. Wenn du im Sommer kommen willst, erhaltest du von ihm einen unentgeltlichen Abschuss, Rehbock oder Murmeltier. Adam P. sendet beste Grüße, ein kräftiges Waidmannsheil und ein fröhliches Wiedersehen im Sommer. Ich bin zu Tränen gerührt über so viel Herzlichkeit, die mir entgegengebracht wird. Ich bin derzeit überhaupt leicht in meinen Gefühlen zu bewegen. In diesem Sommer wird das wohl nichts werden, aber irgendwann komme ich hier raus und dann werde ich mit Adam Pontasch und Alois Schneeweiß wieder in die Berge steigen.

Es ist der 4. Februar, gedanklich bin ich in St. Oswald. Meine Gedanken gehen zurück zu den schönen und eindrucksvollen Tagen, die ich vor einem Jahr dort erleben durfte. Im Gasthof der Familie Schneeweiß fühlte ich mich immer willkommen und geborgen, in einer herzlichen Atmosphäre, wie unter Freunden. Ich hatte nie den Eindruck, es könnte nur aufgesetzte Freundlichkeit gewesen sein oder eine, die ein Gastwirt jedem Gast entgegenbringen muss. Es war wirklich Freundschaft, was ich dort erleben durfte.

Alois, der Sohn des Wirtes, hat mich oft begleitet, genauso wie Adam, der einen kleinen Bauernhof bewirtschaftete. Adam war groß und schlank gewesen. Mit seinem schwarzen Vollbart hatte er ausgesehen wie Rübezahl oder besser gesagt, wie ein klassischer Jäger aus dem Film „Der Jäger vom Fall" nach einem Buch von Ludwig Ganghofer.

Alois war 1935 geboren worden und mit seinen damaligen 27 Jahren ein drahtiger Bursche, der die Berge wie eine Bergziege erklimmen konnte. Mit meiner Kriegsverletzung am Bein konnte ich ihm kaum folgen. Er half mir aber immer kameradschaftlich beim Bergsteigen und trug meinen Rucksack und meine Waffe. Wenn ich oben am Berg einen Rehbock schoss, nahm er auch diesen noch auf seine Schulter. Alois hatte nur so vor Kraft gestrotzt.

Bei meinem Besuch im vergangenen Jahr war auch ein jagdlich ambitionierter Psychologe zu Gast in St. Oswald. Abends, nach der Pirsch, hockten wir in der Gaststube zusammen. Wenn man vom Flur aus nach rechts in die Gaststube trat, war auf der linken Seite ein runder Tisch für die Jäger reserviert. So manches Mal ging dort die feuchtfröhliche Geselligkeit auch über die Sperrstunde hinaus. So auch an diesem einen Abend. Der Gast hatte einen Bock erlegt und wir feierten sein Waidmannsheil. Schneeweiß Senior war schon zu Bett gegangen und Sohn Alois begann zu erzählen und zu klagen: „Mein Vater ist so dominant, dass ich mich nicht frei entfalten kann. Ich verstehe es ja, im Familienbetrieb muss halt jeder mitanfassen, aber irgendwann brauche ich einmal Zeit für mich. Die finde ich nur beim Bergsteigen oder allein auf der Jagd. Zuhause fühle ich mich unterdrückt und kann kaum frei atmen, ich komme mir vor wie ein Gefangener in einem 3-Sterne-Gefängnis. Mir geht es wirtschaftlich wirklich gut, aber ich will mein eigenes Leben leben."

Der Psychologe Gustav Seefeld greift die Klage auf und doziert: „Jeder erlebt sich ausschließlich in Beziehungen zu jemandem oder zu etwas außerhalb von sich selbst, zu Menschen, zu Tieren, zu Pflanzen. Die Glaubenssätze deiner Familie und die Emotionen, die du übernommen hast, bestimmen dein Verhalten. Die Beziehungen sind von bestimmten Erwartungen in Bezug auf Geben und Nehmen geprägt. Du gibst und du nimmst. du bist Sohn und künftiger Erbe des Geschäftes. In dieser Beziehung wird ein bestimmtes Verhalten von dir erwartet. Dein Selbstverständnis entwickelt sich in deinem frühen Lebensjahr durch die Rolle in deiner Familie und in den Bereichen, die du außerhalb erlebst, zum Beispiel in der Schule. Entsprechend der Beurteilung deiner Person durch Eltern, Geschwister, Lehrer oder anderer Autoritäten, prägt sich dein Bild von dir in dir selbst. Das bestimmt dein Wohlbefinden oder auch dein Unwohlsein. Je nachdem, wie man über dich spricht und dich behandelt, fühlst du dich beflügelt und voller Energie oder du bist ausgebremst und verlierst deine Kraft. Du beklagst den Mangel an Freiheit. Du musst aber erkennen, du bist nie frei. Du stehst immer in Beziehung zu irgendetwas. Hier bist du der Nachfolger der Familie Schneeweiß, der die Tradition des Gasthauses, der

Jagd und der Landwirtschaft fortsetzen muss, so, wie es deine Vorfahren taten. Die Lösung liegt in deiner Entscheidung, deine eigenen Ziele, Vorlieben und Qualitäten zu erkennen und sie zu leben. Das muss nicht im Widerspruch stehen zu dem, was von dir erwartet wird." Alois schwieg und dachte über die Worte nach. Auch ich fühlte mich angesprochen, als hätte er das alles mir erzählt. Das ermunterte mich am folgenden Tag, mit Gustav über mein Problem zu reden. Wir setzten uns nach einem guten Mittagessen verdauungsträge auf eine Bank in die Sonne vor der Tür. Die Pirschgänge fanden frühmorgens und spätnachmittags statt. Die Zeit dazwischen war zum Ruhen gedacht. So ausführlich wie möglich schilderte ich ihm meine inneren Konflikte. Erstaunlich geduldig hörte er sich alles an. Als ich am Schluss um seinen Kommentar bat, legte er los: „Das emotionale Loch in dir, dass durch die fehlende Liebe der Mutter entstand, kann kein anderer Mensch stopfen. Weder die Liebe der Ehefrau, noch die Liebe der Kinder sind dazu in der Lage. Sie sind nur Stellvertreter für das, was du von deiner Mutter gebraucht hättest. Ein Kind liebt immer beide Elternteile. Es liebt die Mutter und es liebt den Vater. Wenn die Mutter mit dem Vater einen Konflikt hat, sie sich die gegenseitige Wertschätzung verweigern, steht das Kind dazwischen. Das Kind braucht die Liebe der Mutter und die Anerkennung des Vaters. In deinem Fall hat sich deine Mutter einen Sohn gewünscht, der dynamisch und vital ist und sich auch rücksichtslos durchsetzen kann, wie deine Mutter es von ihren eigenen Eltern und Geschwistern gewohnt war. Sie will einen Sohn haben, der Karriere macht, mit dem sie im Bekanntenkreis prahlen kann. Dein Vater hat das aufgrund seines Wesens nicht geschafft. Er war aus ihrer Sicht ein Träumer, empfindsam, musikalisch und somit ein Schwächling. Hinzu kam, dass er als treuer Beamter in engen Bahnen dachte und kein dynamischer Unternehmer war."

„Das stimmt, ich fühlte mich immer überfordert und durfte nicht das sein oder machen, was ich wollte. Was auch immer ich tat, für meine Mutter war es nie gut genug. Ich wollte Förster werden. Meine Mutter hatte damals gesagt, dass wir genug Förster in der Familie hätten, mehr, als sie ertragen konnte. Sie wollte, dass ich Medizin studiere und Arzt werde." Gustav setzte seine Analyse fort: „Deine Mutter war von ihrem Mann enttäuscht und du hast ihren ganzen Frust um die Ohren gehauen bekommen. Du bist nicht falsch, du bist nur nicht das, was sie gerne in ihrem Mann und Sohn gesehen hätte. Dieser Konflikt zwischen Vater und Mutter ist für dich als Sohn nicht lösbar. Die dunkle Liebe zu deiner Mutter treibt dich immer wieder aufs Neue zu dem Versuch hin, in der äußeren Welt eine Top-Position zu erlangen. Die dunkle Liebe zu deinem Vater hingegen treibt dich dazu, den guten Start in ein Scheitern zu verwandeln. Es gibt aber einen besonderen Aspekt in der Seele der Mutter. Das nicht sozialisierte, nicht verborgene Wesen, zu dem du versuchen kannst einen Zugang zu finden und dich mit ihr zu versöhnen. In der katholischen Kirche gibt es als Substitution die Mutter Gottes, die heilige Maria, die du anrufen kannst. Sie gibt immer Heilung, sie beschützt, sie verzeiht, sie liebt dich, wie du bist. Im evangelischen Glauben wenden wir uns direkt an Gott. Das Kind ist immer bereit, alle Schuld auf sich zu nehmen. Es fühlt sich schuldig, weil es die Liebe der Mutter nicht bekommt. Das Kind braucht die Gewissheit, dass es geliebt und gewollt ist, um leben zu können." „Ja, das ist mein Problem, daran möchte ich arbeiten, wenn ich nur wüsste, wie", werfe ich verzagt ein. „Du kannst deine Eltern nicht ändern, aber du kannst deine Betrachtungsweise verändern. Du kannst versuchen, das Problem deiner Eltern nicht auf Dauer auch zu deinem zu machen. Du musst dich davon befreien, jegliche Schuld von dir weisen und so leben wie du bist. In dir leben das gute Herz deines Vaters und die Herrschsucht deiner Mutter. Du bist beides, du bist Vater und Mutter. Der Konflikt deiner Eltern lebt in dir weiter. Du willst die Mutter in dir hassen und die Herrschsucht loswerden, die dich ebenfalls beherrscht. Du kämpfst ständig dagegen an, und doch bist du immer wieder der Verlierer. Aus Liebe oder Angst hast du deine eigene Wahrheit in dir vor den Eltern und dir selbst verschwiegen. Dein Selbstvertrauen findest du nicht im Außen, das findest du nur im Inneren. Um Konflikte zu vermeiden, die für dich zu groß gewesen wären, hast du vieles verdrängt." Mit diesen Worten, die einer Psychoanalyse nahekamen, ließ er mich allein. Ich war mir nicht sicher, ob ich alles richtig verstanden hatte.

Hier im Gefängnis, während ich meine Erinnerungen aufschreibe, sehe ich uns auf der Bank vor der Tür in der Sonne sitzen. Ich fühle die wohlige Wärme der Sonnenstrahlen. Gustavs Worte klingen in meinem Ohr, sie gehen mir immer wieder durch den Kopf und beschäftigen mich nachhaltig.

In einem neuen Brief schreibt Anna-Lena mir:

„Du kannst mir zutrauen, dass ich hier alles ordentlich und richtig mache. Denkst du, ich sei immer noch das 19-jährige Kind, das du geheiratet hast? Mit 40 Jahren habe ich gelernt, mich den Leuten gegenüber angemessen zu verhalten. Ich rede mit niemandem über dich. Besonders gegenüber deinem Stellvertreter bin ich zurückhaltend. Der Regierungspräsident erkundigt sich laufend nach dir. Einige zeigen echte Anteilnahme und sagen, dass dieser arme Kerl da nun herhalten muss für tausend andere, die das gleiche getan hätten. Als ich unserer Haushaltshilfe sagte, dass ich sie nicht mehr bezahlen kann, nahm sie tränenreichen Abschied. Sie ist ja auch eine gute Seele. Ich mache jetzt allein sauber. So ordentlich und aufgeräumt wie jetzt war es noch nie bei uns. Deine Hündin Paula ist nicht mehr im Zwinger, sie ist täglich drinnen und liegt neben deinem Schreibtisch. Sie vermisst dich auch. Wenn Carl an der Realschule ist, kann er ja trotzdem Förster werden. Das Akademische liegt ihm anscheinend nicht und als Revierförster wäre er viel an der frischen Luft."

Auch Carl schreibt mir:

„Der Hund vermisst dich sehr. In der ersten Zeit ist sie unruhig von Zimmer zu Zimmer gelaufen und hat dich gesucht. Bei uns ist viel Schnee gefallen. Ich hatte meinen Freunden von deiner Prophezeiung erzählt, dass Anfang Februar viel Schnee fallen würde. Nach dem milden Januar haben sie das nicht geglaubt und mich verlacht. Als pünktlich am 1. Februar die Schneemassen runterkamen, haben alle gestaunt und halten dich nun für ein Genie."

Carina schreibt mir ebenfalls einige Worte:

„Morgen schreiben wir eine Deutscharbeit über Werther. Da kann ich die Unterlagen von Anna nehmen, die das schon mal bearbeitet hatte. Am Mittwoch schreiben wir eine Arbeit in Mathe. Ich habe schon geübt. Als mein Nachhilfelehrer Conrady von dir hörte, sagte er, er wolle mir die Stunden unentgeltlich geben. Frau Könnecke wird mir bei der Vorbereitung zur Englischarbeit helfen. Morgen habe ich eine Stunde bei ihr. Sie hat mich sogar zum Essen eingeladen."

Ich bin froh, dass es doch viele Menschen gibt, die uns wohlgesonnen sind. Hier zeigt sich der Unterschied zwischen den Schwätzern und den Helfern.

In einem weiteren Brief von Anna-Lena steht: „Wie schade, dass der Gottesdienst mit dem Pfarrer so enttäuschend war. In unserer Volkskirche sehen die Pfarrer oft nur einen bürgerlichen Brotberuf. Man darf von ihnen nicht zu viel erwarten. Meine Hilfe kommt von dem Herrn, der Himmel und Erde gemacht hat. Gott hilft uns dann oft, in dem er die richtigen Menschen zu uns schickt. Du musst dich frei machen von dem Pastor und nur Gottes Wort hören, auf das kommt es an. In dem letzten Päckchen hatte ich neben deinen Tarotkarten und dem Buch auch die Bibel geschickt. Ich hoffe, du liest fleißig darin. Ob du mal versuchst, jeden Morgen und jeden Abend einen Psalm laut zu lesen? Diejenigen, ich am meisten liebe, sind Psalm 25, 42, 43, 51, 86, 103, 121 und 145. Ich bin immer wieder betroffen davon, wie ernst Gott uns nimmt, jeden einzelnen Menschen und mit derselben Ernsthaftigkeit müssen auch wir Gott betrachten. Deine älteste Tochter hat ihr Abitur gut bestanden. Sie wird dir noch selbst schreiben."

Ich folge der Anweisung und Anregung von Anna-Lena, schlage die Bibel auf und lese.

„Mein Gott, ich hoffe auf dich, lass mich nicht zuschanden werden, dass meine Feinde nicht frohlocken über mich" stand in Psalm 25.

„Wie der Hirsch schreit nach frischem Wasser, so schreit meine Seele, Gott, zu dir", war Psalm 42. Ich lese sie alle und komme zu der Erkenntnis, dass sie meiner Denkweise nicht entsprechen. Ich bevorzuge die Schriften von Dietrich Bonhoeffer. Die sind mir näher, wahrscheinlich auch, weil er sie im KZ geschrieben hat und auch vorher schon ein kluger Mann Gottes war. Bonhoeffer war in der Zentralabteilung des Amtes Ausland und Abwehr unter der Leitung von Admiral Canaris tätig gewesen. Zusammen mit seinem Schwager, Hans von Dohnanyi, der auch dort tätig gewesen war, pflegte er viele ausländische Kontakte. Ab 1940 erhielt er Rede- und Schreibverbot. Die bekennende Kirche ging in den Widerstand zu Hitler. Bei seinem Schwager wurden schließlich belastende Akten gefunden und Bonhoeffer war wegen Wehrkraftzersetzung inhaftiert worden. Im Zusammenhang mit dem Attentat auf Hitler wurde auch weiteres belastendes Material gefunden. Das war das Ende, Bonhoeffer war im April 1945 hingerichtet worden.

„Jeder neue Morgen ist ein neuer Anfang unseres Lebens. Jeder Tag ist ein abgeschlossenes Ganzes." Das sind Gedanken, die ich verstehe und die mich bewegen. Genauso, wie die Gedichte von Eichendorff, Klopstock, Goethe und vielen anderen alten Dichtern und Denkern. Ich habe zu meinem Glück im Büro des Herrn Direktor einen Gedichtband gefunden, gesammelte Werke. Nicht, dass er selbst etwa darin lesen würde. Nein, den muss jemand hier vergessen haben oder er wurde konfisziert aus einem Paket herausgenommen. Ich habe ihn mir angeeignet und denke, dass den Gedichtband niemand vermissen wird. Für mich ist das Buch eine Quelle der Erkenntnis und das Material, das ich zum Träumen benötige.

Es ist Montag, der 19. Februar, wir haben Vollmond. Das bedeutet für mich eine Nachtschicht, zum Schreiben und Nachdenken. Der Mond scheint schwach in meine Zelle und bei trübem Licht lese ich:

„Es war, als hätt der Himmel die Erde still geküsst.
dass sie im Blütenschimmer von ihm nun träumen müsst.
Die Luft ging durch die Felder, die Ähren wogten sacht,
es rauschten leis' die Wälder, so sternklar war die Nacht.
Und meine Seele spannte weit ihre Flügel aus,
flog durch die stillen Lande, als flöge sie nach Haus."

Joseph von Eichendorff

Diese Zeilen berühren und trösten mich. Nun kann ich endlich
schlafen und gut träumen.

Anna-Lena schreibt mir indes wieder einen Brief:

„Deiner Schwester habe ich zum 50. Geburtstag geschrieben und
unsere Situation mitgeteilt. Beide, auch deine Mutter, haben sehr
vernünftig zurückgeschrieben und wünschen dir alles Gute. Ich
denke, eine Mutter, egal wie sie sonst ist, fühlt mit ihrem Kind.
Haha, denke ich. Da kennst du meine Mutter nicht. Sie ist
gefühlsarm und selbstbezogen, begehre ich beim Lesen auf. Ich
lese weiter in Anna-Lenas Brief:
„Ich habe deine Anschrift nicht genannt und gesagt, dass nur
ich dir schreiben darf. Der Februar ist kalt und ich muss Kohle bestellen. Die gute alte Kohleheizung ist doch die beste, das
hat sich jetzt wieder gezeigt in den Katastrophengebieten und
auch hier bei dem Stromausfall. Die Leute mit Ölheizung saßen
im Kalten. Wir haben den Sturm gut überstanden und hatten
nur 24 Stunden Stromausfall. Die Springflut an der Nordsee-
küste muss furchtbar gewesen sein. So etwas käme nur alle 100
Jahre vor, behaupten die Fachleute. Hamburg stand völlig unter Wasser und es soll über 300 Tote gegeben haben. Man will
demnächst mehr Mittel für den Deichbau zur Verfügung stellen. Im Radio habe ich bei Näharbeiten den Direktbericht über
dem Weltraumflug des Astronauten Glenn gehört. Das war irgendwie aufregend, als man aus dem Weltraum seine Stimme

hörte. Und als er die Bremsrakete in Gang setzte, merkte man richtig, wie alle den Atem anhielten. Welch ein Gegensatz, hier die Naturkatastrophe und dort der Weltraumflug."

Ein Brief von Carlos von Wagner überrascht mich am Freitag, den 23. Februar 1962. Ich erfahre unerwartete Neuigkeiten. Dieser gute Bursche ist mir in Freundschaft verbunden geblieben.

„Lieber Lutz, seit dem Herbst 1961 bin ich in der Bezirksregierung in Osnabrück tätig. Entschuldige, dass ich nicht früher Kontakt aufgenommen habe. Zurzeit pendle ich zwischen Osnabrück und Bremen. Meine Familie wohnt noch in Bremen. Erst wenn ich hier ein angemessenes Haus finde, kann meine Frau mit den Kindern zum Schulwechsel im April nachkommen. Meine Stieftochter ist bereits zum Pädagogikstudium in Göttingen. Mein Sohn ist nun schon 12 und meine Tochter 10 Jahre alt.

Ich will dir von Beginn an berichten: Genau am 8. Mai 1946, ein Jahr nach dem Friedensschluss durfte ich das Lager verlassen. Mit großer Freude im Herzen kam ich auf unserem Gut an. Das Haus war voller Verwandtschaft, die im Ruhrgebiet, in Münster und Osnabrück herausgebombt worden waren. Du kannst dir vorstellen, wie eng das war und wie viele Spannungen in der Luft lagen. Ich kam zu der erstaunlichen Erkenntnis, dass die angeheirateten Verwandten mitunter herzlicher, menschlicher und verlässlicher waren als die Blutsverwandten.

Meine Mutter strahlte über das ganze Gesicht, wie immer. In aufrechter Haltung, gutaussehend, ganz die Dame des Hauses. Sie trug den Wirrwarr auf dem Gutshof mit Fassung und Würde. Mein Bruder, der den Hof bewirtschaftete, sah sehr abgearbeitet aus. Die ganze Last, die große Familie zu versorgen sowie seine eigene Familie, Frau und zwei Töchter, machte ihn fertig. Mein Vater war im Januar 1946 gestorben. Wie mir erzählt wurde, hatte mein Bruder mit meinem Vater einen heftigen Streit gehabt. Es ging um die Fruchtfolge auf dem Acker und was zum Frühjahr noch angebaut werden solle. Mein Bruder wollte unbedingt Tabak pflanzen, weil im Moment damit viel Geld zu verdienen sei. Mein Vater war strikt dagegen. Hinzu kam, dass mein Vater zwar längst auf das Altenteil gegangen war, sich aber immer noch benahm wie der alleinige Herrscher. Der Streit eskalierte so sehr, dass mein Vater einen Herzinfarkt bekam und starb. Mein Bruder schleppt nun entsprechende Schuldgefühle mit sich herum, weil er den Infarkt scheinbar provoziert hatte. Bei meiner Mutter habe ich mehr das Gefühl, dass der Tyrann in der Kiste wäre und sie bin endlich frei ist. Sie zeigt keinen erkennbaren Schmerz und ist, trotz der Überbevölkerung im Haus, guter Dinge.

Auf dem Gutshof ist das Altenteil ein separates kleines Gebäude. Dort finde ich bei meiner Mutter ein Bett zum Ausruhen. Nach der Zeit in Garmisch und das muss ich dir ja nicht erklären, brauchte ich Zeit zum Regenerieren. Meinem Bruder habe ich in der Landwirtschaft und der Ernte sehr geholfen. Mein zweiter Bruder ist in Russland verschollen. Wie wir später erfuhren, ist er in Nowosibirsk verstorben, im Arbeitslager. Nachdem die Ernte eingefahren war hatte ich Luft, über meine Zukunft nachzudenken.

Ganz mutig fuhr ich am Freitag, dem 1.November 1946 nach Bad Bederkesa, ohne eine Ahnung von Heidruns Anschrift zu haben. Ich dachte, wenn sie dort noch Lehrerin wäre, würde man sie in dem kleinen Ort kennen. Richtig, beim Bäcker erfuhr ich die Anschrift. Mit weichen Knien und Herzrasen klingelte ich. Eine ältere Dame öffnete die Tür und etwas verlegen fragte ich, ob Heidrun hier wohnen würde. Die Dame, die dem Habitus nach zu urteilen ihre Mutter war, rief Heidrun. Ich hörte Schritte die Treppe herunterkommen und plötzlich stand sie vor mir. Schön wie eh und je, in langen Hosen und Pullover. Ungläubig schaute sie mich an. Die Fragezeichen in den Augen waren nicht zu übersehen. ‚Carlos?', fragte sie. Ein schüchternes Ja war meine Antwort. ‚Mein Gott, wie siehst du denn aus? Komm doch erst mal rein', meinte sie. Es war vier Uhr nachmittags und die Küche roch nach frisch gebackenem Kuchen. Wunderbar, dachte ich, wie zu Hause, hier fühlte ich mich wohl. Die Kaffeetafel wurde gedeckt und wir erzählten in Fragmenten, ohne chronologische Reihenfolge. Heidrun berichtet, dass ihr Vater mit zwei weiteren

Personen seines Stabes im Auto von Stolp nach Stettin unterwegs gewesen wäre und bei Kolberg von Russen gestoppt worden sei. Der Fahrer war sofort erschossen worden, ihr Vater wurde verhaftet. Auf abenteuerliche Weise gelang ihm die Flucht aus dem Russenlager. Tagsüber habe er sich versteckt gehalten und nachts wanderte er, bis er die Elbe überschreiten konnte. Überschreiten ist übertrieben. Er sei nachts hindurchgeschwommen. Im September 1945 kam er abgemagert in Bederkesa an. Leider verstarb er bereits 1953 an einer Lungenentzündung.

Er hat Heidrun übrigens von dir erzählt und wie er dafür gesorgt hat, dass du dich mitsamt der Familie nach Ludwigslust retten konntest. Ich hatte ihm auch erzählt, dass wir uns in Garmisch im Lager wiedergetroffen haben. Er fand es großartig und glaubte weniger an Zufall, mehr an besondere Fügung.

Spät am Abend fuhr ich heimwärts und war gegen Mitternacht im Bett. Heidrun und ich verabredeten uns für das nächste Wochenende und wir näherten uns einander von Wochenende zu Wochenende mehr und mehr an.

Am Johannistag, dem 24. Juni 1948, heirateten wir in Bremen. Den Tag hatten wir bewusst gewählt, da er anlässlich des Verbindungsfestes damals der Anfang unserer Beziehung war. Ich bekam eine Anstellung im Rathaus und unsere Existenz war erst einmal gesichert. Wir haben dann eine Wohnung in Bremen am Osterdeich bezogen.

Als ich im Herbst 1961 das Angebot aus Osnabrück bekam, bedeutete das einen deutlichen beruflichen Aufstieg. Heidrun fiel es schwer, ihre gewohnte Umgebung zu verlassen. Ich dagegen war glücklich, wieder in heimischen Gefilden zu sein.

Deine Frau traf ich beim Regierungspräsidenten und dachte: ,Donnerwetter, Lutz, dieser alte Glückspilz, hat mal wieder das große Los gezogen.' Eine tolle Frau hast du! Energisch und damenhaft stilvoll vertritt sie ihre und eure Interessen.

Bei unserem gemeinsamen Chef hast du mindestens einen Stein im Brett, wie man so schön sagt. Er ist als Vorgesetzter sehr wohlwollend und verlässlich in seinem Verhalten und Handeln. Hoffentlich kommst du bald frei. Ich würde gerne mit dir, deiner Frau und mit Heidrun ein großes Wiedersehen feiern. Eine Feier, dass es kracht, wie früher in der Verbindung. Bleib aufrecht mein Freund, verliere nicht den Mut. Hier sind Menschen, die an dich glauben, die dich brauchen, die dich lieben. Herzlichst, dein Kumpel und Corps Bruder, Carlos"

Mein Gott Carlos, welch große Transformation hast du durchgemacht, denke ich.

Meine Tarotkarten sind angekommen, zusammen mit dem Handbuch „Spiegel der Seele". Ich mische die Karten und frage mich, was mich in dieser Situation unterstützen kann. Beim Mischen fällt mir eine Karte heraus. Ich hebe sie vom Boden auf und sehe, dass es die Karte „Prinzessin der Stäbe" ist. Eine ungewöhnliche Karte. Sie steht für Befreiung von Angst, Neuanfang, Optimismus, erweiterte Wahrnehmung. Darauf steht: „Deine alten Ängste haben ihre Macht über dich verloren, ihre toten Überreste können dich nicht mehr erschrecken. Besinne dich auf deine Stärken." Das passt ja wirklich ziemlich genau zu meiner Situation und ich nehme es als Zeichen, als Motivation, mich auf meine Stärken zu konzentrieren.

Ich besinne mich auf meinen Lebenswillen, meine Lebensfreude und den Leitspruch unserer Familie, der mir schon oft Kraft gegeben hat. Diesen Spruch hatte einst Elly Allesch-Reuss, Schriftstellerin und Schwester meines Großvaters verfasst:

Recht tun, für das Recht stets kampfbereit,
Ernst zur Arbeit, froh zur Freud,
Unverzagt in Sorg und Leid,
Stark in Treu und Redlichkeit,
Sei unser Wahlspruch aller Zeit.

Es ist inzwischen der 25. Februar 1962. Ich schreibe:

„... am Mittwochnachmittag besuchte mich der hier regulär zuständige Pastor. Er ist ein netter Kerl und sogar geistreich. Wir haben über viele Dinge gesprochen. Er sagt, er stamme aus einer Missionarsfamilie, die in Afrika tätig war. Er ist sehr zugewandt, ohne scheinheilig zu wirken. Er hat anscheinend einen ehrlichen Charakter. Der Pastor machte auf mich einen guten Eindruck und wir konnten uns sehr angeregt unterhalten …

… Auch ich wünsche mir ein baldiges Wiedersehen herbei, zum rechten Zeitpunkt und dann soll das Wiedersehen alles Schwere überwinden, dann wollen wir unseren Lebensweg gemeinsam weitergehen, bis zu unserem seligen Ende, in weiter Ferne. In Dankbarkeit gewinne ich das rechte Verhältnis zu meiner Vergangenheit. In ihr wird das Vergangene fruchtbar für die Gegenwart. Dieses Zitat stammt von Bonhoeffer. Morgen werde ich mit Dr. Sachs zusammentreffen und weiteres erfahren. Vorher zu grübeln, ist sinnlos."

Am 4. März 1962 schreibe ich dann:

„… Ich habe so viel im Kopf und im Herzen, was ich wenigstens andeutungsweise schriftlich festhalten möchte, für später. Wenn diese Zeit überwunden ist und sich eine Klärung der vielen Ereignisse zusammenfassen lässt. Zu dem, was ich einmal für die Kinder aufschreiben möchte. Ein Kapitel in diesem Buch wird dann den folgenden Leitspruch tragen: Salus nostra in virtute et pietate est, unser Wohlergehen ist in Tapferkeit und Frömmigkeit.

Bei diesem Lebensbericht wirst du mir helfen. Soweit ist es aber noch nicht. Erst müssen wir unser inneres Gleichgewicht wiederhaben und das tägliche überwinden. Ich muss mich weiter in Geduld üben. Manchmal, wenn der Himmel klar ist, scheint die Sonne in mein Zimmer und wärmt mich physisch und seelisch.

In deinem letzten Brief ist mir klar geworden, dass wir uns in der Hast des täglichen Lebens nicht verstehen konnten. Darüber müssen wir später sprechen. Ich bin mir sicher, dass wir auf diesem Wege wieder zueinander finden werden. Mein Heimweh und meine Sehnsucht nach dir wirst du wohl fühlen. Hast du einmal den Psalm 104, 33 gelesen?

Ich will dem Herrn singen mein Leben lang und meinen Gott loben, solange ich bin".

Am 12. März 1962 erhalte ich einen Brief von meinem Sohn
Carl, der schreibt:

„... über deinen Brief habe ich mich gefreut. In der Englischarbeit habe ich eine 3 geschrieben. Herr Koester hat Anna gegenüber Andeutungen gemacht, was sie mit mir üben soll. Hat
geklappt! Die Stare sind auch wieder zurück und probieren ihr
Frühlingslied. Ich gehe täglich mit Paula durch die Felder. Sie
vermisst dich ... Dein Carl"

Paula ist eine Deutsch Langhaar Jagdhündin. Sie ist ein von mir
gut ausgebildeter Vorstehhund und hat alle jagdlichen Prüfun-
gen sehr gut bestanden und ausgezeichnete Formwerte erhalten.
Einmal hat sie einen Wurf von acht Welpen bekommen. Zwei
sind sofort gestorben, die anderen sechs haben sich prächtig
entwickelt. Die beiden Rüden waren kräftig und wild, die vier
Hündinnen sanftmütig und gehorsam. Ich mag keine aggressi-
ven Hunde. Für mich müssen Hunde, genau wie Menschen, einen sauberen Charakter haben. Gutmütig im Alltagsbetrieb in
der Familie müssen sie sein und wild in der jagdlichen Arbeit.

Ich erinnere mich an zuhause in Dessau. Mein Großvater hatte
eine Dachsbracke, einen alpenländischen Gebirgsschweißhund.
Dieser Hund, Oskar hieß er, liebte mich und ich ihn. Wenn ich
als kleiner Junge mit ihm ging, blieb er auch ohne Leine immer
frei bei Fuß neben mir. Vor dem Überqueren der Straße blieb er
automatisch sitzen. So konsequent, dass er mich damit auch er-
zog, besser auf den Verkehr zu achten. Einmal, ich war so ungefähr sechs Jahre alt, als meine Mutter wieder hysterisch wurde,
flüchtete ich mich in die Wohnung der Großeltern. Nach circa
einer Stunde wurde mein Fehlen bemerkt und die Suche ging
los. Irgendwann fand man mich bei Oskar im Hundekorb schla-
fend. Statt sich zu freuen, hatte meine Mutter dann nur geze-
tert und geschimpft.

Dackel sind sehr spezielle Lebewesen. Fritz, der Dackel meines Vaters, war ganz anders als Oskar. Er war ein kräftiger und
schwarz-brauner Glatthaardackel. Er war sanftmütig und ext-

rem sensibel. Ein lautes Wort und er lag schmollend in seinem Korb und schaute beleidigt. Wie ich später, als ich mich mit Tiermedizin und Hunden beschäftigte, herausfand, entwickeln sich offensichtlich Ähnlichkeiten zwischen Herrn und Hund, sowohl im Aussehen als auch im Charakter. Dieser Dackel passte zu meinem Vater. Sie besaßen die gleiche Empfindlichkeit und Gutmütigkeit. Wobei die Frage offen bleibt, ob sich charakterlich vergleichbare Wesen gegenseitig anziehen oder sich später im Laufe des Zusammenseins aneinander anpassen? Wahrscheinlich war es beides. Der alte Spruch „Gleich und Gleich gesellt sich gern" jedenfalls ist als Volksweisheit empirisch belegt.

Das Gegenteil ist ebenfalls empirisch und für mich auf schmerzliche Weise belegt. Warum sind meine Mutter und mein Vater zusammengekommen? So unterschiedliche Charaktere können doch gar nicht miteinander funktionieren. Oder doch? Die herrschsüchtige Frau brauchte einen anpassungswilligen Untertan und mein tagträumender Vater brauchte eine dominante Frau zum Überleben. Insofern passt das wieder.

Vor wenigen Tagen sind mir vermeintlich unsortierte Assoziationen durch den Kopf gewirbelt.

Mitten in der Nacht wachte ich auf und bemerkte das Morgengrauen durch das Zellenfenster. Das erinnerte mich an die beglückenden Stunden mit meinem Hund, der mich auf der frühmorgendlichen Pirsch begleitet hatte. Ich erinnerte mich an den feuchten, frischen Duft der Wiese. In Gedanken sah ich, wie die Blumen auf der Wiese sich öffneten, die Spinnennetze im ersten Licht glitzerten und das Leben im Wald und auf der Wiese erwachte. Der Kuckuck rief und bereitete sich auf seine kriminelle Handlung vor. Der faule Kuckuck will sein Ei nicht selbst ausbrüten und schiebt es anderen Vogelarten unter, aber das erscheint natürlich nur an menschlichen Maßstäben gemessen als hinterhältig und ausbeuterisch, die Evolution hat sich mit Sicherheit etwas dabei gedacht. Der Gedanke an den Kuckuck und sein Verhalten machte mir bewusst, was mir in der Vergangenheit alles untergeschoben und angedichtet wurde. Ich sollte zum Beispiel einmal einen Fuchs erlegt haben, der angeblich bereits auf der anderen Seite der Reviergrenze gewesen sein soll. Den Fuchsbalg hatte ich gerben lassen, er wurde Teil der Pelzjacke, die ich für Anna-Lena anfertigen ließ. Den Geruch dieser Pelzjacke hatte ich in der Nase. Dabei nahm ich auch den Duft eines nassen Hundes am Kamin wahr. Bei dem Gedanken an meinen Hund verspürte ich Wohlbehagen und Geborgenheit, so wie damals, als ich bei Oskar im Hundekorb eingeschlafen war. Am Ende dieser Assoziationskette wurde mir klar, warum ich immer Hunde um mich herumhaben wollte. Sie geben mir Geborgenheit.

Anna-Lena schreibt in einem Brief:

„Annas Abitur-Entlassungsfeier war eindrucksvoll. Der Direktor hat sein Manuskript allen Abiturienten ausgehändigt. Ich schicke es dir. Wenn du es ganz unvoreingenommen liest, wirst du, glaube ich, auch sagen, dass es eine gute Rede ist. Eine Stelle hat er für Anna und mich verfasst. Unser Schicksal bewegt einige Personen und machte sie nachdenklich. Am Nachmittag startete der Abi-Ball.

Am Sonntagabend klingelte das Telefon und ich konnte es nicht glauben. Der Anruf kam von Paul Barz und Ursel aus ehemaligen Dänisch-Nienhof, die wir von Blumenthal aus oft besucht haben. Du erinnerst dich, Ursel war auf der Flucht mit dem Schiff gesunken und ihr kleines Kind dabei in ihren Armen ertrunken. Paul ist seit einem Jahr Professor in Münster und hat es jetzt geschafft, unsere Anschrift herauszufinden. Sie haben noch ein Kind bekommen, einen jetzt achtjährigen Jungen.

Dr. Sachs hat einen Bericht mit zehn Seiten geschickt. Du musst noch viel Geduld und Kraft aufbringen ...

Die Kirchengeschichte ist ja bestimmt ein interessantes Gebiet, aber dass der Pastor dir gerade darüber ein Buch geben musste??? Von dem Buch schreibst du, dass du darin das Wort ‚Kreatur' als abfällig empfunden hättest. In Gottes Schöpfung aber sind nicht nur die Tiere damit gemeint, sondern alle Geschöpfe. Es ist schade, dass der Pastor dir nur das Neue Testament gebracht hat. Aber beim Missionieren kommt es eben vor allem auf das Neue Testament an. Man kann mehr für sein eigenes Leben herausholen.

Anna hat in Berlin ein Zimmer bei einer alten Dame gefunden. Sie fährt mit dem Zug und Fahrpreisermäßigung hin. Sie ist von Natur aus sparsam und braucht nicht viel an Lebensunterhalt. Unter der Woche will sie sich selbst etwas kochen und sonntags bei Verwandten durchfuttern lassen. Carina hat ein gutes Zeugnis, leider mit einer 5 in Mathe, die wird sie im kommenden Schuljahr ausgleichen müssen. Carl ist in die Mittelschule versetzt worden. Nun sind erstmal Ferien. Carl sieht jetzt gut aus. Du darfst dich nicht um ihn sorgen. Wenn er nicht mehr Fahrschüler sein muss, erholt er sich bestimmt. Carl wird am 29. April konfirmiert. Wie ich das gestalte, weiß ich noch nicht ...

... wie du das ausdrückst von dem immer laufenden Film, aus dem du mir einzelne Bilder im Zwiegespräch mitteilst, das ist schön. Ich bin auch in einem immerwährenden Zwiegespräch mit dir, das ganze letzte Jahr schon und ich konnte dich nicht erreichen. Gut, dass du das jetzt gemerkt hast. Wenn wir doch miteinander sprechen könnten. Am nötigsten wäre ein Gespräch über das, weswegen du im Gefängnis bist. Jetzt, nach dem Bericht von Sachs, der mich erschüttert hat, muss ich das Geschehene erwähnen, sonst bin ich nicht mehr imstande einen unbefangenen Brief zu schreiben. Aber in den vergangenen Jahren hat uns das, was geschehen ist, von Gott getrennt. Das hat unser Leben schwer gemacht. In Jesaja 53, 4-5 steht: ‚Fürwahr, er trug unsere Krankheit und lud auf sich unsere Schmerzen. Er ist um unsere Missetat willen verwundet und um unsere Sünde willen zerschlagen. Die Strafe liegt auf ihm, auf dass wir Frieden hätten, und durch seine Wunden sind wir geheilt.‘ Ich glaube bestimmt, dass diese Zeit uns jetzt zum Segen wird. In diesen Gedanken, halte durch. „Wechselnde Pfade, Schatten und Licht, alles ist Gnade, fürchte Dich nicht".

Es ist der 18. März 1962. Ich schreibe in meinem Brief:

„... Jedes Menschenleben wird von dem geprägt, was er selbst erlebt hat, für das Erleben des anderen, neben oder vor ihm Stehenden, hat er anfangs kein rechtes Verstehen. Erst langsam, in stillen Stunden, sammelt sich etwas, was zum Verstehen führen kann, wenn die innere Bereitschaft dafür aufgebracht werden kann. Es ist nicht unsere Lebensaufgabe als Mensch, die eigenen Erlebnisse als Maßstab eines Unrechts zu nehmen und allein nach diesem zu richten, weil das Gesetz es befahl. Nur unser Herrgott hat alle Not und alles Elend gesehen, die hunderttausendfältigen Schreie der geschändeten und gewürgten Frauen, Mädchen und Kinder, gemordet von den Horden des Dschingiskan in Ostpreußen, Pommern und Mecklenburg. Nur er kennt alle Notschreie der Unglücklichen in den Bombenschrecken der letzten Kriegswochen. Er allein ist der Gott der Rache und der Strenge und bringt es uns immer wieder in furchtbarer Deutlichkeit zum Bewusstsein. Und nur er wird uns einmal richten, aber er ist auch gnädig und barmherzig.

Ich denke an die Stunden im Dämmerlicht damals in Dänisch-Nienhof, als Ursula und Paul ihr eigenes schreckliches Erleben schilderten, die grauenhaften Szenen des torpedierten Flüchtlingsschiffes mit dem Zeichen des Roten Kreuzes. Ich denke wieder an diesen Abend, an ihre Seelennot und Verzweiflung über ihre Rettung und das ertrunkene Kind in ihren Armen. Ich höre ihre Klage. Warum, oh Herrgott, hast du mich nicht mit meinem Kind zu dir genommen? Unserer Tränen damals, und auch heute noch, brauchten wir uns nicht zu schämen.

Du hast recht, ich habe jetzt mehr Zeit zum Nachdenken. Ich kann jetzt das zum Ausdruck bringen, was in mir gärt, schon früher und immer noch. Aber musste das alles so kommen? Der Preis ist hoch.

Am Dienstag, dem 20. März war Martin bei mir, der Gefängniswärter und Justizvollzugsbeamter, und wir lernen für seinen Jagdschein. Ich fragte ihn, was morgen für ein besonderer Tag sei. ‚Keine Ahnung, der 21. März sicherlich‘, antwortet er. Nein, morgen war Frühjahrssonnenwende. Das allein wäre schon ein Grund, auf einem Bein durch die Zelle zu hüpfen. Für Jäger aber war es der Beginn vom Schnepfenstrich. Martin grinste anzüglich. Ich sagte ihm, dass es nicht das wäre, was er gerade im Kopf zu haben schien. Der Schnepfenstrich ist der Balzflug der Waldschnepfe. Der findet, je nach Landschaft, zwischen Ende März und Mitte April statt und immer in der Abenddämmerung. Die Hähne fliegen laut rufend herum und werden von den leisen Tönen der Weibchen angelockt, die am Boden sitzen. Der Jäger steht oder sitzt dabei in guter Deckung. Bei mehreren anstreichenden Schnepfen schießt man immer den hinteren Vogel. Das ist der Hahn. Das Huhn muss ja Eier legen und neue Schnepfen ausbrüten. Das Weibchen fliegt lautlos, nur der Hahn krakeelt herum und stößt seinen Balzruf aus. Wie im richtigen Leben.

Ich sagte zu Martin, dass es einen alten Spruch der Jäger gäbe, den er sich merken sollte, damit er im Kurs Eindruck machen konnte. Dabei werden die Sonntage vor Ostern aufgezählt. Das funktioniert aber nur, wenn Ostern nicht zu spät im April ist:

Reminiscere, putz die Gewehre,
zweiter Passionssonntag, fünfter Sonntag vor Ostern
Oculi, da kommen sie, 3. Fastensonntag
Laetare, das ist das Wahre, freue dich, Freudensonntag
Judicia, sie sind auch noch da
Osterzeit, wenig Beute
Quasimodogeniti, Hahn in Ruh,
nun brüten sie, erster Sonntag nach Ostern

Ob er das alles verstanden hat? Ich bezweifle es. Er ist auf jeden Fall sehr wissbegierig und lernt fleißig. So machen wir jede Woche ein bis zwei Stunden zusammen Unterricht. Was ist Jagd?"

In der nächsten Stunde erzähle ich Martin etwas von der Jagdgeschichte. Die Jagdleidenschaft ist ein Erbe aus unserer Vergangenheit. Es gab bereits in früher Zeit eine Arbeitsteilung in Sammler und Jäger. Jagd war dann ein Privileg von Adel und Klerus und den Bürgern und Bauern verboten. Besonders die Bauern waren sauer, dass sie das Wild, das bei ihnen Schaden anrichtete, nicht jagen durften. Das war eines der Themen in der französischen Revolution. Das Privileg wurde abgeschafft und jeder Bürger oder Bauer durfte Wild schießen. Da es keine Regeln gab und man weit von Anstand und waidmännischen Pflichten entfernt war, wurde das Wild fast ausgerottet. In Deutschland war den Ständen die niedrige Jagd auf Hasen, Füchse, Dachse, Federwild gestattet. Die hohe Jagd auf Rotwild, Damwild, Schwarzwild, Gams und Rehwild war grundsätzlich den Landesherren vorbehalten. Nach der französischen Revolution wurde in Deutschland auch dem Bürgertum die Jagd ermöglicht. Entsprechend der deutschen Mentalität wurden strenge Regeln eingeführt. Circa 1850 wurden neue Jagdgesetze erlassen. 1934 wurde das Reichsjagdgesetz eingeführt. Es gab viele Verbesserungen zum Schutz der Tiere. Es wurden Jagdbehörden geschaffen, die die Einhaltung von Schonzeiten, Abschussplänen und anderen Regeln kontrollierten. Die Jagdscheinpflicht mit Jägerprüfung wurde eingeführt. Abschusspläne waren wichtig, um die Population zu steuern. Es wurde festgelegt, welche Wildart in welcher Menge pro Hektar sein durfte, ohne Schaden an Wald und Landwirtschaft anzurichten. Es war für den Jäger nicht wesentlich, erfolgreich zu sein. Im Gegenteil, wenn man bei jeder Jagd erfolgreich war, ging der Reiz verloren. Die Jagd bei Nacht, mit Scheinwerferlicht oder vom Auto aus, ist untersagt. Wir benutzen für das Schalenwild ein starkes Kaliber. Ein guter Schuss auf das Blatt ist absolut tödlich. Es gibt Rituale, die ein waidgerechter Jäger beachtet. Das erlegte Wild erhält vom Schützen den letzten Bissen, einen Bruch, damit es auf dem Wege in das Jenseits nicht hungern muss. Mit einem zweiten Bruch geht man an die Wunde, nimmt etwas Schweiß an den Bruch und steckt ihn an den Hut, als Zeichen für den Jagderfolg. Das erlegte Wild wird grundsätzlich auf die rechte Seite gelegt und falls man Jagdhornbläser ist, auch verblasen. Das ist die letzte Ehre, mit der man den Tod des Tieres würdigt.

Der Leitspruch der Jäger lautet:

„Es ist des Jägers Ehrenschild,
dass er beschützt und hegt das Wild,
waidmännisch Jagd wie sich's gehört,
den Schöpfer in den Geschöpfen ehrt."

Abschließend rezitiere ich einen Vers aus einem Liederbuch für Waid- und Forstgenossen von 1886. Dieses Lied hatten wir oft nach der Jagd beim sogenannten Schüsseltreiben gesungen:

Im Wald bin ich König, der Wald ist Gottes Haus,
Da weht sein starker Odem, lebendig ein und aus,
Es lebe, was auf Erden, stolziert in grüner Tracht,
Die Wälder und die Felder, die Jäger und die Jagd.

Martin findet Gefallen an dem Vers und will ihn sich aufschreiben.

Mittwoch, 21. März: Es ist Frühlingsanfang und Vollmond, zwei Dinge, die in meinem Gefühlsleben bedeutsam sind. Die Freude am Erwachen der Natur beginnt, das erste Grün entwickelt sich. Der Bärlauch wächst in den Laubwäldern. Ich liebe Bärlauch, den Knoblauchgeschmack, die reinigende Wirkung für Darm und Seele. Vollmond ist die Nacht der Nächte für mich. Ich werde magnetisch angezogen, wachgerüttelt und lasse meiner Fantasie freien Lauf, bis ich ermattet ins Bett sinke. Ich schaue aus meinem mickrigen Zellenfenster in den Himmel. Der Mond steht noch nicht hoch genug am Himmel, aber ein Lichtstrahl erhellt meine Zelle. Ich setze mich noch einmal auf und mit meinem Stuhl genau in diesen Strahl und träume. Ein Gedicht von Matthias Claudius geht mir durch den Kopf und ich versuche, die Verse zusammenzubekommen. Es dauert etwas, aber nach mehreren Anläufen schaffe ich es.

„Ich sehe oft um Mitternacht,
wenn ich mein Werk getan
Und niemand mehr im Hause wacht,
die Stern' am Himmel an.

Sie gehen da hin und her zerstreut,
als Lämmer auf der Flur,
in Rudeln auch, und aufgereiht,
wie Perlen an der Schnur.

Und funkeln alle weit und breit,
und funkeln rein und schön,
ich seh' die große Herrlichkeit,
und kann nicht satt mich sehen.

Dann saget, unterm Himmelszelt,
mein Herz mir in der Brust,
Es gibt was Bess'res in der Welt,
als all ihr Schmerz und Lust.

Ich werf mich auf mein Lager hin
und liege sanft und wach
und suche es in meinem Sinn
und sehne mich danach."

Matthias Claudius

Am 21. März 1962 erreicht Anna-Lena ein Brief von Pfarrer Helmut Spellenberg:

„Sehr geehrte Frau Doktor, ich arbeite seit einigen Jahren in der Gefängnisseelsorge und habe Ihren lieben Gatten kennengelernt. Ich habe schon manch gutes Gespräch mit ihm gehabt und ihm einige Bücher gebracht. Es ist traurig, dass solche alten Kriegsgeschichten noch bis heute derartige Auswirkungen haben.

Nun müssen Sie das eben auch, wie Ihr Mann, als eine Kriegs-
folge ansehen und wenn wir uns mit anderen vergleichen, dann
kann man Gott gegenüber immer noch sehr dankbar sein, dass
Ihr Mann, wie auch ich, ansonsten aus dem Kriegsgeschehen
nicht mit viel schlimmeren körperlichen und seelischen Schäden und Erlebnissen heimgekehrt ist. Ich selbst war fünf Jahre in russischer Kriegsgefangenschaft und es erscheint mir wie
ein Wunder, das ich, während die meisten Kameraden gestorben sind, einigermaßen gesund herauskam.
Manchmal wird der Segen Gottes auch erst später sichtbar.
So unabhängig von allem Irdischen, so losgelöst von dieser Welt
war ich sonst zu keiner Zeit meines Lebens. Und das hat auch
für die Gegenwart und Zukunft noch seine Bedeutung.
Ich brachte Ihrem Mann das Neue Testament und das neu
erschienene dicke Buch ‚Die Kirche lebt'"
Am 25. März 1962 schreibe ich: „... In der vergangenen Woche war ich ganz unten. So habe ich das selten erlebt. Am Mon-
tagnachmittag merkte ich schon, dass ich einmal wieder meine
dunklen Stunden erleben würde. Hier habe ich ja keine besonderen Ablenkungen, sonst kann ich mich meist rechtzeitig darauf einstellen und abkapseln. Wie gewöhnlich ließ mich ein
nichtiger Anlass aus dem Gleichgewicht geraten. Ich hatte mir
eine Tabakpfeife besorgen lassen und genau beschrieben, wie
sie aussehen soll. Es sollte so eine sein, wie du sie mir geschickt
hattest. Das Ergebnis war, dass mein Wunsch ignoriert wurde und genau die Falsche gebracht worden war. Zu billig und
hässlich war sie auch noch. Ich machte ein Riesentheater, an-
statt Danke zu sagen. Ein Blick auf den Kalender sagt mir, dass
Frühlingsanfang, Vollmond und der Geburtstag von Schwager
Heinrich war, der im Nirgendwo verschwunden war. Möglicherweise in Sibirien, so sagt seine Frau, meine Schwester. Und das
ganze Elend des Jahres 1945 stürzte über mir zusammen. Ich fiel
ins Grübeln und das Stimmungsbarometer stand auf Unwetter.
Es kommen Erinnerungen an mein eigenes Erleben hoch.
Manchmal hatte ich schon in schweren Stunden daran gedacht,
wie es wäre, wenn doch die Granate, die mir damals die Nerven

am Bein zerrissen hat, nur 50 Zentimeter höher in ihrer Flugbahn geflogen wäre. Ich wäre bestimmt nicht hier und auch du würdest so manchen Kummer nicht haben, der aus den immer wiederkehrenden Depressionen von mir bereitet wird. Gott möge mir solche Gedanken verzeihen."

Am Samstag, den 25. März 1962 schreibt Anna-Lena: „… deine alte Sekretärin hat mich besucht und mir erzählt, es werde viel Gutes über uns gesprochen. Irgendjemand soll gesagt haben, man merke schon, dass der Doktor nicht da sei. Die Wurst vom Schlachter werde immer schlechter. Wir leben ja nicht auf einer Insel für uns, sondern in und mit einer Umwelt. Das gehört zum Menschsein dazu. Ich glaube, dieses Thema könntest du auch einmal in vielen Richtungen bedenken. Wenn du wieder zuhause bist, solltest du die Umwelt freundlich ansehen und den Mitmenschen Gutes zutrauen.

‚Seltsam, im Nebel zu wandern, Leben ist einsam sein. Kein Mensch kennt den andern, jeder ist allein.' Das hat Hermann Hesse im November 1905 geschrieben. Diese Einsamkeit wird aufgehoben durch die lebendige Gegenwart Gottes, die ja so eine Realität ist, wie das Stück Brot in meiner Hand. Ich habe die Erfahrung gemacht, dass man die eigene Einsamkeit viel weniger spürt, wenn man sich bemüht, auf andere Menschen einzugehen. Man darf nicht immer nur mit sich selbst beschäftigt sein.

Deiner Empfehlung bin ich gefolgt und habe das Buch ‚Die Kirche lebt' gekauft. Ich bin gespannt, es zu lesen. Besonders weil du es gut findest und die Absätze, die du zitiert hast, mich beeindrucken.

Dass du unter einer Grippe gelitten hast, tut mir richtig weh. Dass sich dazu Depressionen einstellen, ist bei jedem Menschen in deiner Situation erklärlich. Du hast es schwer in deinen dunklen Stunden. Es ist gut, dass du davon geschrieben hast. Das hilft schon.

Es stimmt nicht, dass erst das Alter weise macht. Im Alter bekräftigen sich alle Eigenschaften, die man schon hat und man hat dann keine große Kontrolle mehr über sich. Ein weiser gütiger Mensch hat diese Eigenschaften schon in jüngeren Jahren in sich entwickelt. Immer wieder muss ich an den Vers von Bonhoeffer denken: ,Von guten Mächten wunderbar geborgen, erwarten wir getrost, was kommen mag. Gott ist mit uns am Abend und am Morgen und gewiss an jedem neuen Tag".

Lass dich ganz fallen in Gott, dann wird er dir Kraft geben und dich im rechten Augenblick herausführen. Er legt uns nicht mehr auf, als wir tragen können.

Du darfst nicht immer bloß an Wahn und Hass und Missgunst denken. Mache dich ganz frei davon, versuche es doch. Du brauchst gar nicht alles auf einmal zu begreifen, du musst auch mit dir selber Geduld haben. Nur faul sein, solltest du nicht. Die Faulheit ist das Gegenteil von Geduld. Die Geduld und die Barmherzigkeit hängen zusammen, deshalb sei barmherzig zu dir und anderen. Mein liebster Lutz, wenn ich deine letzten Briefe lese, kann ich nur die Hände falten und danken. Du hast in deinen Briefen so viel gesagt und zu verstehen gegeben, das ist kein kleines Fünkchen, das ist eine große Flamme, es ist ein einziges Wunder, wie du dich entwickelst.

Ich finde, dass die Lieder von Paul Gerhardt wunderbare und tröstliche Begleiter sind. Ich singe sie bei der Hausarbeit. An einem Lied ist mir zum ersten Mal die Osterfreude richtig aufgegangen. Jetzt denkst du, ach du liebe Zeit, jetzt kommt sie auch noch mit Gesangsbuchliedern, jetzt ist aber das Maß an Pietistischen mal voll.

Ich schreibe dir dennoch den Text:

Auf, auf, mein Herz,
mit Freuden nimm wahr,
was heut geschieht;
wie kommt nach großem Leiden
nun ein so großes Licht!

Mein Heiland war gelegt
da, wo man uns hinträgt,
wenn von uns unser Geist
gen Himmel ist gereist.

Er war ins Grab gesenket,
der Feind trieb groß Geschrei
eh er's vermeint und denket,
ist Christus wieder frei
und ruft „Viktoria",
schwingt fröhlich hier und da
sein Fähnlein als ein Held,
der Feld und Mut behält.

Das ist mir anzuschauen
ein rechtes Freudenspiel;
nun soll mir nicht mehr grauen
vor allem, was mir will
entnehmen meinen Mut
zusamt dem edlen Gut,
so mir durch Jesus Christ
aus Lieb erworben ist.

Die Welt ist mir ein Lachen
mit ihrem großen Zorn;
sie zürnt und kann nichts
machen, all Arbeit ist verlorn.

Die Trübsal trübt mir nicht
mein Herz und Angesicht;
das Unglück ist mein Glück,
die Nacht mein Sonnenblick.

Paul Gerhardt

Zu Ostern kannst du dich mal mit dem Text beschäftigen."
Die Worte von Anna-Lena bewegen mich, ich versuche sie
zu verstehen und meine Gedanken zu sortieren. Ich greife zu
meinen Tarotkarten und ziehe willkürlich eine Karte heraus.
Und wieder fällt eine zweite Karte zufällig mit heraus. Ich bin
überrascht, wie diese beiden Karten mein aktuelles Thema wi-
derspiegeln. Es sind die Karten „Aeon" und „Universum", die
beschreiben:

„Du bist aufgefordert, deine Froschperspektive zu verlassen und die Dinge von höherer Warte aus zu betrachten und
zu beurteilen. Wenn du größere Zeiträume und übergeordnete
Zusammenhänge erkennst, wirst du die Beschränktheit aller
menschlichen Urteile wahrnehmen. Du wirst dann dazu über-
gehen, die Dinge in ihrem So-Sein zu betrachten, zu sehen, frei
von Bewertungen. Du hast jetzt die Möglichkeit, die Dinge so
zu sehen, wie sie sind. Alle Bedingungen für einen glücklichen
Abschluss oder Neubeginn sind gegeben. Die Ereignisse deines
Lebens befinden sich im Einklang mit dem Universum."

Am ersten April 1962 schreibe ich: „... Du wunderst dich,
dass das Wäschepaket zurückgeschickt wurde. Das ist ein kleiner Nadelstich von einer speziellen Person, die nichts zu sagen
hat, aber sehr wichtig ist. Es muss deutlich der Vermerk ‚Wäschepaket' draufstehen. Alle anderen Personen im Büro und im Gefängnis sind sehr freundlich und zuvorkommend mit mir. Nur
mit meinem Jagdschüler Martin musste ich schimpfen, weil
dieser mir im Glauben, etwas Gutes zu tun, genau die falsche
Pfeife brachte. Ich habe mich hinterher bei ihm entschuldigt.
Es freut mich, dass ich in unserem Ort nicht abgeschrieben
bin und viele Menschen Anteil an unserem Schicksal nehmen.
Soviel Wohlwollen tut mir gut. Ich kann nur unseren Herrgott
bitten, die Zeit meiner Prüfung nicht zu lange auszudehnen.
In meinem Schreibtischmittelfach ganz hinten liegt in einer
Klarsichthülle die alte silberne Taschenuhr. Die hatte mir mein
Vater zu meiner Konfirmation geschenkt. Carl soll sie zu seiner
Konfirmation bekommen. Das Uhrwerk ist gut und gebrauchs-
fähig, das hat ein Uhrmacher mir bestätigt. Die Beule auf der

Rückseite und die kleinen Haarrisse auf dem Zifferblatt sind für die Funktion unbedeutend. Sie erinnern daran, dass ich am 17. August 1932 bei einem Alleingang auf die Zugspitze schwer abgestürzt war. Anfangs sah es sehr schlimm aus, aber ich hatte nochmal Glück gehabt. Auch die Uhrenkette ‚Gold gab ich für Eisen' gehört dazu. Die Bedeutung werde ich ihm später erklären. Die Dinge kommen in Bewegung. Gestern am 22. April 1962 kam ein Schreiben vom Anwalt. Es wird also eine Verhandlung stattfinden. Wir wollen auch das aus Gottes Hand annehmen und daran denken, dass nichts geschieht, auch bei solcher Verhandlung nichts geschehen kann, was nicht in Gottes Willen liegt.

Mein Cousin in Freiburg hat einen Verbindungsbruder in Offenburg, der angeblich ein guter Rechtsanwalt sein soll. Nichts verbindet mehr als die farbigen Bänder der Corps. Er besucht mich im Gefängnis und wir besprechen die Verteidigung. Dr. Ernst Sachs war selbst Soldat an der Westfront, er hat viel Verständnis für mein Handeln. Ich fragte den Anwalt, ob es rechtens sei, mich so lange in Ungewissheit in Haft zu halten. Es gibt weder Verdunkelungs- noch Fluchtgefahr. Sein Kommentar war, dass Recht immer in der Hand des Stärkeren sei."

Jetzt endlich weiß ich, warum ich im Gefängnis sitze. Die Anklageschrift hat mich nach fast vier Monaten erreicht. Nachdem ich sie gelesen hatte, dachte ich, du Idiot, mit deiner Korrektheit hast du dich selbst ins Gefängnis gebracht. Ich war immer beamtenmäßig und preußisch korrekt gewesen. Meine Truppe habe ich damit ziemlich genervt. Ich hatte den klaren Befehl erteilt, sich der zivilen Bevölkerung gegenüber anständig zu verhalten. Wir waren ja keine Barbaren, wir waren deutsche Soldaten mit einem Ehrenkodex, glaubte ich zumindest einmal. Ich weiß, dass sich nicht alle Soldaten anständig verhalten haben. Einige kamen sogar vor das Kriegsgericht. Für meine Mannschaft aber verlangte ich eindeutig andere Maßstäbe. Warum hatte ich den Vorgang überhaupt gemeldet? Wenn ich feindliche Soldaten in Uniform erschieße, bekomme ich einen Orden. Hier hat uns ein vermutlicher Spion in Zivil gefährdet und das wurde dann zum Mord, nur weil er keine Uniform trug? Formaljuristisch wahrscheinlich richtig, denn wir waren im Krieg. Da herrschten andere Gesetzmäßigkeiten. Jetzt frage ich mich, wo eigentlich die Grenze zwischen Pflichterfüllung und Verbrechen liegt? Welche Grenze muss ein Ehrenmann überschreiten, um zum Verbrecher zu werden? Wie kann man unterscheiden, zwischen Dummköpfen und Idealisten, zwischen dem ehrlichen Glauben und krimineller Hörigkeit? Meine Gedanken wandern zurück zu meinen Mitgefangenen im Internierungslager in Garmisch. Was war aus den anderen im Nationalsozialismus Aktiven nach dem Krieg geworden? Was ist mit meinen Kameraden Professor Hugo Spatz und Professor Heinrich Pette geschehen?

Sie sind nämlich nicht im Abgrund der Geschichte versunken. Ganz im Gegenteil, sie befinden sich wieder in leitenden Positionen und haben sich Meriten an die Brust geheftet. Die Nazi-Vergangenheit dieser beiden Wissenschaftler, genauso wie von manch anderen Persönlichkeiten, wurde schöngeredet, ignoriert oder unter den Teppich gekehrt.

Prof. Hugo Spatz war bis 1957 Leiter des Max-Planck-Instituts für Hirnforschung in Giessen gewesen. 1958 wurde er Direktor der Neuroanatomischen Abteilung des Max-Planck-Instituts, 1959 wurde Spatz formal zwar emeritiert, wirkt aber seit 1961 weiter am Max-Planck-Institut für Hirnforschung in Frankfurt am Main.

(Anmerkung des Autors: Die Deutsche Gesellschaft für Neurologie schuf ihm zu Ehren den Hugo-Spatz-Preis, der seit 1975 für hervorragende Forschungsergebnisse auf dem Gebiet der Hirndurchblutung und des Hirnstoffwechsels vergeben wurde. Nach Bekanntwerden seiner Verstrickung in die Euthanasie-Morde am 30. September 1999 wurde der Preis in Adolf-Wallenberg-Preis umbenannt.)

Prof. Heinrich Pette erhielt 1947 einen Lehrstuhl in Hamburg und leitete bis 1958 die Neurologische Klinik des Eppendorfer Krankenhauses. 1953 gründete er erneut die „Deutsche Gesellschaft für Neurologie" und übernahm den Vorsitz. Er forschte unter anderem im Bereich der Multiplen Sklerose und gründete das „Heinrich-Pette-Institut, Leibniz-Institut für Experimentelle Virologie". Welche eine Karriere für den Wissenschaftler. Seine Rolle im Nationalsozialismus und seine damalige Denkweise zu „unwertem Leben und der Volkshygiene" wurden nicht ernsthaft hinterfragt.

(Anmerkung des Autors: Wir schreiben das Jahr 2021. Aufgrund der nationalsozialistischen Vergangenheit von Prof. Heinrich Pette „bevorzugt" das „Heinrich-Pette-Institut, von nun an die Bezeichnung „Leibniz-Institut für Experimentelle Virologie". Das Institut hat einen Namensfindungsprozess gestartet, der Ende 2022 abgeschlossen sein soll.)

Beide Professoren haben nach den damals gültigen Gesetzen gehandelt. Aus heutiger Sicht ist das Verhalten dieser beiden Herren ethisch inakzeptabel und moralisch verwerflich. Es wäre sogar strafbar, wenn es denn zur Anklage käme. Auch meine Tat war damals rechtens, ist heute jedoch ethisch, moralisch und juristisch angreifbar. Ich werde angeklagt. Wie kann ich das jemals verstehen? Warum sitze ich hier alleine im Gefängnis und nicht zusammen mit den anderen? Bin ich eine Art Bauernopfer, das stellvertretend für andere, zu deren Vergangenheit lieber geschwiegen wird, den Kopf hinhalten muss? Sind nicht nur Ethik und Moral wie ein Chamäleon, das sich dem jeweiligen Zeitgeist und dem jeweiligen Zweck anpasst, sondern macht sich auch die Justiz womöglich zum Werkzeug politischer Kräfte, die ganz bestimmt nicht unabhängig sind?

Brief an meinen Sohn

Mein Sohn Carl hat am 7. April Geburtstag. Er wird 15 Jahre alt und am 29. April konfirmiert. Ich glaube, es ist Zeit, ihm die Wahrheit über meine Mutter, seine Großmutter zu schreiben. Vermutlich wird sie sich weder zu dem einen noch zu dem anderen Ereignis melden. Das, was in mir brodelt, muss raus. Vielleicht ist Carl noch zu jung, um das zu lesen und zu verstehen. Egal, ich muss es schreiben. Wann er es bekommt, zum 21. Geburtstag, oder später, oder nie, muss ich nicht jetzt entscheiden. Aber hier im Gefängnis quälen mich meine Kindheitserinnerungen, mein gebrochenes Verhältnis zu meiner Mutter. Ich will und muss mich davon befreien.

Ich will den Text aus dem Matthäus-Evangelium Kapitel 7,1-3 nachlesen. Beim Durchblättern der Bibel fliegen mir als erstes die Verse aus dem Johannes-Evangelium entgegen, Kapitel 13, 34: „Aber eine neue Weisung gebe ich euch. Habt euch untereinander lieb, so wie ich euch liebgehabt habe, so sollt ihr euch untereinander liebhaben. Daran sollen alle Menschen erkennen, dass ihr meine Jünger seid, wenn ihr rechte Liebe untereinander habt."

Dann finde ich den gesuchten Text: „Richtet nicht hart und lieblos auf, dass auch ihr nicht gerichtet werdet. Denn mit demselben Gericht, mit dem ihr richtet, werdet ihr dereinst gerichtet werden. Denselben Maßstab, den ihr anlegt, wird man euch anlegen."

Ich schreibe Carl:

„Ein Corps Bruder, mit dem ich einmal über meine Probleme gesprochen hatte, fragte mich einmal, wo meine Mutter eigentlich herkommen würde. Ich erklärte es ihm. Sie stammte aus einer durchaus bürgerlichen thüringischen Kleinstadtfamilie. In allen steckte ein vererbter Unfrieden und schwebte wie ein Fluch über der ganzen Familie. Die Hartherzigkeit und Lieblosigkeit fand ich bei allen Geschwistern meiner Mutter. Mehr wollte ich dem Freund damals nicht darüber erzählen. Du aber, mein Sohn, sollst mehr erfahren und damit die Chance bekommen, mich besser zu verstehen. Der Vater meiner Mutter, dein Urgroßvater, hatte ein unruhiges Leben. Es wurde scherzhaft erzählt, dass jedes seiner Kinder, vier Söhne und drei Töchter, an einem anderen Wohnort geboren wurden. Er war Architekt und Baumeister, ein umtriebiger unruhiger Mensch, der sich mit manchen Auftraggebern im Krach trennte. Ein Bild von ihm könnte ich fast malen. Ich war noch als Kind bei meinen Großeltern väterlicherseits, stand im Eingang zum Esszimmer vom hinteren Flur kommend, als plötzlich die gegenüberliegende Tür aufging und der Vater meiner Mutter eintrat. Er erschien mir groß, mit Vollbart, einem großen schwarzen Hut auf dem Kopf und einer schwarzen Mantille, nach damaliger Art umgehängt. Mich erschreckte seine laute, herrische Stimme und mich verblüffte, dass er den Hut auch in der Wohnung nicht absetzte. Das gehört sich doch nicht, dachte ich.

Im Frühjahr 1915, es muss wohl Ostern gewesen sein, besuchte ich mit meiner Mutter die Großeltern, die damals bei ihrem Sohn Rudolf wohnten. Es gab einen furchtbaren und lauten Familienkrach. Alles dröhnte, Mutter und ich verließen die Wohnung und marschierten zu einer Burgruine in der Nähe. Große Schneeflächen an den Waldrändern weckten mein kindliches Entzücken und ich tobte von einem Schneefeld zum anderen. Ich konnte nicht genug davon bekommen, jedes Mal in den Schnee einzusacken. Doch plötzlich, wir waren weitab vom Ort, überfielen mich heftige Leibschmerzen, die zunehmend schlimmer wurden. Gegen fünf Uhr nachmittags schleppte ich mich die Wohnungstreppe zum ersten Stock hinauf und fiel ins Bett. Der Arzt wurde gerufen, er verordnete die sofortige Überweisung ins Kreiskrankenhaus nach Schmalkalden. Nach einer kurzen Bahnfahrt, noch um Mitternacht, wurde ich am Blinddarm operiert. Als ich bei Tageslicht erwachte, lag ich in einem mir fremden Bett und ich vernahm, noch leicht benommen, dass neben mir jemand saß. Ich vermutete, es könnte wohl meine Mutter sein, sicher war ich mir aber nicht. Oder war es doch der Engel, der mich ins Himmelreich führen wolltet? Als ich Stunden später vollständig aufgewacht war, war niemand da. Dann dämmerte ich wieder ein und träumte weiter. Mehrere Wochen musste ich, nach der anscheinend komplizierten Operation, liegen bleiben. Von meiner Mutter war in dieser Zeit nichts zu sehen und zu hören. Ich war allein gelassen worden. Bis eines nachmittags unverhofft meine Mutter mit ihrer Schwester am Fußende meines Bettes auftauchte.

Ein anderes Ereignis möchte ich erzählen, es muss Anfang der 20er Jahre gewesen sein. Schon beim Empfang in der Wohnung der Großeltern kam es zu einem mächtigen Krach, der in Tätlichkeiten zwischen Vater und Sohn ausartete. Eine ganz solide Schlägerei, die ich noch deutlich vor mir sehe. Die Schwestern und Brüder waren alle nicht gerade nett zueinander. In deren Augen und leider auch in denen meiner Mutter, war ich völlig unbegabt und ein Schwächling. Wie der Vater, so auch der Sohn, sagten sie. Das ließen sie mich auch spüren.

Ich bemühte mich mein Leben lang um die Anerkennung meiner Mutter. Liebe konnte ich von ihr nicht erwarten, jedenfalls nicht das, was ich mir unter der Liebe einer Mutter zu ihrem Sohn vorstellte. Das, was ich es mir erträumte.

Als ich 1955 nach meinem Erbe fragte, schließlich waren alle Familienstücke mit dem Transporter aus Dresden mitgekommen, war ihre kühle Antwort, dass ich eines Erbes nicht würdig sei Das schmerzt, es zerreißt das Herz und das letzte Band, das ich noch zu meiner Mutter hatte, dachte ich. Trotzdem lässt sie mich nicht los, ich bin nicht frei von ihr.

Bei all dem was ich dir schreibe, wirst du denken, was ist das für ein unstrukturierter Wirrwarr. Da ist doch kein roter Faden drin. Doch, da ist ein sehr starker roter Faden. Der starke rote Faden der Nabelschnur. Wie oft auch immer die Nabelschnur durchtrennt wird, sie hält dich auf Ewigkeiten in Verbindung zur Mutter. Der Vater gibt dir seinen genetischen Fußabdruck mit, also seinen Teil der Erbanlagen. Die Mutter aber, deren Blut du in dir trägst, ist die stärkste Verbindung, die du haben kannst. Auf dem Schlachtfeld habe ich es erlebt. Wenn neben mir die Kameraden schwer verwundet am Verbluten waren, riefen sie niemals nach dem Vater, immer nur nach der Mutter und baten um Hilfe. Diese Verbindung zur Mutter ließ mich niemals los. Immer wieder und immer wieder versuchte ich, die Liebe und Anerkennung meiner Mutter zu finden. Sie hat sie mir verweigert. Ihre Form der Zuwendung bestand aus Schimpfen und Ohrfeigen. Einmal zerschlug sie ihren Kochlöffel auf meiner Lederhose. Da habe ich statt Schmerz nur Schadenfreude empfunden.

Lies mal den Roman über Caspar Hauser oder die Trägheit des Herzens. Dieser Roman wurde 1908 von Jacob Wassermann geschrieben. Du wirst es nicht glauben wollen, aber möglicherweise doch verstehen, wie schmerzhaft die Liebe zur Mutter sein kann. Liebe deinen Nächsten und fordere nicht die Liebe deiner Nächsten, um ihnen dann gelegentlich von deinem Überfluss ein Almosen abzugeben. Das schrieb ich einmal meiner Mutter. Sie hat es nicht verstanden und als ungezogene anmaßende Äußerung in den Müll geworfen.

Meine Münchner Studentenzeit und das Aktivsein im Corps haben mir geholfen, mich aus dem negativen Druck der Mutter etwas zu befreien. Ich habe sehr, sehr lange gebraucht, etwas Selbstvertrauen zu entwickeln. Bereits zu Beginn meines Studiums habe ich mich der allgemeinen SS unter Adolf Hitler angeschlossen. Ich habe bei Veranstaltungen als Ordner die Saalwache übernommen und mich mit Hitlers Gegnern geprügelt. Besonders lieb waren uns die Anhänger der kommunistischen Kampfbünde. Für die hatten wir immer den kleinen Krisenstab, den Gummiknüppel, unter der Jacke dabei. Ich adaptierte die Ideologie des Nationalsozialismus. Ich fühlte mich in der Gemeinschaft angenommen, respektiert und wichtig.

Als ich Soldat wurde, leitete ich einen kleinen Teilbereich einer Veterinäreinheit. Wir mussten dicht an der Front die Pferde versorgen. Meine Aufgabe war es, die mir unterstellten Soldaten zu leiten und zu führen. Die Anerkennung, die ich von meinen Männern bekam und die Anerkennung von meinen Vorgesetzten schmeichelten meiner Seele. Ich war wichtig, ich war für einen kleinen Kreis von Menschen bedeutend und vielleicht auch geliebt. Wobei diese Formulierung, innerhalb der Armee und unter Soldaten, etwas gewagt ist. Zumindest kann ich sagen, ich war beliebt und geachtet. Bis zum 7. April 1944, als fast alle meine Kameraden den Tod fanden.

In meiner wilden Studentenzeit und auch danach, hatte ich viele Liebschaften. Ich stellte etwas dar, ich war charmant, ich strahlte vor Lebenslust, ich sah gut aus. Ja, ich sah blendend aus. Heute würde ich sogar sagen, ich war ein guter Blender. Ich war nicht wirklich der, den man in mir sah. Ich war in meiner Persönlichkeit nicht gefestigt und im Inneren unsicher. Eigentlich suchte ich immer nur nach echter Liebe und Bestätigung. Mein ständiges Suchen nach einer Frau war in Wirklichkeit die Suche nach einem Ersatz für mütterliche Herzenswärme, Anerkennung und Bestätigung, die ich so sehr vermisst habe. Nach einer Frau, die mich von ganzem Herzen liebt, so wie ich bin und nicht nur, wie ich äußerlich erscheine. Zur Gegenliebe befähigt war ich aber selbst noch nicht. Ich hatte nicht genug Eigenliebe in mir, um Liebe erwidern zu können. Daher war ich nicht bindungswillig, nicht bindungsfähig und immer wieder erneut auf der Suche nach der Frau, deren Liebe zu mir bedingungslos und aufrichtig ist, nach der Frau, deren Liebe ich genauso bedingungslos und aufrichtig erwidern kann.

Ich bin so dankbar und glücklich, dass ich Anna-Lena begegnet bin. Wie sie mir schreibt, war es kein Zufall, dass wir uns im hintersten Nest Pommerns gefunden haben, vielmehr denke ich, dass Gott mich dorthin geführt und uns zusammengebracht hat. Deine Mutter ist, obwohl noch sehr jung und viel jünger als ich, eine starke und kluge Frau, mit einem unerschütterlichen Glauben, der mir in diesem Gefängnisloch Licht und Erkenntnis bringt. Sie teilt ihre Stärke mit mir. Ihre ungebrochene Liebe zu mir lässt mich demütig werden. Manch andere Frau wäre in dieser Situation wohl längst überfordert gewesen, hätte das Weite gesucht und mich meinem Schicksal überlassen, so wie es meinem Vater mit meiner Mutter ergangen war. Dein Großvater harrte einsam und verlassen im Bombenhagel in Dresden aus.

Im Internierungslager in Garmisch war ich auf engstem Raum mit sehr unterschiedlichen Menschen zusammen. Es waren bedeutende und unbedeutende Persönlichkeiten aus der Nazi-Zeit dabei. Einige von ihnen hatte ich früher einmal bewundert. In der täglichen Begegnung, beim gemeinsamen Hungern und Frieren, wurden wir alle gleich. Eine vorübergehende Schicksalsgemeinschaft ohne Dienstgrade, ohne sozialen Status, ohne Dünkel. Es erinnerte mich an ein Buch aus jungen

Jahren. Es handelte von einem Scheinriesen. Der Scheinriese war ein Wesen, das aus großer Entfernung riesig erschien. Je näher du diesem Wesen kommst, desto kleiner wird es. So habe ich es in der Gefangenschaft empfunden. Die vermeintlichen Riesen lagen neben mir, schnarchten und hatten Angst wie ganz gewöhnliche Menschen. Mein Sohn, lass dich in deinem Leben nicht von diesen Scheinriesen blenden. Du bist selbst eine Persönlichkeit beziehungsweise auf dem Weg dorthin. Steh zu dir und lasse dich nicht verbiegen. Nur dann kannst du jederzeit offen in den Spiegel schauen und dir selbstbewusst in die Augen schauen. Ich gebe dir noch einen Spruch von Bonhoeffer mit auf den Lebensweg:

„Weisheit ist etwas anderes als Wissen, Verstand und Lebenserfahrung. Weisheit ist das Geschenk, den Willen Gottes in den konkreten Aufgaben des Lebens zu erkennen."

Damit ende ich meinen Brief. Ich beschließe, diesen zu meinen Akten zu legen, ihn meinem Sohn zu meinen Lebzeiten nicht zu übergeben. Möge Carl ihn finden, wenn ich nicht mehr bin.

Am 26. April 1962 schreibe ich an Anna-Lena:

„... wenn du diesen Brief bekommst, wirst du mehr über mich und meine Denkweise wissen. Das einzige Bild, das auf meinem Schreibtisch steht, ist jenes von meinem Vater. Ich denke oft an ihn und in schwierigen Situationen frage ich mich, wie mein Vater jetzt wohl handeln würde. Es fällt mir schwer, über das zu sprechen, was mich bewegt. Das führte oft zu Missverständnissen zwischen uns. Wir beide müssen nicht neu anfangen, sondern unser Einleben nur fortsetzen und vollenden. Die Zeit jetzt gehört ja auch zu unseren beiden Leben, zu unserem gemeinsamen Leben. Es tut mir gut, jetzt in der Stille endlich einmal in mich hinein hören zu können. Und mir ist klar geworden, dass ich von den Menschen nichts, von Gott aber alles erwarten darf.

Dietrich Bonhoeffer ist wirklich wie ein Bruder im Geiste für mich geworden und ich bin ihm dankbar, dass ich nicht zuletzt durch die intensive Beschäftigung mit seinen Lebensweisheiten und seiner Denkweise einen Weg aus dem Dunkel heraus ins Licht des Lebens für mich gefunden habe.

Wir Menschen verstehen deine Wege nicht, aber ich kann rückschauend den Weg sehen, den er mich geführt hat und die große Gnade seiner Liebe bisher.

Ich schaue zurück und bewerte die Ereignisse neu. Der mir befohlene Weg nach Stalingrad im Jahr 1942 wurde plötzlich, kurz vor dem Ziel, geändert. Ich zählte zu den Gesunden, die der Umklammerung bei Nikopol und dem Massaker am Ingul, einem Fluss in der Ukraine wie durch ein Wunder entkommen konnten. Ich zählte am Karfreitag, dem 7. April 1944 zu den wenigen Überlebenden im gescheiterten Kampf um den Übergang am Dnjestr, als einer der ersten Verwundeten mit sieben anderen meiner Einheit. Mein Freund und Stellvertreter, Herbert Weidelt sowie die anderen Kameraden blieben im Feld. Wir wagten kaum noch zu atmen, als das Munitionsschiff mit uns an Bord nachts im Schwarzen Meer, mitten im Minenfeld, festsaß. Am Ostersonntag kam unsere Auferstehung, wie wir sie nannten. Lotsenboote schleppten uns vorsichtig heraus. Es war im wahrsten Sinne des Wortes ein Himmelfahrtskommando. Keines der russischen Flugzeuge, die sonst täglich unterwegs waren, ließ sich an dem herrlich blauen Himmel sehen. Ein Stein, eine Infanteriekugel, hätte genügt und nichts wäre von uns übriggeblieben. Fast 24 Stunden lang stand unser Lazarettzug mit den armseligen Insassen auf den Bahnhofsgleisen. Alle Tage wurden der Bahnhof von Bombengeschwadern angegriffen, aber in jenen Stunden ließ unser Herrgott Ruhe walten. Gott war auch bei uns, als wir die Heimat verlassen mussten, er hat an allen Gefahrenpunkten seine schützende Hand über uns gehalten. Einmal kam sein Wunder durch den KFZ-Zug mitten in den pommerschen Wäldern, als unser überladener Wagen ächzend seine Seele aushauchen wollte. Ein anderes Mal wies uns ein Polizeibeamter einen anderen als den ursprünglich von uns geplanten Weg. Das rettete uns. Immer hatten wir ein gutes Dach über dem Kopf und täglich Brot zur rechten Zeit. Gott blieb bei dir und mir, als ich per Befehl ohne eigenes Zutun oder gar Wollen, krank und verwundet und nicht mehr kriegsfähig zur SS versetzt wurde. Als einer der letzten schweren Luftangriffe über Hamburg die Bombennächte eröffnete, war mein Zug gerade aus der Bahnhofshalle heraus. Durch die fensterscheibenleeren Fenster sahen wir das Inferno, wir fühlten den Luftdruck und spürten die Erschütterungen, bis uns die Stille des Waldes aufnahm. Kein Zug, in dem ich damals fuhr, wurde je bei Tag oder Nacht von den vielen feindlichen Fliegern angegriffen, keine Bombe und keine Kugel begleitete meine vielen Kurierdienstfahrten, die am Ende doch nur sinnlose Beschäftigung waren.

Als ich einmal durch Dessau kam, wollte ich aussteigen, um noch einmal meine Vaterstadt und die Gräber zu besuchen. Ich war bereits auf dem Bahnsteig, als mich ein ungutes Gefühl beschlich und ich auf den bereits anfahrenden Zug wieder aufsprang. In dieser Nacht wurde Dessau in Schutt und Asche gelegt. Immer hielt Gott seine schützende Hand über mich.

Bis zu jenem grausigen Tag, als er mir krank, körperlich und seelisch zerrüttet, eine Verantwortung auferlegte, die ich nicht tragen konnte. Vater im Himmel, warum hast du mich dieser Prüfung unterzogen, warum musstest du mir die Entscheidung über Leben oder Tod eines mutmaßlichen Spions auferlegen? Um mich dann sofort wieder in deinen Schutz zu nehmen. Im Lazarett, in dem ich mich wiederfand, im Internierungslager, wo ich einer der wenigen war, die nicht geschlagen und misshandelt wurden. Bis wir uns hier gefunden haben.

Niemals bisher habe ich über das Kriegserleben sprechen können, mit niemandem, nicht mit mir selbst und auch mit dir nicht. Ich konnte es nicht, ich wollte es nicht. Die schwere Last des Kriegserlebens muss jeder für sich allein tragen. Aber ohne die scheinbare Unaussprechlichkeit auszusprechen, kann man mit dem Erlebten wohl niemals fertig werden es bliebe unbewältigte Vergangenheit. Kein Mensch wird sie je vollständig bewältigen können. Aber manchmal öffnet sich ein kleiner Spalt des Herzens, gibt einen Blick in die Seele frei und hilft, dass alles zu verarbeiten.

Wer waren denn die Opfer dieses Bombenterrors, dieser angeblich unter Kriegsgesetz stehend Zivilisten? Nur wir Älteren wissen, dass alle männlichen Deutschen, von kaum 16 Jahren, in die Kriegsmaschinerie eingespannt waren und Kriegsdienst leisten mussten. Alte Menschen, Frauen, Mütter und Kinder waren die direkten Toten dieses organisierten und zielgerichteten Mordes. Das war kein Totschlag, das war kein Zufall, das war glatter Mord.

Ich will keine Polemik erzeugen, ich will keine Legende unterstützen, ich schreibe das heute am Tage der Auferstehung unseres Herrn für die Kinder zur Mahnung, zur Erinnerung in der Stille, zum Aufruf für euer Gebet. Liebe deinen nächsten. Edel sei der Mensch, hilfreich und gut. Der Herrgott hat euch beschützt und ist immer bei mir gewesen. Warum hat er mich nicht im Schwarzen Meer versinken lassen? Warum hat er mich nicht in die Hände der Franzosen fallen lassen, die alles was nach SS aussah, auf die Straße zerrte und wie tolles Vieh niederknallte? Ich lag damals im Lazarett, von Amerikanern geschützt, aber die Nachrichten kamen von außen an uns heran. Es waren zuverlässige Berichte, von denen heute keiner mehr reden möchte. Damals zerbrach etwas in mir und das wird niemals wieder heilen. Möge die Liebe mir meine Bitterkeit dämpfen, meine Verzagtheit nehmen. Ich bin kleinmütig, mein Herz krampft sich zusammen. Eine feste Burg ist unser Gott, gib mir Kraft, dass ich durchhalten kann. Ich hoffe auf ein baldiges Wiedersehen, Lutz"

Mir fällt ein Lied ein, das Anna-Lena oft sang, wenn sie alleine in der Küche ist und sich nicht beobachtet fühlte. Anna-Lena hatte sich anscheinend vor mir geniert. Sie glaubte wohl, ich hätte das Lied lächerlich gefunden.

Danke für diesen guten Morgen,
Danke für jeden neuen Tag.
Danke, dass ich all meine Sorgen auf dich werfen mag.
Danke für alle guten Freunde,
Danke, oh Herr, für jedermann.
Danke, wenn auch dem größten Feinde ich verzeihen kann.

Heute, in diesem Gefängnis, sage ich auch Danke und singe leise dieses Lied. Ich finde sogar Gefallen an dem Text.

Es ist Montag, der 30. April 1962. Es ist die Walpurgisnacht und ich denke an die früheren Feiern bei den Pfadfindern in Dessau und in der Verbindung in München. Dieses alte keltische Fest wird in Nordeuropa traditionell mit einem großen Feuer zelebriert. Der Winter wird ausgetrieben und die Maikönigin bringt den Frühling. Alle singen das spätromantische Wanderlied von 1850:

„Der Mai ist gekommen, die Bäume schlagen aus. Da bleibe wer Lust hat, mit Sorgen zu Haus. Wie die Wolken dort wandern am himmlischen Zelt, so steht auch mir der Sinn in die weite, weite Welt".

Im Harz ist die Mythologie noch spezieller beschrieben und in Goethes „Faust" wird das Szenario sehr deftig zusammengefasst. Mephisto wandert mit Faust auf den Blocksberg und wird Teil einer wilden, ungezügelten Orgie mit sexuellen Exzessen, die alle Fantasien befriedigt.

Am Dienstag, dem 1. Mai 1962 schreibt mir Anna-Lena wieder: „Der Konfirmationssonntag begann damit, dass Schwester Inge und ich uns auf dem DDR-Sender die Predigt von Schwager Ulrich anhörten. Die Lesung des Evangeliums für den Sonntag, Quasimodogeniti, John 20,19-31, hielt der Pastor Schmidt in der Kirche auch. Das hatten wir schon von Ulrich im Radio gehört, und es war schön, diesen vertrauten Text noch einmal zu hören. Der Konfirmationsspruch für Carl ist: Ein Mensch kann sich nichts nehmen, es werde ihm denn gegeben vom Himmel. Ich kann damit nichts anfangen und werde den Pastor nochmal befragen. Zuhause angekommen, warteten sechs Blumentöpfe und achtzig Glückwunschkarten auf uns. Carl freute sich riesig darüber und es tut ihm so richtig gut, mal geehrt zu werden und ein Fest zu haben, bei dem er der Mittelpunkt ist. Er ist bescheiden und ganz gewandt und sicher und von einer schönen und fröhlichen Unbefangenheit in seinem Auftreten. Der liebe Gott bewahre ihm sein fröhliches Herz und erhalte ihn in seiner Unbefangenheit. Alles andere ist nicht wichtig. Vielleicht wird er unstudiert und unkompliziert viel mehr Freude schenken und empfangen können. Im Augenblick merkt man ganz deutlich, wie gut es ihm tut, dass er nicht mehr Fahrschüler ist, sondern zu Hause am Ort in die Schule gehen kann.

Achim und Helga Wellbrock vom Molkenhaus waren als Paten aus Bad Harzburg gekommen. Sie sagen auch, es sei unfassbar, dass man nach siebzehn Jahren das damalige Kriegsgeschehen nach heutigen zivilen Maßstäben beurteilen wolle. In die damalige Situation kann sich heute kaum jemand hineindenken. Sie sind beide überzeugt, dass du die Kraft hast, das auferlegte Schicksal anzunehmen und zu überstehen und auch damit fertig zu werden und daran zu wachsen.

Wenn du wieder im geschützten Familienkreis bist, wirst du auch wieder gesund, tatkräftig und energisch sein. Als dein Brief zur Konfirmation an Carl kam, konnte ich nicht anders, ich musste darüber den Psalm 103 beten: Lobe den Herrn, meine Seele, und vergiss nicht, was er dir Gutes getan hat.

Dein letzter Brief zu Ostern, sechzehn eng beschriebene Seiten, ich kann das gar nicht so schnell aufnehmen und verarbeiten. Wie du das alles zu Papier bringen kannst, so viele Gedanken. Den Neuanfang meinte ich im Sinn der Bibelstelle vom 2. Korinther 5,17. Darum, ist jemand in Christo, so ist er eine neue Kreatur. Das Alte ist vergangen, siehe, es ist alles neu geworden. Das Wort hat mich schon lange bewegt und ich weiß, wie wahr es ist. Es gibt ein neues Blickfeld, ein neues Denken und Empfinden. Gott gibt dir die Kraft, dies alles durchzustehen, denn er selbst hat dich dorthin geführt und er weiß warum. Er wird dich im richtigen Augenblick wieder herausführen. Höre nicht auf, um Liebe zu bitten. Wir haben doch immer Gottes bewahrende Hand über uns gespürt und gewusst, genau wie du es schreibst, auch dies wird zu unserem Besten dienen. Gott gibt dir Kraft zum Durchhalten ...

Herr, du lassest mich erfahren viele und große Angst, aber immer ist deine Gnade gekommen, die mich still macht und Frieden gibt. Alle Wege gehe ich mit dir, mein lieber Lutz und bin immer bei dir. Es ist ein immerwährendes Gespräch. Das wollen wir fortsetzen, wenn wir wieder zusammen sind. Halte dich immer an die wunderbaren Worte, die du deinem Sohn Carl geschrieben hast.

Mättheus 14, 28-33, Jesus sprach: Seid getröstet, ich bin's, fürchtet euch nicht. Petrus aber antwortete ihm und sprach: Herr, bist du es, so befiel mir, zu dir zu kommen auf dem Wasser. Und er sprach. Komm her, und Petrus stieg aus dem Boot und ging auf dem Wasser und kam auf Jesus zu. Als er aber den starken Wind sah, erschrak er und begann zu sinken und schrie: Herr rette mich. Jesus aber streckte sogleich die Hand aus und griff ihn und sprach zu ihm: Du Kleingläubiger, warum hast du gezweifelt? Und sie stiegen in das Boot und der Wind legte sich. Die aber im Boot waren, fielen vor ihm nieder und sprachen: Du bist wahrhaftig Gottes Sohn.

Es wird sich schon alles richtig ergeben. Du bist nicht ohne Grund in das hinterste pommersche Nest geführt worden, damit wir uns dort begegnen. Dass wir uns mal finden würden, war nicht wirklich vorauszusehen. Mache dir keine Sorgen um Carl. Gewiss, es ist kein tolles Niveau, aber die Jungen sind anständig und sauber. Sein Lehrer sagt mir, dass diese Jungen zwar keine Leuchten sind, aber auch nicht schlecht, sie sind harmlos und anständig. Die Jungen sind immer sehr höflich und besonders der Nachhilfeschüler von Anna. Als die Geschichte im Dorf rum ging, und es gingen die tollsten Gerüchte hier um, brachte er für Anna eine Schallplatte als Geschenk, um ihr Freude zu machen. Er sagte, sein Vater hätte gesagt, wenn jemand den Carl schief anguckt oder eine schiefe Bemerkung macht, dann haue er ihm eins in die Fresse, dass ihm Hören und Sehen vergehen würde. Die Jungs haben sich fabelhaft um Carl gekümmert und geholfen, mit der Situation fertig zu werden ..."

Es ist Sonntag, der 6. Mai 1962 und das erste Morgenlicht erhellt meine Zelle. Mein Fenster ist offen und ich höre, wie die Vögel ihre Hochzeitslieder singen. Alles ist still und friedlich. In Gedanken begebe ich mich auf einen Morgenspaziergang über blühende Bergwiesen. In Bayern sind die Wiesen im Frühjahr bunt und gelb von dem blühenden Löwenzahn. „Kuhblumen" sagten wir früher dazu und glaubten, diese Blumen würde die Milch besonders schmackhaft machen. Ich sehe mich quer über die Wiese gehen, lege mich ins frische Gras und denke an das Lied, dass ich oft mit Ursula zusammen gesungen habe, wenn wir früh morgens im Zelt von der Sonne geweckt wurden:

Jeden Morgen geht die Sonne auf
In der Wälder wundersamer Runde
Und die schöne, scheue Schöpferstunde
Jeden Morgen nimmt sie ihren Lauf
Jeden Morgen aus den Wiesengründen
Heben weiße Schleier sich ins Licht
Uns der Sonne Morgengang zu künden
Ehe sie das Wolkentor durchbricht.

Dieser volkstümliche Vers von Hermann Claudius spricht mich an. Hermann war ein Urenkel des berühmten Matthias Claudius, aber qualitativ weit von ihm entfernt. Hermann war ein Befürworter des Sozialismus in den 20er Jahren. Später begeisterte er sich für den Nationalsozialismus. Seine Verse bewegen sich in pathetischer Frömmigkeit und in der Bewunderung für die Natur. Hierfür wurde er oft belächelt und als minderwertig abgetan. Diesen Vers liebe ich dennoch, er zeichnet ein schönes Stimmungsbild und weckt wunderbare Erinnerungen.

Am 7. Mai 1962 beruhigen mich Anna-Lenas Worte. Ich weiß, wie leicht verführbar ich war und vermute, dass auch Carl leichtfertig den Kameraden bei Untaten folgen könnte. Mit Schrecken denke ich an die Umkleidehütte am Sportplatz, die die Jungs zusammen aus Übermut demolierten. Das war ein ausgewachsener Schaden von mehreren 100 Mark, der von vier Familien getragen werden musste.

Ich vermisse meine Familie und werde etwas wehmütig. Ich setze mich ruhig an meinen Tisch und bete. Herr, du lässt mich erfahren viele und große Angst, aber immer ist deine Gnade gekommen, die mich still macht und mir Frieden gibt. Wenn auch die Angst bis über die Kehle steigt und der Atem stockt, unverletzlich ist in den Tiefen mein Herz und ungefährdet sind die, die ich liebe.

Ich bin stolz auf meine Familie. Anna-Lena entwickelt in dieser besonderen und schwierigen Situation ungeahnte Kräfte, die ich ihr nie zugetraut hätte. Wie sie richtig schreibt, ist sie nicht mehr das kleine naive Mädchen von neunzehn Jahren. Sie hat sich stark weiterentwickelt und viel geistige Arbeit in ihrem Glauben geleistet. Der Glaube an Gott stützt sie und nun kommt all das, was sie sich angelesen und erarbeitet hat, auch mir zugute. Ich lese aus dem 1. Korinther 13, das hohe Lied der Liebe: „Die Liebe ist langmütig und freundlich, die Liebe eifert nicht, die Liebe treibt nicht Mutwillen, sie bläht sich nicht auf, sie verhält sich nicht ungehörig, sie sucht nicht das ihre, sie lässt sich nicht erbittern, sie rechnet das Böse nicht zu, sie freut sich nicht über Ungerechtigkeit, sie freut sich aber an der Wahrheit, sie erträgt alles, sie glaubt alles, sie hofft alles, sie duldet alles."

Das passt zu der unendlich starken Liebe von Anna-Lena zu mir. Sie steht zu mir, was auch immer ich getan habe. Sie ist bereit, mit mir zu leben und zu sterben. Welch eine großartige Frau. Womit habe ich das verdient? Ich bin dankbar über ihre Zuwendung, ihre klugen Gedanken, die mich inspirieren und die mir zugleich Trost geben.

Durch die Institution der Kirche abgeschreckt, hatte ich früher alle christlichen Aktivitäten von mir fortgeschoben. Ich war christlich erzogen worden, hatte mich aber nie intensiv mit der Religion auseinandergesetzt. „Meine Kirche ist der Wald", sagte ich mal dem Pastor Johannes Hoheisel im Camp 8 in Garmisch. „Hier kann ich demütig vor der Schöpfung werden. Denn hier bewunderte und genoss ich die Natur und dankte dem Herrn für das, was er vollbracht hatte.

Ich bin stolz auf meine Kinder, die alle gesund und bodenständig sind. Das heißt, mit beiden Beinen fest auf der Erde stehen und lebensfroh in die Zukunft sehen. Sie alle schicken mir regelmäßige umfangreiche Briefe und schildern ihr derzeitiges Leben und welche Pläne sie haben. Es musste nicht immer inhaltsschwer sein, wichtig war mir, dass sie an mich dachten und ich an ihrem Leben teilhaben kann. Ich bewahre alle Briefe und lese sie immer wieder. Dann fühle ich mich mit der Familie verbunden und sie wird dann in der tristen Zelle gegenwärtig. Anna ist nun in Berlin und beginnt ihr Studium der Pharmazie. Sie schreibt, sie habe Freude daran. Das ist gut. Ich habe ihr das Pharmaziestudium vorgeschlagen, weil ich überzeugt bin, das sei gut für sie. Ob das wirklich ihr freier Wille ist, kann ich nicht sagen. Ich habe es ihr dringend empfohlen, weil ich sie dafür für fähig halte und sie sehr ehrgeizig und belastbar ist. Carina ist etwas verträumt. Sie macht sich gut in der Schule, solange es nicht Mathematik ist. In den Sprachen, Englisch, Französisch und Latein bringt sie gute Leistungen, genauso in Deutsch und Geschichte. Ich denke, ich werde ihr den Beruf einer Bibliothekarin oder Buchhändlerin vorschlagen. Sie liest viel und hat ein großes geistiges Potential.

Carl hat zu viel von meinen Problemen geerbt. Deshalb mache ich mir besonders viele Gedanken um den Jungen. Dass er ausgerechnet in dieser miserablen Situation die Schule wechseln musste, schmerzt mich. Als er auf das Gymnasium kam und Fahrschüler sein musste, schickten wir ihn auf ein Internat. Dafür war er aber, mit seinen zwölf Jahren, anscheinend noch nicht reif genug. Nach einem Jahr weigerte er sich, nach den Osterferien wieder in das Internat zurückzugehen. Offensichtlich war er überfordert gewesen, so fern der Heimat und allein gelassen. Carl zog sich eine Blinddarmreizung zu, wurde operiert und niemand war bei ihm, der ihm Trost spenden konnte. Er machte die gleichen Erfahrungen wie ich damals. Ich werde jetzt noch traurig, wenn ich daran denke wie einsam er gewesen sein musste. Möglicherweise ist es wirklich vernünftig, ihn an der lokalen Schule zu lassen. Ich weiß selbst, wie belastend die Fahrerei sein kann. Ich musste die Schule auch einmal wegen mangelhafter Leistung wechseln und die letzten zwei Jahre bis zum Abitur von Dessau nach Zerbst zum Realgymnasium fahren. Das habe ich meiner Familie nie erzählt. Letztendlich habe ich doch noch die Kurve gekriegt. Das wird Carl sicherlich auch schaffen.

Carl schreibt, er sei vom Pastor aufgefordert worden, Flügelhorn zu lernen, er darf dann im Kirchenblasorchester mitwirken. Das ist sehr anständig vom Pastor. So kommt Carl etwas aus seinem negativen Kameradenkreis, den ich nicht leiden kann. Außerdem freue ich mich, wenn er irgendwann das Jagdhorn blasen kann, wie mein Vater das konnte. Ich habe es leider nie richtig gelernt. Nun projiziere ich alles auf meinen Sohn, was ich nicht gemacht habe, aber hätte tun wollen. Hoffentlich überfordere ich ihn nicht mit meinen Wünschen. Zum Geburtstag bekam er eine Gitarre von den Großeltern aus der DDR. Carina hat sie rausgeschmuggelt. Als sie zu den Großeltern fuhr, hat sie in einer Hülle eine alte, nicht reparable Wandergitarre mitgenommen und an der Grenze deklariert. Da der Inhalt nicht genau geprüft und beschrieben wurde, konnte sie auf dem Rückweg wieder eine Gitarre mitnehmen, die eigentlich Ausfuhrverbot hat. Nun übt er mit seinem Pfadfinderführer Gerald, ein sympathischer Bursche und achtzehn Jahre alt, fleißig die Grundbegriffe und Griffe. Wanderlieder höre ich gerne.

Ich lese einen Text von Bonhoeffer, den er 1944 im Gefängnis in Tegel geschrieben hatte. „Wer bin ich? Sie sagen mir oft, ich träte aus meiner Zelle gelassen und heiter und fest, wie ein Gutsherr aus seinem Schloss. Wer bin ich? Sie sagen oft, ich spräche mit meinen Bewachern frei und freundlich und klar, als hätte ich zu gebieten. Wer bin ich? Sie sagen mir auch, ich trüge die Tage des Unglücks gleichmütig, lächelnd und stolz, wie einer, den Siegen gewohnt ist. Bin ich das wirklich, was andere von mir sagen? Oder bin ich nur das, was ich selbst von mir weiß? Unruhig, sehnsüchtig, krank, wie ein Vogel im Käfig, ringend nach Lebensatem, als würgte mir einer die Kehle, hungernd nach Farben, nach Blumen, nach Vogelstimmen, dürstend nach guten Worten, nach menschlicher Nähe, umgetrieben vom Warten auf große Dinge, Ohnmächtig bangend um Freunde in endloser Ferne, müde und leer zum Beten, zum Denken, zum Schaffen, matt und bereit, von allem Abschied zu nehmen? Wer bin ich? Der oder Jener? Bin ich heute dieser und morgen ein anderer? Bin ich beides zugleich? Vor Menschen ein Heuchler und vor mir selbst ein verächtlich wehleidiger Schwächling? Oder gleicht, was in mir noch ist, dem geschlagenen Heer, das in Unordnung weicht vor schon gewonnenem Sieg? Wer bin ich? Einsames Fragen treibt mit mir Spott. Wer ich auch bin, du kennst mich, dein bin ich, o Gott." Woher weiß Bonhoeffer, was ich fühle und denke? Ich bin nicht vom Tode bedroht, so wie er. Trotzdem habe ich Angst wie er, in einer Zelle zu verkümmern. Ich bin mir oft selbst ein Rätsel. Gott kennt und durchschaut mich, wie niemand mich kennt. Gott liebt mich. Nachdenken über sich selbst ist notwendig, um sein eigenes Verhalten zu hinterfragen. Warum bin ich so, wie ich bin? Wer oder was hat mich dazu gemacht? Wäre ich ohne Krieg ein anderer Mensch geworden? Aus dem ewigen Kreisen um sich selbst herauszukommen, ist schwierig. Es kann gelingen, wenn man sich öffnet und das Innere reflektiert. Ich erinnere mich an die Worte von Augustinus, die Johannes Hoheisel mir sagte: „Suche nicht draußen, kehre in dich selbst zurück. Im Inneren des Menschen wohnt die Wahrheit. Der Verstand schafft die Wahrheit nicht, sondern findet sie vor."

Das Abendgebet von Bonhoeffer lese ich mehrmals und will es in mir aufnehmen: „Herr, mein Gott, ich danke dir, dass du diesen Tag zu Ende gebracht hast. Ich danke dir, dass du Leib und Seele zur Ruhe kommen lässt. Deine Hand war über mir und hat mich behütet und bewahrt. Vergib allen Kleinglauben und alles Unrecht dieses Tages und hilf, dass ich allen vergebe, die mir Unrecht getan haben. Lass mich in Frieden unter deinem Schutz schlafen, und bewahre mich vor den Anfechtungen der Finsternis. Ich befehle dir die Meinen, ich befehle dir dieses Haus, ich befehle dir meinen Leib und meine Seele. Gott, dein heiliger Name sei gelobt. Amen". Gute Nacht, das war ein eindrucksvoller Tag. Mit guten Gedanken schlafe ich ein.

Es ist der 15. Mai 1962, für Jäger ist das so etwas wie Weihnachten. Die Bockjagd beginnt. Mitten in der Nacht habe ich mich sonst davongeschlichen, damit ich vor dem Morgengrauen auf dem Ansitz war. Die Wochen vorher habe ich im Revier ausgespäht, wo die Fegestellen waren, wo der Bock seinen Bast vom

Gehörn gefegt hatte. Heute ist nichts mit Bockjagd. Stattdessen lese ich in der Jagdzeitschrift darüber. Anna-Lena schickte mir regelmäßig meine Abo-Hefte, Wild und Hund, sowie den Niedersächsischen Jäger. Als ich gerade die Zeitschrift vertieft war, kommt gegen 16 Uhr Martin in meine Zelle und strahlt wie ein Honigkuchenpferd über beide Backen. „Herr Doktor, stellen Sie sich mal vor, was mir heute passiert ist. Dank Ihrer Hilfe habe ich den Lehrgang als Bester abgeschlossen und bekam dafür einen jungen Rehbock frei. Ich war heute früh um 4 Uhr auf meinem Ansitz. Es war etwas frisch und mir fehlte die Bettwärme. Ich habe mich in meinen Loden eingewickelt und mir fielen die Augen zu. Um halb sechs wurde ich von einem Geräusch neben mir geweckt. Und was soll ich sagen, auf dreißig Schritte stand der Bock schussgerecht und breit vor mir, den ich haben durfte. Die Büchse knallte, der Bock brach zusammen und rührte sich nicht mehr. Voll aufs Blatt, er hatte den Knall nicht mehr gehört. Genauso, wie Sie mir das gesagt haben." „Waidmannsheil, mein Lieber. Jetzt bist du ein richtiger Jäger. Dein erster Bock, das ist gewaltig, das erfreut mich. Normalerweise würde ich jetzt, dem Ritual entsprechend, den Bock mit dir tot trinken", sage ich. Martin grinst und zieht eine Flasche Rotwein aus seiner Jackentasche. Eine Flasche Meersburger Lerchenberg, ein Spätburgunder. Sogar an einen Korkenzieher hat er gedacht.

Am Sonntag, dem 20. Mai. schreibt Anna-Lena: „... Dein Brief ist so voller guter Gedanken. Er klingt ruhig und abgeklärt. Hast du doch etwas innere Ruhe gefunden. Ich merke, wie du denkst und nach mir rufst und ich spüre genau, wie unsere Gedanken sich begegnen. Wir sind uns ganz nahe. Deine Sehnsucht, nach Hause zu kommen, fühle ich deutlich. Deine Verlassenheit tut mir weh. Ich sah dich stehen und in die Dämmerung hineinstarren. Ich merke auch den Trost, der zu dir kommt. An deinem Brief sehe ich, dass es wirklich so ist.

Am 22. Mai werde ich meinen 40. Geburtstag in ganz kleinem Kreis feiern und dich in Gedanken zu mir bitten. Etwas haben wir dir verheimlicht und es quält mich, dir das nicht gleich ganz offen geschrieben zu haben. Ich fürchtete, dich damit zu sehr zu belasten. Eigentlich ist es gar nicht schlimm, es ist nur Materie, die beschädigt wurde. Also, bei deinem Wagen ist der hintere Kotflügel verschrammt. Anna musste zum schriftlichen Abitur den Wagen nehmen, da die Busverbindungen nicht zuverlässig waren und die Arbeiten bis in den Nachmittag gingen. Einmal ist sie der Garagentür zu nahegekommen. Das lässt sich aber leicht spritzen, wurde uns gesagt. Sei nicht zornig, für Anna war es sehr wichtig und sie selbst hat keinen Schaden genommen. Einen seelischen vielleicht, weil sie weiß, wie pingelig du mit dem Auto bist.

Letzte Woche war ich zur Elternversammlung in der Mittelschule. Die Klassenlehrerin von Carl ist eine junge, sehr hübsche, nette Dame. Sie gibt Unterricht in Mathematik und Biologie. Carl ist von ihr sehr angetan, fast schon verliebt und gibt sich viel Mühe, ihr zu gefallen. Da sehe ich mal, wie leicht Männer zu motivieren sind."

Am 23. Mai 1962 schreibt Anna-Lena einen weiteren Brief:

„... Was hast du mir für eine Freude gemacht. Einundzwanzig rote Rosen wurden gebracht, ein wunderschöner Strauß, ein Märchenstrauß. Ich wusste gar nicht, dass es so Schönes gibt. Rosen mit einem Meter langen und kräftigen Stiel. Unsere Bodenvase ist ganz damit gefüllt. Gestern an meinem Geburtstag haben es alle gut mit mir gemeint. Carina und Carl brachten mir morgens einen großen Fliederstrauß ans Bett.

Die Liebe müssen wir uns bei allem als Ziel setzen. Auch da, wo es schwerfällt, zum Beispiel bei deiner Mutter. Auch das alles wollen wir nur mit Liebe betrachten. Es kommt nicht darauf an, ob wir uns verletzt oder unverstanden fühlen, sondern darauf, dass wir unter allen Umständen in der Liebe bleiben, egal, wie der andere sich verhält ..."

Ich schreibe drei Tage später zurück, am 26. Mai 1962. Der Brief von Anna-Lena nimmt mir alle meine Zweifel und beruhigt mich sehr. Ich hatte die ganze Zeit Angst, sie würde sich über die Rosen nicht freuen können und mir stattdessen Vorwürfe wegen der hohen Geldausgabe machen. In der derzeitigen Situation ist das auch eine wahrlich verschwenderische Aktion gewesen, die ich da gestartet hatte. Gerade, nachdem sie mir mitgeteilt hatte, aus Sparsamkeit die Haushaltshilfe entlassen zu haben, hätte sie sich mächtig darüber ärgern können. Die Kündigung einer zuverlässigen und ehrlichen Hilfskraft war für Anna-Lena ein großer und schmerzhafter Schritt gewesen. Das Putzen im Haushalt war noch nie ihre Leidenschaft gewesen. Das hatte sie immer gern anderen überlassen. Ich sah, besonders in meiner speziellen Lage, jedoch keine bessere Möglichkeit, meine Liebe zu ihr auszudrücken, als ihr ungewöhnlich schöne, langstielige und rote Rosen zu schenken. Daher hatte ich es gewagt, die Rosen über Fleurop zu bestellen. Mein Jagdlehrling und Gefängniswärter Martin hatte das für mich organisiert. Seit ewigen Zeiten hatte ich merkwürdige Hemmungen verspürt, Blumen zu verschenken. Nie war ich mir sicher, ob ich die richtige Auswahl treffen würde. Rote Rosen, weiße Rosen, lachsfarbene Rosen, oder Nelken in verschiedenen Farben, was ist für den jeweiligen Anlass richtig? Immer bekam ich Angst, nicht die Vorstellungen der Beschenkten zu erfüllen. Intuitiv verspürte ich eine Furcht vor einer möglichen Ablehnung meines Geschenks. Das unbestimmte Gefühl, mich oder andere mit einer Fehlentscheidung zu enttäuschen, verunsicherte mich jedes Mal. Warum das so ist, wurde mir erst vor wenigen Jahren in Gesprächen mit Anna-Lena klar. Die Ursache liegt weit zurück in meiner Kindheit.

Zu meinem siebten Geburtstag, am 24. November 1915, hatte ich von meinem Vater ein ganz besonderes Geschenk bekommen. Feierlich und mit großer Geste überreichte er mir ein Taschenmesser mit den Worten: „Ein richtiger Junge und zukünftiger Jäger muss ein brauchbares Messer in der Tasche haben. Dieses hochwertige Taschenmesser soll dich zukünftig begleiten. Pass gut auf das Messer auf und sei vorsichtig im Umgang damit. Das Messer ist kein Spielzeug und du sollst es auch nur mitnehmen, wenn wir zusammen jagen."

Das war wie ein Ritterschlag für mich und erfüllte mich mit viel Stolz. Ich war umsichtig und nahm das kostbare Taschenmesser, das einen echten Hirschhorngriff hatte, nur zu besonderen Gelegenheiten mit. Die Firma Felix in Solingen, die dieses Messer fertigte, war seit über hundert Jahren für die hochwertige Anfertigung von Jagdmessern bekannt. Das Taschenmesser wurde später wirklich mein ständiger Begleiter, bis es in Russland verloren ging, oder unfreiwillig den Besitzer wechselte. Das wusste ich zwar nicht, aber vermute es. Im folgenden Frühling, gegen Ende Mai, sah ich wunderschöne gelbe Blumen am Wegesrand. Allen Ermahnungen zum Trotz hatte ich mein Messer dabei und schnitt mehrere Zweige ab. „Diesen schönen Blumenstrauß will ich meiner Mutter bringen", sagte ich halblaut zu mir selbst. Voller Freude im Herzen betrat ich die Wohnung und ging zu meiner Mutter in die Küche. „Schau mal Mama, was ich dir mitgebracht habe.", sagte ich zu ihr. Sie sah sich um und ruft mit schriller Stimme: „Ginster, das ist ja Ginster! Die sind immer voller Ungeziefer, bring die sofort raus!" Ich wusste nicht, wie mir geschah. Meine Freude, ein liebevolles Geschenk gemacht zu haben, wurde zu einer schmerzlichen Enttäuschung. Mit Tränen in den Augen ging ich raus und warf die Zweige voller Zorn in den Garten hinter dem Haus. Das Erlebnis sitzt so tief, dass es heute noch mein Handeln beeinflusst.

Mit den dunkelroten Rosen zu dem 40. Geburtstag hatte ich Anna-Lena hingegen offensichtlich eine richtig große Freude gemacht. Die Anerkennung für mein Geschenk befriedigt mich. In Gedanken sehe ich Anna-Lena mit einem glücklichen Lächeln vor den langstieligen Rosen stehen. In der großen, hellbraunen Bodenvase im Wohnzimmer leuchten sie prächtig und erfüllen den Raum mit Duft. Duften langstielige Rosen? Ich weiß es nicht, aber schön wäre es.

Mein 40. Geburtstag war ganz anders gewesen. Er war am Mittwoch, den 24. November 1948. Die Außentemperatur war damals richtig ungemütlich. Am Tag zuvor gab es noch plus 5 Grad und in der Nacht sank die Temperatur auf minus 4 Grad. In der vorherigen Woche hatten wir noch leichten Regen und die Temperaturen lagen deutlich über Null. Durch den plötzlichen Nachtfrost waren die Straßen spiegelblank. Mit dem Motorrad bei Glatteis zu fahren, war nun teuflisch gefährlich. Selbst mit dem Gespann und den drei Rädern blieb es eine schwer kalkulierbare Rutschpartie. Ich war froh gewesen, keine Touren machen zu müssen und genoss es zuhause zu sein. Die Tage vorher hatte ich schon Grünkohl, Kartoffeln und grobe geräucherte Wurst besorgt. Das wurde mein Geburtstagsessen mit der Familie in einer gut beheizten Stube. Dazu gab es noch einige Biere und hinterher einen Doppelkorn zur Verdauung. Was brauchte der Mensch mehr zum Glücklichsein? In diesen schwierigen Zeiten ging vieles nur unter der Hand. Es hatte sich ausgezahlt, dass ich im Sommer der Lieblingsstute und dem Fohlen des Bauern und Pferdezüchters Uwe Martens das Leben gerettet hatte. Martens hatte echte Holsteiner Pferde gezüchtet. Seine sechsjährige Stute Birte war trächtig. Birte war ein Prachtexemplar von Stute, glänzend schwarz mit einem Stockmaß von 170 Zentimeter und sehr umgänglich in ihrem Wesen. Sie war ein leistungsstarkes Springpferd in der Klasse A. Die Holsteiner Rasse war überhaupt nervenstark und hatte ein angenehmes ausgeglichenes Temperament. Im Trab war sie sehr raumgreifend und ging dann weich in einen schwungvollen Galopp über. Bei meinen Einsätzen in Russland hatte ich mir einen Holsteiner aus unserer Herde ausgesucht. Eine alte Bauernregel besagt: „Das Fohlen bestimmt den Tag, die Stute die Stunde der Geburt" Etwa neunzig Prozent aller Fohlen kamen zwischen 18 Uhr abends und 6 Uhr morgens zur Welt, dann, wenn die Stute sich entspannen konnte. So geschah es auch am Donnerstag, den 22. Juli 1948. Die erste Julihälfte war völlig verregnet und kühl gewesen, aber mit dem Vollmond am 21. Juli änderte sich das Wetter sofort, es herrschte Sonnenschein und Temperaturen über 20 Grad. Eine alte Weisheit lautete, dass mit dem Wechsel der Mondphase auch das Wetter sich verändern würde. Die Wahrscheinlichkeit lag immerhin bei fünfzig Prozent. Gegen Mitternacht kam dann der Anruf von Martens, die Geburt würde nicht normal verlaufen und ich müsste sofort kommen. Der Himmel war sternenklar und die Temperaturen lagen immer noch bei sommerlichen 15 Grad, wunderbares Motorradwetter also.

Der Hof von Martens liegt in der Nähe von Schierensee, ein Ort, nur wenige Kilometer von Blumenthal entfernt. Ich genoss die frische Luft, die besondere nächtliche Stimmung, das Leuchten der Sterne am Himmel und den hellen Mondschein. Vor mir aus erkannte ich am Himmel den Orion und dann den großen Wagen. Sogar der Reiter auf der Dechsel war als kleiner Punkt zu sehen. Durch die Verbindungslinie der hinteren Trapezsterne sah ich in fünffacher Verlängerung den kleinen Wagen mit dem Polarstern an der Spitze. Zu meiner aktiven Pfadfinderzeit waren diese Sternenbilder die Grundlage unserer nächtlichen Orientierung gewesen. Der Polarstern war nicht nur hell und ganzjährig zu sehen, sondern stand auch in der Nähe zum Nordpol. Er zeigte zuverlässig die geografische Nordrichtung. Der Vollmond war so hell, dass ich eigentlich keinen Scheinwerfer gebraucht hätte. Stundenlang hätte ich so durch die Nacht fahren können. Meine Gedanken wanderten zurück zu den Tagen, die ich mit Ursula am Schliersee in Oberbayern verbracht hatte. Die Ähnlichkeit der Ortsnamen schuf zwangsläufig eine Verbindung und brachte mich zum Träumen. Was Ursula wohl jetzt machte? Wie war ihr Leben verlaufen? Wie war sie durch die ganzen Kriegswirren hindurchgekommen? Dachte sie noch an mich oder bin ich aus ihrem Gedächtnis gestrichen? Wie viel anders wäre wohl mein Leben verlaufen, wenn wir geheiratet hätten? Dass sie eine erfolgreiche Schauspielerin wurde, hatte ich der Presse entnehmen können. Viele Bilder rasen durch meinen Kopf, bis ich aufschrecke, weil ich kurz vor Schierensee fast die Abzweigung zum Gehöft von Uwe Martens verpasst hätte. Das Problem war schnell erkannt. Das Fohlen hatte sich verdreht und wollte nicht so recht durch den Geburtskanal kommen. Uwe Martens, sein Stallknecht Heinrich und ich kämpften um das Leben des Fohlens und das der Stute. Gegen 3:30 Uhr hatten wir es geschafft. Die Stute und das Fohlen hatten die Strapazen überlebt. Welch ein Segen!

Total durchgeschwitzt vor Anstrengung und Aufregung verließen wir glücklich den Stall und begaben uns zu einem frühen Frühstück in die Küche, während bereits der Morgen graute. In der Küche war von der Hausherrin Dorothee Martens alles gut vorbereitet worden. Der Tisch war schön gedeckt. Schinken, Käse, Mettwurst und Marmelade gab es in Hülle und Fülle. Das war eine wahre Freude für das Auge und den hungrigen Magen. Ohne Rücksicht auf die frühe Tageszeit wurde erst einmal ein Geele Köm eingeschenkt. Uwe Martens erhob sein Glas und sagte: „Danke Doktor, das hast du großartig gemacht. Du hast zwei Leben gerettet und mir großes Leid erspart. Das werde ich nicht vergessen." Das Frühstück zog sich über mehrere Stunden hin, bis die Sonne richtig hoch am Himmel stand. Dass es nicht bei einem Schnaps blieb, brauchte ich wohl nicht extra zu erwähnen. Mit einigen Lebensmitteln im Beiwagen und reichlich besoffen, fuhr ich vorsichtig nach Hause. Anna-Lena war glücklich über die Mitbringsel, jedoch nicht so sehr über meinen Zustand. Ich legte mich schnell auf das Bett, zog die Bettdecke bis über den Kopf und war bis zum späten Nachmittag im Land der Träume. Als ich Uwe Martens einige Tage vor meinem Geburtstag angerufen und nach Grünkohl, Kartoffeln und Wurst für mein Geburtstagsessen gefragt hatte, war seine Ansage klar. „Von mir bekommst du alles, was du für dich und deine Familie brauchst." Soviel Dankbarkeit hatte ich nicht erwartet. Das Landleben hatte doch seine Vorteile, dachte ich damals.

Es ist der 2. Juni 1962. Anna-Lena schreibt:

„... am Mittwochmittag rief Ulla Barz an, ob ich sie nicht sofort in Münster besuchen kann. Am nächsten Morgen, Himmelfahrt, bin ich gefahren. Paul hatte einen Vortrag in Recklinghausen und sie war allein. Sie haben eine geräumige Wohnung, aber mitten in einem Häusermeer und eine Etage zwei Treppen hoch. Das Kind kann nicht allein hinaus und spielen. Seit einem Jahr ist Paul Professor an der Pädagogischen Hochschule. Wir sprachen über Dänisch-Nienhof. Wir haben es gar nicht so richtig mitbekommen, wie kümmerlich es ihnen dort ging. Sie haben beide vor dem Nichts gestanden. Als man Ursula aus der Ostsee fischte, das tote Baby im Arm, hatte sie nicht einmal mehr ein Kleid.

Und dann haben sie gehungert, in einem Maße, wie wir das nie kennengelernt hatten. Sie hatten zusammen nur 90 Deutsche Mark Arbeitslosenunterstützung. Es war für sie immer ein großes Fest, wenn wir kamen und viel zu Essen mitbrachten. Stell dir vor, darüber sind sie heute noch dankbar. In deren Augen ging es uns bemerkenswert gut. Du warst in deinem Beruf, wir hatten zu essen, wir hatten ein Motorrad mit Beiwagen, wir waren mobil, wir bekamen Care-Pakete, wir wohnten in einem richtigen Haus. Sie kamen sich in der Baracke wie ausgestoßen vor. Ich glaube, es ist so, dass wir sind niemals dankbar genug für all das gewesen sind. Sie sagte, für Flüchtlingsverhältnisse hätten wir es doch damals sehr gut getroffen. Es wurde mir dadurch nochmal bewusst, wie gut du für deine Familie gesorgt hast. Ich bin stolz auf dich.

Am 10. Juni 1962 kommt ein weiterer Brief, Anna-Lena antwortet darin einem meiner früheren Schreiben:

„... Dein lieber Brief kam am Donnerstag. Wie klein komme ich mir vor, dass ich immer wieder in meinen Sorgen versinke und Gott nicht genug vertraue. Du bist so tapfer und hast mich ganz beschämt. Es ist wirklich so bei all den Worten und Psalmen der letzten Zeit und bei Bonhoeffer und Paul Gerhardt, all dem was du mir geschrieben hast. Von guten Mächten wunderbar geborgen ... Das sind wir und wollen immer daran denken. Ich bin so dankbar, dass du der veränderten Situation so getrost entgegensiehst.

Am Mittwoch habe ich mit Ursula telefoniert. Sie ist auch 40 Jahre alt geworden. Sie haben beide die gleiche Situation wie wir, Paul ist Jahrgang 08 sie Jahrgang 22. Der Besuch bei ihr war sehr interessant. Jetzt weiß ich ganz genau, wie unser Zusammenleben nicht werden darf und auch nicht werden wird. Doch darüber erzähle ich dir später mündlich.

Als Pfingstgruß schicke ich dir Lukas 11,13: Der Vater erfüllt nicht jeden Wunsch, aber er tut dem Anklopfenden wirklich auf und lässt ihn herein, zu einer Begegnung mit Gott.

Vier Tage später besucht mich Anna-Lena im Gefängnis in Ravensburg. Danach erhielt ich folgende Zeilen:

„... Es ist gut, dass ich nun weiß, wie es dort aussieht, und dass ich es mir vorstellen kann. Irgendwie war es tröstlich. Und dann kamst du mir entgegen und es war, als ob wir nie getrennt gewesen wären, so nah warst du mir. Dass wir dann aber nicht ein persönliches Wort miteinander sprechen konnten, tat mir furchtbar schwer. Aber es ging natürlich nicht, und durch deine völlig beherrschte Haltung hast du es mir andererseits auch wieder sehr erleichtert. Ich muss das sehr bewundern, obwohl ich fürchte, dass es dich sehr viel Kraft gekostet hat. Ich hoffe bloß, dass es dir nicht so gegangen ist wie mir. Hinterher schlug der ganze Jammer über mir zusammen, und ich habe lange gebraucht, um mich wieder zu fangen. Was du mir von Bonhoeffer gesagt hast, ist schön. Ich wusste gar nicht mehr, dass er Studentenpfarrer war. Ich hoffe sehr, dass mein Besuch gut für dich war. Ich bin so dankbar, dass wir eine Stunde in Ruhe zusammen sein konnten, ohne von der Zeit gehetzt zu werden. Gewiss hattest du recht, als du vorher immer sagtest, ein Wiedersehen zwischendurch sei eine große seelische Belastung. Der Schmerz des Getrenntseins ist mir nie so deutlich geworden wie in dem Augenblick, als du zurückgehen musstest ...“

Nach zwei Tagen, am 16. Juni 1962 schreibe ich an Anna-Lena zurück:

„Ach meine Liebste, das ist es ja, was mich in meinem ganzen Leben bedrückt hat und nicht loslässt. Die Liebe, die Nestwärme fehlte und die kann nicht mehr eingeholt werden. Darum habe ich ja meine geradezu abgöttische Liebe zu dir und zu den Kindern. Daraus entstand auch meine verehrende Liebe zu meinen Großeltern und meine herzliche Liebe zu meinem Vater. Darum herrscht die immer neu aufflammende Angst vor der Selbstsucht meiner Mutter und der meiner Schwester Margot, deren Klauen ich entrann, als ich dich kennenlernte. Darum meine ständige Angst um euch und euer Wohlergehen. Gewiss, es ist ein heftiges Fünkchen Selbstsucht angeboren, auch in mir. Die Angst, dass ich die Liebe, die wahrhaftige Liebe, einmal wieder verlieren könnte ist es, die mich immer wieder zur Unrast getrieben hat. Die mich zu dem Engstirnigen treibt. Ich will nicht herrschen und herrschsüchtig sein. Aber 30 Jahre Widerstand gegen die Herrschsucht, ganz alleine und dabei selbst einen Teil davon mitbekommen zu haben, ist nicht einfach abzuschütteln oder wie ein gebrauchtes Hemd auszuziehen. Ich empfinde es doch so sehr, wie gut du als Gegenpart zu mir passt. Wie gut es unser Herrgott mit mir in meinem bisherigen Leben gemeint hat, dass er mich dich hat finden lassen. Ich habe es schon lange erkannt, darum kann ich mich selbst nur im Wir denken. Es ist keine Gefühlsduselei bei mir, es ist Ausdruck bewussten Erlebens in Dankbarkeit. Ich kann meine Empfindungen nicht ausdrücken. Ich möchte bei dir sein und mich ausweinen können. Die Ich-Bezogenheit mit den Tränen herauswaschen können. Aber das wird wohl niemals gelingen. Du hast mich das Erkennen gelehrt. Ich habe es heute voll empfunden und will mich an das Ecce Homo halten. Hilf mir. Ich will versprechen, das alte Hemd auszuziehen. Hilf mir und habe weiter Geduld. Ich liebe Dich, Lutz"

Es ist der 17. Juni 1962. Nachdem der Brief mit meinem Hilferuf an Anna-Lena mit der Post abgeschickt wurde, denke ich zurück an meine früheren Beziehungen. Ich denke an die doch recht unterschiedlichen Frauen, bei denen ich gelandet war und vor denen ich immer wieder die Flucht ergriffen hatte. Wie kam ich eigentlich dazu, ein minderjähriges siebzehnjähriges Mädchen zu verführen, oder mich von ihr verführen zu lassen? Warum habe ich mich nicht geschämt, ihr die Jugend zu rauben? In meinem Leben waren die Jahre zwischen 20 und 30 sehr wichtig für meine persönliche Entwicklung. Anna-Lena musste diese Entwicklungsphase überspringen, weil ich sie zur Mutter gemacht hatte.

Ursula war vier Jahre jünger als ich gewesen und ich hatte sie schon als kleines Kind gekannt. Ich hatte geschwisterliche, ja brüderliche Gefühle für sie, bis sie mit 16 Jahren eine starke erotische Wirkung auf mich ausübte. Ursula war sehr willensstark, zielorientiert und entwickelte eine gewisse Dominanz, als wir in München zusammenkamen. Ich denke, es war nicht nur meine Mutter, die die Beziehung bremste. Es war auch eine unbewusste Angst in mir, ihr irgendwann unterlegen zu sein und beherrscht zu werden, so wie meine Mutter es immer mit mir gemacht hatte.

Katharina war eine faszinierende, intelligente und sehr gebildete Frau. Sie war rund sechs Jahre älter als ich. Ihre damenhafte Eleganz beeindruckte mich sehr. Es gab weniger eine emotionale, als eine intellektuelle Verbindung zwischen uns. Sie hatte mich wohl nicht bewundert, sondern nur gebraucht, um ihre sexuellen Bedürfnisse zu befriedigen.

Eva-Marie war sieben Jahre jünger als ich und hatte einen wohlgeformten und reizvollen Körper. Sie hatte eine Ausbildung an einer landwirtschaftlichen Hauswirtschaftsfachschule absolviert und wenige geistige sowie kulturelle Interessen. Als ich bei dem Besuch der Eltern bemerkte, dass nur ein Vater für die künftigen Erben gesucht wird, der sich voll in die Familienstruktur integrieren sollte, bekam ich Angst, meine Freiheit zu verlieren und bin schnellstmöglich geflohen.

Bei Roswitha in Herrsching am Ammersee wurde mein Bratkartoffelverhältnis etwas komplizierter. Neben der Zimmermiete musste ich noch für die Verpflegung, Wäsche waschen und weiteres, Minnedienste leisten. Ich gestehe, es war mir nicht unangenehm. Roswitha ist ein alter germanischer Name mit der Bedeutung „Ruhmesstark". Nomen est Omen, sie war auch sehr stark und dominant in ihrem Wesen. Obwohl sie fünf Jahre älter war als ich, wirkte sie wesentlich jünger. Mit ihren schwarzen Haaren, die halblang geschnitten waren und nicht einmal bis zur Schulter fielen, wirkte sie sehr sportlich. Als Lehrerin unterrichtete sie Deutsch, Englisch und Sport. Speziell der Wassersport, wie Rudern und Segeln, faszinierte sie. Als sie mir so zufällig erzählte, ihre Freundin würde mit einem deutlich jüngeren Mann zusammenleben und sie hätten eine sehr gute und harmonische Beziehung, wurde mir alles klar. Nachtigall, ich hör dich singen, dachte ich. Pass auf dich auf, Lutz, schoss es mir durch den Kopf. Hier entstand eine Art Mutter-Sohn-Beziehung. Hier war ich der kleine Junge, der umsorgt werden musste und nicht der starke Mann, der ich sein wollte. Eine Woche später war meine Aufgabe in Herrsching beendet und ich konnte mit Anstand Abschied nehmen.

Ich denke, ich brauche eine Frau, die mich bewundert, verehrt und mein Ego stärkt. Eine Frau, die meinem tradierten Bild einer Ehefrau entspricht und dem Mann untergeordnet ist. Damit wird mir auch klar, warum ich Anna-Lena haben wollte. Das siebzehnjährige Mädchen bewunderte und verehrte mich. Sie sah meinen äußeren Glanz, mein gutes, männliches Aussehen und meinen akademischen Rang, der ihr eine soziale Stellung versprach. Die vielen gebrochenen Gefühle, die in mir wohnten, konnte sie als junge und unreife Frau noch nicht erkennen. Später, als sie mein Inneres entdeckte, sah sie ihre Aufgabe darin, mich zu heilen. Im Gefängnis werde ich demütig bei diesen Gedanken und spüre, wie wichtig Anna-Lena für mein Leben bisher war und auch zukünftig sein wird. Sie ist, wie sie selbst schreibt, nicht mehr das kleine Mädchen, das ich mal geheiratet habe. Nein, sie ist wirklich eine großartige und reife Frau geworden, die mit viel Mut und Kraft zu mir steht.

8. Juli 1962. Da der evangelische Gottesdienst ausfällt, habe ich mich besonders eingehend mit dem Wochenspruch befasst. Ich war geneigt, meine Gedanken aufzuschreiben, ich lasse es aber, weil es dilettantisch klingen würde. Besonders, wenn man so großen Menschen begegnet, wie ich heute Morgen. In Gedanken war ich mit Dietrich Bonhoeffer verbunden. Meister Eckhart hatte einmal gesagt: „Was kann es Schöneres geben, als einen Freund zu haben, mit dem du alles, was in deinem Herzen lebt, bereden kannst wie mit dir selber."

Er ist tot, dieser Freund, und ich muss allein mit meinen Gedanken bleiben. Ob er mich auch Freund nennen würde, weiß ich nicht. Aber scheinbar sind wir uns doch im Leben wenigstens einmal begegnet. Es muss damals gewesen sein, als ich mit Eltern und Großeltern auf der Jagdhütte Waldfried im Harz war. Auf den großen Waldwiesen zwischen Friedrichsbrunn und der Viktorshöhe. In einem Brief hatte Bonhoeffer einmal geschrieben: „In meinen Fantasien lebe ich viel in der Natur und zwar eigentlich im sommerlichen Mittelgebirge, das heißt in den Waldwiesen bei Friedrichsbrunn oder auf den Hängen, von denen man auf den Brocken sieht. Der Harz ist die Natur, die mich gebildet hat ..."

Die Anklage

Am 2. Juli 1962 eröffnet die Staatsanwaltschaft Ravensburg das Verfahren gegen mich eröffnet. Die Anklage spricht von der vorsätzlichen Tötung eines Menschen, nicht aber von Mord. Der Anklageschrift entnehme ich, dass der Vater des jungen vermeintlichen Spions Anzeige erstattet hatte, diese aber später wieder zurückgezogen hatte. Er hatte an der Verfolgung der Tat kein Interesse mehr. Die juristische Maschinerie war aber bereits angelaufen und nicht mehr zu stoppen.

Wie sich erst nachträglich herausstellte, handelte es sich bei dem vermeintlichen Spion um den taubstummen Karl Gruhn aus einer circa 5 Kilometer entfernten Anstalt für taubstumme Menschen in Wilhelmsdorf. Er war allen Verboten zum Trotz von dort ausgerissen. Der Junge war nach Erzählungen seines Vaters schon als kleines Kind aufgrund eines Ohrenleidens taub geworden und konnte deshalb auch nicht sprechen lernen. Seit seinem achten Lebensjahr war er in der Taubstummenanstalt Heidelberg untergebracht gewesen. Nach einem schweren Fliegerangriff auf Ludwigshafen wurde der junge Mann dann von seinen Eltern evakuiert und nach Wilhelmsdorf gebracht. Zeugenaussagen zufolge war der Junge schwach bis mäßig begabt, er konnte jedoch lesen und schreiben. Mit seinen Lehrern hatte er sich gut verständigen können. Mit Fremden gab es naturgemäß erhebliche Schwierigkeiten, besonders wenn man ihm nicht mit

Verständnis und Zuneigung begegnete. Seine Leidenschaft war das Zeichnen, insbesondere das Malen von Landschaftskarten. Seinem Verhalten nach zu urteilen, war es nicht unmittelbar erkennbar, dass er taubstumm war. Die Landschaftszeichnungen und Geländeskizzen sahen aus wie militärische Zeichnungen. Aufgrund einer Suchanzeige des Vaters vom 17. November 1945 meldete sich eine Zeugin und überbrachte dem Vater die Nachricht von der Erschießung seines Sohnes. Der Beschuldigte, also ich, konnte erst Ende 1961 mit Hilfe der Tierärztekammer ausfindig gemacht werden. Das Amtsgericht in Saulgau hat hat am 11. Dezember 1961 einen Haftbefehl gegen mich erlassen. Am 24. Jänner 1962 wurde die Voruntersuchung wegen Totschlags vom Landgericht Ravensburg eröffnet und geführt. Am 2. Juli 1962 wurde von der Staatsanwaltschaft in Ravensburg eine Anklage wegen vorsätzlicher Tötung gegen mich erhoben und beantragt, das Hauptverfahren zu eröffnen und die Hauptverhandlung von dem Schwurgericht des Landgerichts Ravensburg anzuordnen.

Die erste Strafkammer des Landgerichts Ravensburg hatte das Verfahren mit Beschluss vom 26. Juli 1962 aufgrund § 6 des Straffreiheitsgesetzes 1954 (BGBL.I 1954, Seite 203) dann unter Aufhebung des Haftbefehls eingestellt. Die Strafkammer war überzeugt, dass das Strafmaß für diese Tat höchstens drei Jahre Gefängnis betragen könnte. Das lag auch daran, dass mildernde Umstände im Sinne des § 213 StGB nicht auszuschließen waren, weil die Tat unter dem Einfluss der außergewöhnlichen Verhältnisse und in der Annahme einer Dienstpflicht begangen worden sei. Der Beschuldigte, also ich, wäre von Karl Gruhns Schuld überzeugt gewesen und habe sich aufgrund des ihm bekannten Führererlasses und der Katastrophenbefehle aus den letzten Kriegsmonaten für berechtigt und verpflichtet gehalten, den Erschießungsbefehl zu erteilen.

Der Senat sah auch die Voraussetzungen des § 6 des Straffreiheitsgesetzes 1954 als gegeben an. Meine Schuld bleibe jedoch bestehen, da ich auch bei gehöriger Anspannung meines Gewissens das Unrechtmäßige meines Tuns hätte erkennen können.

Die Strafkammer des Landgerichts Ravensburg stellte mit Beschluss vom 26. Juli 1962 das Verfahren aufgrund des § 6 Straffeinheitsgesetzes von 1954 unter Aufhebung des Haftbefehls ein. Das Verfahren wurde eingestellt, es wurde keine Klage erhoben. Es gab auch keine Verurteilung. Mit der Schuld, die ich auf mich geladen hatte, musste ich nun selbst fertig werden. Ich hatte sieben Monate im Gefängnis gesessen, ohne im juristischen Sinne schuldig zu sein. Habe ich damit genügend Buße getan? Ich bereue, einen unschuldigen jungen Menschen in den Tod geschickt zu haben. Jede Schuld, jede Sühne, muss aber mal ein Ende haben und abgeschlossen sein. Das meine ich nicht nur im juristischen Sinn. Auch im christlich-moralischen Sinn muss es eine Vergebung geben. Das gilt nicht nur für mich, es gilt auch für meine Familie, die von Teilen der Gesellschaft in moralische Sippenhaft genommen wurde.

Freiheit

26. Juli 1962.
Endlich frei, Was für ein ein großartiges Gefühl. Ich danke Gott, dass er mich beschützt hat. Beim Verlassen des Gefängnistores lasse ich all den Hass und den Frust hinter mir, ich will positiv in die Zukunft schauen. „Jeder Tag ist ein neues Leben", sage ich mir. Ich will all meine Erkenntnisse aus der Gefängniszeit positiv umsetzen.

Dan denke ich an ein Zitat von Heinrich von Kleist: „Ein frei denkender Mensch bleibt nicht dort stehen, wo der Zufall ihn hinstößt."

30. Juli 1962. Mein Gefängnispfarrer und echter Seelsorger, Helmut Spellenberg, schreibt mir: „... Das war eine riesengroße Freude für mich, als ich hörte, dass Sie abgereist sind. Ich konnte es fast nicht glauben, bei all den düsteren Aussichten. Am letzten Freitag sprach ich noch mit einem der Richter und er machte mir nicht viel Hoffnung, dass das andere Gremium einen günstigeren Vorentscheid fällen würde ... Ich würde mich

325

sehr freuen, wenn Sie weiterhin Studien in den Büchern betreiben würden. Im Übrigen ist es die Hauptsache, dass die Hauptsache die Hauptsache bleibt!

Ich muss immer wieder daran denken, als wir miteinander sprachen, dass auch eine solche harte Zeit, wie Sie sie in Russland erlebt hatten und hier in Ravensburg im Gefängnis, ganz klar eingeplant ist in unseren Lebensweg und nicht etwa sinnlos war oder eine verlorene Zeit.

Ach, noch etwas wollte ich sagen. Es hat mich seither immer wieder so sehr bewegt, dass Ihre liebe Frau Doktor, damals sagte: ‚Ich bete nun einfach ganz getrost darum, ob Gott es nicht so machen kann, dass gar keine eigentliche Verhandlung stattfindet.' In Wirklichkeit, zu dieser Stunde, haben sich unsere Gebete erfüllt ...“

Am Donnerstag, den 26. Juli 1962, kommt früh um 8 Uhr Martin, mein Jagdlehrling, zu mir und sagt: „Herr Doktor, das ist ein großartiger Tag heute, für Sie und für uns alle hier im Gefängnis. Nach sieben Monaten Untersuchungshaft werden Sie heute entlassen. Ich kann sagen, Sie haben sich das Vertrauen aller Wärter und sogar das Vertrauen des Herrn Direktor erarbeitet, durch Ihre freundliche und umgängliche Art. Sie haben mir persönlich sehr bei der Jägerprüfung geholfen. Das werde ich Ihnen nie vergessen. Ich bin voller Freude mit Ihnen, dass Sie nun ohne Verurteilung nach Hause gehen können. Lassen Sie uns einen letzten Gang zusammen zum Herrn Direktor machen. Er wartet mit den Entlassungspapieren in seinem Büro auf Sie.“ „Danke Martin“, sage ich. „Sie waren ein sehr gelehriger Schüler und Sie sind ein Gefängniswärter mit einem guten Herzen. Ich danke Ihnen auch für die vielen Gespräche, die mir den Tag verkürzten. Leben Sie wohl.“ Vor der Tür des Herrn Direktor drücken wir uns letztmalig die Hand.

Der Herr Direktor lässt mich eintreten. Mit einer großen Geste überreicht er mir die Papiere und sagt: „Ich habe es doch gleich gewusst, dass man Sie nicht verurteilen wird. Umso mehr freue ich mich, Ihnen die Papiere überreichen zu dürfen. Auf Wiedersehen mag ich nicht sagen, es ist besser, ich sage Ihnen Lebewohl und alles Gute für Ihre Zukunft. Wie gestern bereits besprochen, wird ein Wagen Sie zur Bahn bringen. Um 11 Uhr geht Ihr Zug nach Offenburg."

„Auch bei Ihnen möchte ich mich bedanken. Sie haben mir vertraut und ich konnte Ihnen im Büro sicherlich gut helfen. Das war eine wichtige Arbeit für mich, um nicht den ganzen Tag Trübsal zu blasen. Ihnen wünsche ich ebenfalls alles Gute."

Ich trete aus dem Gefängnis. Eine angenehme sommerliche Temperatur von circa 21 Grad empfängt mich mit Sonnenschein. Welch ein Willkommensgruß, welch ein tolles Gefühl, freie Luft zu atmen und mich frei bewegen zu können. Mein Herz könnte vor Freude zerspringen. Auf dem Weg zum Bahnhof suche ich in meinem Kopf das uralte Volkslied, dass von Max von Schenkendorf Ende des 18. Jahrhunderts gedichtet wurde und das wir als Corps-Studenten manchmal gesungen haben. Zwei Strophen kommen mir in den Sinn:

> *„Freiheit, die ich meine,*
> *Die mein Herz erfüllt,*
> *Komm mit deinem Scheine,*
> *Süßes Engelsbild."*

Nun sitze ich in der Bahn. Pünktlich, wie ein Schweizer Uhrwerk geht es los in Richtung Friedrichshafen und dann am Bodensee entlang nach Radolfzell. Ich genieße den Ausblick auf den See und das Blau des Wassers strahlt mir mit der Sonne entgegen. Nach einem kurzen Aufenthalt mit Umsteigen in Radolfzell, geht es weiter nach Offenburg. Um 15 Uhr komme ich dort an und werde vom Büro des Anwalts abgeholt. Herr Dr. Sachs empfängt mich mit strahlenden Augen, schüttelt mir lange die Hand und sagt: „Wir haben einen Sieg errungen."

„Ich danke Ihnen für die gute Prozessführung und dass Sie mich aus dem Gefängnis herausholen konnten. Der Empfehlung meines Cousins Gerd, ihrem Corps Bruder, bin ich gerne gefolgt. Das war offensichtlich eine gute Entscheidung."

Dr. Sachs erklärt mir, die Staatsanwaltschaft Einspruch eingelegt hätte. Mir werden schon die Knie weich, bis er fortfährt und mir versichert, dass dieses bereits als unbegründet abgelehnt wurde. Wir besprechen noch diverse Dinge und dann bringt er mich gegen 19 Uhr zu meinem Hotel. Das Hotel Zur Sonne in der Hauptstraße, welch passender Name für diesen besonderen Tag, ist bereits seit dem 18. Jahrhundert eine Herberge.

Dr. Sachs lädt mich zum Abendessen ein, und wir reden über viele persönliche Dinge. Sachs erzählt mir unter anderem von seiner Verbindung und Freundschaft zu meinen Cousin Gerd. Am folgenden Tag, dem 27. Juli, fahre ich früh gegen halb neun über Köln nach Osnabrück. Von dort geht es nach Bohmte, dort muss ich in den Triebwagen der privaten Kleinbahn nach Bad Essen umsteigen. Ab Osnabrück ist mir die Landschaft vertraut und ich bin innerlich sehr bewegt, mein Pulsschlag beschleunigt sich. Vor Anspannung schwitzen meine Handflächen und auch mein Rücken wird schweißnass.

Viele Fragen schießen durch den Kopf. Wie wird die Ankunft sein? Wie werden mich die Leute in dem kleinen Ort ansehen? Kaum zu Ende gedacht, macht der Zug Halt und ich kann aussteigen. Meine voraussichtliche Ankunft hatte ich für kurz vor 15 Uhr angekündigt.

Anna-Lena, Carina, Carl und mein Hund stehen am Bahnsteig. Tochter Anna ist noch in Berlin und daher nicht dabei. Ich weiß nicht, wer sich mehr freut, die Familie oder der Hund. Auf jeden Fall war der Empfang herzzerreißend schön, mit Freudentränen und langen Umarmungen. Der Hund springt mich an und leckt mir quer über das Gesicht. Carl umarmt mich kurz, nimmt wie selbstverständlich meinen Koffer und setzt sich Bewegung. Wir folgen ihm.

Zuhause angekommen, melde ich mich am Montag gleich morgens bei meinem zuständigen Dezernenten, Herrn Gervesmann mit der Bitte, mir einen Besuchstermin bei Herrn Dr. Egon Friemann, dem Regierungspräsidenten, zu verschaffen. „Wir sind alle hocherfreut, dass Sie wieder zurück sind", sagt Gervesmann mit offensichtlich ehrlicher Freude in der Stimme. Ich bin erstaunt, denn ich kenne ihn eigentlich nur mit seiner speziellen Art, die von mürrischer bis distanzierter Höflichkeit reicht. Die Antwort kommt unverzüglich gegen Mittag. „Herr Dr. Friemann möchte Sie am Dienstag um 11 Uhr sehen", teilt mir Gervesmann am Telefon in knapper Form mit, im mir bekannten Tonfall.

Am Dienstag bin ich mehr als pünktlich im Präsidium. Gervesmann kommt strahlend auf mich zu, als wären wir alte Freunde. Was aber nicht stimmt, weil wir in der Vergangenheit auch einige Unstimmigkeiten hatten. „Herr Dr. Reuss, der Herr Regierungspräsident wartet auf Sie. Sie können gleich zu ihm hineingehen", sagt Gervesmann in ausgewählter Höflichkeit. Als ich eintrete, erhebt sich Dr. Friemann von seinem Schreibtisch, geht direkt mit ausgestreckter Hand auf mich zu und sagt: „Wie gut, dass diese unglückselige Sache nun vorüber ist. Setzen Sie sich und berichten Sie mir.", er weist auf einen Sessel in der kleinen Sitzgruppe.

Dr. Friemann hört mir aufmerksam zu und als ich meinen Bericht beende, sagt er: „Sie sehen noch sehr angestrengt aus. Machen Sie erstmal einen längeren Urlaub. Danach sehen wir weiter. Ob es vom Landwirtschaftsministerium in Hannover noch ein Disziplinarverfahren geben wird, kann ich noch nicht einschätzen. Auf jeden Fall muss eine Versetzung in einen anderen Kreis erfolgen. Ich schau einmal, was ich für Sie tun kann."

Wir verabschieden uns und ich frage Gervesmann, in welchem Zimmer Carlos von Wagner sein Büro habe. „Zimmer 2/21, also im zweiten Stock. Er weiß, dass Sie heute hier sind und kann ihren Besuch kaum erwarten." „Danke. Ich werde übrigens erstmal Urlaub machen, das hat Herr. Dr. Friemann angeordnet", informiere ich ihn.

Im zweiten Stock höre ich Carlos in seinem Zimmer reden. Ich klopfe kurz und energisch an die Tür und eine etwas verärgerte

Stimme ruft: „Herein!" Als er mich erblickt, wimmelt er seinen Gesprächsteilnehmer am Telefon ab und vertröstet ihn auf später. Schwungvoll und nicht gerade sanft legt er den Hörer auf die Gabel. Er springt auf und eilt auf mich zu. „Dass ich das noch erleben darf, mein lieber Lutz, lass dich umarmen".

Es ist Mittagszeit und wir gehen zusammen in die Kantine und plaudern länger, als seine normale Arbeitspause eigentlich dauern würde. Mit dem Versprechen, uns demnächst bei ihm zu Hause zu treffen, verabschiede ich mich und fahre heimwärts.

Samstag, der 4. August 1962. Ich wache um 5 Uhr früh auf. Regen trommelt gegen die Schlafzimmerscheibe. Anna-Lena atmet gleichmäßig und tief. Im Traum rollt sie auf meine Seite, als wolle sie Schutz bei mir suchen. In meinen Gedanken gehe ich zurück zu meiner Ankunft vor einer Woche. Die Freude war überwältigend, aber im Laufe des Tages kam mir mein Zuhause fremd vor. Irgendwie ist meine Energie noch nicht wieder präsent, meine Seele noch nicht angekommen. Ich habe das Gefühl, Anna-Lena fremdelt mir gegenüber etwas. Gerechterweise muss ich sagen, mir geht es umgekehrt genauso. Ich versuche, das zu verstehen. Schließlich war ich volle sieben Monate verschwunden und weggesperrt. Das Schreiben über meine Gefühle im Gefängnis ist mir leichter gefallen als das direkte Sprechen von Angesicht zu Angesicht. Wir finden beide noch nicht die richtigen Worte. Ich denke, dass ich mich in der Ravensburger Zeit erheblich verändert hatte und auch Anna-Lena hat sich weiterentwickelt. Da gibt es eine Hürde, die wir überwinden müssen.

Obwohl man sich verändert hat und sich dann wieder trifft, wird man mit dem Blick von früher angeschaut. Das bedeutet, man trifft die Person wieder, die man vor einiger Zeit noch war. Die Veränderungen der Person werden nicht sofort erkannt. In unserem kleinen Ort hat sich für mich ebenfalls einiges verändert. Früher war ich hier eine geachtete Person. Das bin ich jetzt nicht mehr. Ich werde mit anderen Augen betrachtet und neu bewertet. Beim Gang durch die Straßen fühle ich mich wie auf einem Spießrutenlauf. Ob berechtigt oder nicht, mich beschleicht selbst dann das Gefühl, dass sie mich verachten, wenn mich die Menschen freundlich anlächeln. „Schau mal an, der Kriegsverbrecher", mögen sie denken oder zu ihrer Begleitung sagen. Wahrscheinlich bilde ich es mir nur ein. Wie auch immer, es belastet mich. Werde ich diesen neuen Schatten, diese Schmach, jemals los? In diesem Dorf wohl nicht, zumal die Lokalzeitung keine Korrektur zu ihrer ersten Sensationsmeldung vom Januar bringt. Fairerweise müsste die Presse meiner Meinung nach jetzt eigentlich berichten: „Dr. Reuss hat sieben Monate unschuldig im Gefängnis gesessen, ein Verfahren wurde erst gar nicht eröffnet, also auch kein Urteil gefällt. Willkommen zu Hause". Dieser Artikel wird aber nie erscheinen.

Anna-Lena wacht auf, schaut mich an und lächelt: „Wie gut, dass es dich gibt. Ich brauche deine Stärke. Ich mache uns einen Tee und dann können wir im Bett sitzen und reden." Anna-Lena kommt mit Tee zurück und wir sitzen dicht aneinander im Bett. Da es erst halb sieben ist und die Kinder sicherlich lange schlafen, haben wir keine Eile, den Tag zu beginnen. Selbst Paula, der Hund, verspürt keine Neigung, in den Regen hinauszugehen.

Anna-Lena beginnt: „In deinen Briefen ist mir vieles von dem klar geworden, dass du vor mir und auch vor dir selbst verborgen hast. Es gibt viele Fragen, über die wir sprechen sollten. Was hat dich geprägt? Wie wirken sich diese Prägungen auf dein Leben aus? Wie kannst Du das, was für dich destruktiv ist, positiv verändern? In unseren Briefen haben wir darüber gesprochen und wir haben uns in unserer Liebe wiedergefunden. Wir müssen unsere Gespräche weiterhin vertiefen und nicht wieder den Kontakt zueinander verlieren. Unsere Liebe ist die größte Bindung, die wir in unserem Leben erreichen können. Und mit Gottes Hilfe werden wir das auch schaffen." „Das Misstrauen, das ich Menschen gegenüber empfinde", antworte ich, „und meine ständige Angst, irgendjemand wolle mir Schaden zufügen, möchte ich überwinden. Angst und Zweifel hindern mich, offen und unvoreingenommen auf Menschen zuzugehen. Dabei sind es doch gerade die Verbindungen zu anderen Menschen, die dem Leben seinen Wert geben. Das soll Alexander von Humboldt sinngemäß einmal gesagt haben."

Anna-Lena meint dazu: „Die wesentliche Voraussetzung für eine Veränderung ist doch, eine positive Lebenseinstellung zu entwickeln. Wenn dir jemand freundlich begegnet, musst du nicht gleich das Visier herunterklappen und dich in deiner Ritterrüstung verstecken. Gehe offen und mit einem Lächeln auf die Menschen zu. Du wirst erfahren, ein Lächeln öffnet die Herzen. Es gibt mehr Menschen, die dich mögen, wertschätzen und dir wohlgesonnen sind, als du dir das vorstellen magst." An dieser Stelle trifft mich ein Erinnerungsblitz. Ich muss an mein Erlebnis mit dem amerikanischen US-Soldaten in Garmisch denken. Warum hatte ich das so lange vergessen? Ich hatte mir doch fest vorgenommen, dieses Ereignis zum Vorbild für mein weiteres Handeln zu machen. Ich will Anna-Lenas Worte beherzigen. Anna-Lena unterbricht meine Gedanken: „In deiner Abwesenheit habe ich mich selbst in positiven Gedanken geübt und dabei ein morgendliches Gebet entwickelt. Ich glaube, wir sollten jeden Morgen mit guten Gedanken beginnen und dieses Gebet sprechen:

Lieber Gott,
Gib meinen Gedanken die Klarheit, Schönes zu denken,
Gib meinen Augen die Gabe, Schönes zu sehen,
Gib meinem Herzen die Offenheit, Schönes zu empfinden,
Gib meinen Worten die Reinheit, Schönes zu sprechen,
Gib meinem Handeln die Kraft, Schönes zu tun."

„Das hast du großartig formuliert!", staune ich, „So können wir den Tag beginnen, aber jetzt sollten wir das Frühstück zubereiten." „Ich freue mich, dass es dir gefällt", erwidert Anna-Lena. „Lass uns dieses Gebet häufiger vor Tagesbeginn sprechen." Anna-Lena umarmt und küsst mich. „Und nun mache ich das Frühstück und du gehst mit dem Hund raus. Einverstanden?"

Der Regen hat nachgelassen, trotzdem hat Paula keine rechte Lust zum Laufen, ich auch nicht. Sie läuft nur kurz in den Garten, pieselt auf ein Blumenbeet und ist in kürzester Zeit wieder im Haus, in ihrem Hundekorb.

Wie an jedem Wochenende, gibt es Frühstück im Esszimmer. Die Kinder, Carina und Carl, schlafen noch. „Was meinst du, ich würde Carlos und Heidrun gern am kommenden Wochenende einladen?", frage ich Anna-Lena. „Heidrun habe ich seit dreißig Jahren nicht mehr gesehen und ich bin gespannt, wie sie sich entwickelt hat. Außerdem kann ich dann mit Carlos nochmal über meine Sache reden. Vielleicht hat er ja weitergehende Informationen." „Das ist eine wunderbare Idee. Ich bin auch neugierig auf die beiden. Wenn wir Glück mit dem Wetter haben, können wir auch im Garten sitzen.", erwidert Anna-Lena. „Gut, dann rufe ich Carlos gleich an", sage ich. Anna-Lena mahnt mich zur Geduld: „Es ist doch erst acht Uhr und vor neun sollte man niemanden stören, erst recht nicht am Wochenende. Das wäre sehr unhöflich und du würdest dich auch ärgern, so früh gestört zu werden." „Ach was, Carlos ist Frühaufsteher, er wird meinen Anruf sicherlich nicht abweisen", behaupte ich, obwohl ich es gar nicht weiß. Ich greife zum Telefonhörer und wähle die Nummer. Carlos ist erstaunlicherweise sofort am Apparat. „Guten Morgen Carlos, hier ist Lutz, hoffentlich störe ich euch nicht beim Frühstück." „Keineswegs, ich hatte auch gerade ein anderes Telefonat und wir sind bereits fertig mit dem Frühstück. Wir wollen gleich einen Ausflug nach Bad Rothenfelde machen und bei den Salinen spazieren gehen. Es hat ja aufgehört zu regnen. Hier in Belm kommt bereits die Sonne raus. Was gibt es s, Lutz?" „Anna-Lena und ich würden euch gern am kommenden Samstag, am 11. August, zum Essen bei uns einladen. Würde euch das passen?" „Ich frage Heidrun, warte mal einen Moment." Im Hintergrund höre ich Gemurmel. Er hält wohl die Hand auf die Sprechmuschel. „Heidrun findet die Idee großartig. Zum Essen nach Bad Essen kommen wir gern", scherzt er. „Wann sollen wir bei euch sein?" „Gegen 18 Uhr bei uns im Garten, und um 19 Uhr gibt es ein Abendessen. Wäre euch das recht? Anna-Lena möchte ein neues Rezept aus dem Elsass ausprobieren." „Abgemacht. Wie finden wir zu euch?", fragt Carlos.

„Ganz einfach, immer die B65 in Richtung Wittlage, kurz vor der Kanalbrücke rechts nach Bad Essen und die zweite Straße rechts rein ist die Lutherstraße, dann wieder rechts in den Weg Auf dem Kampe. Das letzte Haus links, das sind wir. Ihr könnt direkt vor meiner Garage parken. Der Weg muss frei bleiben, sonst wird Landwirt Höger stinksauer, wenn er mit seinem Trecker nicht bis zu seiner Scheune kommt", erkläre ich. „Danke, das ist eine gute Beschreibung, damit kann jeder Depp dich finden. Prima, dann bis kommenden Samstag." Carlos legt auf und ich schaue Anna-Lena leicht triumphierend an. Den Kommentar „Wusste ich's doch", konnte ich mir nicht verkneifen.

Samstag, 11. August 1962. Punkt 18 Uhr rollt ein eleganter cremefarbener Opel Record P2 vor das Haus. Von meinem Schreibtisch aus habe ich einen Blick auf die Garageneinfahrt. Ich rufe Anna-Lena zu: „Sie sind da!" und gehe dann hinaus, um unsere Gäste zu empfangen. Eine geschmackvoll gekleidete Dame steigt aus dem Auto. Heidrun trägt ein gelbes sommerliches Kleid mit einem tiefen Ausschnitt und auf ihrem Dekolleté ruht ein großer grüner Smaragd am Ende einer breiten und stabilen Goldkette. Heidrun ist eine stattliche Frau, nicht wirklich dick, aber auch keine Bohnenstange. Mit ihren fünfzig Jahren wirkt sie noch immer attraktiv. Die langen blonden Haare sind am Hinterkopf zu einem Dutt, einem runden Knoten, geformt.

„Donnerwetter Heidrun, gut siehst du aus", sage ich schmeichelnd und umarme sie. Zu Carlos gewandt schwärme ich: „Tolles Auto hast du. Das macht was her. Kommt erstmal ins Haus, Anna-Lena ist noch in der Küche am Wirken."

In der Haustür kommt uns Anna-Lena bereits in ihrer vollen Schönheit und strahlend entgegen. Sie hat sich herausgeputzt. Sie trägt ihren Lieblingsrock, einen Tartan-Glockenrock im schottischen Black-Watch-Muster zusammen mit einer weißen Bluse. Mit Freude sehe ich an ihrem Hals die silberne Kette, die ich ihr zur Geburt von Carina geschenkt hatte. Nach der kurzen Begrüßung spüre ich, dass sich die beiden Frauen auf Anhieb mögen. Wir gehen in das Herrenzimmer. Carlos schleppt eine Kühltasche mit und auf meinen neugierigen Blick hin erklärt er: „Wir haben nicht nur Blumen, sondern auch zwei gekühlte Flaschen Pommery mitgebracht. Auf deine Freilassung und unser Wiedersehen müssen wir doch mit Champagner anstoßen." Kaum gesagt, kommt Anna-Lena bereits mit den Sektkelchen. Ein feuchtfröhlicher Abend beginnt. In den Garten gehen wir gar nicht mehr, die bequemen Sessel halten uns fest, bis Carlos und ich zum Essen gerufen werden. Heidrun war inzwischen mit Anna-Lena in der Küche verschwunden.

„Es gibt bei uns erstmalig eine Spezialität aus dem Elsass, Huhn in Weißwein, oder wie man dort sagt: Coq au vine blanc.", erklärt Anna-Lena stolz. Und ich ergänze: „Dazu gibt es einen hervorragenden Weißwein von der Mosel. Anna-Lenas Schwester wohnt in Karden an der Mosel in einem alten Stiftsherrenhaus in der ersten Etage. Wenn sie auf die Terrasse geht, steht sie direkt im Weinberg. Ihr Mann, Claus, ist ein Feinschmecker und Kenner erlesener Weine. Mit ihm hatte ich einmal das Weingut Zenzen im Nachbarort Pommern besucht. Die machen seit vielen Generationen einen hervorragenden Wein, der auf dem schieferhaltigen Südhang gut reift. Ich hatte mir vor meiner Verhaftung einige Kisten Pommerner Sonnenuhr schicken lassen. Daraus habe ich nach meinem eigenen Rezept eine erfrischende kalte Ente gezaubert. Den guten Wein mag ich nicht mit Sekt verwässern, wie es üblich wäre. Ich habe nur eine ringförmig geschälte Zitrone hineingegeben und etwas Vanillezucker, um die Säure zu brechen. In der Karaffe ist ein Glaseinsatz mit Eiswürfeln. Ich denke, bei dem sommerlichen Wetter wird das kühle Getränk sicherlich gut munden." Sowohl das Essen als auch die kalte Ente finden Zuspruch und Anerkennung. Anna-Lena fragt Heidrun nach ihrer Tätigkeit an der Schule. Heidrun erzählt, dass schon ihr Vater und Großvater Lehrer gewesen seien und ihre Tochter aus erster Ehe ebenfalls Lehrerin werde. Der Lehrerberuf habe also Tradition in ihrer Familie.

„Manchmal ist es auch sehr anstrengend mit den halbwüchsigen Jungen. Sie sind laut und wenig diszipliniert", klagt sie. „Das ist nichts Neues", werfe ich ein. „Das war schon immer so. Bereits 300 vor Christus hat sich Aristoteles über die ungehorsamen Schüler beschwert. Die Jugend ist nun mal neugierig, lebhaft, ungehorsam und sie hat kein Gefühl für ihre Lautstärke. Ist es nicht ein Privileg der Jugend, rebellisch zu ein? Waren wir denn damals besser?" „Du hast Recht, aber mit zunehmendem Alter nervt mich das immer mehr.", sagt Heidrun.

Die Frauen räumen den Tisch ab und kommen mit je einer großen Schüssel Mousse au Chocolat und Schlagsahne zurück. Unsere Gespräche drehen sich nicht um die Vergangenheit, in stummer Übereinkunft lassen wir sie ruhen. Wir wissen um unsere Fehlleistungen, um unsere politischen Abwege und stehen heute in kritischer Distanz dazu. Ich frage mich, spreche es aber nie aus, wie sich wohl meine Kinder unter dem Nazi-Regime verhalten hätten, wären sie damals in meinem Alter gewesen? Wären sie, wie wir, dem irrigen Zeitgeist gefolgt? Ich verdränge die Frage wieder, sie lässt sich ja sowieso nicht ernsthaft beantworten.

Carlos sagt unvermittelt, als hätte er meine Gedanken erraten: „Was dir passiert ist, Lutz, ist wirklich dramatisch. Ich hatte im Gegensatz zu dir das große Glück, dass offensichtlich niemand meine Vergangenheit durchleuchtet hat."„Hast du irgendwelche Informationen, wie das Landwirtschaftsministerium sich verhalten wird?", frage ich. „Das ist schwer einzuschätzen", antwortet Carlos. „In Hannover sitzt eine junge Generation von Juristen im Ministerium und deren Denken und Handeln ist für mich nicht berechenbar. Diese Generation hat die Kriegszeit nicht bewusst erlebt und kann sich nicht in die damaligen Verhältnisse einfühlen. Auf jeden Fall wurden deine Personalakten und alle Ravensburger Gerichtsinformationen von uns abgefordert, sie liegen jetzt in Hannover. Es bleiben nur Warten und Hoffen." „Gut, wenn du vor mir etwas hörst, melde dich bitte. Und ab jetzt wollen wir nur noch unsere Gegenwart genießen und die Vergangenheit beiseitelassen. Was ist eigentlich aus deinen Schweinezuchtplänen geworden?" „Das ist immer noch ein Thema für mich. Ich fahre ja sehr gern an die Ostsee, Heidrun liebt zwar die Nordsee mehr, aber ich habe dort in der Nähe von Kappeln Kontakt zu einem jüngeren Schweinezüchter aufgenommen. Wir haben vor drei Jahren direkt am

Strand von Hasselberg einen Campingurlaub verbracht. Als ich auf der Wiese eine Gruppe Angelner Sattelschweine entdeckte, war ich nicht zu bremsen. Ich fand heraus, dass sie einem Carl Friedrich Arens in Wormshöft gehören. Das ist gleich nebenan. Wir haben uns wunderbar unterhalten und ich habe aus Freude an den Schweinen die Patenschaft für ein Ferkel übernommen. Mit einer Flasche Flensburger Bier in der Hand haben wir meine Sau Elvira genannt. Nun ist Elvira tot, zu Wurst und Braten verarbeitet und verspeist. Wenn ich irgendwann in Pension gehe, werde ich mir von meinem Bruder ein Stück Land geben lassen und dort eine Schweinezucht aufbauen."

„Saugut", scherze ich. „Mit der ersten Sau machen wir dann ein Schlachtfest, ich übernehme die Trichinenschau und bringe eine Flasche Doornkaat mit." „Doornkaat aus echter Korn Saat, heiß geliebt und kalt getrunken", diese Werbung habe ich bereits aus meiner Jugendzeit im Kopf. „Hand drauf!", Carlos stimmt mir zu und wir schütteln uns die Hände wie Viehhändler beim Vertragsabschluss. Gegen Mitternacht als Carlos und ich bereits viel Wein konsumiert hatten, frage ich Heidrun, ob sie Carlos nach Hause fahren würde. „Nix da, ich fahre selbst", widerspricht Carlos mit kräftiger Stimme. „Diese paar Kilometer schaffe ich noch." Mit vielen guten Wünschen und dem Versprechen, das nächst Mal nach Belm zu kommen, verabschieden wir uns.

Warten auf eine Entscheidung

Wie soll es weitergehen? Wie wird die Regierung in Hannover entscheiden? Zehn Monate Vertretungen zu machen, das schlaucht mich. Der Regierungsbezirk Osnabrück geht von Melle über Bad Iburg, Bentheim, Lingen, Meppen, Bersenbrück, Hümmling bis Aschendorf. Die Entfernungen sind mitunter so groß und die Arbeit so intensiv, dass ich auswärts übernachten muss. Von Bad Essen bis Aschendorf sind es rund 200 Kilometer. Zum Glück gibt es nette Gastwirtschaften und ich kann Spesen und Kilometergeld als Reisekosten abrechnen. Alles bleibt ruhig, von Hannover höre ich nichts und ich bin schon guter Hoffnung. Doch dann ...

Es ist Donnerstag, der 2. Mai 1963. Gestern war der Tag der Arbeit, arbeitsfrei, kalt, nass und ungemütlich. So sehr, dass ich keinen langen Gang mit dem Hund machen wollte. Heute und Morgen muss ich nicht rausfahren, ich erledige meine Büroarbeiten. Bericht und Abrechnung für April müssen gefertigt werden. Um 10 Uhr klingelt der Postbote und überbringt ein Einschreiben. Beim Lesen des Absenders verkrampft sich mein Magen. Meine Hände zittern beim Öffnen des Briefs, beim Lesen der ersten Zeile breche ich innerlich zusammen, ich bin schockiert: „... auf die persönliche Anweisung von Herrn Landwirtschaftsminister Alfred Kubel sind Sie mit sofortiger Wirkung vom Dienst suspendiert. Ein förmliches Disziplinarverfahren wird gegen Sie in Gang gesetzt."

Anna-Lena trägt das mit Fassung: „Mit Gottvertrauen werden wir auch das schaffen", sagt sie. Welch eine großartige starke Frau, denke ich und nehme sie in die Arme. Anschließend brauche ich frische Luft, viel frische Luft, um mir meinen Frust von der Seele zu laufen. Paula, der Hund, freut sich, wir laufen bis 14 Uhr durch das Wiehengebirge, bis der mittägliche Hunger mich nach Hause treibt. Noch vor dem Essen rufe ich den Regierungspräsidenten direkt an und berichte mit leicht zittriger Stimme von dem Brief.

Dr. Friemann beruhigt mich: „Bewahren Sie die Ruhe, lieber Herr Doktor Reuss, noch ist nicht alles verloren. Kommen Sie morgen Vormittag zu mir und dann besprechen wir die nächsten Schritte. Ich empfehle Ihnen, sich auch gleich mit Ihrem Anwalt in Verbindung zu setzen. Es könnte ein längerer und harter Kampf mit Hannover werden. Meine Unterstützung ist Ihnen sicher." Soviel Wohlwollen tut mir gut und stabilisiert meine Seele.

Am 3. Mai 1963, einem Freitag bespreche ich mit Dr. Friemann eine Idee, die ich mit Anna-Lena abends noch entwickelt habe: „Wie es im Moment aussieht", erkläre ich, „werde ich auf nicht absehbare Zeit ohne Arbeit sein. In unserem derzeitigen Wohnort fühlen wir uns nicht mehr wohl und wir würden gerne an einem anderen Ort leben. Mein heimatlicher Bezug ist im Harz, durch meine Vorfahren bedingt. Meine Frau und ich möchten nach Goslar ziehen. Selbst wenn die Juristen in Hannover mich nicht verurteilen sollten, werde ich nicht wieder in den Dienst zurückkehren und mit meinen jetzt 55 Jahren aus gesundheitlichen Gründen den vorzeitigen Ruhestand beantragen. Wie sehen Sie das? Könnten Sie einem Umzug zustimmen?" Friemann schaut mich eine Weile lang nachdenklich an, lächelt dann freundlich und sagt: „Das ist ein guter Plan. Machen Sie das, meinen Segen haben Sie. Ich werde auch aus der Ferne mit Ihnen im Kontakt bleiben und Sie nach besten Kräften unterstützen".

Die Gespräche mit Friemann und anschließend mit Carlos beruhigen mich etwas. Trotzdem entwickelt sich Existenzangst in meinem Hinterkopf. Welch eine Ironie des Schicksals, ich werde das Opfer einer Person, die ich als politischen Gegner im vorherigen Regime bekämpft hatte. In der Anklage ist ausgeführt, dass ich mich mit der damaligen Tat eines Dienstvergehens schuldig gemacht hätte. Wörtlich heißt es darin: „Die auf ihm lastende Schuld beeinträchtigte durch seine Person das Ansehen des Dienstherrn (A. Kubel) in dessen Namen er handelt. Es könne dem Dienstherrn nicht zugemutet werden, sich auch weiterhin durch solche Beamte vertreten zu lassen, deren Haltung nicht frei von Vorwürfen sei, die ihren letzten Ursprung in der Ideologie jener Tage und der anmaßenden Einstellung ihrer Vertreter fänden."

Im ersten Urteil aus Hannover, das erst im März 1964 kam, stand, dass ich auf persönliche Anweisung von Herrn Alfred Kubel unverzüglich aus dem Dienst zu entfernen sei, unter Streichung aller Bezüge und Pensionsansprüche. Mein Anwalt legt Einspruch und Berufung ein. Das Disziplinarverfahren, argumentiert er, sei unzulässig, weil es gar kein Verfahren gegen mich gegeben habe und somit weder Freispruch noch Urteil vorliegt.

Ab dem 1. Mai 1964 werden meine Bezüge vorsorglich um drei-ßig Prozent gekürzt. Das schmerzt enorm, da zwei Töchter bereits im Studium sind und eigentlich eine finanzielle Unterstützung gebrauchen könnten.

Am 9. April 1964 kommt ein Schreiben von Regierungspräsidenten Dr. Friemann, in dem steht: „... Wir haben uns in Hannover nach einer Verhandlung getrennt, die bei mir ein ungutes Gefühl hinterlassen hat. Ich stehe dazu, das offen zu sagen, ich werde das den zuständigen Männern gegenüber im Ministerium auch stets vertreten. Nach meiner Überzeugung soll und darf die Sache nicht so ausgehen, wie die Kammer des Hannoverschen Gerichts entschieden hat. Haben Sie inzwischen das Urteil bekommen, haben Sie Berufung eingelegt? Teilen Sie mir das bitte mit. Ihr Fall gehört in Zusammenhänge, die betrüblich und bedauerlich sind. Unser Volk hat es nicht verstanden, mit seiner bösen Vergangenheit richtig fertig zu werden. Mir steht es nicht zu, über Schild und Unrecht zu urteilen und das zu wägen, was in jenen Tagen geschehen ist. Die Art aber, in der man heute über Dinge zu Gericht sitzt, ist nicht vertretbar und falsch. Wie die Sache auch ausgehen mag, ich werde stets bereit sein, unmenschliche Härten zu lindern und Ihnen zu helfen, wo ich kann. Das halte ich als Ihr langjähriger Vorgesetzter für meine Pflicht und zu der will ich stehen. Schreiben Sie mir doch bitte auch, was ich für Sie tun kann. Unterrichten Sie mich auf jeden Fall über den Ablauf der Dinge. Vor allem aber, verlieren Sie den Mut nicht. Sie haben die schweren Zeiten bislang in guter Haltung durchstanden und müssen das der Ihren halber weiter tun. Geben Sie nicht auf, das Leben geht weiter, und nach all diesen bösen Stunden werden bessere kommen.

Empfehlen Sie mich Ihrer Gattin und lassen Sie sich grüßen, Ihr Dr. E. F."

Am 8. Juni 1965 schreibt Friemann erneut:

„... Nun naht der Tag, der Ihre leidige Sache zu einem hoffentlich guten Ende bringen soll. Man hat in Lüneburg, das war deutlich zu spüren, recht lange gezögert. Gern geht man offensichtlich nicht in die Verhandlung. Wir wollen das als gutes Zeichen werten und auf die Einsicht der Richter und ihr Verständnis für die verworrene Lage in den letzten Kriegstagen vertrauen. So einfach, wie die Vorderrichter in Hannover werden es sich diese Männer in Lüneburg nicht machen. Zeugen sind nicht geladen. Sie werden bei dem unstreitigen Tatbestand nicht gebraucht. Behalten Sie nunmehr die Nerven und gehen Sie mutig und voll Vertrauen in die Entscheidung.

Wie auch immer die Sache ausgeht, Sie werden bei mir stets jede Hilfe und Unterstützung finden. Ihr Fall gehörte zu dem, was der unsinnige Krieg an Elend und Kummer über uns alle gebracht hat. Wenn es nach mir ginge, dann wäre darunter schon längst der notwendige dicke Schlussstrich gezogen worden. Hoffentlich empfinden Ihre Richter das so wie ich ...

Behalten Sie Ihren Mut und melden Sie sich sofort nach dem Termin. Immer Ihr, Doktor Friemann"

Am 1. August 1966 erhalte ich Nachricht von meinem Rechtsanwalt Dr. Sachs:

„Der Senat hat gleich zu Beginn der Verhandlung zum Ausdruck gebracht, dass er den Standpunkt vertrete, § 19 Abs. 3 des niedersächsischen Beamtengesetzes finde kaum Anwendung, da ein Strafverfahren gegen Sie nicht durchgeführt worden ist. Daraus resultiert, dass der Senat keinen Wert mehr auf die juristische Betrachtung der Sache legte, sondern dass es mit Schwerpunkt darauf ankam nachzuweisen, dass eine Aberkennung oder eine Kürzung des Ruhegehaltes unangemessene wirtschaftliche Nachteile für Sie mit sich brächte, die heute, 22 Jahre nach dem Vorgang, nicht mehr gerechtfertigt sind.

Der Senat hat nach einstündiger Beratung das Urteil verkündet, wonach die Entscheidung der Disziplinarkammer in Hannover aufgehoben und das Verfahren eingestellt wurde. Die Gehaltskürzungen, denen Sie während der Dauer des Disziplinarverfahrens unterworfen waren, müssen nachgezahlt werden und Sie kommen in den vollen Genuss der Pension."

Nun bin ich wirklich frei.

Was lange währt, wird endlich gut. Ich kann mein Leben wieder gestalten. Wie gut, dass der Anwalt sein Wissen und Können für mich eingesetzt hat. Wie gut, dass ich einen Vorgesetzten hatte, der mit seinem guten Herzen und seiner Aufrichtigkeit für mich gekämpft hat und mir immer wieder Mut zusprach. Wie gut, dass Anna-Lena und die Kinder mich nicht fallen gelassen hatten. Wie gut, dass mich die Briefe von Anna-Lena wieder zu Gott führten.

Wie gut, dass ich die Schriften von Bonhoeffer gefunden hatte. Sie waren mir Trost in dunklen Tagen.

„In Dankbarkeit gewinne ich das rechte
Verhältnis zu meiner Vergangenheit.
In ihr wird das Vergangene fruchtbar für
die Gegenwart."

NACHWORT ZU RIEDHAUSEN

Es ist Sonntag, der 18. Juli 2021 und ich, Carl-Ludwig Reuss, fahre nach Riedhausen. Ich suche die Stelle, an der an einem Vormittag, am 21. April 1945, von meinem Vater eine tragische Fehlentscheidung getroffen wurde. Von der Schule, in der die damalige Mannschaft einquartiert war, geht eine Straße in Richtung Wilhelmsdorf hangabwärts. Nach circa 300 Meter führt der Weg rechts zu einer alten Mühle, die etwas erhöht liegt. Etwa100 Meter hinter dem Haus beginnt das Moor und Sumpfgebiet. Dieses Ried und Sumpfgebiet erstrecken sich über rund 5 Kilometer bis zu dem Ort Wilhelmsdorf. Aus dem dortigen Heim für Menschen mit Behinderungen, hatte sich der 25-jährige Karl Gruhn damals unerlaubt entfernt.

In dem Haus Weihermühle wohnten damals Frau Anna Hauser, Frau Hella Niemeyer und Tochter Heike, die alle das Drama erlebt hatten und gemäß der Gerichtsakte auch später als Zeugen befragt worden waren.

Ich suche die Stelle, an der die Erschießung sich eventuell ereignet haben könnte.

Ungefähr 150 Meter vom Haus entfernt beginnt das Ried. Es steht noch heute ein alter Baumstumpf am Anfang der Wiese, an dem möglicherweise das Opfer angebunden gewesen war, während drei Karabiner auf ihn gerichtet waren und er den Tod fand.

Ich vermute, dass es hier gewesen sein musste und lege drei blühende Mohnblumen darauf.

In stiller Andacht vergegenwärtige ich mir die Situation. Ich denke an das Opfer und bitte um Vergebung für alle Personen, die an dieser Exekution beteiligt waren.

LITERATUR

Hans Helmut Kirst:
„Letzte Station Camp 7"

Karl Vogel:
M-AA 509

Helmut Breymayer:
„Das Wiesel", Geschichte der 125. Infanterie-Division

Bewerten
Sie dieses Buch
auf unserer
Homepage!

www.novumverlag.com

HERZ FÜR AUTOREN A HEART FOR AUTHORS À L'ÉCOUTE DES AUTEURS MIA ΚΑΡΔΙΑ ΓΙΑ ΣΥΓΓ
HJÄRTA FÖR FÖRFATTARE UN CORAZÓN POR LOS AUTORES YAZARLARIMIZA GÖNÜL VERELIM SZ
CUORE PER AUTORI ET HJERTE FOR FORFATTERE EEN HART VOOR SCHRIJVERS TEMOS OS AUT
ZERZŐINKÉRT SERCE DLA AUTORÓW EIN HERZ FÜR AUTOREN A HEART FOR AUTHORS À L'ÉCO
CAÇÃO ВСЕЙ ДУШОЙ К АВТОРАМ ETT HJÄRTA FÖR FÖRFATTARE Á LA ESCUCHA DE LOS AUTC
EURS MIA ΚΑΡΔΙΑ ΓΙΑ ΣΥΓΓΡΑΦΕΙΣ UN CUORE PER AUTORI ET HJERTE FOR FORFATTERE EEN
ARIMIZA ZERZŐINKÉRT SERCE DLA AUTORÓW EIN HERZ FÜ
SCHR ORACÃO ВСЕЙ ДУШОЙ К АВТОРАМ ETT HJÄRTA FÖ

Der Autor

Carl-Ludwig Reuss, geboren 1947,
ist diplomierter Volkswirt und war
General Manager in einem internationalen Konzern. Neben seinen
Leidenschaften für die Jagd, die
Imkerei und die Musik widmet sich
Reuss intensiv dem Schreiben. Nach
seinen bisherigen Veröffentlichungen,
dem zeithistorischen Buch „Blutopfer – WK 1 Tagebücher" und diversen Artikeln in unterschiedlichen
Zeitschriften ist „Dark Shadow – Die Schatten der
Vergangenheit" nicht nur ein Roman, der sich mit
der Zeitgeschichte des Zweiten Weltkriegs ausei-
nandersetzt, sondern zugleich die Vergangenheit
des eigenen Vaters beleuchtet. Carl-Ludwig Reuss
ist verheiratet, Vater von drei Kindern und lebt
heute in Goslar.

Der Verlag

Wer aufhört besser zu werden, hat aufgehört gut zu sein!

Basierend auf diesem Motto ist es dem novum Verlag ein Anliegen neue Manuskripte aufzuspüren, zu veröffentlichen und deren Autoren langfristig zu fördern. Mittlerweile gilt der 1997 gegründete und mehrfach prämierte Verlag als Spezialist für Neuautoren in Deutschland, Österreich und der Schweiz.

Für jedes neue Manuskript wird innerhalb weniger Wochen eine kostenfreie, unverbindliche Lektorats-Prüfung erstellt.

Weitere Informationen zum Verlag und seinen Büchern finden Sie im Internet unter:

www.novumverlag.com